suhrkamp taschenbuch
wissenschaft 1331

Modernen Gesellschaften stellt sich seit der Säkularisierung die doppelte Aufgabe, politische Autorität zu begründen und zu legitimieren sowie ihre Mitglieder sozial zu integrieren. In den Mittelpunkt der Verfassungs- und Demokratietheorie rückt daher die Frage, wie diese Gesellschaften sich eine politische Ordnung geben, ihre unvermeidlichen Konflikte einhegen und sich als demokratische Republiken konstituieren.

»Das Buch von Frankenberg berührt die zentralen Fragen, die sich für die Zukunft verfassungsstaatlich und demokratisch verfaßter pluralistischer Gesellschaften stellen. Es nimmt die Probleme ernst, sieht sie, im Gegensatz zu vielen heute, aber tendenziell mit dem Optimismus dessen, der an die Kraft der Vernunft und des Diskurses glaubt. Der Autor bietet in seinem Stil der Auseinandersetzung mit den Meinungen anderer ein Beispiel für die geforderte Toleranz und wird deshalb auch von jenen mit Gewinn gelesen werden, die ihm in einzelnen oder auch in grundsätzlichen Standpunkten nicht zustimmen. Er hat, in großer Belesenheit in deutscher wie amerikanischer politologischer, philosophischer, staatsrechtlicher und historischer Literatur ein sehr gelehrtes Werk geschrieben – was man aber durch die Leichtigkeit des Stiles und der Gedankenführung beim Lesen gar nicht bemerkt, sondern gleichsam mitgenießt.« (Gerhard Dilcher in: *Neue Juristische Wochenschrift*)

Günter Frankenberg

Die Verfassung der Republik

Autorität und Solidarität in der Zivilgesellschaft

Suhrkamp

Die vorliegende Ausgabe ist text- und seitenidentisch mit der ersten, 1996 im Nomos Verlag, Baden-Baden, erschienenen Ausgabe.

Bibliografische Information der Deutschen Nationalbibliothek
Die Deutsche Nationalbibliothek verzeichnet diese Publikation in der Deutschen Nationalbibliografie; detaillierte bibliografische Daten sind im Internet über http://dnb.d-nb.de abrufbar.

2. Auflage 2022

Erste Auflage 1997
suhrkamp taschenbuch wissenschaft 1331

Druck: BoD GmbH, Norderstedt
Umschlag nach Entwürfen von Willy Fleckhaus und Rolf Staudt
ISBN 978-3-518-28931-0

Inhaltsverzeichnis

Abkürzungsverzeichnis

Abs.	Absatz
abw.	abweichend(e)
AK-GG	Alternativkommentar zum Grundgesetz 2 Bde. (Neuwied 1984)
AöR	Archiv für öffentliches Recht
ARSP	Archiv für Rechts- und Sozialphilosophie
Art.	Artikel
BGBl.	Bundesgesetzblatt
BT	Bundestag
BRRG	Beamtenrechtsrahmengesetz
BAG	Bundesarbeitsgericht
BVerwG	Bundesverwaltungsgericht
BVerfG	Bundesverfassungsgericht
DÖV	Die öffentliche Verwaltung
Dr	Drucksache
DVBl.	Deutsches Verwaltungsblatt
EvStL	Evangelisches Staatslexikon 2. Aufl. (Stuttgart 1975)
EuGRZ	Europäische Grundrechte-Zeitschrift
E	Entscheidungssammlung
FAZ	Frankfurter Allgemeine Zeitung
FS	Festschrift
BGH	Bundesgerichtshof
GG	Grundgesetz
HdbStR	Handbuch des Staatsrecht der Bundesrepublik Deutschland 7 Bde., hrsg. von J. Isensee und P. Kirchhof (Heidelberg 1987ff.)
Jg.	Jahrgang
JöR	Jahrbuch für öffentliches Recht
JZ	Juristenzeitung
KJ	Kritische Justiz
KritV	Kritische Vierteljahresschrift für Gesetzgebung und Rechtswissenschaft
M	Meinung
MD	Maunz/Dürig/Herzog/Scholz (Kommentar zum Grundgesetz), München 1986 ff.
NJW	Neue Juristisch Wochenschrift
NVwZ	Neue Zeitschrift für Verwaltungsrecht
PVS	Politische Vierteljahresschrift
Rn	Randnummer
V(erf)	Verfassung
VerfGH	Verfassungsgerichthof
VVDStRL	Veröffentlichungen der Vereinigung der Deutschen Staatsrechtslehrer
WRV	Weimarer Reichsverfassung
ZAR	Zeitschrift für Ausländerrecht

Vorwort

J'ai voulu faire du nouveau et j'ai fait comme les autres.
Ben Vautier

»Die Geschichte vergibt . . . auch denen nicht, die nicht wissen, was sie nicht tun.«
Helmut Ridder

Am Anfang stehen mögliche Mißverständnisse. Diese könnten, was naheliegt, den Inhalt betreffen. Der Titel »Die Verfassung der Republik« suggeriert eine Vollständigkeit der Darstellung, von der auch jenseits der unter Autorinnen und Autoren aus Vorsicht geübten – meist falschen – Bescheidenheit hier keine Rede sein kann. Das liegt zunächst in der »Natur der Sache«. Verfassungen lassen sich wohl schriftlich fixieren, jedoch nicht gegen Veränderungen immunisieren. Als Texte unterliegen sie unablässig interpretatorischen Zu- und Eingriffen. Als politisch-rechtliche Verfaßtheit von Gesellschaften reflektieren sie deren normativ offenen Horizont ebenso wie die Ambivalenzen und den unablässigen Wandel ihrer Existenzbedingungen. Etwas dramatisch, aber gleichwohl zutreffend läßt sich dieser Veränderungsprozeß als permanente konstitutionelle Revolution kennzeichnen, vorausgesetzt Bild und Begriff der Revolution werden von gewalttätigen, gar blutigen Umwälzungen abgelöst. Aussagen über die politisch-rechtliche Verfassung einer Republik stehen daher immer unter dem Vorbehalt, daß sie nur einen Ausschnitt erfassen und Gefahr laufen, immer schon vollendete Vergangenheit zu sein.
Das gilt mehr noch für ein untechnisches Verständnis, das fragt, in welcher Verfassung sich eine Republik befindet, nicht: welche Verfassung sie hat. Befindlichkeit läßt sich diagnostizieren. Wer eine Diagnose erstellt, sollte sich freilich von dem Bewußtsein begleiten lassen, daß der erhobene Befund aus anderer Perspektive zu einer anderen Diagnose führen kann und ohnehin nur die Beweiskraft einer Momentaufnahme hat. Auch insofern sind die nachfolgenden Überlegungen zur Verfassung der Republik zwangsläufig weder zeitstabil noch frei von perspektivischen Verzerrungen. Wer eine allgemeine Theorie der Republik und ihrer Verfassung erwartet, mag die Lektüre daher an dieser Stelle beenden wollen.
Freilich: auch ohne Zwangsläufigkeit ist dieses Buch, ausweislich des Untertitels, auf Ergänzung angelegt. Vorgesehen und in Arbeit ist eine Fortsetzung, die sich mit der Problematik der Fremden in der Republik befassen wird. (Ich bereite mich auf meinen nächsten Irrtum vor.) Wer – mit Recht – die ausführ-

liche Thematisierung von Staatsbürgerschaft und Staatsangehörigkeit, von Inklusion und Exklusion der Nichtzugehörigen vermißt, muß sich vertrösten lassen auf eine hoffentlich nicht allzuferne Zukunft.
Ein weiteres Mißverständnis könnte die Autorenangabe hervorrufen. Sie verschweigt, daß die nachfolgenden Überlegungen in einem dichten Diskussionskontext und nicht in heroisch-origineller Einsamkeit entstanden sind. Diejenigen wenigstens zu benennen, ohne deren Inspiration, Information und Kritik dieses Buch jedenfalls so, wie es hier vorliegt, nicht geschrieben worden wäre (was manche begrüßen, manche bedauern mögen), ist mehr als nur ein akademisches Ritual. Es ist der – angesichts der erdrückend plausiblen Wahrnehmung solcher Vorsprüche als rituelle Verbeugungen – vielleicht untaugliche Versuch, die heimlichen Mitautorinnen und Mitautoren anzugeben, denen – Vorzug der Heimlichkeit! – nur leider die Fehler und Schwächen nicht angelastet werden können. Mir fällt leicht, Klaus Günther besonders hervorzuheben, den auch seine eigene, höchst intensive Schreibarbeit nicht davon abgehalten hat, mir als Leser und Kritiker, Ermunterer und Ideengeber immer wieder zur Verfügung zu stehen. Unermüdlich, wie es anderswo an dieser Stelle wohl heißt. Mit Ulrich Rödel arbeite ich seit Jahren an gemeinsamen Projekten, aus denen bisweilen auch gemeinsame Bücher werden. Für »Die demokratische Frage«, die im Hintergrund der »Verfassung der Republik« steht, habe ich ihm mehr theoretische Einsichten und historische Ansichten zu verdanken, als ich in Fußnoten ausweisen könnte. Ich habe es gleichwohl versucht, um diese Formel nicht als Freibrief zu nutzen. »Die Verfassung der Republik«, das läßt sich unschwer Text und Fußnoten entnehmen, ist eine – weder frontale noch systematische, doch für mich ebenso lehrreiche wie klärende – Auseinandersetzung mit den rechtstheoretischen und rechtsphilosophischen Arbeiten von Jürgen Habermas. Sie ist – nicht noch, sondern gerade – in der Kritik der Dank an einen Lehrer, den ich in der Zitadelle des Rechts nicht hatte. Meine Kollegen Erhard Denninger und Michael Stolleis haben mich über die Jahre immer wieder ermuntert, diese Arbeit fortzusetzen und dabei in wohl nicht gewöhnlichem Umfang Lesemühen auf sich genommen. Besonders hilfreich, weil entlastend und erleuchtend war, daß sie auch ihre »works in progress« mit mir diskutierten. Was hier nun unfertig-fertig (siehe oben) vorliegt, ist in nicht geringem Maße auch das Verdienst von Lisa Conradi, Axel Honneth, Cornelia Klinger, Rainer Nickel, Bob Solomon und anderen, die nicht ausdrücklich vorgestellt werden. Ihnen zur gesamten Hand, weil Vorworte Grenzen haben müssen, danke ich für wertvolle Anregungen und nachsichtige oder unnachsichtige Kritik, Rainer Nickel insbesondere dafür, daß er ein wachsames Auge auf die Druckfahnen warf. Monika Graßhoff ist mir mit Sorgfalt und Langmut durch die immer neuen Versionen der Kapitel gefolgt, hat Änderungen übertragen, auf Fehler aufmerksam gemacht, ihre Eindrücke von der »Verfassung der Republik« geäußert und hat – ich hoffe,

dieser zu Liebe – den Wechsel von Word Perfect zu Word auf sich genommen.
Aus den Danksagungen fällt die an meine Freundinnen und Freunde der ehedem »Critical Legal Studies«, neuerdings »Critical Legal Networks« heraus. Ihnen – vor allem Nathaniel Berman, Jerry Frug, David Kennedy, Duncan Kennedy und Karl Klare – verdanke ich weniger einzelne Hinweise auf dies oder jenes als vielmehr ein intellektuelles Klima, das stets die Lust am Schreiben und an Abweichungen vom Mainstream gefördert hat.
Bücher werden üblicherweise zu Hause, im Büro oder an ähnlich berechenbaren Orten geschrieben. Von dieser Übung abweichende, anregende Ortswechsel verdanke ich dem Institut für die Wissenschaften vom Menschen in Wien, in dem ich 1992 ein halbes Jahr als Fellow zu Gast war, und der Rockefeller-Foundation, auf deren Einladung ich 1993 einen ebenso verregneten wie fruchtbaren September/Oktober im idyllischen Bellagio Study and Conference Center verbrachte.
Widmungen als Ort, an dem private Motive (bisweilen auch Entschuldigungen) öffentlich werden, leben – bei allem Respekt – vom Beigeschmack der Indiskretion und Peinlichkeit. Sei's drum. Ich widme dieses Buch Claudia Minoliti, die mich wie niemand sonst inspiriert und unterstützt hat, es zu schreiben, und meinen Töchtern Emily, Anya und Jenny, die erfahren werden, ob es in der Welt einen Unterschied macht oder nicht.

Frankfurt am Main im Herbst/Winter 1995 *G.F.*

I. Über Verfassungen

In die Geburtsurkunde moderner Gesellschaften ist als besonderes Kennzeichen die Autonomie ihrer Mitglieder eingeschrieben. Ebenso wie die »Menschen« sich auf wundersame Weise in »Individuen« verwandeln, firmieren die ehemaligen »Staatsunterthanen« nunmehr als »Bürger«, die im Bewußtsein ihrer »absoluten Freiheit und Unabhängigkeit« als »Akteure« die Bühne des Weltgeschehens betreten. Ohne einen Hauch von Ironie, wenngleich unter Hinweis auf die göttliche Vorsehung bringt George Washington 1783, anläßlich seines Rücktritts als Kommandeur der amerikanischen Streitkräfte, das neue Selbstbewußtsein in einem Rundbrief an die Governeure der Einzelstaaten zum Ausdruck: »The citizens of America ... are now ... acknowledged to be possessed of absolute freedom and independence. They are from this period to be considered as actors on the most conspicuous theatre, which seems to be peculiarly designed by providence for the display of human greatness and felicity.«[1] In ihrem Handeln von jenseitigen, menschlicher Einflußnahme entzogenen Bindungen freigesetzt, können diese[2] sich erstmals als im strengen Sinne herrenlose Wesen wahrnehmen, die sich selbst Subjekt und als solche vor die Aufgabe gestellt sind, nunmehr ihre Geschichte und Geschicke selbst zu bestimmen.

Die Rede von Selbstbestimmung und Autonomie lädt zu Mißverständnissen ein. Bevor sich die Idee festsetzt, diese Subjekte seien Monaden, die souverän über sich selbst, ihre sozialen Verhältnisse und politischen Einrichtungen verfügen, ist vorab darauf hinzuweisen und später ausführlicher zu erläutern, daß sie weder allmächtig noch tatsächlich frei sind in der Verfügung über ihre Geschichte und Geschicke, sondern daß sie sich erstmals selbst Zweck sind, den sie nur gemeinsam mit anderen, in inter-subjektiv geteilter Praxis und wechselseitiger Anerkennung, also gerade nicht in der privat-egozentrischen Verfolgung ihrer eigenen Bedürfnisse und Interessen verwirklichen können.[3]

1 American Museum 1, Mai 1787, 388. Vgl. hierzu C. Smith-Rosenberg, *Dis-Covering the Subject*, 841ff. Aus soziologischer Perspektive hierzu Touraine, The Self-Production of Society und Joas, Die Kreativität des Handelns..

2 Jedenfalls soweit sie Herren sind.

3 Zur intersubjektiven Konstitutierung von Autonomie: Habermas, Faktizität und Geltung, 641. Zur Bedeutung der wechselseitigen Anerkennung: Honneth, Kampf um Anerkennung; Taylor, *Politik der Anerkennung*.

1. *Verfassung als Wille und Vorstellung*

1.1 *Von Theorien und Lehren über Verfassungen*

Seit der Amerikanischen und der Französischen Revolution dokumentieren Verfassungen und Menschenrechtserklärungen mit der Autorität des geschriebenen Wortes das neue »Daseinsprogramm«[4], unter das die als Individuen oder Subjekte ausgezeichneten Menschen in ihrer veränderten geschichtlichen Situation nunmehr ihre Existenz stellen. Verfassungen zeichnen vor oder deuten an, wie die neuen Akteure auf der Weltbühne es mit der sie umgebenden Wirklichkeit aufnehmen, von der Möglichkeit zur Selbstbestimmung Gebrauch machen und das Leben in Gesellschaft ohne Anleitung höherer Mächte organisieren *wollen*. Freilich schweigen die Verfassungstexte zwangsläufig dazu, ob ihnen das in der Tat gelingt.

Die feierliche Verpflichtung der Bürger zum Eigenhandeln und zur Selbstregierung findet in der Präambel der amerikanischen Bundesverfassung, ungeachtet aller ideologiekritischen Einwände[5], ihren bis heute wohl emphatischsten Ausdruck: »We, the people of the United States, in order to form a more perfect union, establish justice, insure domestic tranquillity, provide for the common defense, promote for the general welfare, and secure the blessings of liberty to ourselves and our posterity, do ordain and establish this Constitution for the United States of America.«[6] In der Verfassung der Französischen Republik von 1793 heißt es kaum minder anspruchsvoll: »Le peuple français, convaincu que l'oubli et le mépris des droits naturels de l'homme sont les seules causes des malheurs du monde, a résolu d'exposer dans une déclaration solennelle, ces droits sacrés et inaliénables, afin que tous les citoyens pouvant comparer sans cesse les actes du gouvernement avec le but de toute institution sociale, ne se laissent jamais opprimer, avilir par la tyrannie; afin que le peuple ait toujours devant les yeux les bases de sa liberté et de son bonheur; le magistrat la règle de ses devoirs; le législateur l'objet de sa mission.«[7]

Andere Gesellschaften, sofern sie sich im weitesten Sinne als demokratisch verstanden, sind dem nordamerikanischen und französischen Beispiel gefolgt und haben das neue Daseinsprogramm in ihre jeweilige konstitutionelle Spra-

4 Blumenberg, Säkularisierung und Selbstbehauptung, 159.

5 Vgl. auch Beard, *Ökonomische Interpretation*; Morgan, *Inventing the People*; Bailyn, The *Ideological Origins*; Wood, The Creation of the American Republic und Young, Beyond the American Revolution, bes. 317ff.

6 Vorgeschlagen am 17.9.1787, in Kraft getreten am 4.3.1789.

7 La Constitution de 1793, in: Godechot, *Les Constitutions de la France*, 79. Siehe auch Grab, *Die Französische Revolution*, 37f. und 150.

che übersetzt.[8] Ob feierlich oder nüchtern in der Rhetorik, ob mit oder ohne Beschwörung der »Gegenwart des Allerhöchsten«[9] – stets begleitet eine im Namen aller Mitglieder des Sozialverbandes erklärte Verfassung, meist in Verbindung mit einem in eben deren Namen, Auftrag oder Stellvertretung erklärten Katalog von Menschenrechten den Schritt in die neue Welt aus eigenem Recht handelnder Menschen und Bürger.[10] Verfassungen werden von nun an zu einem der wichtigsten symbolischen Schauplätze, auf dem die ideologischen Kontroversen über die Bestimmung des neuen Akteurs – tugendhafter Republikaner, aufrechter Demokrat, national gesonnener Staatsbürger, liberaler Wirtschaftsbürger etc. – und des diesem entsprechenden politischen Handlungsprogramms ausgetragen werden. Verfassungen treffen Vorentscheidungen über den Aus- oder Einschluß neuer Gruppen. Historisch waren das von Anfang an die Frauen und Besitzlosen, zu denen sich später andere soziale Gruppen und politische Minderheiten gesellten, die als Opfer soziale Diskriminierung und politische Benachteiligung rügten und als Akteure mit ihren politischen Forderungen immer auch ihre verfassungsmäßige Anerkennung einklagten.

An der Schwelle des Eintritts in ein neues Zeitalter, jedenfalls einen neuen gesellschaftlichen Zustand beschwören diese je nach historischem und sozialem Kontext variierenden, mehr oder minder expliziten Programme die Einheit der, wie es scheint, im übrigen befriedeten Gesellschaft als Staat, Nation, Republik oder Bund. Bisweilen wird die Einheitsvorstellung zu einer imaginierten kollektiven Identität in Gestalt des »Volkes« oder wiederum der »Nation«[11] gesteigert. Dieses Kollektiv nimmt sich vor, sich selbst zu regieren und dazu eine politische Autorität[12] zu begründen, die dank ihrer demokratischen

8 Nüchtern, in diesem Punkt, formuliert die Weimarer Reichsverfassung nach dem Ende des 1. Weltkrieges: »Das Deutsche Volk . . . hat sich diese Verfassung gegeben.« (WRV von 1919, RGBl. S.1383). Das Grundgesetz von 1949 bewegt sich demgegenüber in größerer Nähe zur Rhetorik der klassischen Vorbilder.

9 »En conséquence, il proclame, en présence de l'Etre suprême, la déclaration suivante des droits de l'homme et du citoyen.« (Vorspruch der Frz. Verfassung von 1793).

10 »Die Vertreter des französischen Volkes, konstituiert als Nationalversammlung, haben . . . beschlossen . . .« (Erkl. der Menschen- und Bürgerrechte von 1789).

11 »Das Deutsche Volk, einig in seinen Stämmen und von dem Willen beseelt, sein Reich in Freiheit und Gerechtigkeit zu erneuern und zu festigen, dem inneren und dem äußeren Frieden zu dienen und den gesellschaftlichen Fortschritt zu fördern, hat sich diese Verfassung gegeben.« Präambel der Verfassung des Deutschen Reichs vom 11. August 1919 (RGBl. S.1383). Vgl. die Präambel des Grundgesetzes vom 23.Mai 1949 (BGBl. S.1). In der Bundesverfassung der Schweizer Eidgenossenschaft: ». . .den Bund der Eidgenossen zu festigen, die Einheit, Kraft und Ehre der schweizerischen Nation zu erhalten und zu fördern . . .« (zit. nach Mayer-Tasch, *Verfassungen*, 638).

12 Autorität kann sowohl eine Eigenschaft einzelner Personen sein als auch einem Amt oder einer Institution zugeschrieben werden. Nach Hannah Arendt ist ihr »Kennzeichen die fraglose Anerkennung seitens derer, denen Gehorsam abverlangt wird.« (Macht und Gewalt, 46). Vgl. auch Arendt, *Autorität*. Ähnlich schon Fröbel, *System der socialen Politik I*, 13: »Wenn die Autorität uns von außen beherrschen will, hört sie auf, Autorität zu sein, und wird Gewalttat und Zwang . . .«. Zum Problem der Autorität vgl. Horkheimer, Autorität und Familie; Max Weber, Wirtschaft und Gesellschaft, 124ff. und Sennett, Autorität.

Legitimation fraglose Anerkennung verdienen soll.[13] Es – oder genauer: seine Mitglieder – verpflichten sich, eine gerechte soziale Ordnung einzurichten – nicht selten verbunden mit anderen noblen Zielen, wie etwa der Förderung der Eintracht und des Friedens in der Welt[14]. Vor allem – aber nicht ausschließlich – sozialistische Verfassungen weisen ausdrücklich auf die Notwendigkeit und Bereitschaft der jeweiligen Gesellschaft hin, die Gestaltung des historischen Prozesses in eigene Regie zu nehmen, um das »materielle und kulturelle Lebensniveau des Volkes auf der Grundlage eines hohen Entwicklungstempos der sozialistischen Produktion« zu erhöhen.[15]

Mit größerer Distanz zur Schwelle der Moderne im Zeitalter der demokratischen Revolutionen haben nicht nur die Zahl und Vielfalt der Verfassungen zugenommen. Auch deren theoretische Einschätzung ist nicht unbedingt sicherer geworden.[16] Verfassungstheorien und Verfassungslehren belegen den Gegenstand ihres Interesses mit unterschiedlichen Bedeutungen. Deren Differenzen dürften sich nicht hinreichend damit erklären lassen, daß Theorien zu einer individuell-konkreten Konstitution auf Distanz gehen, um »das Gemeinsame aller oder doch zahlreicher geschichtlicher Verfassungen unter Vernachlässigung zeitlicher und räumlicher Besonderheiten« zu erfassen.[17] Abgesehen davon, daß die Unterscheidung von Theorien und Lehren hier nicht weiterhilft, weil auch letzteren durchweg eine Verfassungs-»Theorie« zugrundeliegt, bleibt aus theoretischer Distanz wie auch aus der vermeintlich größeren Nähe von Verfassungsdoktrinen unentschieden, welchen Sinn und Zweck Verfassungen erfüllen sollen.

Die Differenzen ergeben sich trivialerweise daraus, daß Verfassungen Texte sind, denen unterschiedliche Bedeutungen zugeschrieben werden können – je nachdem, welche Perspektive die Lehrer oder Theoretiker einnehmen, und welche Leistungen sie von Verfassungen erwarten. Aus juristischer Perspektive erscheinen sie eher als »Gegenstand planmäßiger Gestaltung«, aus soziologischer als »evolutionäre Errungenschaft«.[18] Integrationslehren geben den Verfassungen auf, die »in der Wirklichkeit menschlichen Lebens bestehende

13 Ähnlich auch Grimm, Entstehungs- und Wirkungsbedingungen des modernen Konstitutionalismus, in: ders., Zukunft der Verfassung, 31 ff./36. Zur Vorgeschichte vgl. Dilcher, Vom ständischen *Herrschaftsvertrag* zum Verfassungsgesetz.

14 So die Präambel des GG. In der Präambel der Spanischen Charta der Arbeit übernimmt der Staat, »(i)n Erneuerung der katholischen Überlieferung sozialer Gerechtigkeit. . . die Aufgabe, den Spaniern das Vaterland, Brot und Gerechtigkeit zu garantieren.« (Mayer-Tasch, Verfassungen, 681). In der Präambel zur Irischen Verfassung ist von der »Eintracht mit anderen Nationen« die Rede, in der Türkischen Verfassung mehr als ironisch von: »Frieden im Land und Frieden in der Welt« (Mayer-Tasch, *Verfassungen*, 261 und 729).

15 Verfassung der DDR von 1974 (GBl. I S.432).

16 Zuletzt Haverkate, *Verfassungslehre* und die Beiträge in Preuß, *Begriff der Verfassung*.

17 Hesse, *Grundzüge*, Rn.1.

18 Luhmann, *Verfassungen*, 176ff. Zu einer konträren soziologisch informierten, aber politischen Verfassungstheorie vgl. Kirchheimer, Funktionen des Staats und der Vernunft; ders., Politische Herrschaft und Seifert, *Kampf um Verfassungspositionen*.

Vielheit der Interessen, Bestrebungen und Verhaltensweisen zu einheitlichem Handeln und Wirken zu verbinden«[19], also die Gesellschaft (oder den Staat) zu integrieren.[20] Demzufolge wären Verfassungen ein »Einheitsreglement für Recht und Politik«[21]. Prozedural orientierte Theorien des liberalen Konstitutionalismus weisen ihnen die Aufgabe zu, durch Verfahren, Institutionen und Kompetenzverteilungen die Ausübung politischer Macht zu legitimieren, zu begrenzen und zu rationalisieren.[22] Als Organisationsstatute hätten sie die Begründung von politischer Autorität bzw. legitimer Herrschaft und Ordnung der Freiheit zu gewährleisten. Für mehr am Substanziellen orientierte Verfassungstheorien verkörpern sie die gemeinsam geteilten Werte oder normieren gar eine »Wertordnung«, die »revisionsfest« – jedenfalls partiell – den gesellschaftlichen Auseinandersetzungen vorgelagert sein soll, um das mutmaßlich Unabstimmbare zu hüten.[23] Andere wiederum sehen sie nüchtern als Handlungsplan, der unter einer normativen Leitidee[24] steht und der Konkretisierung bedarf, oder emphatisch als »Verheißungen eines geschichtlichen Heilsplanes«[25]. Eine weitere Polarität läßt sich herstellen, wenn man Verfassungen primär und entsprechend der angelsächsischen Tradition als »instrument of government«,[26] despektierlich: als Betriebsanleitung des Staates bestimmt und dieser Position die These von der Konstitution als »déclaration des droits« entgegensetzt.[27] Populär ist schließlich, Verfassungen die Aufgabe zuzuweisen, die Mehrheitsherrschaft einzuschränken, um Minderheiten zu Wort und zu ihrem Recht kommen zu lassen.[28] Der antimajoritären These wird neuerdings die Aufgabe von Verfassungen entgegengesetzt, Mehrheitsherrschaft, verstanden als Herrschaft der »ordinary people«, zur Geltung zu bringen.[29]
Es besteht wenig Aussicht, daß sich der Streit der Fakultäten in absehbarer

19 Hesse, *Grundzüge*, Rn. 6.
20 Vgl. Smend, *Verfassung und Verfassungsrecht* und Heller, Staatslehre, bes. 249ff. und Schmitt, *Verfassungslehre*, 1ff.
21 Luhmann, *Verfassung*, 183.
22 Ehmke, Grenzen der Verfassungsänderung, bes. 88f. und ders., Prinzipien der Verfassungsinterpretation, 61ff. Vgl. auch Kägi, Die *Verfassung als rechtliche Grundordnung* des Staates, 40ff. und Smend, *Verfassung und Verfassungsrecht*, 189: »Rechtsordnung des Lebens, in der der Staat seine Lebenswirklichkeit hat.«.
23 So lassen sich einige Entscheidungen des BVerfG lesen, vgl. etwa BVerfGE 3, 225/233; 6, 32/41; 27, 253/283 und besonders 39, 1ff. (vgl. dazu die abw.Meinung E 39, 68ff.).
24 Wie z.B. der Idee des »Richtigen«, Bäumlin, *Staat, Recht und Geschichte*, 24 und passim.
25 Preuß, *Revolution, Fortschritt und Verfassung*, 11.
26 Dazu Stourzh, *Wege zur Grundrechtsdemokratie*, 11ff. und Preuß, *Begriff der Verfassung*, 12f.
27 Amar, The Bill of Rights as a Constitution und die Beiträge in Perels, Grundrechte als Fundament der Demokratie.
28 Klassische Texte hierzu sind die Beiträge von James Madison in: The Federalist Papers, insbes. No. 10. Vgl. auch Frankenberg/Rödel, *Von der Volkssouveränität zum Minderheitenschutz*, Kap. II und IV.
29 So Parker in seinem Constitutional Populist Manifesto, *»Here, the People Rule«*, bes. 96ff. Parkers gegen Minderheiten und deren Schutz gerichtete Argumentation muß sich freilich fragen lassen, ob sie die Legitimation der Mehrheitsherrschaft angemessen bedenkt und nicht am Ende einem Mythos der »ordinary people« aufsitzt.

Zeit schlichten läßt, zumal sich Verfassungstexte gegen die Zuschreibung von Bedeutungen schwerlich zur Wehr setzen können. Die Frage nach dem, was eine Verfassung »ist«, mündet unweigerlich in endlose und nicht immer fruchtbare Kontroversen, in denen die Beteiligten unweigerlich um die Vorherrschaft im Diskurs ringen. Überdies geben Antworten auf diese Frage allzu unbekümmert dem Sinn nach, der stets darauf drängt, in der Welt vielfältiger, nicht mit einer Stimme sprechender Phänomene ein für allemal Ordnung zu schaffen, um so die Ambivalenzen der Moderne zu vereindeutigen. Mit der Vorstellung und Theorie von Verfassungen als Texten, in und mit denen sich Gesellschaften in spezifischer Weise selbst beschreiben und ihre historische Lebenslage umschreiben, soll dieser Ordnungssinn hier in Schach gehalten werden. »Verfassung« wird hier folglich zunächst weder als einmal fixierte und dann relativ abgehobene konkrete Ordnung oder als Plan für eine solche noch als Reglement in den Blick genommen, sondern in erster Linie als Repräsentation des Daseinsprogramms in Gesellschaft lebender und handelnder Individuen, damit als Forum des Kampfes von Einzelnen und sozialen Gruppen um Anerkennung[30], als symbolischer Schauplatz, auf dem sie ihre stets »umstrittenen Wahrheiten«[31] zur Geltung bringen müssen. Zu diesen umstrittenen Wahrheiten gehören auch die Verfassungen selbst und folglich alle Theorien und Lehren über diese.

1.2 *Die Architektonik konstitutioneller Programme*

Hier soll zunächst die vergleichsweise bescheidene These verteidigt werden, daß eine Besonderheit sozialer Beziehungen in modernen Gesellschaften ihre konventionelle Grundlage ist, die also den Betroffenen verfügbar und durch diese änderbar ist. Folglich haben viele der modernen Verfassungen jedenfalls *auch* den Charakter einer *grundlegenden Konvention*, die jederzeit revisibel festlegt, wie eine Gesellschaft auf sich selbst einwirken und nach welchen Regeln sie die unvermeidlichen politischen Differenzen und sozialen Konflikte austragen will. Diese These bezieht sich ersichtlich nur auf Verfassungen demokratischer Republiken, in denen die Bevölkerung zumindest vermittelt über die Verfassungsgebungs- und -interpretationseliten an der Festlegung einer solchen Konvention Anteil nehmen kann.

Dem republikanisch-demokratischen Anspruch gemäß, auf den noch ausführlicher zurückzukommen ist, müßten Verfassungen, wenn sie nicht leeres Gerede oder fromme Wünsche bleiben wollen, vor allem folgende Aufgaben erfüllen[32]: Zunächst hätten sie Verfahren zu institutionalisieren, in denen plura-

30 Ausführlich hierzu Honneth, Kampf um Anerkennung, bes. 148ff.
31 Rodgers, Contested Truths.
32 Vgl. hierzu Rödel, Zivilgesellschaft und Verfassung, 126ff.

listische Gesellschaften trotz ihrer Konfliktstruktur immer wieder einen gemeinsamen Willen bilden und damit handlungsfähig werden können. Dazu bedürfte es der Verbürgung minimaler öffentlicher Freiheiten, kraft derer die Bürgerinnen und Bürger ermächtigt werden, sich den der Bildung dieses Willens zu beteiligen und auf der öffentlichen Bühne aufzutreten. Schließlich wären durch verfassungsmäßige Rechte, Freiheiten und Schutzgarantien die privaten Autonomie- und Differenzansprüche abzusichern. Diese höchst erläuterungsbedürftigen Konditionen werden nicht wahllos dem Normenhimmel entnommen, sondern sind dem Charakter von Verfassungen als Ausdruck des »Daseinsprogramms« und der Konflikthaftigkeit moderner Gesellschaften geschuldet. Mit welchen Normen Verfassungen diesen Aufgaben nachkommen, soll in einem ersten Schritt durch die Untersuchung der Architektur von geschriebenen Verfassungen geprüft werden. In einem zweiten Schritt ist danach zu erläutern, ob und wie sich die hier vorgeschlagene These im Gegenwind konkurrierender Theorieangebote behaupten kann.

(1) *Fragen der Gerechtigkeit*

Alle Verfassungen, wie weit sie sich auch von ihren historischen Vorbildern entfernt haben mögen, weisen nahezu ausnahmslos, wenngleich mit je verschiedener Ausprägung und Gewichtung vier Konstruktionselemente auf, die in unterschiedlichen, wenngleich nicht immer trennscharf abzugrenzenden Typen von Normen Gestalt annehmen und die Architektonik oder auch Anatomie der Konstitutionen prägen. Am augenfälligsten, in der liberalen Tradition am stärksten betont, sind die Normen, die den Individuen und ihren Assoziationen im Verhältnis zu den Organen und Institutionen öffentlicher Gewalt und im Verhältnis zueinander Handlungskompetenzen, bzw. nach älterer Auffassung Handlungssphären[33] und Ansprüche verbürgen. Sie zielen darauf ab, durch die Verteilung der Freiheit Handlungschancen einzuräumen und Handlungsfolgen zu koordinieren sowie die Bedingungen der Mitgliedschaft und der Selbstregierung zu regeln.[34] Diese Normen werden in »Bills of Rights« oder Grundrechtskatalogen als *Rechte* und zwar als fundamentale oder Grundrechte bzw. im Hinblick auf ihre Träger als Menschen- oder Bürgerrechte bezeichnet. Neben diese Rechte treten *Prinzipien*, wie etwa das Rechtsstaatsprinzip. Gemeinsam umschreiben sie, was gleiche Freiheit und gleiche soziale Teilhabe für alle Mitglieder der Bürgerschaft heißt. Folglich treten diese Rechte und Grundsätze mit dem Anspruch auf, im Verbund alle wesentlichen Fragen der Gerechtigkeit eines Lebens in Gesellschaft erschöp-

33 Zur klassischen Auffassung: Jellinek, *System*. Zur neueren Auffassung vgl. Alexy, Theorie der Grundrechte oder Dworkin, Bürgerrechte ernstgenommen.

34 Denninger, Staatsrecht I, Kap. III; und Staatsrecht II, Kap. IV sowie ders., Der gebändigte Leviathan, 51ff.

fend zu beantworten. Für die Theorien des Liberalismus bedarf es nicht der Aufforderung, diese Rechte ernst zu nehmen[35], stellen sie doch das Herz dessen konstitutionellen Programms und politischer Ideologie dar. Das Ensemble von Rechten, die gesetzwidrige Eingriffe in die Privatsphäre abwehren, die Freiheit politischer Beteiligung und Rechtsschutz verbürgen, Diskriminierungen vorbeugen und, in Maßen, die Teilhabe am gesellschaftlichen Reichtum sicherstellen sollen, macht den Glanz liberaler Verfassungen aus und begründet ihre nahezu unwiderstehliche Faszination. Verfassungen werden denn auch in erster Linie daran gemessen, ob sie Gerechtigkeit nicht nur in Form von Grundrechten und Grundsätzen versprechen, sondern ob und inwieweit sie Wort halten.

(2) *Fragen des Gemeinwohls*

Im Schatten des Systems der Rechte und Grundsätze koexistieren, nicht immer friedlich, Normen, die weithin, aber ungenau gleichfalls der politischen Moral einer Gesellschaft zugeschlagen werden. Sie umschreiben, streng genommen, die *Werte* einer politischen Ethik und betreffen *Fragen des guten Lebens* bzw. des Gemein- oder Volkswohls[36], nicht aber Fragen der Gerechtigkeit. Solche Werte treten meistens auf in der Gestalt von »*Staatszielen*« oder *Pflichten*, die sich an Amtswalter oder die Bürgerschaft als ganze oder im einzelnen adressieren. Zu den prominenten Staatszielen gehören Völkerverständigung, Frieden, Sicherheit, Wohlfahrt und neuerdings wieder Solidarität. Newcomer sind die erst kürzlich gegen hartnäckige Widerstände durchgesetzte Verantwortung des Staates für den Schutz der natürlichen Lebensgrundlagen[37] und die Verpflichtung, die Vereinigung Europas zu fördern (Art. 23 I GG)[38]. Ebenso wie der während der Beratungen in der Gemeinsamen Verfassungskommission vorgeschlagene, aber letztlich nicht hinreichend mehrheitsfähige Aufruf zu »Mitmenschlichkeit und Gemeinsinn«[39] betreffen diese eben nicht, nicht ausschließlich und meistens nicht in erster Linie Erwägungen der Gerechtigkeit, sondern normieren Werte und Tugenden des richtigen Lebens in Gesellschaft, des angemessenen Verhältnisses zur Natur und der Beziehungen zwischen den Ländern Europas.
Aus den Wertvorgaben werden in aller Regel Pflichten für die Bürgerinnen und Bürger hergeleitet, wie etwa einerseits politische Loyalität, Steuerpflicht,

35 Dworkin, Bürgerrechte ernstgenommen.
36 Dieses zu wahren, nehmen die Spitzen der Exekutive auf ihren Eid (vgl. Art. 56, 64 II GG und dazu die Ausführungen unten in Kap. III S. 88 f. und Kap. IV, S. 107 ff.).
37 Art. 20a GG.
38 Vgl. auch Art. 3 Verf. von Sachsen-Anhalt vom 16. 7. 1992 und die Verfassung von Mecklenburg-Vorpommern.
39 Gesetzentwurf von 348 Abgeordneten aller Fraktionen und Gruppen des Deutschen Bundestages, BT-Dr 12/6708.

Wehrpflicht, soziale Dienstpflichten oder auch die Sozialpflichtigkeit des Eigentums[40]. Andererseits begründen Werte Pflichten für die öffentlichen Gewalten wie die Pflicht zum Schutz des Lebens, der natürlichen Umwelt oder der Funktionsfähigkeit der Strafrechtspflege oder einer wirksamen militärischen Landesverteidigung, oder für die Amtsträger und Beamten.[41] Die werthafte Zügelung der Rechte deckt sich nicht mit der ihnen immanenten Pflicht, die Rechte anderer zu respektieren und die mit Verträgen, einschließlich einem denkbaren Gesellschaftsvertrag, eingegangenen Verpflichtungen zu erfüllen. Wo Werte auftauchen, besteht Freiheit nicht mehr nur darin, »alles tun zu können, was einem anderen nicht schadet«.[42] Vielmehr geht nunmehr eine ethische Leitidee (»Gemeinwohl«, »Wohl des Volkes« etc.) in Führung, die darauf angelegt ist, die freie Ausübung von Rechten zu zügeln oder diese mit Schutzaufträgen der öffentlichen Gewalt[43] zu konfrontieren. Es wäre allerdings kurzschlüssig, etwa mit Blick auf das »Sittengesetz« in Art. 2 I GG oder den Schutz von Ehe und Familie in Art. 6 GG den in die Verfassung eingelassenen Werten stets eine rückwärtsgewandte Tendenz zuzuschreiben. Mit dem Friedensgebot, dem Gebot der Völkerverständigung oder der Ächtung der Todesstrafe (Art. 102 GG) wäre ein solches Urteil schwerlich zu vereinbaren.

Wertvorgaben bringen nach einer neuen Lesart normative Überzeugungen zum Ausdruck, von denen die Verfassung suggeriert, sie würden weithin geteilt. Nicht selten signalisieren »Wertordnungen« oder eine verfassungsförmige Staats- oder Bürgerethik, daß der Verfassungsgeber einer durch gemeinsame ethische Vorstellungen bewirkten sozialen Kohäsion gerade nicht traut. Wie ehedem die Religion oder das persönliche Treueband zum Fürsten, soll später die Verfassung als »Wertordnung« sozialen Zusammenhalt stiften.

Freilich ist zu bedenken, daß Fragen des guten Lebens bzw. des gemeinen Wohls in radikal pluralistischen, interessengespaltenen Gesellschaften, wenn überhaupt, dann allenfalls nur solange konsensfähig oder auch nur mehrheitsfähig sein können, als sie so vage gestellt werden, daß die Antworten bis zur Beliebigkeit offen ausfallen. Wer hätte, abgesehen von der Frage nach dem verfassungsrechtlichen Sinn, etwa prinzipielle Einwände gegen die Verpflichtung aller zu Mitmenschlichkeit und Gemeinsinn?[44]

40 Die allerdings auch als Frage der Gerechtigkeit gestellt werden kann. Dazu Bryde, in: v. Münch/Kunig, GG I, Art. 14, Rn. 67ff.; v. Brünneck, Die Eigentumsgarantie des Grundgesetzes, 393.

41 Vgl. BVerfGE 69, 1ff. und hierzu insgesamt Denninger, *Freiheitsordnung*.

42 Art. 4 Erkl. der Menschen- und Bürgerrechte von 1789.

43 Vgl. insbesondere die Rechtsprechung zu der aus dem Grundrecht auf Leben und Gesundheit abgeleiteten korrespondierenden staatlichen Schutzpflichten (BVerfGE 39, 1ff. – Fristenregelung; 56, 54ff. – Fluglärm; 88, 203ff. – Schwangerschaftsabbruch und 90, 145ff – Cannabis.

44 Vgl. Grimm, Was zuviel ist, ist von Übel, FAZ vom 15.4.1994 und Denninger, Solidarität und Verfassung.

Sobald Werte präziser werden, offenbaren sie, daß sie, obwohl im universalistischen Gewande auftretend, in aller Regel doch nur partikularistische Vorstellungen über eine angemessene Lebensführung in Gesellschaften zur Geltung bringen. Werden diese nun von sozialen Gruppen mit anderen Wertvorstellungen bestritten, entfalten Werte die ihnen stets latente desintegrative Wirkung. Hinsichtlich vager Werte muß man sich fragen, welchen greifbaren juristischen Inhalt solche offenen Wertformeln haben, und ob sie nicht eher den Charakter »juristischer Beschwichtigungsmittel«[45] besitzen oder »Kundgebungen (sind), die eigentlich nicht in die Verfassung hineingehören, sondern in ein Wahlprogramm«.[46] Wenngleich Ethik und Moral in Verfassungen eher zueinander in Gegensatz, jedenfalls in ein Spannungsverhältnis treten, weil erstere eine Affinität zur Ordnung statt zur Freiheit hat, kann es doch zu Überschneidungen kommen. Die wohl folgenreichste äußert sich in der Auffassung von Grundrechten als Elementen einer »objektiven Wertordnung«, von der später ausführlich die Rede sein wird.[47] Mit der Annahme einer hinter der Verfassung liegenden Wertordnung wird die Ebene der Konvention verlassen und die Werteerkenntnis und -verwirklichung einer besonderen Instanz überantwortet. Regelmäßig dem Verfassungsgericht, das nunmehr neben, wenn nicht vor das Volk tritt, um das Nicht-Konvenierte zu deuten.

(3) *Fragen politischer Klugheit*

Allem Anschein nach normativ weniger gewichtig als die Grundrechtskataloge, allerdings sichtbarer und umfangreicher als die in eine Verfassung eingelassenen Werte ist ein von beiden zu unterscheidender dritter Typus von Normen, die eher *Fragen politischer Erfahrung und Klugheit,* denn Fragen der Gerechtigkeit oder des Gemeinwohls betreffen. Diese *Regelungen* finden sich im organisatorischen Teil und formen die »Verfassung der Politik« aus. Ihr Gegenstand ist vor allem der Aufbau, die Funktionsweise, Zusammenarbeit und Kontrollierbarkeit der im Prinzip durch die Ausübung der Freiheitsrechte konstituierten öffentlichen Gewalten. Sie enthalten Entscheidungen für oder gegen föderalistische Strukturen, ein Ein- oder Zweikammersystem, eine Präsidial- oder Kanzlerdemokratie, ein bestimmtes Wahlsystem[48], die Vertei-

45 »Insoweit wird die Verfassung zum Hort von Vorstellungen aus dem Bereich einer unwirklich gewordenen oder doch in ihrem Wirklichkeitsgehalt immer mehr verblassenden Idealstruktur.« Imboden, *Staatsformen*, 113f.

46 Sinzheimer, zit. nach Schmitt, Inhalt und Bedeutung des zweiten Hauptteils der *Reichsverfassung*, in: Anschütz/Thoma II, 582f. Vgl. auch Jahrreiß, *Mensch und Staat.*

47 Dazu Böckenförde, Grundrechtstheorie und Grundrechtsinterpretation, 1529ff.; Denninger, Staatsrecht II, 184; Preuß, *Internalisierung des Subjekts*, 151ff. und Alexy, Theorie der Grundrechte, 134ff.

48 Soweit das Wahlsystem bestimmte Personen oder Gruppen ausschließt oder die Wahlstimmen unterschiedlich gewichtet, handelt es sich dabei allerdings Fragen der Gerechtigkeit.

lung von Gesetzgebungskompetenzen, die Organisation der öffentlichen Verwaltung oder die konkrete institutionelle Ausformung des Rechtsschutzes. Soweit dabei Fragen der Gerechtigkeit nicht berührt werden,[49] haben organisatorische Regeln, anders als ins Recht übersetzte »moralische Befugnisse« der Bürgerschaft und »Prinzipien des Rechts«[50], eher pragmatische Bedeutung. Der Pragmatismus fand seinen klassischen Ausdruck in der auf die Organisation des Government beschränkten ursprünglichen Bundesverfassung der Vereinigten Staaten. Erst mit der »Bill of Rights« in den ersten zehn Amendments näherte sich diese dem Grundrechtsniveau der französischen Revolutionsverfassung von 1789.

Nach zwei Jahrhunderten der Erfahrung mit Verfassungen dürfte es an der Zeit sein, das Spiel »Grundrechte versus organisatorische Regelungen« abzubrechen. Es sollte mittlerweile unstreitig sein, daß es nicht sonderlich tiefsinnig ist, einen Grundrechtsteil gegen einen organisatorischen auszuspielen. Fragen der horizontalen und vertikalen Gewaltenteilung oder auch die Differenz von Mehrheits- und Verhältniswahlrecht sind keineswegs zu vernachlässigende Größen. Abgesehen davon, mögen Probleme politischer Organisation und Klugheit weniger ideologisch-programmatische Begeisterung entfachen; diesen Mangel kompensieren sie jedoch in vielen Fällen durch eine im Vergleich zu Grundrechten größere Bestimmtheit und durch ihre praktische Bedeutung für die Organisation politischer Herrschaft. Die Listen der durchaus praktischen Vernunft von verfassungsgebenden und -interpretierenden Eliten zeigt sich in den organisatorischen Regelungen unverhüllter als in den verfassungsmäßigen Verbürgungen und Einschränkungen an sich gleicher politischer Freiheiten.

(4) *Fragen der Verfassungsgeltung*

In quantitativer Hinsicht fällt schließlich weniger noch als die drei genannten eine vierte Sorte von Vorschriften ins Auge, die Fragen der Geltung, Auslegung und Änderung der Verfassung selbst betreffen. Ihnen läßt sich eine gewisse Affinität zu den organisatorischen Regelungen zuschreiben. Diese zeigt sich insbesondere bei den Bestimmungen betreffend das Verhältnis von nationalem und inter- und supranationalem Recht oder bei der Einrichtung einer

49 Was insbesondere bei Rechtsschutz und Wahlsystem jeweils sorgfältig zu prüfen ist. Etwa der Grundsatz der Wahlchancengleichheit gehört ersichtlich zu den in einer parlamentarischen Demokratie unter dem Gesichtspunkt der Selbstregierung zentralen Gerechtigkeitsfragen.

50 F. Gentz, *Anmerkungen zu Burke*, Betrachungen über die Französische Revolution I (Berlin 1793), 92/94.

Verfassungsgerichtsbarkeit. Sie haben den Status von »*Meta-Regeln*«[51] oder Kollisionsregeln. Ihre Besonderheit liegt gerade darin, daß sie den Vorrang des Verfassungsgesetzes gegenüber einfachem Recht sichern oder dessen Verhältnis zum supranationalen Recht bestimmen und die positiv-rechtliche Geltung von Verfassungen auf diese selbst beziehen. Im Zentrum stehen folglich die verfahrensmäßigen Bedingungen, die bei Verfassungsänderungen zu erfüllen sind. Kaum weniger Gewicht haben die Institution und Kompetenzen der Verfassungsgerichtsbarkeit. Diese Meta-Regeln bringen die Reflexivität moderner Verfassungen zum Ausdruck und verweisen auf deren neue Art, politische Herrschaft zu konstituieren: nicht als einen einmaligen Stiftungsakt, sondern als Prozeß der permanenten und zukunftsoffenen Neugründung.[52] Die Selbstbezüglichkeit verknüpft den Anspruch auf Geltung und Richtigkeit mit dem Bewußtsein der Fallibilität und holt damit auch die Verfassungsnormen aus dem Normenhimmel auf den Boden von zwar besonders hervorgehobenen und abgesicherten, aber gleichwohl revisiblen Konventionen. Diese beziehen ihre Kraft nicht aus dem Jenseits, einer geheiligten Tradition oder der geoffenbarten Natur, sondern aus wechselseitigen Abreden und der Bereitschaft, für diese einzutreten, jedenfalls der stillschweigenden Duldung der mit Vorrang geltenden Verfassungsnormen. Die Bausteine moderner Verfassungen fügen sich folglich zusammen als Bedingungen der Möglichkeit einer permanenten Verfassungsrevolution – des nicht abgeschlossenen und niemals endgültig abzuschließenden Diskurses über die Legitimität von Herrschaft und die Konkretisierung des neuen Daseinsprogramms.

1.3 *Spannungen, Kräfte, Gefahren*

Was ist mit einer Untersuchung der Architektonik und strukturellen Gestalt gewonnen? Sicherlich kein Zugriff auf das »Wesen« von Verfassungen, wohl aber ein Blick für die von Verfassungstexten nicht immer freimütig offenbarten konstruktiven Spannungen und Kompromisse. Diese konfrontieren die Vorstellung von einer »Einheit der Verfassung«, gar einer »Einheit der Rechtsordnung«[53] mit der Frage, worin denn nun eine solche Einheit, an der

51 Ein markantes Beispiel ist die »Ewigkeitsklausel« des Art. 79 III GG, die bestimmte Gegenstände der Revision entziehen soll. Vgl. auch die Meta-Regel des Art. 146 GG, die in der Fassung von 1949 während der deutschen Einigung tragendes Argument der Befürworter einer Neukonstituierung der Bundesrepublik war und auch in der seit 1990 geltenden Fassung noch immer ein Argument für ein Verfassungsreferendum ist. Hierzu Baldus, *Zum Schicksal des Art. 146 GG* und H. Meyer, Das ramponierte Grundgesetz.

52 Ausführlich dazu Rödel/Frankenberg/Dubiel, Die demokratische Frage, Kap. III. Auch die Idee und Metapher einer »offenen Gesellschaft der Verfassungsinterpreten« (Häberle) läßt sich als Verweis auf die Gründung und Neugründung auslegen.

53 Hesse, *Grundzüge*, Rn. 18, 499; Stern, Staatsrecht I, 195 zum Prinzip der Einheit der Verfassung.

sich auch die Verfassungsinterpretation orientieren soll, bestehen könnte, und legen nahe, stattdessen davon auszugehen, daß auch der verfassungsrechtliche Horizont zwangsläufig offen ist.[54] Fragwürdig wird damit auch die These, eine Verfassung markiere die Waffenstillstandslinien in den jeweiligen Auseinandersetzungen der gesellschaftlichen Kräfte.[55] Zum einen ist historisch nicht ausgemacht, ob der vermeintliche Waffenstillstand nicht eigentlich eine verdeckte Kapitulation einer der Konfliktparteien enthält. Zum anderen entfalten Verfassungsnormen, selbst wenn sie sich als Klauseln eines Waffenstillstands interpretieren lassen, im Kraftfeld der Grundelemente einer Konstitution eine spezifische Dynamik, die jedenfalls *auch* der konstitutionellen Architektonik geschuldet ist. Das Normprogramm in seiner Offenheit und Unbestimmtheit dürfte neben sozialen und politischen Agenden in erheblichem Ausmaß also auch Spannungen einer mehr oder weniger austarierten Konstruktion zum Ausdruck bringen.

Das gilt insbesondere für das Zusammenspiel von Rechten/Grundsätzen, Werten/Pflichten und organisatorischen Regelungen. Gefahren für den konstitutionellen Bauplan drohen immer dann, wenn einem Element auf Kosten der anderen Geltung verschafft wird. Die Überbetonung von subjektiven (Grund-)Rechten kann zu einem Individualismus und moralischen Rigorismus führen, der das System der Rechte mit unerfüllbaren Erwartungen überfrachtet und so die diesem zugeschriebene Aufgabe gefährdet, eine Gesellschaft normativ zu integrieren. Schieben sich demgegenüber »objektive Werte« in den Vordergrund, die in den Mantel der Universalität gehüllt gleichwohl nur Normen einer partikularistischen Ethik zur Geltung bringen, wird die Idee der Selbstgesetzgebung, wonach alle Betroffenen zugleich Adressaten und Autoren der normativen Ordnung sein sollen, kompromittiert, und die Verfassung der Freiheit nimmt tendenziell fundamentalistische Züge an. Die Vereinseitigung der organisatorischen Regelungen schließlich, die sich von Erwägungen sowohl der Gerechtigkeit als auch des Gemeinwohls entkoppelt, legt eine Dominanz von Effektivitäts- und Stabilitätsaspekten nahe. Diese begünstigen eine Umwertung – genauer: Entwertung – der grundlegenden Konvention in eine Betriebsanleitung des Staates bzw. ein Manual für technokratische Herrschaft, das prima facie weder für den Zusammenhalt der Mitglieder einer Gesellschaft noch für die Legitimierung demokratischer Institutionen akzeptabel erscheint.

54 Vgl. dazu BVerfGE 1, 14/32 st. Rsp.; E 49, 24/56 m.w.Nachw.; Hesse, *Grundzüge*, Rn. 22ff. und 36ff.

55 Dazu Seifert, *Kampf um Verfassungspositionen*, 83ff.

Ob eine Verfassung als Organisationsakte die Einrichtung und Ausübung der öffentlichen Gewalt ins Zentrum rückt oder primär als Freiheitsordnung gedacht ist und das Schwergewicht auf die Verbürgung von Rechten legt, oder ob sie einen Wertekanon vorgeben soll, der die differierenden Vorstellungen eines guten Lebens unter einem Gemeinwohl-Dach vereint – in jedem Fall sehen Verfassungsnormen ein mehr oder weniger bestimmtes Handeln vor: Freiheiten müssen ausgeübt, Kompetenzen wahrgenommen, Werte realisiert, Pflichten erfüllt, organisatorische Regelungen institutionell umgesetzt und Meta-Regeln angewandt werden. Im Schnittpunkt von Rechten, Werten, Pflichten, Regelungen und Meta-Regeln taucht immer wieder ein einzelner oder kollektiver Akteur auf. Konsequenterweise spricht die Grundrechtstheorie daher auch von einem »status activus« bzw. einem »status constituens«.[56]

Dem aktivistischen Menschenbild korrespondiert das Bild der Gesellschaft als einer durch eine Vielzahl von Handlungen konstituierten »menschlichen Gemeinschaft«, die sich vorgenommen hat, ihre Entwicklung durch Gesetze selbst zu programmieren: »Wir, das Volk . . . verfügen hiermit« oder »Das französische Volk hat . . . sich entschlossen«. »Durch Gesetz werden geregelt: . . . die Bürgerrechte und die den Staatsbürgern zur Ausübung ihrer Freiheitrechte gewährten grundlegenden Sicherungen«. »Programmgesetze bestimmen die Ziele der wirtschaftlichen und sozialen Tätigkeit des Staates.«[57] Alle politische Gewalt geht »vom Volke aus« und wird von diesem »in Wahlen und Abstimmungen« und durch besondere, ihrerseits »geschaffene« Organe »ausgeübt«. Stets setzen Verfassungen autonome und handlungsmächtige Individuen voraus, deren Zusammenhandeln etwas hervorbringt – »Gesellschaft«, »Gemeinschaft« oder »Nation«, politische Institutionen, die öffentliche Gewalt oder den »Staat«. »Verfassung« wäre demnach der Inbegriff aller politisch-rechtlich ausgezeichneten Handlungen und Verfahrensweisen, durch welche sich eine Gesellschaft ausdrücklich ihrer Handlungsmacht versichert und zugleich die Formen der Selbsteinwirkung organisiert.

Wie eine Aktivbürgerschaft im Moment der Verfassungsgebung ihre Handlungssouveränität unter Beweis stellt und sich notfalls selbst belügt, um den Schein der Selbstgesetzgebung zu wahren,[58] so erinnern in der Folge alle anderen Freiheits- und Abwehrrechte, Teilnahme- und Teilhaberechte, Werte und Pflichten, Organisationsnormen und Meta-Regeln permanent an ihre

56 Jellinek, *System* und zur neueren Statuslehre Alexy, Theorie der Grundrechte, 242f.; Denninger, Staatsrecht II, Kap. IV und ders., Polizei in der freiheitlichen Demokratie, 33ff.
57 Art. 34 der Verf. der Franz. Rep. vom 28.9.1958 (Mayer-Tasch, *Verfassungen*, 196f.)
58 So das »Deutsche Volk« der alten und neuen Präambel des GG; dazu H. Meyer, Das ramponierte Grundgesetz m.w.Nachw.

Handlungsmacht. Die an die Menschen gerichtete Zumutung des Eigenhandelns, die sich abstrakt in den Losungen von Selbstbestimmung, Selbstorganisation und Selbstregierung äußert, prägt also Text und Sinn moderner Verfassungen, eben weil deren Vor-Schriften ohne die vorausgesetzte politische Autonomie der Individuen sinnlos wären. Moderne Verfassungen, die nicht nur das Überkommene – seien es Stände oder Zustände, Gebräuche oder ein tradiertes Sittengesetz – fortschreiben, sondern ein offenes Handlungsprogramm entwerfen, werden zu leerem Gerede, wenn diese menschliche Handlungsmacht – über die Verfassungsgebung und Verfassungsänderung hinaus – hinweggedacht werden muß.
Eben das ist aber die These von vor allem in letzter Zeit einflußreichen Theorien. Sie bestreiten, daß sich Individuen angemessen als Akteure und Gesellschaften angemessen als Ergebnis zahlloser intersubjektiver Handlungszusämmenhänge beschreiben lassen. Folglich bestreiten sie auch, daß sich eine Aktivbürgerschaft selbst politisch-rechtlich »verfassen« kann. Von der Antwort auf diese Thesen hängt ab, ob Verfassungen, die solche Beschreibungen vornehmen, heute, da politische Manifeste ihre beste Zeit hinter sich zu haben scheinen, nurmehr schlechte Ideologie sind.

(1) *Verfassung als strukturelle Kopplung von Recht und Politik*

Am radikalsten verabschieden Systemtheorien den Versuch, sich einer Gesellschaft in Augenhöhe der Individuen zu nähern. Soweit sie Gesellschaft als Produkt blinder Evolution, als Resultat des Zusammenwirkens von funktionalen Imperativen und Eigenlogiken oder anderen, dem handelnden Zugriff entzogenen Gesetzmäßigkeiten konzipieren, ist für Handlungszusammenhänge kein Raum. Vergesellschaftung findet vielmehr »hinter dem Rücken« der Individuen statt. Differenzierter wird das Bild in der von Luhmann am weitesten entwickelten Systemtheorie. Aus ihrer spezifischen Art und Weise, soziale Realität zu beschreiben und theoretisch zu verarbeiten, geht »Gesellschaft« als ein überkomplexes, nicht zentral zu steuerndes oder auch nur dezentral zu gestaltendes, ja nicht einmal von außen zu beobachtendes, sondern nur sich selbst beobachtendes System hervor, dessen Elemente Kommunikationen sind. Dieses System ist nur eines von vielen denkbaren Systemen, die sich in der Moderne funktional ausdifferenziert haben und sich nunmehr autopoietisch, als ganze und in ihren Elementen fortwährend selbstbezüglich reproduzieren. Sie gehorchen einem binären Schematismus, dessen Code der funktionalen Differenzierung geschuldet ist.[59] Gesellschaft und ihre Subsysteme,

59 Insbesondere Luhmann, *Soziale Systeme*; ders., *Verfassung* als evolutionäre Errungenschaft und zuletzt ders., Das Recht der Gesellschaft. Zur Kritik: Frankenberg, Unordnung kann sein, 690ff.

etwa Politik, Wirtschaft und Recht begreift diese Theorie als operativ geschlossene, *sich selbst formierende* Systeme.[60]
Für die oben in Umrissen skizzierte »aktivistische« Verfassungstheorie *kann* die Systemtheorie kein Verständnis haben. Aus der Distanz des die Welt – oder eigentlich nur deren Beobachtungen – beobachtenden Theoretikers sind Verfassungen nicht Handlungsentwürfe oder Selbstverpflichtungen; sie erscheinen vielmehr als evolutionäre Errungenschaft, denen das Unvermeidliche anhaftet: Sie sind das (fast) zwangsläufige Ergebnis sich selbst programmierender, höchst intelligenter Maschinen, deren Zweck die Perfektionierung ihrer Leistungen ist.[61] Verfassungen wären das Resultat einer langen soziokulturellen Entwicklung, in deren Verlauf sich Recht und Politik als selbstreferentiell geschlossene Systeme ausdifferenzieren. Sie reagierten demnach auf eine Differenzierung von Recht und Politik und den »Verknüpfungsbedarf«, der sich aus der Trennungen dieser beiden Funktionssysteme ergibt.[62] Als »strukturelle Kopplungen« stellen sie sicher, daß »Politik und Rechtspflege nur verfassungsmäßig und nicht anders miteinander umgehen«.
Eine angemessene Auseinandersetzung mit der Systemtheorie, wenn sie denn überhaupt möglich wäre, kann im Rahmen dieser Arbeit nicht geführt werden. Davon abgesehen ist fraglich, ob eine theoretische Debatte fruchtbar sein kann, wenn jede Kritik, die sich nicht auf das (systemtheoretische) Sprachspiel einläßt, zwangsläufig aus der Sicht dieser Theorie unter ihrem Niveau bleibt, also bestenfalls als ein momentan störendes Rauschen wahrgenommen wird. Unstreitig schärft die Systemtheorie jedoch den Blick für das Problem der funktionalen Differenzierung in modernen Gesellschaften, deren Voraussetzungen und Folgen auch Verfassungstheorien ernst nehmen müssen.
Fragwürdig ist zunächst der Absolutheitsanspruch, mit dem die große systemtheoretische Erzählung auftritt. Dieser gegenüber sind hier, eher beiläufig, Probleme und Differenzen zu markieren. Eine entscheidende Frage ist wohl, daß auf der systemtheoretischen Bühne die Subjekte nur auf der Objektseite auftreten. Als Autoren bleiben sie ebenso stumm wie die Verhältnisse, die Verfassungen verfassen.
Eine weitere Frage an die Systemtheorie drängt sich auf: Wie will eine Theorie, die sich doch ausschließlich auf das Beobachten, streng genommen: auf Selbstbeobachtung verlegt, den Sinn (und Unsinn) von Verfassungen begreifen, den die Teilnehmer der Verfassungsgebung ihr verleihen? Allein aus logisch-semantischen Gründen des – oder doch eines möglichen – Sinns von

60 Zur systemtheoretischen Staatstheorie: Luhmann, Politische Theorie im Wohlfahrtsstaat und zuletzt Willke, Ironie des Staates (Frankfurt/Main 1992); zur Rechtstheorie: Luhmann, Rechtssoziologie; ders., Die Codierung des Rechtssystems u. Die soziologische Beobachtung des Rechts sowie die zahlreichen Arbeiten von Teubner, vor allem: Reflexives Recht, 13ff. und Recht als autopoietisches System.
61 Zur Kritik: Lyotard, Das postmoderne Wissen, 42.
62 Luhmann, *Verfassung*, 180.

Verfassungen als Selbstbeschreibung von Gesellschaften und als Ermächtigung der Subjekte zum erstmaligen und dann fortgesetzten Akt einer Verfassungsgebung muß sich eine Verfassungstheorie, wohl oder übel auf die Augenhöhe dieser Subjekte begeben. Schließlich setzt sich die Welt, wie andere soziologische Theorien plausibel darlegen, nicht (jedenfalls nicht nur) aus Systemen, sondern aus Gruppen, Netzwerken und Organisationen zusammen[63], in denen individuelle, kollektive und korporative Akteure auftreten, Verhandlungen stattfinden und die gesellschaftlichen Akteure nicht wie willenlose Amöben frei oder unfrei flottieren, vielmehr in Sphären mehr oder minder selbstbestimmten Handelns bei der Durchsetzung von Interessen oder Lösung von Problemen zumindest sporadisch und in Einzelfällen ihre relative Autonomie und Handlungsfähigkeit unter Beweis stellen. Eine Verfassungstheorie, die von handlungsfähigen Akteuren und Teilnehmern, Kompromissen und Regeln spricht, dürfte daher kaum allen Kontakt zur Realität verloren haben. Freilich muß sie sich stets vergewissern, wie es mit der tatsächlichen Handlungsfähigkeit und Autonomie in einer immer auch von Netzwerken und (formalen) Organisationen, Institutionen und Systemen geprägten Welt bestellt ist.

(2) *Verfassung als Vermittlung zwischen Zivilgesellschaft und parlamentarischem Komplex*

Von der Systemtheorie unterscheidet sich ein auf mittlerer Abstraktionshöhe angesiedelter Ansatz, der zwischen System- und Handlungstheorie vermitteln will. Seine Grundlagen, Diskursethik und Theorie kommunikativen Handelns, verbinden sich zwanglos mit der Vorstellung sprach- und verständigungsmächtiger Subjekte, die in der Lebenswelt als »Assoziation freier und gleicher Individuen . . . ihr Zusammenleben auf dem Wege demokratischer Willensbildung selber regeln« können.[64] In der Weiterentwicklung seines Theorieprogramms hat Habermas allerdings von der sich hier noch relativ ungehemmt äußernden aktivistischen Imagination ein wenig Abstand genommen.[65] Zwar hält er im Prinzip an der gegen die Systemtheorie gerichteten Kritik der Vorstellung einer »anonymen Gesellschaft ohne Subjekt« fest, entrichtet aber an die Systemtheorie einen beachtlichen Tribut, um der vermeintlichen »Systemblindheit einer normativen Demokratietheorie« zu entgehen.[66] Letzteres soll vor allem dadurch geschehen, daß die zentralen Bereiche der

63 Vgl. nur Mayntz, *Policy-Netzwerke* und Scharpf, Positive und negative Koordination in Verhandlungssystemen jeweils m.w.Nachw.
64 Habermas, Theorie kommunikativen Handelns und ders., Die neue Intimität zwischen Kultur und Politik, in: ders., Die nachholende Revolution, 15.
65 Habermas, Faktizität und Geltung, bes. 167ff. und ders., Volkssouveränität als Verfahren, in: Faktizität und Geltung, 600ff.
66 Habermas, Volkssouveränität als Verfahren, 620.

gesellschaftlichen Reproduktion, nämlich die Ökonomie und mit Einschränkungen auch die öffentliche Verwaltung als Systeme »mediengesteuerter Interaktionen«, weitgehend aus der normativen Zumutung und faktischen Möglichkeit demokratischer Verständigung und Gestaltung entlassen werden. Freilich nimmt neuerdings das Recht eine »eigentümliche Doppelstellung und Vermittlungsfunktion . . . zwischen einer über kommunikatives Handeln reproduzierten Lebenswelt einerseits und gesellschaftlichen Funktionssystemen, die füreinander Umwelten bilden, andererseits«.[67] Der Rechtscode »hält nicht nur Anschluß ans Medium der Umgangssprache, über das die sozialintegrativen Verständigungsleistungen der Lebenswelt laufen; er bringt auch Botschaften dieser Herkunft in eine Form, in der sie für die Spezialkodes der machtgesteuerten Administration und der geldgesteuerten Ökonomie verständlich bleiben«[68]. Dem Recht, genauer: der rechtsbezüglichen Kommunikation und dem »Rechtshandeln«, wird damit eine Scharnierfunktion zwischen System und Lebenswelt zugeschrieben. Diese sollte allerdings nicht mit der »Idee einer über Gesetze programmierten Selbsteinwirkung« kurzgeschlossen werden und etwa das »überanstrengte Projekt der Selbstorganisation der Gesellschaft« bemühen.[69] Denn auch das Zugeständnis, daß in »subjektlosen Kommunikationskreisläufen«, also in »anonymer Form« kommunikative Macht erzeugt werden kann, bestreitet nicht die Existenz eines »faktischen Machtkreislaufs« und eines außerhalb des Zugriffs der Subjekte und ihrer Assoziationen liegenden »systemischen Eigensinns« von Bürokratie und Ökonomie.[70]

Den assoziierten Individuen wird die ebenso schmale wie problematische Handlungsperspektive zugewiesen, an den Systemgrenzen ihre »kommunikative Macht . . . im Modus der Belagerung (auszuüben)«, allerdings »ohne Eroberungsabsicht«.[71] In »Faktizität und Geltung« geht Habermas von der Eroberungsmetapher ab und spricht stattdessen vom »Zusammenspiel einer zivilgesellschaftlich basierten Öffentlichkeit mit der rechtsstaatlich institutionalisierten Meinungs- und Willensbildung im parlamentarischen Komplex«.[72] Demnach wäre Gesellschaft im Prinzip also nur unterhalb oder außerhalb der ökonomisch-administrativen Systemebene in der Sphäre der deliberativen Politik dem gestaltenden Handeln der Subjekte zugänglich. Daß in der rechts-

67 Habermas, Faktizität und Geltung, 78.
68 Habermas, Faktizität und Geltung, 108.
69 Habermas, Volkssouveränität als Verfahren, 621 u. 628.
70 Habermas, Faktizität und Geltung, 170 u. Volkssouveränität als Verfahren, 621f.
71 Habermas, Volkssouveränität als Verfahren, 626 und ders., Nachholende Revolution und linker Revisionsbedarf: Was heißt Sozialismus heute?, in: Die nachholende Revolution, 179ff/199. Zur Kritik: McCarthy, *Komplexität und Demokratie* – die Versuchungen der Systemtheorie, in: Honneth/Joas, Kommunikatives Handeln, 177ff. und Rödel/Frankenberg/Dubiel, Die demokratische Frage, 155ff. und Frankenberg, Unordnung kann sein, 690ff.
72 Habermas, Faktizität und Geltung, 448.

theoretischen Vertiefung der Theorie kommunikativen Handelns nun auch der Begriff der Zivilgesellschaft auftaucht, kommt wohl aus der Entwicklungsgeschichte dieser Theorie, nicht aber ihrer internen Logik überraschend. Ihre Bedeutung erschöpft sich in einer »soziologischen Übersetzung des Begriffs deliberativer Politik«, die zwar das skizzierte Theoriemodell nicht durchgreifend verändert, jedoch eine beachtliche Handlungssphäre offen hält.[73]

(3) *Verfassung als Zuschreibung von Handlungsmacht*

Senkt man nun das Abstraktionsniveau ganz auf die Augenhöhe der Akteure und nimmt damit die Perspektive der Verfassungen ein, so kommen die Individuen ins Bild, die nicht nur immer schon systemisch inkludiert oder von formalen Organisationen aufgesogen sind oder Systemgrenzen nur belagern können. Dieser Perspektivenwechsel, der die Theorie ganz auf die Individuen als aktive Teilnehmer am gesellschaftlichen Leben, auch an der Verfassungsgebung, -änderung und -auslegung einstellt, läuft Gefahr, einmal mehr das allmächtige Subjekt zu inthronisieren. Alles – die Systeme, ihre Grenzen, vorfindliche gesellschaftliche Institutionen und Strukturen, wie etwa das Privateigentum und Herrschaft des Kapitals, vermachtete Öffentlichkeit und machtvolle staatliche Bürokratie, – wären diesem Subjekt, wenn es doch nur richtig handeln wollte, verfügbar. Jedenfalls wäre es nicht nur Zuschauer deren gleichsam naturwüchsiger Evolution oder Opfer deren von außen nicht zu erschütternder Reproduktion. Emphatisch würde sich die Theorie über den »Niedergang des Individuums«, gar den »Tod des Subjekts«[74] hinwegsetzen und könnte mit Hannah Arendt apodiktisch formulieren: »Alle dem Leben zugeschriebenen schöpferischen Qualitäten . . . sind in Wahrheit einzig der Fähigkeit zu handeln geschuldet.«[75] Das ginge wohl zu weit.

Weder mit Emphase noch mit der bloßen Normierung von verfassungsrechtlichen Handlungskompetenzen[76] läßt sich freilich die Vorstellung vom Individuum als eines handelnden Subjekts beglaubigen. Wenn hier von Akteuren[77] die Rede ist, so soll damit nicht mehr gesagt werden, als daß den Individuen in der Moderne die Gestaltung ihrer privaten Lebensverhältnisse und politischen Ordnung *zugemutet* wird, und daß sie diese Zumutung – unter anderem in

73 Vgl. Habermas, Faktizität und Geltung, 443/448.

74 Zur Desillusionierung über die Lage des Subjekts: Foucault, Les mots et les choses; Lipovetsky, L'ère du vide, bes., 49ff. und 113ff.; Beaudrillard, Cool Memories, 19ff.

75 Arendt, Macht und Gewalt, 81f.

76 Böckenförde spricht vom Menschen als eines »in (rechtliche) Freiheit gesetzte(n) Individuum(s), das seine Bestimmung selbst suchen und wählen, sie aber auch verfehlen kann, ohne vom Recht eine Vorgabe für diese Wahl zu erhalten«. Das Bild vom Menschen, in: ders., Recht Staat Freiheit, 60.

77 Im Sinne der Terminologie von Touraine, Le retour de l'acteur, insbes. 107ff. In Touraines Konzeption stehen soziale Konflikte und soziale Bewegungen im Mittelpunkt. Vgl. auch Touraine, The Self-Production of Society, passim.

Verfassungen – annehmen, aber auch verweigern können. Hierfür sind die Formeln, welche die Akte der Verfassungsgebung begleiten, und verfassungsmäßig verbürgte Handlungs- und Kommunikationsfreiheiten nicht mehr als ein Indiz. Daß diese Zumutung kein abwegiger theoretischer Einfall, sondern historisch aufweisbar ist, soll ausführlich im nächsten Kapitel dargelegt werden. An dieser Stelle geht es zunächst nur darum, die handlungstheoretische Perspektive für die Zwecke einer Verfassungstheorie einzuführen und zu verteidigen.

Gewiß, diese Perspektive bereitet erhebliche Schwierigkeiten, die nicht allein von der »schlechten Realität«, von der Tendenz der modernen Gesellschaft, alle Attribute von Individualität zu negieren[78] und Handlungsmöglichkeiten abzuschneiden, herrühren, sondern vom Charakter des Handelns selbst. Handeln und Sprechen sind wenig greifbar, da sie sich in dem Bereich bewegen, der zwischen den Menschen liegt; sie stellen die Bezüge her, die Menschen miteinander verbinden und zugleich voneinander trennen. Sie fügen sich ein in ein Bezugssystem, »das sich überall bildet, wo Menschen zusammenleben«, und das dem einzelnen Handeln vorausliegt. Anschaulich schreibt Hannah Arendt, daß Neuanfänge »wie Fäden sind, die in ein bereits vorgewebtes Muster geschlagen werden und das Gewebe so verändern, wie sie ihrerseits alle Lebensfäden, mit denen sie innerhalb des Gewebes in Berührung kommen, auf einmalige Weise affizieren«.[79] Und erst wenn die Fäden zuende gesponnen sind, treten klar erkennbare Muster hervor und lassen sich am Ende in der narrativen Form einer Lebensgeschichte erzählen. Der jeweils vorgefundene interaktive Kontext sorgt dafür, daß Zwecke und Ziele nicht wie intendiert verwirklicht werden können. Die »Unabsehbarkeit der Folgen« gehört zum Verlauf der von jedem Handeln unweigerlich erzeugten Geschichte.[80]

Mithin verbietet sich die naive und egozentrische Vorstellung vom Subjekt als eines unmittelbaren und souveränen Gestalters seiner (!) Verhältnisse[81] oder auch als Autors seiner Lebensgeschichte: Denn obwohl »erzählbare Geschichten die eigentlichen ›Produkte‹ des Handelns und Sprechens sind, und wiewohl der Geschichtscharakter dieser ›Produkte‹ dem geschuldet ist, daß handelnd und sprechend die Menschen sich als Personen enthüllen und so den ›Helden‹ konstituieren, von dem die Geschichte handeln wird, mangelt der

78 Vgl. dazu die unterschiedlichen, auch unterschiedlich dramatischen Diagnosen von Horkheimer, Zur Kritik der instrumentellen Vernunft, 124ff.; Foucault, Überwachen und Strafen; Elias, Über den Prozeß der Zivilisation; Lyotard, Das postmoderne Wissen und Beaudrillard, Cool Memories.

79 Vgl. hierzu und zum folgenden Arendt, *Vita activa*, 171ff/174.

80 Und erzeugt jene Spannung, »mit der wir den Ausgang der Geschichte erwarten« und uns an der Zukuft orientieren – wohl wissend, »daß das allein sichere Ende dieses Zukünftigen der eigene Tod ist.« (*Vita activa*, 184).

81 Eine komprimierte Darstellung der Subjektkritik liefert Frug, Decentering Decentralisation.

Geschichte selbst gleichsam ihr Verfasser. Jemand hat sie begonnen, hat sie handelnd dargestellt, aber niemand hat sie ersonnen.«[82] Handlungsprozesse erhellen sich erst dann, wenn sie zum Abschluß gekommen und erzählbar geworden sind. So hätten auch Verfassungen keinen Verfasser, jedenfalls keine einmal auftretenden Stifter oder »Gründungsväter«.[83]

Wenn hier von Handlungsfähigkeit und Handlungsmacht die Rede ist, so handelt es sich dabei also nicht um »die schlichte einfache Projektion der großen souveränen Macht auf die Individuen«[84] oder um die nicht nur von Feministinnen zu Recht kritisierte Einbildung des Menschen/Mannes als des »Herrn der Geschichte« und des »souveränen Subjekts der theoretischen und praktischen Vernunft«.[85] Das Individuum als Adressat der aktivistischen Zumutung, das in gesellschaftlicher Praxis seine Autonomie realisiert – diese Vorstellung widerspricht durchaus nicht der Entmystifizierung des männlichen Subjekts von Vernunft und Autonomie. Denn es läßt sich in den kontingenten geschichtlichen Veränderungen und kulturell unterschiedlichen sozialen und sprachlichen Praktiken situieren. Der Akteur, den diese Verfassungstheorie vor Augen hat, ist weder ein transzendentes noch (heimlich) männliches noch präsoziales Wesen. Freilich auch nicht nur eine »Position in der Sprache«[86]. Das Individuum konstituiert und verändert sich vielmehr in intersubjektiven Zusammenhängen – auch in Assoziationen und sozialen Kämpfen – und gewinnt aus diesen seine Individualität. Gewinnen heißt hier, zugleich in der Lage sein, wenngleich nicht grenzenlos, eben jene Erfahrungen und Werte reflektieren zu können, die seine Sozialisation bestimmt haben. Das »postsoziale« Selbst als in Gesellschaft autonom zu bezeichnen, bedeutet also nur, darauf hinzuweisen, daß dieses sich von den überkommenen, auf Dauer angelegten uneingeschränkten Bindungen, wie Stand oder Herkunft befreien *kann*. Dieses Selbst bleibt in der Gesellschaft – wo sonst? Und lebt nicht im ausgedachten Reich der Autonomie. An den tatsächlichen Handlungschancen, an den Möglichkeiten politischer Beteiligung, an der Bereitschaft, sich zu kollektiven Aktionen zusammenzuschließen, lassen sich die Fragmentierung der Gesellschaft ebenso wie strukturelle Hindernisse aufweisen, die der Realisitung der aktivistischen Zumutung im Wege liegen.[87]

82 Arendt, *Vita activa*, 175.
83 Zur Kritik der Gründungsmythen vgl. die Beiträge in Adam/Stingelin, *Übertragung und Gesetz*.
84 Foucault, Dispositive der Macht, 71.
85 Vgl. Benhabib, *Situating the Self*, bes. Kap.II und zuletzt Butler, Das Unbehagen der Geschlechter sowie die Beiträge in Benhabib et al., Der Streit um die Differenz. Zur Kritik des »zentrierten Subjekts« und zu einer Alternative vgl. Frug, Decentering Decentralization, 258ff.
86 Flax, *Thinking Fragments*, 32.
87 Walzer, *Die kommunitaristische Kritik*, 179.

1.5 *Verfassung als Konstitution eines öffentlichen Raumes*

Im Unterschied zur Fertigung von industriellen Produkten oder zur baulichen Gestaltung konstituieren Handeln und Sprechen in der Arendtschen Theorie einen symbolischen Raum. Sie vollziehen sich zwischen Menschen in engem Zusammenhang zur öffentlichen Sphäre, die die Akteure »gemeinsam bewohnen«; sie sind »diejenigen Tätigkeiten, die einen öffentlichen Raum überhaupt erst hervorbringen«.[88] Die öffentliche Sphäre, auch politische Öffentlichkeit genannt, ist jener Raum, dessen die Menschen bedürfen, »um überhaupt in Erscheinung treten«[89] und sich sprachlich zur Geltung bringen zu können. Dieser Raum, obwohl doch existentiell notwendig, entzieht sich dem unmittelbaren und naiven kognitiven Zugriff und belastet die handlungstheoretische Sicht mit einem zusätzlichen Mangel an Anschaulichkeit.

Das gilt zunächst für die Frage, wie dieser Raum zur Entstehung kommt, wo wer zu finden ist, und was im Laufe der Zeit mit ihm passiert. Eine *mögliche* Antwort findet sich in den politischen Überlegungen Hannah Arendts. Kommunikative Macht ›produziert‹ den öffentlichen Bereich und erhält ihn zugleich am Leben. Macht, verstanden als Machtpotential, »besitzt eigentlich niemand, sie entsteht zwischen Menschen, wenn sie zusammen handeln, und sie verschwindet, sobald sie sich wieder zerstreuen.«[90] Macht geht daher zurück auf die menschliche Fähigkeit, sich mit anderen zu assoziieren und »im Einvernehmen mit ihnen zu handeln. Über Macht verfügt niemals ein Einzelner; sie ist im Besitz einer Gruppe«[91]. Konstitutiv für Macht ist demnach die »Meinung, auf die sich viele öffentlich geeinigt haben«[92]. Im Gegensatz zur Gewalt entspringt »Macht der menschlichen Fähigkeit, nicht nur zu handeln oder etwas zu tun, sondern sich mit anderen zusammenzuschließen und im Einvernehmen mit ihnen zu handeln.«[93] Also tritt Gewalt mit der ihr eigentümlichen strategischen Rationalität immer dort auf, »wo Macht verloren ist.«[94]

Diese Konzeption von kommunikativer – entstehender und vergehender –

88 Arendt, *Vita activa*, 193.
89 Arendt, *Vita activa*, 202.
90 »Was den Institutionen und Gesetzen eines Landes Macht verleiht, ist die Unterstützung des Volkes, die wiederum nur die Fortsetzung jenes ursprünglichen Konsenses ist, welcher Institutionen und Gesetze ins Leben gerufen hat . . . Alle politischen Institutionen sind Manifestationen von Macht; sie erstarren und verfallen, sobald die lebendige Macht des Volkes nicht mehr hinter ihnen steht und sie stützt.« Arendt, Macht und Gewalt, 42; vgl. auch Arendt, *Vita activa*, 194; so auch Rödel/Dubiel/Frankenberg, Die demokratische Frage, Kap. III. Zur Kritik: Habermas, Hannah Arendts Begriff der Macht, 103ff. In »Faktizität und Geltung« hat sich Habermas der Arendt'schen Konzeption angenähert (vgl. S.182ff).
91 Arendt, Macht und Gewalt, 45.
92 Arendt, Über die Revolution, 96.
93 Arendt, Macht und Gewalt, 45.
94 Arendt, Macht und Gewalt, 55.

Macht widerspricht jeder quasi-naturalistischen oder positivistischen Auffassung von Macht als geronnener Struktur und Ausdruck der »harten sozialen Realität«. Sie könnte sich daher den Vorwurf zuziehen, sie sei herrschaftssoziologisch blind. Dieser Vorwurf gründet in der Ineinssetzung von Macht und Gewalt bzw. Macht und Herrschaft. Nicht nur für Zwecke der Verfassungstheorie spricht aber vieles dafür, diese begrifflich zu differenzieren. Denn zum einen kann die Legitimität und Stabilität demokratischer Verfassungen schwerlich Gewehrläufen entspringen oder durch die harte Hand eines Herrschers gesichert werden, wie wohlwollend dieser auch sein möge.[95] Zum anderen unterscheidet sich auch phänomenologisch die intersubjektiv erzeugte, von Verständigung und Zusammenhandeln abhängige Macht sehr wohl von der in Strukturen eingelassenen (strukturellen) oder handgreiflich »nackten« Gewalt, die nicht auf Einverständnis, sondern auf Unterwerfung aus ist und sich damit begnügt, daß ihre eingeschüchterten oder manipulierten Adressaten sie erdulden. Macht und Gewalt bringen also unterschiedliche Formen der sprachlich vermittelten gesellschaftlichen Beziehungen auf ihren jeweils angemessenen Begriff. Während kommunikative Macht nur entstehen kann, wenn sich die Parteien eines Konflikts bei aller Verschiedenheit grundsätzlich als in gleicher Weise Berechtigte respektieren, also sich wechselseitig anerkennen, impliziert Gewalt demgegenüber eine normative und faktische Asymmetrie und Ungleichheit zwischen denen, die sie ausüben oder beanspruchen, und denen, die sie ungewollt erleiden. Gewalt stellt eine besonders intensive Form der Mißachtung der physischen und psychischen Integrität anderer dar. Im übrigen versteht sich von selbst, daß Machtverhältnisse von Herrschaftsverhältnissen abgelöst werden oder umgekehrt, letztere sich in Verhältnisse kommunikativer Macht verwandeln können.

Ein zweiter Einwand gegen die Idee kommunikativer Macht könnte sich sogleich hieran anschließen und besagen, sie verleite dazu, die realen Herrschaftsverhältnisse zu negieren oder, schlimmer noch, ideologisch zu verhüllen. Hiergegen ist zu sagen, daß auch die herrschaftssoziologische Sicht, sobald sie die lakonische Realanalyse oder eine sich auf das zynische Beobachten verlegende Beschreibung hinter sich läßt, zumindest implizit auf eine Vorstellung von kommunikativ erzeugter oder erzeugbarer Macht und auf Formen der – wie auch immer schwachen – wechselseitigen Anerkennung zurückgreifen muß. Gemessen daran läßt sich erst kritisieren, daß Zustimmung erzwungen oder erschlichen wird, daß Kommunikationsstrukturen verzerrt und die Sphären der öffentlichen Kommunikation vermachtet sind, daß strukturelle Benachteiligung und nicht Gleichheit den Zugang zu den öffentlichen Foren regeln und das Ergebnis öffentlicher Debatten auf systematischer

95 Illustrieren läßt sich dies recht aktuell an der Herrschaftspraxis des russischen Präsidenten Jelzin und der von ihm oktroyierten Verfassung.

Desinformation, Ignoranz oder jedenfalls ungleichen Äußerungschancen beruht, die nicht kommunikative Macht, sondern Herrschaftsverhältnisse etablieren. Wer letztere kritisiert, tut dies zwangsläufig, wenngleich oft nur hintergründig, auf der Folie gleicher Handlungs- und Kommunikationsfreiheit und strikter Horizontalität im Verhältnis der sich wechselseitig in ihrer Differenz als politisch Gleiche anerkennenden Bürgerinnen und Bürger.

Ein dritter Einwand richtet sich gegen die Vorstellung von Öffentlichkeit. Diese wird häufig mit der liberalen Idee eines »Marktes der Meinungen« identifiziert und führt dann zu der Kritik, daß das Bild einer derart einheitlichen, kompakten und friedlichen Öffentlichkeit die gesellschaftliche Realität in unangemessener Weise idealisiere und verzeichne. Diese Kritik ist in der Tat grundsätzlich zutreffend,[96] läuft aber hier ins Leere. Die hier angestellten Überlegungen gehen gerade von einer auch empirisch aufweisbaren Pluralität öffentlicher Arenen und Foren aus, die (a) unterschiedlich konstituiert werden – etwa als politisch-rechtliche, massenmediale oder selbstorganisierte Öffentlichkeiten, die (b) intern unterschiedlich strukturiert (etwa segmentiert oder polarisiert) und (c) unterschiedlich nach außen aufeinander bezogen sind, wie etwa subversive oder separatistische Öffentlichkeiten, die sich gegen die anderen abschotten, um ihre eigene Sprache oder eine kollektive Identität zu entwickeln, oder andere, die Anschluß suchen, um »offizielle« oder Gegen-Öffentlichkeit für einen bis dahin vernachlässigten Bereich herzustellen. Von der alten aufklärerischen Idee einer einheitlichen Öffentlichkeit[97] bleibt nunmehr ein Restanspruch, nämlich daß die segmentierten Öffentlichkeiten sich nicht gänzlich gegeneinander abschotten, sondern an ihren Grenzen durchlässig genug sind, um dadurch zumindest punktuelle, minimale grenzüberschreitende Verständigungen zulassen, die eine ausschließlich selbstbezügliche, autistische Kommunikation der jeweiligen Akteure verhindern[98]. Wenn von einem öffentlichen Raum die Rede ist, so ist damit zunächst nur die symbolische Ebene bezeichnet, auf der Akteure mit ihren partikulären Forderungen in Erscheinung treten müssen, wenn sie allgemein als »legitim« zur Geltung kommen wollen. In der Ausübung der Freiheiten politischer Kommunikation wird dieser Raum konstituiert; d.h. seine Grenzen unterliegen einem Prozeß fortwährender Veränderung. Die institutionalisierten Verfahren politischer Willens- und Entscheidungsbildung setzen seine Existenz voraus. Ohne Öffentlichkeit keine rechtliche Anerkennung.

96 Zur Fragmentierung und Segmentierung der öffentlichen Sphäre vgl. die empir. Untersuchung von Rödel et al., Wandel des Demokratieverständnisses – Forschungsbericht (unv. Ms. Ffm 1993).

97 Ausführlich dazu Habermas, Strukturwandel der Öffentlichkeit, bes. Kap. I und III.

98 Am Beispiel der Interaktion von selbstorganisierten Öffentlichkeiten, Medienöffentlichkeit und politisch-rechtlich institutionalisierten Öffentlichkeiten könnte diese Porosität bzw. Grenzüberschreitung in einem Forschungsprojekt empirisch nachgewiesen werden; vgl. Rödel et al., Wandel des Demokratieverständnisses.

Dies, so die feministische Kritik, privilegiere eine männliche Form von Politik, die sich in einer männerdominierten Provinz abspiele und die durch geschlechtsspezifische Arbeitsteilung geprägte Lebenssituation von Frauen mißachte und die durch einen verschwiegenen »sexual contract« begründete patriarchalische Herrschaft leugne.[99] Das historische Material, mit dem sich diese Thesen valutieren lassen, ist in der Tat erdrückend, wenngleich ambivalent. Es belegt die Aussperrung von Frauen vor und neben anderen sozialen Gruppen aus der offiziellen Sphäre des Politisch-Öffentlichen. Entgegen der Verheißung von gleicher Freiheit leb(t)en Frauen in einem Zustand zu ihrem Nachteil halbierter Menschenrechte. Es belegt ferner die Schwierigkeiten, die asymmetrische geschlechtsspezifische Arbeitsteilung und allfällige Diskriminierungen zu einem öffentlichen Thema zu machen und zu ändern bzw. abzuschaffen. Allerdings beglaubigt die Geschichte der politischen Freiheiten (insbesondere des Wahlrechts), der Gleichheit und der politischen Kämpfe um öffentliche Anerkennung zugleich die nicht diametral entgegengesetzte These, daß in demokratischen Republiken letztlich kein Weg an der Veröffentlichung von Forderungen vorbeiführt, sollen diese in einer Gesellschaft durchgesetzt werden.
Mit Recht ist im übrigen darauf hingewiesen worden, daß die These, Frauen seien aus der Öffentlichkeit schlechthin ausgeschlossenen gewesen, ebenso Ideologie ist wie das Bild eines allseits zugänglichen Meinungsmarktes. Denn zum einen hat *die* Öffentlichkeit als solche nie existiert; zum anderen war auch die sogenannte bürgerliche Öffentlichkeit, die »Sphäre der zum Publikum versammelten Privatleute«[100] immer schon begleitet von subversiven oder Gegen-Öffentlichkeiten der Frauen, Handwerker, Intellektuellen und anderer im Rahmen der Mehrheitsherrschaft und der Mehrheitskultur jeweils entrechteten und mißachteten Gruppen, in denen diese ihre eigenen Protestformen entwickelten und Machtbasis aufbauten, um Parität zu erreichen, jedenfalls sich Gehör zu verschaffen.[101] Die Geschichte liefert außerdem hinreichend Anschauungsmaterial dafür, daß Männer, Besitzende oder andere Privilegierte den öffentlichen Raum nicht zeitlich unbegrenzt als ihr Eigentum gegen das Eindringen anderer Gruppen abschotten konnten, wenn diese tatkräftig, nachhaltig und selbstbewußt mit den »Listen der Ohnmacht«[102], mit konventionellen oder unkonventionellen Protestformen von ihrer Freiheit Ge-

99 Zur Kritik der Öffentlichkeit: N. Fraser, *Unruly Practices*, bes. 113ff.; dies., Rethinking the Public Sphere, 109ff.; Landes, *Women and the Public Sphere*. Zur geschlechtsspezifischen Arbeitsteilung und Herrschaftsbegründung: Pateman, The Sexual Contract; Young, Impartiality and the Civic Public, 57ff. Vgl auch M. J. Frug, Postmodern Legal Feminism.

100 Ausführlich hierzu Habermas, Strukturwandel der Öffentlichkeit und ders., Faktizität und Geltung, 443.

101 Fraser, Rethinking the Public Sphere, 116ff. und Landes, *Women and the Public Sphere*, 93ff.

102 Anschaulich dazu die Beiträge in Honegger/Heinz, *Listen der Ohnmacht* und Landes, *Women and the Public Sphere*, passim.

brauch machen. Andererseits hatten Gegenöffentlichkeiten, die separatistisch als Enklave konzipiert waren, über kurz oder lang eine »publizistische«, auf Veröffentlichung angelegte Tendenz. Sie bestätigen damit, daß alles, was gesellschaftlich von Bedeutung sein und Politik werden soll, irgendwann auf der öffentlichen Bühne erscheinen oder daß das »Licht der Öffentlichkeit« in Zonen quasi privater Herrschaft hineinleuchten muß.[103]

Die hier verteidigte Vorstellung von Öffentlichkeit ist nicht wohlfeile Lyrik. Sie nimmt sehr wohl die handlungsprägende und -verhindernde Gewalt geronnener Strukturen und die Vermachtung der Öffentlichkeit wahr. Ihr ist durchaus bewußt, daß einmal geschaffene Institutionen die Tendenz haben, sich zu verfestigen. Sie verkennt nicht, daß Handlungen sich zu Routinen einschleifen können, die unabhängig von Intentionen gleichsam im Selbstlauf fortexistieren. Schließlich versperrt sie sich nicht gegenüber der trivialen Einsicht, daß Handlungen nicht-intendierte Folgen haben. Allerdings lassen sich solche Folgen nicht ohne Bezugnahme auf bestimmmte Handlungen und Motive erkennen. Ebenso läßt sich die Herausbildung von Routinen, Institutionen und Strukturen nicht ohne das Zutun oder wenigstens das stille Dulden handelnder Subjekte erklären. Zur Illustration sei nur auf das Schicksal totalitärer Herrschaftsapparate verwiesen, die in der Theorie bis vor wenigen Jahren noch als völlig handlungsunabhängig gedacht wurden, weil sie mit eiserner Faust die Bevölkerungen des real existierenden Sozialismus im Griff zu haben schienen. Vereinzelte Dissidentengruppen zuerst, später massive Protestbewegungen konnten diese ehernen Gehäuse zum Einsturz bringen, wobei der desaströse Zustand der Ökonomien und die von oben oktroyierte und zeitweilig kontrollierte Perestroika in der Sowjetunion kräftig Einsturzhilfe leisteten. In vergleichbarer Weise zeigt heute auch die Installierung kapitalistischer Marktwirtschaften in ost- und den zentraleuropäischen Ländern, geradezu wie in der Retorte, daß selbst die Ausbreitung des Weltwirtschaftssystems, zwar dessen Dynamik, aber keiner blinden Logik gehorcht, sondern prinzipiell immer auch politischen Entscheidungen zugänglich ist. Diese Erfahrungen sollten nicht dazu verleiten, in naiver Konfrontation mit der Systemtheorie oder der Foucault'schen Machtkritik nunmehr vom allmächtigen Subjekt zu schwärmen und seine faktische Handlungskompetenz unbesehen in den Mittelpunkt einer demokratischen Verfassungstheorie zu rücken. Andererseits besteht kein Grund, den vorfindlichen ökonomischen Zwängen, den zähsterbigen patriarchalischen Privilegienstrukturen und auch den durch Medien vermittelten Herrschaftsverhältnissen – aus politischer Erschöpfung, aus enttäuschter revolutionärer Begeisterung, aus einem Mangel an sozialer Phantasie oder aber im hämischen Triumph über das gescheiterte staatssozialistische

103 So auch Castoriadis, *Die griechische polis*, 314.

Projekt – die Dignität quasi-natürlicher, auf Dauer gestellter Gegebenheiten zu verleihen.

Eben das tun diejenigen, die zur liberal-demokratischen Regierungsform und ihrem Zwilling, der kapitalistischen Konkurrenzökonomie nebst wohlfahrtsstaatlicher Bürokratie keine Alternative sehen, daher umgehend das Ende der Geschichte ausrufen und damit den historischen Horizont abschließen wollen.[104] Statt diese zu evolutionären Universalien zu stilisieren und sie ein für allemal aus den dynamischen Veränderungsprozessen der Moderne herauszuheben, erscheinen sie aus handlungstheoretischer Sicht als gewiß machtvolle, aber nicht gänzlich souveräne, vom Handeln der assoziierten Individuen abgelöste Gebilde auf Zeit, die im übrigen von neuen politischen Strömungen herausgefordert werden[105]. Statt das Ableben dieser Strukturen und Institutionen mit dem Präfix »Spät-« oder »Post-« herbeizubeschwören, dürfte es aussichtsreicher sein, die politisch-rechtlichen Bedingungen ihrer Entstehung und Veränderung zu untersuchen. Zu diesem Zweck wird im folgenden Abschnitt die Idee der Zivilgesellschaft eingeführt und unter Rückgriff auf deren Bedeutungs- und Begriffsgeschichte für eine zeitgemäße und praktische verfassungstheoretische Verwendung konturiert.

104 Vgl. F. Fukuyama, The End of History, 3ff. und ders., *Das Ende der Geschichte*. Ausführlich hierzu P. Anderson, Zum Ende der Geschichte und Frankenberg, Auf der Suche nach der gerechten Gesellschaft, Kap. I.

105 Auf den Fundamentalismus und die vergleichsweise milde Herausforderung durch die Kommunitaristen wird zurückzukommen sein.

II. Die Verfassung der Zivilgesellschaft

1. *Entstehung, Paradigmen und aktuelle Bedeutung*

Die Rede von *Zivilgesellschaft*, auch *Civil Society* oder *Bürgergesellschaft*, hat seit einigen Jahren eine durchaus wechselhafte Konjunktur. Angetrieben wurde diese insbesondere von den demokratischen Revolutionen in Mittel- und Osteuropa und von den sozialen Bewegungen in Westeuropa.[1] Abgesehen davon, daß Zivilgesellschaft von ratlosen Zeitdiagnostikern, zuletzt auch von den Dirigenten des »Sozialgipfels«[2] in der Tat als allzu kurrante Münze verwendet wird, hat ihre Renaissance grundsätzliche und konzeptionelle Einwände provoziert, die das Unbehagen an der Idee nicht selten in eine Kritik am Begriff kleiden oder als Mutmaßung über die Motive seiner Verwender äußern. Das hier geplante verfassungstheoretische Unternehmen müßte scheitern, wenn es zuträfe, daß die mannigfachen historischen Bedeutungsschichten und aktuellen Bedeutungszusammenhänge von Zivilgesellschaft es nicht zuließen, ihr die Konturen einer analytischen Kategorie zu geben, die sich zur Selbstbeschreibung moderner Gesellschaften und ihrer Probleme eignete.[3] Damit ist die Aufgabe umschrieben, die zunächst zu lösen ist, ohne daß der Anspruch erhoben wird, die Begriffsgeschichte in allen Details zu rekonstruieren.[4] Vielmehr sollen drei zivilgesellschaftliche »Paradigmen« vorgestellt werden: (1) die Identifizierung der Zivilgesellschaft mit der politischen Organisation einer Gesellschaft, (2) die konträre Differenzierung von Zivilgesellschaft als der nicht politischen (privaten, ökonomischen) Sphäre einerseits und politischer Gesellschaft (Regierung/Administration, Government, Staat)

1 Zur aktuellen Diskussion: Rödel/Frankenberg/Dubiel, Die demokratische Frage, passim.; Walzer, Was heißt zivile Gesellschaft?, 64ff. und Taylor, Die Beschwörung der Civil Society, 52ff.; Dahrendorf, Der moderne soziale Konflikt, 67ff.; Staff, *Bürgergesellschaft*, 917ff.; Rödel, Zivilgesellschaft und Verfassung sowie die Beiträge in Walzer, Toward a Global Civil Society und Ash, Ein Jahrhundert wird abgewählt.

2 Die Beschlüsse des »Weltsozialgipfels« vom März 1995 in Kopenhagen heben in ihrem letzten Punkt die Bedeutung der »Zivilgesellschaft« (non-governmental organizations, Gewerkschaften, Verbände etc.) hervor. FR v. 15.3.1995.

3 Zu dieser Kritik: Honneth, Soziologie., 61ff. und Heins, Ambivalenzen der Zivilgesellschaft, 235ff.

4 Dazu wird auf die umfang- und materialreiche Darstellung von Riedel, Artikel *»Gesellschaft, bürgerliche«*, 719ff. im Historischen Lexikon zur politisch-sozialen Sprache in Deutschland verwiesen. Zu beanstanden ist allenfalls, daß dort de Tocquevilles Beitrag übersehen wird. Zur Geschichte der Begriffs der Zivilgesellschaft: Koselleck, Drei bürgerliche Welten?, in: Michalsky, Europa und die Civil Society, 118ff. Vgl. auch die Beiträge in Keane, Civil Society and the State und die nahezu monumentale Monographie von Cohen/Arato, *Civil Society* and Political Theory.

andererseits und schließlich (3) »mixta composita«, in denen Zivilgesellschaft nicht als Gegensatz des Politischen oder des Staates erscheint, sondern an deren Sphäre teilhat, ohne jedoch in ihr aufzugehen. Im Anschluß daran wird die Frage aufgenommen, ob und wie sich die Konstitution einer Zivilgesellschaft handlungstheoretisch beschreiben läßt. Zur Veranschaulichung werden zwei Formen bzw. Idealtypen kontrastiert – die Koordination und die Assoziation.

2. *Zivilgesellschaft und politische Herrschaft*

2.1 *Identität von politischer und ziviler Sphäre*

Am Anfang steht die Polis. Den weiteren Gang der Begriffsgeschichte prägend, wird die societas civilis mit dieser klassischen politischen Herrschaftsform identifiziert. Der Mensch, von Natur ein politisches Lebewesen, verwirklicht in der Polis das Ziel menschlicher Gesellschaftsentwicklung. In ihrem Glanz als einer Gemeinschaft der zum Zweck des guten, d.h. tugendhaften und glücklichen Lebens vereinigten freien Bürger[5] verblassen die für die Politik des guten Lebens und jede Verfassung unvermeidlichen, allerdings äußerst unbequemen Fragen nach dem Verhältnis von Polis und Oikos (Privatsphäre), von Freien und Unfreien, nach dem Verhältnis von Herrschaft und Knechtschaft sowie schließlich von Recht und Gewalt. Wohl optierte Aristoteles für einen starken Mittelstand, um die Stabilität der Polis zu sichern. Vermutlich verdankt die Polis ihre geradezu magische Faszination dem Umstand, daß deren soziale Voraussetzungen und die ihr immanente geschlechtsspezifische Arbeitsteilung in der nostalgischen Retroperspektive häufig verblaßten.[6] Selbst ihre politische Prämisse, daß der Mensch ein politisches Wesen sei und sich die Gleichheit der Bürger (unter Ausschluß der Frauen, Fremden und Sklaven) in möglichst aktiver Teilnahme an den politischen Geschäften äußern müsse, konnte in Vergessenheit geraten. So integrierte Hobbes in seinen »Elements of Law« die Polis in seine Konstruktion eines Unterwerfungsvertrags: »This union so made, is that which men call now-a-days a Body Politic or civil society; and the Greeks call it *polis* that is to say, a city, which may be defined to be a multitude of men, united as one person by a common power, for their common peace, defence and benefit.«[7]

5 Aristoteles, Politik 1252a 6f.; vgl. zum folgenden auch Riedel, »*Gesellschaft, bürgerliche*«, 721ff.

6 Das gilt auch für Hannah Arendt, deren Politik- und Öffentlichkeitskonzeption von einer idealisierten Polis-Vorstellung lebt. Siehe *Vita activa*, 57ff. Differenziert zur Polis als »Same«, nicht Modell Castoriadis, *Die griechische polis*, 298ff.

7 Hobbes, Elements of Law, 1, 19, 8.

Auch in den Naturrechtslehren steht, fast unbehelligt von dem mit der Souveränitätskonzeption Bodins einsetzenden Auflösungsprozeß,[8] jene traditionell-politische Identitätsformel von civitas und societas civilis weiterhin im Mittelpunkt. Die durchgängige Orientierung an Formeln wie »civitas ac populus sive coetus« (Grotius), »civitas sive civilis societas« (Conring), »civitas sive societas« (Spinoza) oder vor allem »civitas sive societas civilis« (Kant) läßt den »Staat« als Institution oder rationale Herrschaftsorganisation noch nicht in Erscheinung treten. Bürgerliche Gesellschaft, wie es im deutschen Sprachbereich seit dem Ende des 17.Jahrhunderts heißt, und politische Organisationsform sind, wenn nicht identisch, so doch »noch einander angeglichen: ihre ›verbundenen‹ Glieder machen ›zusammen‹ ein Reich oder eine Republik aus.«[9]

Die Kehrseite der Polis-Faszination ist, daß die Privatsphäre nurmehr als quasi natürlicher Unterbau oder politisch neutrale Zone gegenüber dem Politisch-Öffentlichen erscheinen kann und die Grenzziehung selbst außer Frage steht. Noch Hannah Arendt, insofern geblendet vom idealen Glanz öffentlicher Freiheit und abgeschreckt vom Sozialen, charakterisiert die Privatsphäre als »beraubte« Sphäre.[10] Dieser Auffassung liegt das Mißverständnis zugrunde, was »privat« ist, sei mit »Familie« und »Ökonomie«, das »Öffentliche« dagegen als staatsbezogene Sphäre der gemeinsamen Geschäfte einer Gesellschaft angemessen beschrieben, und beide Sphären trennte eine ebenso natürliche wie deutliche Grenze, deren Verlauf zugleich die Demarkationslinie zwischen instrumentell zweckrationalem und expressivem Handeln darstelle.

Die Intuition, daß es Privatheit und einen dieser entsprechenden Bereich und demgegenüber öffentliche Angelegenheiten gibt, sowie die Einsicht, daß aber jede Dichotomisierung von privat und öffentlich, zumal im Recht, willkürlich und unbestimmt[11] ist und einen geschlechtsspezifischen Subtext hat, müssen hier nicht noch einmal ausgebreitet werden.[12] Davon abgesehen, umfaßt die Privatsphäre nicht nur das »Haus« instrumenteller Tätigkeit, sondern nach verbreiteter Auffassung jedenfalls auch die Ökonomie, die aber beide auf allgemeine Interessen und öffentliche Güter bezogen und partiell öffentlich-

8 »La famille est une communité naturelle, le Collège est une communité civile, la République a cela d'avantage, que c'est uns communité gouvernée par puissance souveraine.« Bodin, Les six livres de la république 3, 7, 474. Zur Souveränitätskonzeption Bodins vgl. Heller, Die Souveränität, in: Ges. Schriften II, 36f.; Quaritsch, Staat und Souveränität sowie Knieper, *Nationale Souveränität*, 58ff.

9 Riedel, »*Gesellschaft, bürgerliche*«, 739.

10 Arendt, *Vita activa*, 57ff.

11 Ein gutes Beispiel sind die »Theorien« zur Abrenzung von Öffentlichem und Privatrecht; vgl. Maurer, Allgemeines Verwaltungsrecht, 34ff.

12 Die Kritik der öffentlich/privat-Unterscheidung wurde vor allem in der Literatur der Critical Legal Studies in den Vereinigten Staaten (Nachw. bei Frankenberg, Der Ernst im Recht, 281ff.) entfaltet. Vgl. Engle, Collapse of the Public/Private Distinction und zuletzt: Olsen, *Feminist Critiques of the Public/Private Distinction*, 319ff.

rechtlich geregelt sind. Zu bedenken ist ferner, daß die Grenzziehung selbst Gegenstand politischer Kämpfe ist und sich in deren Verlauf unaufhörlich verschiebt.

Mißverständlich wäre außerdem, Selbstverwirklichung und Assoziation für den Bereich des Öffentlichen zu reservieren und hierin die Differenz zum Privaten zu sehen. Auch Aktivität, die nach dem Selbstverständnis der Betroffenen oder nach allgemeiner Anschauung der Privatsphäre zugerechnet wird, wie etwa Arbeit, Kunst oder die Gestaltung von Freizeit folgt nicht durchweg der Logik instrumenteller Rationalität.[13] Dies wird sichtbar, wenn man das Private nicht restlos der Ökonomie subsumiert oder mit der häuslich-familiären Gemeinschaft identifiziert. Erst dann gerät die expressive Dimension, die Selbstverwirklichung von Individuen außerhalb von Arbeit und Politik in den Blick.

Überdies verlieren der theoretische Streit um die Bestimmung des Grenzverlaufs erheblich an Schärfe und die Grenzziehung selbst an Plausibilität, wenn die Vorstellung zu den Akten gelegt wird, die Privatsphäre sei gleichsam von Hause aus der nichtpolitische und deshalb nichtöffentliche Bereich. Wird die Frage nach dem Privaten jeweils auf einen bestimmten Kontext und dort entstehende Konflikte bezogen, dann ist leicht zu ersehen, daß private Aktivitäten – und entsprechend auch öffentliche – ihren Charakter ändern können. Galten Hausarbeit und Kindererziehung als typische Aktivitäten der Privatsphäre, so machten diese mit der Skandalisierung und Politisierung der geschlechtsspezifischen Arbeitsteilung, der Gewalt in Ehe und Familie sowie des sexuellen Mißbrauchs von Kindern gleichsam einen Gestaltwandel durch. Sie traten aus dem Bereich heraus, den zuvor Männerprivilegien oder Elternvorrechte gegen staatliche Interventionen von außen abschirmten. Mit der Anerkennung der auch rechtlich schutzwürdigen Interessen von Ehefrauen, Müttern und Kindern erhielten Konflikte über die Bedingungen einer gerechten, Frauen nicht auf ihre traditionelle Rolle und Sphäre fixierenden Arbeitsteilung oder über eine angemessene, am Kindeswohl orientierte Erziehung schrittweise den Charakter einer öffentlichen Angelegenheit. Die Reihe der Beispiele solcher Grenzverschiebungen ließe sich beliebig verlängern: Die Pornographie-Debatte hat deutlich gemacht, daß es sich bei dem Konsum pornographischer Darstellungen keineswegs um eine bloße Privatsache der Konsumenten handelt[14].

Im Asylrecht erweisen sich Handlungen, die anderswo und unter anderen Umständen als privat und unpolitisch gelten mögen wie etwa Kochen oder Volkstanz, als Formen politischen Widerstands, die deshalb von Regimen auch als

13 Den Hinweis auf die expressive Dimension der Privatsphäre verdanke ich Cornelia Klinger.
14 Vgl. MacKinnon, Nur Worte.

oppositionelle Äußerungen verfolgt werden und im Asylland als Asylgrund Anerkennung verdienen.[15]

2.2 *Dualismus von politischer und ziviler Sphäre*

Mit der Lehre Bodins von der Herrschersouveränität und deren Weiterentwicklung zur Souveränität des Staates in Hobbes' Leviathan setzt unter dem Einfluß von Montesquieu ein Wandel der Wort- und Begriffsgeschichte ein, der auf eine Dichotomie zwischen »civilis« und »politicus« zutreibt: »La réunion des toutes les forces particulières, dit bien Gravina, forme ce qu'on appelle l'État Politique. . . La réunion de ces volontés, dit encore très bien Gravina, est ce qu'on appele l'État Civil.«[16] Der Unterscheidung von Herrschafts- und Gesellschaftsvertrag entspricht damit erstmals in etwa die Unterscheidung des politischen und des bürgerlichen Status der Gesellschaft. Freilich bleibt unentschieden, was die Zivilsphäre als Bereich des Privaten gegenüber der politischen auszeichnet: »une certaine civilité familière, qui rend la société agréable« (Furetière); »the ideas of property become necessary in all civil society« (Hume); »Le premier, qui ayant enclos un terrain s'avisa de dire: Ceci est à moi, et trouva des gens assez simples pour le croire, fut le vrai fondateur de la société civile« (Rousseau).[17] Ähnlich unklar sind auch die Bedeutungen, die der politischen oder Staats-Gesellschaft zugeschrieben werden: »Alle bisher bekannt gewordene Menschenhaufen . . . ohne Ausnahme leben in bürgerlicher Gesellschaft. Und bei weitem die allermeisten . . . leben in Staats-Gesellschaft, oder unter Obrigkeit« (Schlözer); »Eine Gesellschaft, welche zur Sicherung aller Rechte ihrer Mitglieder unter der Leitung einer öffentlichen, d.h. jede Privatgewalt überwiegenden Gewalt vereinigt ist, heißt Staat« (Gros); »(Wenn die Menschen) über die Form unter sich einig werden, in welcher der Zweck dieser Gesellschaft realisiert werden soll, so entsteht Staat« (Heydenreich).[18]

Die liberalistischen Lehren übersetzen den »apolitischen Innenraum« des Absolutismus in das Bild einer naürlichen Harmonie der – von einer unsichtbaren Hand geleiteten – ihre Interessen verfolgenden Individuen und schirmen diesen Innenraum allerdings nur theoretisch gegen die Einmischung des Staates ab.[19] Im Zuge der Entfaltung einer kapitalistischen Wirtschaftsweise und

15 Mit anschaulichem Material hierzu Th. Spijkerboer, Women and Refugee Status. Beyond the Public/Private Distinction. A Study Commissioned by the Emancipation Council (Den Haag 1994 – OR 05-ER IV/1994).

16 Montesquieu, De l'Esprit des lois (1748), 1, 3.

17 Nachw. bei Riedel, »*Gesellschaft, bürgerliche*«, 749ff.; vgl. insbes. Hufeland, Lehrsätze des Naturrechts, § 21 und Rousseau, Diskurs über die Ungleichheit.

18 Nachw. bei Riedel, »*Gesellschaft, bürgerliche*«, 755/769.

19 A. Smith, *Wealth of Nations* (London 1776); v.Humboldt, Ideen zu einem Versuch, die Grenzen der Wirksamkeit des Staates zu bestimmen, 97ff.; Kant, Metaphysik der Sitten, Rechtslehre, § 49. Vgl. dazu Koselleck, Kritik und Krise, 18ff. Zur tatsächlich äußerst akti-

der Emanzipation des neuzeitlichen Bürgertums von den Herrschaftsformen des mittelalterlichen Feudalismus gewinnt die bürgerliche Gesellschaft immer mehr Kontur als die dem absolutistischen Staat gegenüberliegende Sphäre, als »reziproker Begriff zum Staat«[20]. In dieser befinden sich, je nach Auffassung des Autors, die Privatleute in geselliger Gesellschaft, die Privateigentümer beim vermeintlich freien Spiel der Kräfte oder eben – nach dem Programm der Französischen Revolution – alle Menschen, d.h. alle Männer.

Vor allem im 19. Jahrhundert geraten der Begriff der »bürgerlichen Gesellschaft« und die Vorstellung eines selbstgesteuerten Mechanismus der Wirtschaftskräfte mehr und mehr in den Sog der Revolutionen und einer Sozialkritik, die sie auf ihren ökonomischen Kern reduziert und mit der Entfaltung der kapitalistischen Wirtschaftsform verknüpft. Dieser Kern besteht »in der aus der volkswirtschaftlichen Gesellschaft allmählich, aber mit unabweisbarer Notwendigkeit hervorgehenden Herrschaft des Kapitalbesitzes über das ganze Güterleben und seine Bewegungen«[21]. *Bürgerliche Gesellschaft* bringt bei Marx zunächst nurmehr »den Standpunkt des alten Materialismus«[22] zum Ausdruck und bezeichnet die »Gesamtheit der materiellen Lebensverhältnisse nach dem Vorgang der Engländer und Franzosen des 18. Jahrhunderts«[23]. Bei Haller, dem Vordenker der Restauration, gerät die bürgerliche Gesellschaft demgegenüber zum Inbegriff »alles Irrtums der Revolutionszeit«.[24] Nicht zufällig verschwindet im deutschen Sprachraum nach der Französischen Revolution erst die »société civile« und danach auch die »bürgerliche Gesellschaft« als gesellschaftliche Selbstbeschreibung. Vorbereitet von Hegel, fungiert bei Marx und Engels wie in den von ihnen inspirierten Organisationen die »bürgerliche Gesellschaft« als eine zu überwindende Gesellschaftsformation und als Epochenbegriff, der in der Marxschen Kritik der politischen Ökonomie schließlich zu einem Scharnierbegriff für das Verständnis vorbürgerlicher Gesellschaftsformationen geschärft, später in der marxistischen Ideologiekritik freilich nicht selten auf die »Bourgeoisgesellschaft« reduziert und damit aller republikanisch-politischen Konnotationen beraubt wird.[25] Noch

19 von Einmischung des Staates auch während seiner vermeintlichen Nachtwächterexistenz vgl. Stolleis, *Interventionsstaat* mit zahlreichen Nachw.

20 Heller, Staatslehre, 109 und 112ff, zur Kritik des Liberalismus; vgl. auch Böckenförde, *Lorenz von Stein als Theoretiker*, 131ff./142ff.

21 L.v.Stein, *Geschichte der sozialen Bewegung*, 26.

22 Marx, Thesen über Feuerbach, 535.

23 Marx, Zur Kritik der politischen Ökonomie, 12. Vgl. auch Tönnies, Gemeinschaft und Gesellschaft.

24 Haller, Restauration der Staatswissenschaften I, Vorrede S. XXVIII.

25 »Die bürgerliche Gesellschaft ist die entwickeltste und mannigfaltigste historische Organisation der Produktion. Die Kategorien, die ihre Verhältnisse ausdrücken, das Verständnis ihrer Gliederung, gewährt daher zugleich Einsicht in die Gliederung und die Produktionsverhältnisse aller der untergegangenen Gesellschaftsformen, mit deren Trümmern und Elementen sie sich aufgebaut, von denen teils noch unüberwundne Reste sich in ihr fortschleppen, bloße Andeutungen sich zu ausgebildeten Bedeutungen entwickelt haben etc. Anatomie des Menschen ist ein Schlüssel zur Anatomie des Affen.« Marx, Vorwort zur

im Gegenlicht der Kritik der politischen Ökonomie triumphiert also das privatistische Modell einer zivilen=bürgerlichen Gesellschaft, die ihren Vornamen verliert und damit auch ihren Sinn, der es, bezogen auf die aktuelle Renaissance in Mittel- und Osteuropa, den Bürgerforen und sozialen Bewegungen gestattete, sich auf ihr antistaatliches, aber gleichwohl politisches Selbst- und Gesellschaftsverständnis einen treffenden Reim zu machen.

2.3 *Zivilgesellschaft zwischen »Haus« und Herrschaft*

Dieses Verständnis – und nicht nur die Erschöpfung sowohl der Polis-Idee als auch der Vorstellung einer ganz ins Private zurückgenommen Erwerbsgesellschaft – legen es nahe, jenen zivilgesellschaftlichen Ansatz zu verfolgen, der die ehemals anti-absolutistische, heute anti-etatistische Stoßrichtung eben nicht einer strikten Dichotomie von staatlicher und gesellschaftlicher (oder: privater) Sphäre aufruhen läßt und letztere wiederum spaltet in den Bereich der Vollbürger und den Bereich der Wirtschaftsbürger. Diese andere Vorstellung speist sich aus unterschiedlichen Quellen. Bereits die schottischen Moralphilosophen, die französischen Physiokraten und ihre Nachfolger lösten das aristotelische Dogma auf, wonach die Ökonomie auf das Fundament des »Hauses« zu begrenzen sei und zur öffentlich-politischen Sphäre keine Beziehung haben dürfe: »nullo habitu respectu ad societam civilem«, wie es Chr.v.Wolff formulierte.[26]

Kant radikalisierte diese Perspektive in zweifacher Hinsicht. Zum einen definierte er den Staat im modernen Sinn als einzig legitime und universelle Zwangsgewalt. Zum anderen entwickelte er die Vorstellung einer allgemeinen Rechtsgesellschaft, in der jedem Mitglied der Societät die gleiche Freiheit als Autor der Gesetze (nicht nur als Eigentümer) mit jedem anderen Untertan der Gesetze zukommen sollte. So formulierte er »in weltbürgerlicher Absicht« das »größte Problem für die Menschengattung, zu dessen Auflösung die Natur ihn zwingt«: nämlich »die Erreichung einer allgemein das Recht verwaltenden bürgerlichen Gesellschaft«.[27] In seinen »Lehrbuch des Vernunftrechts« folgt von Rotteck der Kantischen Linie und geht davon aus, daß die Befriedigung der Forderung nach »Rechtsgewährung für Alle« »das blos

25 »Kritik der politischen Ökonomie«, MEW 13, 636. Vgl. auch Marx, Zur Judenfrage. – Eine differenzierende Position entwickelt später Gramsci, der zwar wie Marx Basis und Überbau unterscheidet, allerdings die società civile bisweilen als zweite große Überbauebene definiert, deren Bedeutung freilich ganz wesentlich durch die hegemoniale Funktion der Intellektuellen bestimmt wird (vgl. Gramsci, Quaderni del carcere (Turin 1975), 1253.), bisweilen aber auch universalisiert. Vgl. dazu Kebir, Gramsci's Zivilgesellschaft.

26 Chr.v.Wolff, Oeconomica, Prologomena I, § 1, 1.

27 Kant, Ideen zu einer allgemeinen Geschichte in weltbürgerlicher Absicht (1784), 22; vgl. auch ders., Rechtslehre, § 46, 292 und w.Nachw. bei Riedel, aaO., 756ff.

taktische *gesellige* Verhältnis in wahre bürgerliche *Gesellschaft* oder *Staat*« verwandele.[28]

Freilich kompromittierten Kant seine apriorische Rechtskonstruktion der bürgerlichen Gesellschaft wie auch v.Rotteck seine »rechtskräftige Vereinigung einer Anzahl von Menschen zu einem von der *Vernunft* gesetzten Zweck«[29] durch die ökonomisch und geschlechtsspezifisch begründete Reduzierung dieser Vernunft: Kant machte die wirtschaftliche Selbständigkeit der männlichen Bürger zur Vorraussetzung ihrer Stellung als vollberechtigte Glieder eines politischen Gemeinwesens und führte damit wieder das Haus als die herrschaftlich-ökonomische Sphäre ein.[30] Der ansonsten liberal gesonnene v. Rotteck folgte Kant und dem Zeitgeist in der politischen Entmündigung der Frauen: »Die in der Natur begründete Gewalt oder patriarchalische Oberherrschaft des Hausvaters über die Familie ... verwandelt sich beim Übergang der letzten in eine wahrhaft politische oder bürgerliche Gesellschaft, gleichfalls naturgemäß in die Auctorität eines Königs oder Fürsten.«[31]

In den »Grundlinien der Philosophie des Rechts« ließ Hegel den konventionellen Gebrauch des Terminus »bürgerliche Gesellschaft« hinter sich. Bei ihm treten politische und bürgerlich-ökonomische Verfassung endgültig auseinander. »Bürgerliche Gesellschaft« wird zum theoretischen Ausdruck der Verlagerung des Schwerpunktes auf die Wirtschaft und der Zentralisierung der Politik zunächst im fürstlichen, später revolutionären Staat.[32] Er definiert jene als Sphäre bürgerlicher Privatleute, die sich als Personen und Eigentümer begegnen und durch ihre Bedürfnisse, Arbeit und den Tausch miteinander in Beziehung treten. Statt einer Dichotomie entwickelte Hegel eine innere Gliederung entsprechend dem ökonomischen »System der Bedürfnisse«, der privatrechtlichen »Rechtspflege« und der politisch-sittlichen Integration in den Staat durch »Polizei und Korporation«.[33] Für die Herausbildung eines modernen Begriffs von Zivilgesellschaft sind an der Hegel'schen Theorie vor allem drei Aspekte von Interesse: erstens, die Verallgemeinerung der Unterscheidung zwischen Staat und bürgerlicher Gesellschaft und ihre wechselseitige

28 V. Rotteck, *Lehrbuch des Vernunftrechts*, II, 48.

29 V. Rotteck, *Lehrbuch des Vernunftrechts*, 67.

30 Ausgeschlossen aus der politisch-rechtlichen Sphäre bleiben »(d)er Geselle bei einem Kaufmann oder bei einem Handwerker; der Dienstbote (nicht der im Dienste des Staates steht); ... alles Frauenzimmer und überhaupt jedermann, der nicht nach eigenem Betrieb, sondern nach der Verfügung anderer (außerhalb des Staats) genötigt ist, seine Existenz (Nahrung und Schutz) zu erhalten«, weil er »der bürgerlichen Persönlichkeit (entbehrt) und seine Existenz gleichsam nur Inhärenz (ist)«. Kant, Metaphysik der Sitten, Rechtslehre I, § 46, 314. Vgl. ders., Über den Gemeinspruch II, 295.

31 V. Rotteck, Monarchie, in: v.Rotteck/v.Welcker, X, 658. Vgl. dort (Bd. VI) auch die ausführliche Begründung der privatrechtlichen Unterordnung der Frau und der Verkürzung ihrer politischen Rechte, 639ff. und 656ff. zur Erhaltung »wahrer Weiblichkeit« und »weiblicher Lebensbestimmung«.

32 Hegel, Rechtsphilosophie, §§ 182ff.

33 Hegel, Rechtsphilosophie, §§ 182, 189ff., 209ff., 230ff. Kritisch dazu Cohen/Arato, *Civil Society*, 91ff.

Durchdringung, zweitens, die ökonomisch und sozial geprägte Vorstellung der bürgerlichen Gesellschaft sowie, drittens, die Bedeutung der »Korporationen«, denen Hegel neben der »Polizei« im wesentlichen die Aufgabe zuweist, die Dialektik von Armut und Reichtum und damit die Auflösung der bürgerlichen Gesellschaft in Schranken zu halten.[34] Gegenüber der vor allem von Bodin und Hobbes begründeten Theorie, wonach eine souveräne Gewalt die Mitglieder einer Gesellschaft zusammenhalten müsse und folglich deren unerläßliche Existenzbedingung sei, betont Hegel die Bedeutung intermediärer Ordnungen – der modernen, sich selbst verwaltenden Stände, die die Individuen als Mitglieder »einer der Momente der bürgerlichen Gesellschaft« sozial integrieren und zugleich selbst in den Staat integriert sind.[35]

Dieser antidespotische Aspekt von Hegels Staats- und Gesellschaftskonzeption läßt sich zurückverfolgen bis zu Montesquieu.[36] Für das zeitgenössische Verständnis von Zivilgesellschaft fruchtbarer ist die Hervorhebung der intermediären Organisationen.[37] Dieser Aspekt der Hegelschen Konzeption läßt sich mit de Tocquevilles Theorie der zwischen Staat und Individuum sich formierenden (von Idealisierungen nicht freien) Körperschaften verbinden, die dieser aus der Anschauung des Assoziationswesens in Nordamerika entwikkelte. In scharfem Gegensatz etwa zur Auffassung der Französischen Nationalversammlung[38] erhält das Assoziationswesen bei de Tocqueville eine zentrale Bedeutung für die Garantie der individuellen Unabhängigkeit (politische Vereinigungen) und der Zivilisation (nicht-politische Vereinigungen).[39] In demokratischen Ländern sind daher für ihn die Assoziationen eine notwendige Sicherung gegen Tyrannei und das Wissen über sie »die Mutter jeder Wissenschaft«, weil primär die Vereinigungen, von ihm etwas mißverständlich als »Volk innerhalb der Volkes und Regierung (Government) innerhalb der Regierung (Government)« bezeichnet, den Schutz politischer Minderheiten verbürgen.[40]

Wenn man zum empirischen Gehalt und zur komparativen Wertung de Tocquevilles genügend Distanz hält,[41] tritt auch hier ein freies Assoziationswesen

34 Hegel, Rechtsphilosophie, § 245. Vgl. dazu Heller, Staatslehre, 110ff.
35 Hegel, Rechtsphilosophie, § 207.
36 Montesquieu, De l'Esprit des lois, I.
37 Vgl. dazu W. Streeck, Vielfalt und Interdependenz, in: Kölner Zeitschr. f. Soziol. u. Sozialpsych., 39 (1987), 471ff, dessen Bezugspunkt allerdings nicht die Theorie der Zivilgesellschaft ist.
38 Vgl. Simitis, *Die Loi le Chapelier*, 157ff. mit zahlr.Nachw.
39 A. de Tocqueville, Demokratie in Amerika, Kap. 4, 216ff. u. 595ff.
40 De Tocqueville, Demokratie in Amerika, 224.
41 De Tocqueville, aaO.: »Die meisten Europäer sehen in der Partei noch immer eine Kriegswaffe, die man in Eile herstellt, um sie alsbald auf dem Schlachtfeld zu erproben. Man vereinigt sich zwar in der Absicht zu reden, aber der Gedanke an das Handeln beschäftigt alle Gemüter. Eine Vereinigung ist ein Heer . . .« In den Vereinigten Staaten verbinden sich die »Bürger, die die Minderheit bilden, . . . um ihre Zahl festzustellen und dadurch die moralische Herrschaft der Mehrheit zu schwächen . . . In den Vereinigten Staaten sind also die politischen Vereinigungen in ihrem Ziel friedlich und in ihren Mitteln gesetzlich . . .« (222).

als konstitutives Element der Zivilgesellschaft hervor. Diese muß also weder politizistisch nach dem Bild der Polis noch privatistisch nach dem Bild der auf Erwerb und Tausch zurückgezogenen Wirtschaftsgesellschaft beschrieben werden. Die Vielfalt der real existierenden Vereinigungen nebst ihren unterschiedlichen Zwecken, die de Tocqueville vor Augen hatte und die sich auch heute noch in allen Gesellschaften aufweisen lassen, in denen ein Minimum an Assoziations- und Kommunikationsfreiheit verbürgt ist,[42] läßt es ratsam erscheinen, die Idee der Zivilgesellschaft zunächst offen zu halten für alle freiwilligen, politischen und nichtpolitischen Vereinigungen, Netzwerke und Initiativen, und diese nicht alternativ der politischen oder der privaten Sphäre zuzuschlagen.[43]

Diese Konzeption orientiert sich also weder an der formalen Organisation einer Vereinigung als öffentlich bzw. öffentlich-rechtlich oder privat(-rechtlich) noch an der von außen als öffentlich oder privat, politisch oder unpolitisch klassifizierten Programmatik. Sie führt kein externes Kriterium ein, das gleichsam a priori bestimmte Themen oder Interessen als private oder öffentliche auszeichnet. Vielmehr geht sie davon aus, daß grundsätzlich alle Themen politisierbar und damit *potentiell* öffentlicher Natur sind, überläßt es jedoch den sozialen Akteuren, die Grenze zu ziehen und erlaubt so, die Grenzziehung selbst zum Gegenstand der politischen Auseinandersetzung zu machen. Diese Reflexivität der Konzeption trägt ferner dem Umstand Rechnung, daß die Vereinigungsfreiheit keinen bestimmten Typus von Assoziation anvisiert oder einen numerus clausus zulässiger Assoziationsweisen festlegt, vielmehr gerade eingestellt ist auf die Konflikthaftigkeit moderner Gesellschaften, die Vielfalt von Meinungen, Bedürfnissen und Interessen sowie die daraus entspringende Pluralität ihrer Organisationsformen.

3. *Zivilgesellschaft als Koordination oder Assoziation*

Die Geschichte der politischen Ideen und Verfassungen legt nahe, zwei Weisen zu unterscheiden, wie sich Gesellschaft als Zusammenhang horizontal zueinander in Beziehung tretender Individuen beschreiben läßt: die *vertragliche Koordination* und die freiwillige *Assoziation*. Beide Formen der Vergesellschaftung bringen Einheit und Ordnung nicht als etwas Transzendentes oder Naturwüchsiges hervor, sondern als etwas, das geschaffen wird, das weder tradiert noch natürlich ist, sondern menschliche Aktivität voraussetzt und dem

42 Zur Bedeutung der Kommunikationsfreiheiten für den Minderheitenschutz ausführlich Frankenberg/Rödel, *Von der Volkssouveränität zum Minderheitenschutz*, Kap. II u. IV.

43 Nicht überzeugend ist daher die Differenzierung in Civil Society und Political Society, wie sie Cohen/Arato vornehmen (dies., *Civil Society* and Political Theory, Kap.III).

Zugriff der Beteiligten verfübar bleibt.[44] Ihre Differenz ließe sich überspitzt so formulieren: Die gelungene vertragliche Koordination begründet eine »Gesellschaft«, die gelungene Assoziation dagegen eine »Gemeinschaft«.

3.1 *Koordination durch Vertrag*

Die neuzeitlichen, durchweg dem Liberalismus verhafteten Theorien von Gesellschaft, Staat und Verfassung haben die Sozietät der Individuen ganz überwiegend nach der ersten Alternative modelliert und auf koordinierende Vertragskonstruktionen gegründet. Als Varianten standen ihr jeweils, für sich genommen oder in Kombination, der Herrschafts- oder Unterwerfungsvertrag (pactum subjectionis) sowie der Einigungs- oder Gesellschaftsvertrag (pactum unionis) zur Verfügung, um die unterschiedlichen Vergesellschaftungszwecke – Selbsterhaltung, Schutz des Eigentums, Schutz von Freiheit, Gleichheit und Sicherheit etc. – zu realisieren.[45] Aus diesen zunächst real gedachten, später überwiegend als fiktiv angenommenen Unionsverträgen gingen, fast durchweg begrifflich ungeschieden[46], die civitas oder societas civilis bzw. die political oder civil society hervor. Dem Vertrag wird die Aufgabe zugeschrieben, die gegensätzlichen Interessen atomisierter Monaden zu koordinieren. Er beendet ihren Naturzustand und/oder konstituiert eine Form der Selbstregierung, in deren Rahmen sich Macht als vertraglich geregelte Verfügungsbefugnis darstellt, die den Inhaber (Souverän) dazu berechtigt, notfalls gewaltsam die Gefolgschaft seiner Untertanen zu erzwingen.[47]
In der staatsrechtlichen Literatur des Frühkonstitutionalismus heißt es beispielsweise: »Wenn die Menschen ihren Entschluß, aus dem Naturzustande zu treten, so realisieren, daß sie es sich zum gemeinschaftlichen Zwecke machen, eine Verbindung zu stiften, in welcher die Unterlassung alles Unrechts durch alle notwendigen und allgemein beliebten Mittel erzwungen werden

44 »Die Gesellschaft ist Selbstschöpfung.« Castoriadis, *Die griechische polis*, 300.

45 Vgl. v. Rotteck, *Lehrbuch des Vernunftrechts* II, bes. 85ff., der von einem »wirklichen und wahrhaft geschlossenen Vertrag« spricht (55); Wieacker, Privatrechtsgeschichte der Neuzeit, 167ff; Gough, The Social Contract; Dilcher, *Herrschaftsvertrag*. Texte hierzu bei Badura/Hofmann, Der Herrschaftsvertrag. Vgl. auch Kersting, *Die politische Philosophie des Gesellschaftsvertrags*.

46 Hobbes, *De cive* (1642), 5,9: »Unio autem sic facta, appellatur civitas sive societas civilis, atque etiam persona civilis.« Der frühe Hobbes faßt in seinen »Elements of Law« (1640) die Einigung noch nicht fiktiv auf und denkt die »Menge der Menschen« als Kontrahenten und zugleich als Subjekt des Staatskörpers, aber bereits in »De cive« ist die Idee der Einigung fiktiv gefaßt. John Locke überschreibt das 7.Kapitel seines »Second Treatise of Civil Government«(1689) mit »Of Political or Civil Society«. Kant benutzt in seiner Rechtslehre die Formel »civitas sive societas civilis« (§ 45). Weitere Nachw. bei Riedel, *»Gesellschaft, bürgerliche«*, 736ff und Kersting, *Die politische Philosophie des Gesellschaftsvertrags*.

47 »Ich übergebe mein Recht, mich selbst zu beherrschen, diesem Menschen oder dieser Gesellschaft unter der Bedingung, daß du ebenfalls dein Recht über dich ihm oder ihr abtrittst.« So wird der Staat »eines jeden Stellvertreter« (Hobbes, Leviathan, Stuttgart 1970, 155).

soll, so entsteht bürgerliche Gesellschaft.« Oder kurz: »Eine Gesellschaft von Menschen, welche sich zum wechselseitigen Schutz ihrer Rechte vereinigt haben, heißt eine bürgerliche Gesellschaft.«[48] Deutlicher läßt sich der zweckrationale, affektiv neutrale Charakter der vertraglichen Koordination kaum zum Ausdruck bringen. Ihr Sinn ist auch in zeitgenössischen Theorien,[49] unabhängige Individuen mit nur teilweise kongruenten Interessen auf einen gemeinsamen Zweck zu verpflichten und die so geschaffene bürgerliche oder Zivilgesellschaft als begrenzte Interessengemeinschaft zu konstituieren, in der sich soziale Konflikte demgemäß partiell neutralisieren lassen.
Die Variante der Handlungs- und Interessenkoordination durch Vertrag wird üblicherweise, freilich nicht ganz zu Recht, allein John Locke zugeschrieben und folglich der von ihm geprägten Variante des Liberalismus zugerechnet. Dieser theoriegeschichtlich etwas trüben Quelle entspringt denn auch der dieser Tage erhobene Vorwurf, Zivilgesellschaft stehe unter der Kapitulationsurkunde einer erschöpften Gesellschafts- und Herrschaftskritik vor einem, besonders seit dem Debakel des »real existierenden Sozialismus«, mitunter hemmungslos triumphierenden Liberalismus.[50] Ernster zu nehmen als derartige Projektionen ist der Einwand, die realgeschichtliche Entstehung keiner modernen Gesellschaft, mit Ausnahme vielleicht der neuenglischen Kolonien,[51] lasse sich in plausibler Analogie zum privatrechtlichen Vertrag beschreiben. Selbst wenn man die demokratischen Verfassungsurkunden seit der amerikanischen Revolution, soweit sie die Individuen als politisch freie und gleiche Mitglieder einer Bürgerschaft ins Auge fassen, kontraktualistisch deutet, bleibt in der Tat zu klären, in welcher Weise die Zustimmung der Mitglieder erteilt werden muß, ob also die implizite Zustimmung oder das konkludente Handeln ausreichen, und wie und mit welchen (Änderungs-) Rechten nachfolgende Generationen dem Vertrag beitreten.
Die Theorien vom Gesellschaftsvertrag haben sich mit der Lösung der hiermit

48 K.H. Heydenreich, System des Naturrechts (Leipzig 1795), 205 und K. H. Gros, Lehrbuch der philosophischen Rechtswissenschaft, 12.Aufl. (Tübingen 1805), 168.
49 E.g. Rawls, Eine Theorie der Gerechtigkeit.
50 Narr, Vom Liberalismus der Erschöpften, 216ff. und, ohne entlarvenden Gestus, Nullmeier, Zivilgesellschaftlicher Liberalismus, 13ff.
51 Interessante Beispiele für den Vereinigungsvertrag finden sich in den Gründungscharters der neuenglischen Kolonien: »We whose names are underwritten do here solemnly in the presence of Jehovah incorporate ourselves into a body politick, and as He shall help, will submit our persons, lives and estates unto our Lord Jesus Christus.« (Rhode Island Records, zit. nach Gough, The Social Contract, 86) »We . . .doe . . .assotiate and conioyne ourselves and our successors and such as shall be adioyned to vs att any time hereafter, enter into Combination and Confederation togather . . .(in order to preserve our liberty and the purity of the Gospel)«. (Connecticut Records, zit. nach J. Gough, 86). Im Unterschied hierzu läßt sich z.B. die Magna Charta von 1215, die VerfUrk. f. d. Königreich Württemberg v. 1819 (». . . so ist endlich durch höchste Entschließung u. allerunterthänigste Gegenerklärung eine vollkommene beiderseitige Vereinigung . . . zustandegekommen.« Präambel, zit. n. Häberle, Die verfassungsgebende Gewalt des Volkes, in: Rechtsvergleichung, 139ff.) oder die Reichsverfassung von 1871 als Vertrag bzw. Fürstenbund, schwerlich jedoch als Gesellschaftsvertrag interpretieren.

aufgeworfenen Probleme, wenn sie denn überhaupt in ihr Blickfeld gerieten, schwer getan.[52] Selbst wenn man sich hinsichtlich der Frage des Beitritts und der Zustimmung auf die Position zurückzieht, der Vertrag sei nur eine Fiktion, eine regulative Idee oder ein Gedankenexperiment, wie etwa in der Rawls'schen Konzeption, wäre doch anzugeben, jedenfalls sobald sich die Diskussion auf Verfassungen verengt, welche Folgen die Verweigerung der Zustimmung hat, oder was daraus folgt, wenn mutmaßlichen Vertragspartnern jegliches Bewußtsein oder jegliche Möglichkeit betreffend ihre Zustimmung zum Vertrag oder deren Verweigerung fehlt. Die Bindungswirkung eines Gesellschaftsvertrages für nachfolgende Generationen ebenso wie das Verbot irreversibler Entscheidungen sind nicht nur eine offene Frage geblieben, sondern treiben das liberale Projekt der kontraktualistischen Koordination in ein unlösbares Dilemma.[53] Das erkannte der im übrigen keineswegs so übermäßig radikale Thomas Jefferson, der demokratischen Gesellschaften deshalb als Remedur eine von jeder Generation zu betreibende Revolution verordnete. Weniger revolutionär in der Rhetorik wird heute von einer liberalen Position aus die These vertreten, der Gesellschaftsvertrag sei »nicht Grundlage der Gesellschaft, sondern das Thema der Geschichte«; er werde »nicht ein für allemal verfaßt, sondern von jeder Generation neue formuliert«, und »seine bleibenden Bestandteile« seien »allenfalls die Grammatik der Gesellschaft«. »Das Neuschreiben des Gesellschaftsvertrages geschieht durch soziale Konflikte. Jedenfalls liefern diese die Texte und die Kräfte der Veränderung.«[54] Demzufolge wären der Vertrag nur mehr eine Metapher und der soziale Konflikt das eigentliche Medium der Vergesellschaftung.

3.2 *Zivilgesellschaftliche Assoziation*

Die theoretische Gegenvorstellung zum Kontraktualismus orientiert sich nicht an der »Erzeugung« von Gesellschaft durch einen Gesellschafts- oder Einigungsvertrag, sondern am *Assoziationswesen* als Form der Vergesellschaftung. Gegenüber einem fiktiven Kontrakt und einem hiermit unterstellten Einigungskonsens treten nunmehr die Mitglieder einer Gesellschaft als Akteure ins Bild, die sich, wollen sie ihre unterschiedlichen Bedürfnisse und Interessen, Überzeugungen und Lebenspläne verwirklichen, unablässig in eine Vielzahl von Konflikten verstricken. Zur Bewältigung dieser Konflikte schließen sie sich in unterschiedlichen Vereinigungen, Gruppen, Initiativen und Organi-

52 Ausführlich dazu Gough, The Social Contract passim; Kersting, *Die politische Philosophie des Gesellschaftsvertrags*, bes. Kap. II und Solomon, A Passion for Justice, 54ff.

53 Zur Irreversibilität von verfassungsmäßig abgesicherten Entscheidungen siehe U.K. Preuß, *Die Zukunft* – Müllhalde der Gegenwart, in: ders., Politische Verantwortung und Bürgerloyalität, 272ff.

54 Dahrendorf, Der moderne soziale Konflikt, 50.

sationen zusammen. Ohne damit Gesellschaft als institutions- und strukturlose Assoziation im Großen oder die Bedeutungslosigkeit des Individuums zu beschwören, hat dieser Ansatz – allemal gegenüber dem kontraktualistischen – den Vorzug, daß er dem radikalen Pluralismus moderner Gesellschaften und ihrer Fragmentierung eher entspricht. Indem somit die unvermeidliche Konflikthaftigkeit in den Mittelpunkt rückt, lassen sich eine Idealisierung der Assoziationen und die Einführung eines numerus clausus ihrer institutionellen und nicht institutionellen Formen verhindern. Wenn behauptet wird, Assoziationen (und nicht ein Vertrag) seien konstitutiv für eine Zivilgesellschaft, dann ist damit nicht mehr als ihr notwendiges soziales Substrat, eine Art Aggregatzustand bezeichnet. In der Tat läßt sich schwerlich bestreiten, daß die Mitglieder moderner Gesellschaften sich im Verlauf ihres Lebens aus unterschiedlichsten Anlässen typischerweise in Kollektiven zusammenschließen, deren Zweck in nichts anderem besteht, als Meinungen, Interessen und Forderungen zur Geltung zu bringen oder bestimmte Probleme zu lösen: Bürgerinitiativen, soziale Bewegungen, Netzwerke der Selbsthilfe, Gewerkschaften, politische Organisationen und Parteien, Kooperative und »Gesellschaften zur Förderung oder Verhinderung dieser oder jener Sache«[55].

Eine Wahlverwandtschaft zwischen Assoziation und Koordination besteht demnach allerdings insofern, als beide Formen der Vergesellschaftung Individuen voraussetzen, die autonom und handlungsfähig sind. Freiwillige Zustimmung zum Vertrag, ob explizit oder stillschweigend erteilt, ebenso wie die freiwillige Mitgliedschaft in Vereinigungen wären nicht denkbar ohne handlungsmächtige Akteure. Der entscheidende Unterschied liegt jedoch darin, daß Vertragstheorien die Teilnehmer am Gesellschaftsvertrag in aller Regel als isolierte Privatleute, in Analogie zum privatrechtlichen Subjekt, modellieren und ihnen für die von ihnen jeweils beherrschte Rechtssphäre Souveränität zuschreiben. Bezeichnet man mit Zivilgesellschaft dagegen zunächst empirisch den Handlungszusammenhang, den die nicht erzwungenen menschlichen Vereinigungen bilden, dann können die Akteure, je nach Anlaß und Assoziation, als Privatpersonen und als Aktivbürger auftreten. Insbesondere trägt diese Perspektive dem Umstand Rechnung, daß sich Autonomie – und zwar die private ebenso wie die politische – immer intersubjektiv realisiert.

Ließe sich nun jedes beliebige Ensemble von Beziehungsnetzwerken, die von Assoziationen um einer bestimmten Weltanschauung oder Religion, um bestimmter Einstellungen, Bedürfnisse und Interessen willen gebildet werden, bereits als »Zivilgesellschaft« bezeichnen, dann bliebe unerfindlich, was diese von der »Gesellschaft« im ganzen unterscheidet. Erst der besondere Typus zivilgesellschaftlicher Assoziationen begründet die Differenz. Kenn-

55 Walzer, Was heißt zivile Gesellschaft?, 65 und ders., *Die kommunitaristische Kritik* Kap. V.

zeichnend für diesen Typus sind die Art und Weise der internen Organisation und Willensbildung, die Handlungsorientierungen der Mitglieder und ihre Konfliktpraxis.[56] Von zivilgesellschaftlichen Assoziationen kann demnach sinnvollerweise erst die Rede sein, wenn sie (a) einen selbstorganisierten Handlungszusammenhang darstellen, nicht etwa auf einem staatlichen Stiftungsakt beruhen, wenn sich (b) ihre Mitglieder wechselseitig die gleichen Rechte zugestehen, alle daher in prinzipiell gleicher Weise und gleichem Maße Einfluß ausüben können auf die Programmatik und Aktionen der Vereinigung, wenn (c) ihre Mitglieder den Grundsatz gleicher politischer Freiheit auch allen anderen zugestehen, sich insbesondere gegenüber ihren Gegnern in konkreten Konflikten keine Vorrechte anmaßen, wenn (d) die Praxis der Assoziationen darauf angelegt ist, kommunikative Macht zu erzeugen, die sich im öffentlichen Raum entfaltet, und (e) die Mitgliedschaft freiwillig ist. Kennzeichnend für zivilgesellschaftliche Assoziationen ist also, daß sie die öffentliche Auseinandersetzung suchen und bei der selbstbewußten und tatkräftigen Inanspruchnahme ihrer politischen Freiheiten zumeist gegen herrschende politische Mehrheiten, auch gegen herrschende Verfassungsinterpretationen mit Nachdruck für ihre Position eintreten, dabei aber nicht den normativen Bezugsrahmen einer demokratischen Republik überschreiten. Sie unterscheiden sich damit wesentlich von Vereinigungen, die hierarchisch gegliedert sind, sich als Geheimbünde organisieren oder sich als Avantgarde verstehen, die kraft ihres vermeintlich überlegenen Wissens zur Stellvertretung aller anderen befugt sei, und insbesondere von Organisationen, die darauf aus sind, Grundrechte, Verfassung und Demokratie in den Dienst eines »eingebildeten Kollektivs« zu stellen, wie etwa des Volkes, der Nation oder der Rasse.

3.3 *Konvention*

Der These von der Vergesellschaftung durch Assoziation stellt sich am Ende noch das Problem zu erklären, wie es zur Assoziierung der Assoziationen kommt, d.h. was die Gesellschaft im Ganzen als Gesellschaft oder Gemeinschaft zusammenhält. Offensichtlich sind »Zivilgesellschaft« und »Gesellschaft« keine austauschbaren, identischen Bezeichnungen, was sich bereits aus dem Umstand erhellt, daß die Begründung der Mitgliedschaft in letzterer nur in den seltensten Fällen freiwillig geschieht, sondern durch das Abstammungs- oder Territorialprinzip vermittelt wird. Erst später zeigt sich die Freiwilligkeit der Eingeborenen vor allem im Verzicht auf die »Exit-Option«.
Zur Beantwortung dieser Frage verweisen Anhänger des Liberalismus, wie ausgeführt, auf den Vertrag, der ein System der Rechte und Prozeduren der

56 Zum folgenden: Rödel, *Zivilgesellschaft*. Vgl. auch Dahrendorf, Der moderne soziale Konflikt, 69ff.

Selbstregierung begründet, die letztlich die gesamtgesellschaftliche Koordination bewirken sollen. Kommunitaristische Kritiker dieser Position bestreiten die hinreichende Tragfähigkeit liberaler Rechte ebenso wie die Leistungsfähigkeit politischer Prozeduren. Sie setzen stattdessen auf starke, von gemeinschaftlich geteilten Überzeugungen abgestützte Werte und Tugenden.[57] In den nächsten Kapiteln werden diese Vorschläge eingehend überprüft. An dieser Stelle soll der Hinweis genügen, daß der hier gewählte Ansatz zu beiden Vorschlägen Abstand hält und sich stattdessen an einer nicht als Gesellschaftsvertrag zu verstehenden *»grundlegenden Konvention«* orientiert. Angesprochen wird damit eine wechselseitige Verpflichtung auf *Zivilität*, die sich in der tatsächlichen Konfliktpraxis aufweisen lassen muß. Die Bezeichnung *Konvention* soll signalisieren, daß diese Verpflichtung nicht vom Himmel fällt, sondern Resultat einer Übereinkunft ist, die immer nur temporär eingegangen wird, also jederzeit revisibel davon abhängt, daß die Beteiligten für sie eintreten. Im Unterschied zu normativen Ableitungen oder fiktiven Gesellschaftsverträgen kann eine solche Konvention nur Wirksamkeit erlangen, wenn sich ihr Inhalt wenigstens rudimentär in den Köpfen der Beteiligten als handlungsleitende Maxime festsetzt und in der sozialen Praxis sowie in Institutionen tatsächlich in Erscheinung tritt. Nicht ausreichend, wenngleich hilfreich ist also ihre schriftliche Fixierung als Verfassung oder Grundgesetz. Hinzukommen muß die Bereitschaft der Bürgerinnen und Bürger, die von ihnen vereinbarte Konvention im Handeln zur Geltung zu bringen. Bezugspunkt für die inhaltliche Ausgestaltung der Konvention und ihre institutionelle Umsetzung sind die notwendigen Bedingungen, unter denen die assoziierten Individuen in radikal pluralistischen, interessengespaltenen Gesellschaften ihre unvermeidlichen Konflikte austragen müssen, wenn sie das neue Daseinsprogramm – die Aufgabe der Selbstbestimmung und Selbstregierung, also auch die institutionelle Ausformung ihrer Willensbildung – erfüllen wollen.

57 Zur Kommunitarismus-Debatte siehe Honneth, *Grenzen des Liberalismus*, 1ff.; ders.(Hg.), *Kommunitarismus*; Zahlmann, *Kommunitarismus*; Brumlik/Brunkhorst, Gemeinschaft und Gerechtigkeit sowie Frankenberg, Auf der Suche nach der gerechten Gesellschaft, Kap. I.

III. Autorität und Gemeinschaft

Keine moderne Verfassungsurkunde, die zumindest rhetorisch Bezug nimmt auf Demokratie und Republik, verzichtet auf den Hinweis, daß sich das nunmehr souveräne Volk, für das die Verfassungsgeber stellvertretend zu handeln beanspruchen, feierlich verpflichtet, seine Geschichte und Geschicke selbsttätig zu gestalten. Zu den favorisierten Zielsetzungen gehören das Recht auf Selbstbestimmung zu verwirklichen, sich selbst zu regieren, eine gerechte soziale Ordnung zu schaffen, die nationale und staatliche Einheit zu wahren, die Eintracht im Zusammenleben der Völker zu fördern oder sogar »den kommenden deutschen Geschlechtern die Segnungen des Friedens, der Menschlichkeit und des Rechts dauernd zu sichern.«[1] Verpflichtungen dieser Art, die sich Gesellschaften bei der Verabschiedung von Verfassungen auferlegen oder die ihnen von den verfassungsgebenden Eliten vorgegeben werden, sind Reaktionen auf die Zumutung selbsttätigen Handelns. Diese »aktivistische Zumutung« markiert den Eintritt in ein neues Zeitalter. Bezeichnet wird der Übergang in das neue Zeitalter als *Säkularisierung* oder *Säkularisation.*[2]

1 Vgl. die Präambel des GG vom 23.Mai 1949, BGBl.S.1; Präambel der Verfassung des Freistaates Bayern vom 2. Dezember 1946, GVBl S.333. Die Verpflichtung zur Selbstregierung kommt vor allem im Prinzip der Volkssouveränität (»Alle Staatsgewalt geht vom Volke aus.« Art.20 II GG) und in den politischen Freiheitsrechten einschließlich dem Wahlrecht zum Ausdruck. Vgl. die Präambel der Weimarer Reichsverfassung vom 11.August 1919, RGBl. S.1383. Besonders anspruchsvoll die Präambel der Landesverfassung der Freien Hansestadt Bremen vom 21. Oktober 1947 (GVBl. S. 233), derzufolge die »Bürger dieses Landes willens (sind), eine Ordnung gesellschaftlichen Lebens zu schaffen, in der die soziale Gerechtigkeit, die Menschlichkeit und der Friede gepflegt werden, in der der wirtschaftlich Schwache vor Ausbeutung geschützt und allen Arbeitswilligen ein menschenwürdiges Dasein gesichert wird.« Vgl. auch die Verfassungen der Deutschen Demokratischen Republik: »Von dem Willen erfüllt, die Freiheit und die Rechte des Menschen zu verbürgen, das Gemeinschafts- und Wirtschaftsleben in sozialer Gerechtigkeit zu gestalten . . .« (Verfassung vom 7.Oktober 1949, GBl. I S.5) und: »In Fortsetzung der revolutionären Traditionen der deutschen Arbeiterklasse und gestützt auf die Befreiung vom Faschismus hat das Volk der Deutschen Deutschen Demokratischen Republik . . . sein Recht auf sozial-ökonomische, staatliche und nationale Selbstbestimmung verwirklicht und gestaltet die entwikkelte sozialistische Gesellschaft.« (Verfassung vom 7. Oktober 1974, GBl. I S.432).

2 Zur historischen und staatsrechtlichen Diskussion vgl. Koselleck, *Vergangene Zukunft*; Heckel, Deutschland im konfessionellen Zeitalter (1983) und ders., *Säkularisierung*, sowie die Beiträge in Dilcher/Staff, Christentum und modernes Recht; Böckenförde, *Die Entstehung des Staates*, 42ff. und Stolleis, *Geschichte des öffentlichen Rechts*, bes. 273ff. Vgl. auch Gauchet, *Die Erklärung der Menschenrechte*; ders., *De l'avènement de l'individu* und Gilbert, *The Making of Post-Christian Britain.* Zur philosophischen Diskussion vgl. Blumenberg, Säkularisierung und Selbstbehauptung; Lübbe, *Säkularisierung* und Stallmann, Was ist Säkularisierung? und Zabel, *Verweltlichung*. Zur soziologischen Diskussion Max Weber, Die protestantische Ethik I; Parsons, Religion in Postindustrial America: The Problem of Secularization. Zur neueren politiktheoretischen Diskussion vgl. Lefort, Perma-

Unter Säkularisierung, metaphorisch als »Entzauberung« (Max Weber), als »Weltgewinn und Weltverlust« (Hannah Arendt) oder als »Bruch mit dem Transzendenten« beschrieben, wird im folgenden jene Serie von historischen Ereignissen und ideenpolitischen Veränderungen verstanden, in deren Verlauf sich eine diesseitige politische Imagination entfaltet, die erstmals die Individuen als autonome, sich selbst bestimmende Subjekte ihrer Geschichte und die Gesellschaft als gestaltbaren Sozialverband ins Bild setzte. Wenngleich bis heute nicht unumstritten ist, ob »Säkularisierung« diese Brüche, Umbrüche und Kontinuitäten angemessen auf den Begriff bringt,[3] erscheint es im Rahmen einer verfassungstheoretischen Konzeption der Zivilgesellschaft gleichwohl unverzichtbar, auf diesen Prozeß zu rekurrieren. Denn er rückt zwei intern verknüpfte Aspekte der Zumutung, die an moderne Gesellschaften und ihre Mitglieder gerichtet ist, in den Vordergrund – nämlich erstens, in Ausübung der Selbstbestimmung eine politische Autorität zu gründen und zu begründen sowie, zweitens, zwischen den vereinzelten Mitgliedern der Gesellschaft ein symbolisches Band zu knüpfen, also diese sozial zu integrieren. Die Ausführungen in diesem Kapitel werden sich nach einiger Arbeit am Begriff darauf konzentrieren, diese doppelte Aufgabenstellung zu präzisieren, um abschließend an Verfassungstexten und ihrer Interpretation zu illustrieren, wie und mit welchen Ambivalenzen Gesellschaften auf die Zumutung des Eigenhandelns reagieren.

1. *Die Entstehung der Zivilgesellschaft »als Vorgang der Säkularisation«*

Verläßt man den vergleichsweise engen Bedeutungshof des staatskirchenrechtlichen Verständnisses von Säkularisierung als der Einziehung des Kirchenguts durch die weltlichen Obrigkeiten[4], dann ist bald zu erkennen, daß es sich in der Tat um einen heute herrenlosen Begriff handelt, der keiner aktuell gebliebenen Kommunikationstradition angehört, und »dem jeder entnimmt, was ihm paßt«.[5] Aufgabe einer Verfassungstheorie kann nicht sein, ein bestimmtes Verständnis von Säkularisation zu kanonisieren. Wohl aber muß sie Auskunft darüber geben, warum die Entstehung der zivilgesellschaftlichen Idee und Praxis auf der Folie des komplexen Prozesses der Säkularisierung angemessen nachvollziehbar sein soll.

2 nence du théologico-politique?; Rödel/Frankenberg/Dubiel, Die demokratische Frage, Kap.IV und Rödel, Zivilgesellschaft und Verfassung, 123f.
3 Verneinend mit eindrucksvollen Argumenten Blumenberg, Säkularisierung und Selbstbehauptung, passim.
4 Ausführlich dazu Heckel, *Das Säkularisierungsproblem*, 35ff.
5 Lübbe, *Säkularisierung*, 13.

Seit dem Ende des 19. Jahrhunderts firmiert Säkularisation als *»geisteswissenschaftlicher* Zentralbegriff, der die Entwicklung der Neuzeit insgesamt charakterisieren soll«[6]. Und zwar vorzugsweise unter dem Titel »Entlassung des Menschen in der Moderne in eine nicht mehr religiös bestimmte Welt- und Seinsordnung«. Das ideengeschichtlich verengte Verständnis von Säkularisierung läßt sich als kognitiver Reflex verstehen, einen schier unübersehbaren Gegenstandsbereich wissenschaftlich zu domestizieren. Eine Verfassungstheorie, auch wenn sie nicht die Entstehung der Moderne in ganzer Breite rekonstruieren kann, muß gleichwohl zur Kenntnis nehmen, daß der Prozeß der Säkularisierung über ihren Horizont, d.h. die Sphäre der politischen Ideen und deren institutionelle Verkörperung, hinausgreift. Zwar metaphorisch, aber in der Dimensionierung präzise verweist die Formel vom »Weltverlust und Weltgewinn« auf den Zusammenbruch einer alten und die Entstehung einer neuen Welt und umschreibt eine Umwälzung, die nicht nur in den Köpfen stattfindet, sondern Einstellungen und Verhaltensweisen prägt und sich in politischen Strukturen und Institutionen niederschlägt. Diese Revolution affiziert das Welt- und Geschichtsbild wie das Verständnis von Zeit überhaupt; sie bestimmt die Vorstellungen von Gesellschaft und das Selbstverständnis der Menschen.

Der »Rückzug Gottes aus der Geschichte«[7] profanisiert die Zeit, die erstmals als einteilbar erscheint. Zeit wird wahrgenommen als »Geschehensablauf mit wiederkehrenden Abschnitten, deren Länge sozial standardisiert« und in den Kalender als Bezugsrahmen eingefügt ist.[8] Die Menschen werden zu Zeit-Genossen. Mehr als je zuvor reguliert Zeit ihr Leben. Das Netzwerk der Zeitbestimmungen prägt Muster individueller Selbstkontrolle und gesellschaftliche Organisation ebenso wie die menschlichen Tätigkeiten in allen Handlungsbereichen.[9] Ereignisse geschehen in dieser nun weltlichen Dimension in größerer oder geringerer Entfernung voneinander, und die Zukunft gerät in die Sphäre menschlicher Verantwortung. Mit der Geschichte verbindet sich nunmehr die Vorstellung von ihrer nicht erkennbar begrenzten Beherrschbarkeit. Die Zukunft wird zur Folge gegenwärtiger Handlungen. Dieses säkularisierte Bild der Geschichte steigert den Zwang, selbst zu handeln und zu entscheiden, und besagt zunächst nur, daß Vorstellungen von Geschichte als Resultat eines göttlichen Heilsplanes, eines blinden Schicksals oder einer naturgesetzlich angetriebenen Evolution zerbrechen. An ihre Stelle tritt eine Imagination, die den Menschen die Aufgabe zuweist, ihr Lebensschicksal aus eigener Kraft zu

6 Heckel, *Das Säkularisierungsproblem*, 35 m.zahlr.Nachw.
7 Münkler, *Im Namen des Staates*, 80 und Figgis, The Divine Right of Kings.
8 Elias, Über die Zeit, xii.
9 Elias, Über die Zeit, xiif.; Foucault, Überwachen und Strafen, 194f.

bewältigen und ihre sozialen Beziehungen und politischen Verhältnisse selbst zu regeln.

Säkularisierung gibt damit den Blick frei auf die Menschen als vereinzelte, virtuell autonome und handlungsfähige Subjekte, die »(n)ichts mehr ... Gott oder einer durch seine Weisheit und Güte gelenkten Geschichte überlassen« können, vielmehr alle politischen Entscheidungen selbst treffen müssen, »ohne hoffen zu können, daß eine höhere Macht korrigierend eingreift,« wenn ihre Entschlüsse »ruinöse Effekte« haben.[10] Die Individuen erhalten die Dispositionsgewalt über eine ihrem Umfang und Inhalt nach nicht limitierte Sphäre des Politischen. Dieses verliert jegliche sakrale Rückendekkung, wird veralltäglicht und intensiviert. Politik wird immanent in säkularen Gesellschaften, die nicht mehr göttlich begründet, nicht mehr durch eine metaphysische Ordnung oder durch ein seit unvordenklichen Zeiten geltendes, traditionales Recht, sondern durch das Handeln ihrer Mitglieder konstituiert werden. Ihre Entwicklung gedacht als »vertikale Zeitabschnitte, die eine Myriade von aufeinander bezogenen oder unverbunden Ereignissen zusammenhalten«[11].

Die Auflösung der einstigen Durchdringung von Diesseits und Jenseits und der Rückzug des Göttlichen von der politischen Bühne erfahren eine dramatische Zuspitzung in den Revolutionen des ausgehenden 18. Jahrhunderts. In der Rhetorik des Konstitutionalismus und der Menschenrechtserklärungen kommt diese Dramatik zu Wort. Diese Dokumente geben Auskunft über einen realen oder imaginierten Zugewinn an menschlicher Autonomie, Handlungsfähigkeit und Macht, der sich einer neuen, nämlich aktivistischen Einstellung zu Geschichte und Politik verdankt; und sie verschweigen nicht die Befürchtungen, die dieser Zugewinn auslöst, und die zu Spekulationen über die böse, jedenfalls nicht engelhafte menschliche Natur und »Verderbtheit der Regierungen« verleiten.[12]

Welche Möglichkeiten und Risiken diese Absage an die Transzendenz in sich birgt, zeigt sich besonders drastisch in den Exekutionen des bis dahin als unantastbar geltenden Monarchen. Zeitgenössische Darstellungen halten, unfreiwillig oder bewußt, den Symbolgehalt eines Ereignisses fest, das man zu

10 Münkler, *Im Namen des Staates*, 82.

11 Taylor, Liberal Politics and the Public Sphere, 14.

12 Bei der Erklärung der Menschen- und Bürgerrechte lassen sich die Vertreter »des französischen Volkes« von der Erwägung leiten, »daß die Unkenntnis, das Vergessen oder die Verachtung der Menschenrechte die alleinigen Ursachen des öffentlichen Unglücks und die Verderbtheit der Regierungen sind« (Mayer-Tasch, Verfassungen, 210). James Madison, einer der amerikanischen »Founding Fathers«, verweist auf das nunmehr auftauchende Dilemma der Selbstregierung: »If men were angels, no government would be necessary ... In framing a government which is to be administered by men over men, the great difficulty lies in this: you must first enable the government to control the governed; and in the next place oblige it to control itself. A dependence on the people is, no doubt, the primary control on the government; but experience has taught mankind the necessity of auxiliary precautions.« The Federalist, No. 51 (1788).

einer der Geburtsstunden der modernen politischen Zeitrechnung – wohl nicht der Zivilgesellschaft – zählen kann. Ludwig XVI. hält ein letztes Mal der johlenden Menge und dem Henker das Kruzifix entgegen; er beschwört damit die Präsenz des Göttlichen und seine Unantastbarkeit[13] als Repräsentant einer jenseitigen Macht. Doch die Magie des Sakralen verfängt nicht mehr. Der Monarch wird guillotiniert. Seine Hinrichtung exekutiert zugleich den Bruch mit der überkommen, religiös fundierten Ordnung. Weniger drastisch, aber nicht minder folgenreich zeigt sich der Bruch in dem Ruf »Der König ist tot – es lebe die Republik!« Vor aller Augen endet die diesseitige Verkörperung einer transzendenten Ordnung. Die Stelle der Macht einer Gesellschaft über sich selbst, bis dahin kraft Gottes Gnade oder unbezweifelter Tradition im Besitz ausgewählter Dynastien, wird buchstäblich leer – und bleibt es symbolisch. »Es lebe die Republik« bedeutet nicht nur die Absage an die Monarchie, sondern zugleich die Selbstverpflichtung zur Öffnung eines öffentlichen Raumes, in dem alle Mitglieder der Gesellschaft auftreten und in offener Debatte darüber entscheiden sollen, wer das Mandat erhält, legitime politische Macht über die Gesellschaft auszuüben.

Den ironischen Abschluß dieser Epoche markiert die Kaiserkrönung Napoleons. Das Drama von der Antastung des unantastbaren Fürsten wird zur Farce, als sich Napoleon, den kein dynastisches Prinzip, sondern nur der militärische Erfolg auszeichnet, die Kaiserkrone wohl vom kirchlichen Repräsentanten der jenseitigen Macht reichen läßt, jedoch selbst die Krönung vollzieht.[14] Diese Persiflage traditioneller Krönungszeremonien gehorcht einer neuen Symbolik, nämlich daß die Inhaber höchster Ämter in einem säkularisierten politischen Gemeinwesen, unabhängig von dessen Bezeichnung, jedenfalls keine sakrale Ordnung im Diesseits repräsentieren. Salbungsvolle Rede muß nunmehr, wenn denn Wert darauf gelegt wird, die Salbung ersetzen.

Ebensowenig verkörpern sie – Napoleon nicht und weniger noch die gewählten Inhaber politischer Ämter – die Gesamtheit aller Gesellschaftsmitglieder. Mit Ludwig XVI. oder vor ihm Karl II. stirbt auch die Lehre von den zwei Körpern des Königs, dem unantastbaren, unsterblichen des Monarchen und dessen hinfälligen Leib als Mensch.[15] Die ehemals inkorporierte Gesellschaft, der »body politick«, wird dekorporiert und auf der Ebene ihrer sym-

13 »Die Person des Königs ist unverletzlich und heilig.« Kap.II Art. 2 der Frz. Verfassung von 1791. Zu den Verfassungsbestimmungen betreffend die Unantastbarkeit in heutigen konstitutionellen Monarchien siehe u. Anm.118.

14 Stolleis, *Geschichte des öffentlichen Rechts* II, 128.

15 Zur Doppelnatur monarchischer Herrschaft im christlichen Abendland und insbesondere zu der von den elisabethnischen Kronjuristen entwickelten Doktrin vgl. die materialreiche Studie von Kantorowicz, *Die zwei Körper des Königs* und ders., *Mysteries of State*, 381ff. Eine gute Einführung und Zusammenfassung gibt Gauchet, *Des deux corps du roi au pouvoirs sans corps.*

bolischen Repräsentation in ihrer Pluralität sichtbar: Fortan treten sich einerseits *civil society* und andererseits die symbolisch leere, freilich umkämpfte und institutionell immer neu auszuformende Stelle der Macht gegenüber.[16] Damit ist gesagt, daß niemand die Stelle der Macht kraft eines höheren (Eigentums-)Rechts legitimerweise besetzen kann. Niemand soll von Rechts wegen sagen können: »Der Staat bin ich.« Oder genauer: »Der Staat gehört mir.« Die Absage an jegliche Transzendenz horizontalisiert die Gesellschaft, deren Mitglieder als Bürgerinnen und Bürger in ihrer Differenz nunmehr in gleicher Weise und mit gleichem Recht am Projekt der Selbstregierung beteiligt sind.

Die deutsche Staatslehre hat diese Konsequenz freilich gescheut und teilweise bis weit in das 19. Jahrhundert an der Vorstellung festgehalten, daß es, *erstens*, ein doppeltes Subjekt der suprema potestas gebe: den Staat und den Monarchen, und *zweitens*, daß der Monarch, solange er nicht am Privatrechtsverkehr teilnimmt, keiner rechtlichen Verantwortung unterworfen sei. *Drittens* ging sie davon aus, daß »der höchste Wille, als einer individuell bestimmten Person zustehend, durch diese gleichsam körperlich dargestellt« werde.[17] Aufgrund der Subjektstellung des Monarchen kamen dem König selbstverständlich das Prädikat »heilig« und dem Regentenhaus die höchsten Ehren zu, wie etwa Titulatur und Einschluß in das Kirchengebet.[18] Allerdings geriet die Staatslehre in das Dilemma, entweder den Staat oder aber den König als Subjekt der Herrschaftsrechte – wie etwa Steuern zu erheben, Gesetze zu geben, zu richten, zu strafen etc. – ausweisen zu müssen.[19] Die Anhänger der Fürstensouveränität orientierten sich der Sache nach an Art.57 der Wiener Schlußakte, wonach »alle Staatsgewalt . . . von der Krone (ausgeht)«.[20] Die Verfechter der Volkssouveränität wiesen dem König nur ein abgeleitetes, rechtlich gebundenes Herrschaftsrecht zu.[21] Insgesamt tat sich die Staatslehre schwer, den »ganzen öffentlichen Zustand auf den Willen des Menschen statt auf Gottes Ordnung und Fügung« zu gründen[22] und sich vom Bild einer durch den Kör-

16 Ausführlich dazu Rödel et al., Die demokratische Frage, 89ff.

17 Vgl. Jellinek, Allgemeine Staatslehre, 711; Laband, Das Staatsrecht des Deutschen Reiches, 94ff.

18 Gerber, Grundzüge des deutschen Staatsrechts, 80f.

19 Zur Kritik vgl. Bernatzik, Republik und Monarchie, 28f. und ders., *Kritische Studien über den Begriff der juristischen Person*, 217.

20 Huber, *Dokumente* I, 88. »Das Königtum leitet seine Gewalt aus keiner Rechtsquelle, insbesondere aus keiner Übertragung durch das Volk . . . ab. Es herrscht aus eigener Macht . . .« v. Seydel, Das Staatsrecht des Königreichs Bayern (1888), 23f. Nach Bornhak, Preußisches Staatsrecht I, 65f., bildete »L'Etat c'est moi« die »einzige logische Rechtfertigung des Staates«. Vgl. auch Haller, Restauration der Staats-Wissenschaft, 471 (Staat als »Stimme der Natur, die da ist das Wort Gottes«).

21 Gerber, Grundzüge des deutschen Staatsrechts, 125: »Im Monarchen hat der Staat den persönlichen Vertreter seines Willens«, der verpflichtet ist, »nach Maßgabe des bestehenden Rechts zu regieren«.

22 Stahl, Was ist die Revolution?, 162. Vgl. auch Heller, Politische Ideenkreise, in: ders., Ges. Schriften I, 290.

per des Königs symbolisch repräsentierten und inkorporierten Gesellschaft Abschied zu nehmen.

Erst die Staats- und Verfassungslehre der Weimarer Republik tat den entscheidenden ersten Schritt und erteilte dem bis dahin unbezweifelten Dogma des zuletzt überwiegend traditionalistisch statt religiös begründeten monarchischen Prinzips eine Absage und nahm damit die aktivistische Herausforderung an.[23] Diese besteht gerade darin, daß keine jenseitige Macht das zukunftsoffene und riskante Geschäft der Selbstregierung lenkt, sondern letztlich die assoziierte und politisch organisierte Bürgerschaft darüber entscheiden muß, in welcher Weise und von wem die Stelle der Macht besetzt werden und in welcher institutionellen Form die Gesellschaft Macht über sich selbst ausüben soll. Der zweite Schritt, weg von der Symbolisierung der Gesellschaft als Einheit zur Anerkennung ihrer Pluralität auch auf der Ebene der symbolischen Repräsentation, wurde auch von den Weimarer Staatsrechtlern nicht immer und nicht eindeutig vollzogen. Max Webers Bild einer »machtvollen Nation als der erweiterte Leib eines machtvoll veranlagten Menschen« übersetzte Smend in seiner einflußreichen Integrationslehre: »Es ist mehr oder weniger der Sinn der Stellung aller Staatsangehörigen, die Einheit des Staatsvolkes zu ›repräsentieren‹ oder zu ›verkörpern‹, d.h. ein Symbol für sie zu sein . . .«[24] Die Beschwörung von Einheit läßt sich vor dem Hintergrund der schier endlosen Serie von Revolutionen und Gegenrevolutionen, Restaurationen und Rebellionen sowie angesichts der Fragilität der jungen Republik als Versuch interpretieren, die Risiken zu begrenzen, die in das Projekt der Selbstregierung eingelassen sind.

Spätestens hiermit wird deutlich, daß »Säkularisierung« von ihrem Hintergrund, dem rechtlichen Enteignungsmodell, abzulösen ist. Es handelt sich weder um einen einseitigen Entzug noch um eine geistige Enteignung und Verschuldung oder gar die odiöse Verletzung fremden Rechts, wenn ein geistiges System dem Menschen die Schöpfung nicht mehr glaubhaft als »Vorsehung« vermitteln kann und ihm damit die »Last seiner Selbstbehauptung« ohne jenseitigen Beistand und Heilsplan auferlegt.[25] Mit bloßen Transformationstheoremen oder begrifflicher Umbesetzung, also der untergründigen Behauptung von Identität wird die fundamentale Wandlung im Verstehen der Welt und den Sinngebungen nicht zureichend begriffen. Foucault weist zu Recht auf den Irrtum hin anzunehmen, die Welt wende uns »ein lesbares Gesicht zu, welches wir nur zu entziffern« hätten, und konstatiert lakonisch: »Die Welt ist kein Komplize unserer Erkenntnis.«[26]

23 Vgl. Smend, *Verfassung und Verfassungsrecht*; Heller, Staatslehre und ders., Politische Ideenkreise, 310.

24 Smend, *Verfassung und Verfassungsrecht*, 145, wo sich auch das Weber-Zitat findet (S.130).

25 Blumenberg, Säkularisierung und Selbstbehauptung, 159.

26 Foucault, Die Ordnung des Diskurses, 36.

Säkularisierung zwingt die Menschen, religiöse Erlösungsvorstellungen aufzugeben, aus der »teleologischen Beruhigung« herauszutreten in die metaphysische Unsicherheit einer kontingenten Welt und einer Politik ohne Transzendenz.[27] Sie tauschen keine diesseitige gegen eine jenseitige Welt ein, sondern werden »aus der jenseitigen und der diesseitigen Welt auf sich selbst zurückgeworfen«[28] und müssen, in Ermangelung einer gesicherten Erlösung, nichts mehr fürchten als den vorzeitigen, unnatürlichen Tod, der folglich im Zentrum der Hobbes'schen politischen Philosophie steht. Differenz zum Vorgegebenen und Brüche ebenso wie Kontinuitäten, nicht aber bloße Identität oder Analogie prägen also die Säkularität einer modernen Gesellschaft.

1.2 *Die Zurückweisung der aktivistischen Zumutung durch die Politische Theologie*

Fragt man sich, warum die Neuzeit häufig gleichwohl als »Fortsetzung des Christentums mit anderen Mitteln« begriffen wird, so ist dafür in erster Linie eine reaktionäre Rhetorik[29] haftbar zu machen. Wohl provoziert durch die anti-religiöse Tendenz und demokratische Valenz der Säkularisierung hat diese, mit starker politischer Motivation, die »reine Diesseitigkeit« gegeißelt und unter der Hand versucht, den Autonomiegewinn preizugeben. Besonders nach 1945 geriet Säkularisierung in den Sog einer konservativen, kulturphilosophisch begründeten Kritik der Moderne, die den ohnehin weiten durch die Aufklärung ausgeleuchteten Bedeutungshorizont dadurch verdüsterte, daß sie die »weltgeschichtliche Katastrophe Europas« auf der fallenden Kurve mehrerer verheerend endender Säkularisierungsbewegungen seit der Renaissance abbildete. Um ihre Sehnsucht nach Transzendenz zu legitimieren, schreckte sie nicht davor zurück, noch den Nationalsozialismus aus dem säkularen Abfallen von Gott abzuleiten.[30] Die Komplexität der Säkularisierung wie auch die konservative Reaktion erklären, warum die gesellschafts- und rechtstheoretische Literatur wohl en passant auf den säkularen Charakter moderner Ge-

27 Vgl. Blumenberg, Säkularisierung und Selbstbehauptung, 159f; Rödel et al., Die demokratische Frage, 128ff.

28 Arendt, *Vita activa*, 312.

29 Sehr instruktiv hinsichtlich der Muster und Wiederkehr reaktionärer Rhetorik ist die Studie von Hirschmann, *The Rhetoric of Reaction*. Vgl. auch J. Roß, Wie im Himmel also nicht auf Erden, FAZ v. 11.3.1995.

30 E.g. A. Müller-Armack, Das Jahrhundert ohne Gott (Münster 1948). Die dogmatisierende Vorbereitung der These vom Fortschritt als Verhängnis lieferte Löwith, Weltgeschichte und Heilsgeschehen. Zur Kritik: Blumenberg, Säkularisierung und Selbstbehauptung. Vgl. auch Lübbe, *Säkularisierung*, 109ff.

sellschaften, ihrer Politik und ihres Rechts Bezug nimmt, jedoch in aller Regel davon absieht, diesen eingehend zu erläutern.[31]

In der Verfassungstheorie konnte so die von Carl Schmitt entworfene Politische Theologie das Verständnis von Säkularisierung nachhaltig prägen.[32] Unter ihrem Einfluß werden Diskontinuität und Zufall aus der Geschichte der Säkularisierung verbannt und diese in vierfacher Hinsicht enggeführt. *Erstens* sei davon auszugehen, daß es sich hierbei um ein rein ideengeschichtliches Ereignis handele, dessen wesentliche Bedeutung in der Welt der Begriffe zu finden sei.[33] Das Verständnis dieses Ereignisses soll sich, *zweitens*, angemessen als Vorgang der Transformation von theologischen in staatsrechtliche Begriffe verstehen lassen: »Alle prägnanten Begriffe der modernen Staatslehre sind säkularisierte theologische Begriffe.«[34] Freilich behauptet Schmitt am Ende weder die strikte Kontinuität der Begriffsgeschichte noch die Struktur-Identität oder strukturelle Homologie theologischer und staatsrechtlicher Begriffe, sondern nur deren »Struktur-Verwandtschaft«[35]. In diesem Sinne erscheint ihm der Ausnahmezustand in der Politik als Analogie zum Wunder in der Theologie und das neuzeitliche Rechtsstaatsverständnis als Analogie zum Deismus, firmiert die juristische Fiktion als funktionales Äquivalent der religiösen, die »Omnipotenz des modernen Gesetzgebers« als »nicht nur sprachlich <?> aus der Theologie hergeholt«, und beschwört Schmitt das von Rousseau formulierte, noch vom absolutistischen Gegenbild geprägte Ideal des staatlichen Rechtslebens des 18. Jahrhunderts ›Imiter les décrets immuables de la Divinité‹ zur Beglaubigung seiner politischen Theologie.[36]

In seiner Kritik der Souveränitätslehren Kelsens, Gierkes, Preuß' und Krabbes wie auch in einer auf die Zwecke seiner Politischen Theologie zugeschnittenen Hobbes-Interpretation tritt bei Schmitt der weltliche Souverän an die Stelle Gottes. Gleichsam als immanente Transzendenz fungiert der Staat; er erscheint entsprechend der Formulierung von Hobbes als »sterblicher Gott«[37].

31 So zum Beispiel Dieter Grimms *Deutsche Verfassungsgeschichte*, in der die »Glaubensspaltung« eine nicht unbeachtliche, aber nicht explizierte Rolle spielt. In vergleichbarer Weise fungiert Säkularisierung als Hintergrundfolie für die Bestimmung von posttraditionaler Moral und posttraditionalem Recht in Habermas, Faktizität und Geltung. Vgl. dagegen die ausführliche Erörterung bei Willke, Ironie des Staates, aaO. und bei Luhmann, Funktion der Religion, 225ff.

32 Vgl. Schmitt, *Politische Theologie I und II*. Zur Kritik vgl. Staff, Zum Begriff der politischen Theologie bei Carl Schmitt, in: Dilcher/Staff, Christentum und modernes Recht, 182ff.

33 Schmitt, *Politische Theologie I*, passim und *Politische Theologie II*, 101. Zur Kritik: Blumenberg, Säkularisierung und Selbstbehauptung, 103ff.

34 Schmitt, *Politische Theologie I*, 49; vgl. auch S. 65

35 »Alles, was ich zum Thema Politische Theologie geäußert habe, sind Aussagen eines Juristen über eine rechtstheoretisch und rechtspraktisch sich aufdrängende systematische Struktur-Verwandtschaft von theologischen und juristischen Begriffen.« (Schmitt, *Politische Theologie II*, 101)

36 Ebd., 49, 51, 60. Ähnlich, wenngleich mit anderen Intentionen argumentieren auch Offe/Preuß, *Democratic Institutions*, passim

37 Hobbes, Leviathan, 134

Damit enthüllt sich, *drittens*, das zentrale Anliegen der Politischen Theologie: Sie reduziert Säkularisierung auf das Problem, wie sich in einer aus jeder Heilsordnung entlassenen Gesellschaft eine souveräne politische Autorität legitimieren läßt. Diese Reduktion wird von Schmitt ihrerseits noch einmal zugespitzt auf das Moment der nicht räsonierenden und nicht diskutierenden, sich nicht rechtfertigenden, also aus dem Nichts geschaffenen Dezision. Diese stellt sich freilich nicht als säkularisierte Version der creatio ex nihilo dar, sondern als metaphorische Deutung der Lage nach der revolutionären Stunde Null.[38] Streng genommen geht es Schmitt nicht um eine auf Analogien ohnehin nicht zu stützende Behauptung über die Genese der politischen Struktur aus der theologischen, sondern um den Absolutismus der Souveränität: »Souverän ist, wer über den Ausnahmezustand entscheidet.«[39] Die »quasi-göttliche Person des Souveräns hat Legitimität, weil es für sie Legalität nicht mehr oder noch nicht gibt, denn sie soll diese erst konstituieren.«[40]

In seiner apologetischen Rezeption der katholischen Gegenrevolutionäre Bonald, de Maistre und Donoso Cortés läßt Schmitt, *viertens*, gemeinsam mit diesen das Problem der Legitimität hinter sich: »Die aktuelle Bedeutung jener gegenrevolutionären Staatsphilosophen aber liegt in der Konsequenz, mit der sie sich entscheiden. Sie steigern das Moment der Dezision so stark, daß es schließlich den Gedanken der Legitimität, von dem sie ausgegangen sind, aufhebt.«[41] Damit ist der Weg offen für die Vergötterung der Dezision und dafür, die Exekutive von den Fesseln positiver Gesetze zu befreien: »Die Entscheidung macht sich frei von jeder normativen Gebundenheit und wird im eigentlichen Sinne absolut.«[42] Hiermit gibt Schmitt nicht nur die Vorstellung einer sich in der Form von Gesetzen selbstprogrammierenden Gesellschaft auf, sondern transformiert zugleich die aktivistische Zumutung in den Triumph der vom Handeln und von der Zustimmung einer Bürgerschaft abgelösten Dezision. Auf diese Weise versucht er das alte monarchische Prinzip im Gewande der Dezisionsgewalt des obersten staatlichen Machtträgers in das Recht der Republik einzuführen.[43]

Zwar hält Schmitt die irreversible Säkularisierung der politischen Legitimitätsgrundlagen im Unterschied zur konservativen Kulturkritik nicht für die Katastrophe, doch für die Herausforderung der Neuzeit, der nur (s)ein politischer Existentialismus angemessen entgegentreten könne. Ohne jede Distanzierung zitiert er jedoch das von Cortés auf das frühe 19. Jahrhundert ge-

38 So auch Blumenberg, Säkularisierung und Selbstbehauptung, 107.
39 Schmitt, *Politische Theologie I*, 11.
40 Blumenberg, Säkularisierung und Selbstbehauptung, 117. Zur Kritik der Vermischung von weltlicher und göttlicher Souveränität vgl. J. Roß, Wie im Himmel also nicht auf Erden, aaO.
41 Schmitt, *Politische Theologie I*, 83.
42 Ebd., 19.
43 Heller, Theorie von Staat und Recht, in: Ges. Schriften II, 88.

münzte Bild einer Menschheit als eines Schiffs, »das ziellos auf dem Meer umhergeworfen wird, bepackt mit einer aufrührerischen, ordinären, zwangsweise rekrutierten Mannschaft, die gröhlt und tanzt, bis Gottes Zorn das rebellierende Gesindel ins Meer stößt, damit wieder Schweigen herrsche.«[44] Auch wenn er die interessierte Verzeichnung des sich von der jakobinischen zur proletarischen Revolution steigernden politischen Radikalismus nicht in jeder Hinsicht teilen mag, so finden sich doch auch bei Schmitt Parallelen zur gegenrevolutionären Kritik der Bourgeoisie als einer »diskutierenden Klasse«, die »der Entscheidung ausweichen will«, »die alle politische Aktivität ins Reden verlegt«, in das »ewige Gespräch«, und deren »Religion in Rede- und Preßfreiheit liegt«.[45]

1.3 *Kritik der Politischen Theologie*

Die Schmitt'sche Absage an die Moderne, seine Vermischung und Verwechslung von Herrschaft und Heil bleibt freilich durchweg indirekt, eingehüllt in die Sprache einer »Theologie als Politik«, deren Geltungsanspruch und Aktualität er noch in seiner zweiten einschlägigen Schrift gegen alle Kritik[46] bekräftigt, und die sich vor allem in seinem Begriff des Politischen, seiner Absage an den Parlamentarismus und generell seiner Liberalismuskritik fortsetzt.[47] Er erreicht dies mit einer bloßen begrifflichen Umbesetzung bei gleichbleibender Referenz (»Staat«). Dabei läßt ihn sein Verständnis von Säkularisierung vorfinden, »was er sonst hätte erfinden müssen, da es sich nun einmal nicht deduzieren ließ«[48].

Schmitts Unverständnis – oder vielleicht sein spezifisches Verständnis – dafür, daß gerade die Zumutung der Selbstbestimmung und Selbstregierung, in deutlicher Diskontinuität zur Vorgeschichte, die Legitimität der Moderne begründet, und seine von diesem (Un)verständnis informierte Reduktion einer Politik ohne Transzendenz auf ein Ordnungsproblem läßt sich in einem ersten Schritt mit Kelsens, nahezu zeitgleich mit der »Politischen Theologie« Schmitts erschienen Aufsatz »Gott und Staat«[49] korrigieren.

Zwar bestätigt Kelsen zunächst die irritierenden Übereinstimmungen der Lehre vom Staat mit der Lehre von Gott und präpariert »merkwürdige Paral-

44 Schmitt, *Politische Theologie I*, 75.
45 Ebd., 75 und 79. Kritisch dazu Marcuse, Der Kampf gegen den Liberalismus in der totalitären Staatsauffassung.
46 Vgl. Schmitt, *Politische Theologie II*, passim.
47 Vgl. Schmitt, Der Begriff des Politischen, und ders., Die geistesgeschichtliche Lage des heutigen Parlamentarismus.
48 Blumenberg, Säkularisierung und Selbstbehauptung, 118.
49 Kelsen, Gott und Staat, 261. Eine detaillierte Kritik des Dualismus von Staat und Recht findet sich in Kelsens Schrift Der soziologische und der juristische *Staatsbegriff*.

lelitäten« heraus, die das »religiöse und das soziale Problem« aufweisen; doch anders als Schmitt entschlüsselt er den metaphysisch begründeten Staat in einer psychologisch und soziologisch informierten (staats)rechtstheoretischen Analyse am Ende als Produkt einer wunscherfüllenden Phantasie. Kelsen unterscheidet zunächst das »soziale Erlebnis« der in bewußter Gemeinschaft lebenden, durch die gemeinsame Erfahrung sich als gleichartig empfindenden Mitglieder einer Gesellschaft (Genossen) von der komplementären Vorstellung einer die soziale Verflechtung und soziale Bindungen stiftenden Autorität, als welche sich die Gesellschaft im Bewußtsein der Einzelnen etabliert.[50] Um den Glauben an diese transzendente Autorität, »von der man sich ebenso verpflichtet wie völlig abhängig fühlt«, kristallisiert sich das »religiöse Erlebnis«.[51] Solange soziales und religiöses Erlebnis normativ ungeschieden bleiben, können sie zu der Vorstellung einer göttlich, d.h. heteronom vermittelten Gemeinschaft verschmelzen. Dieser Zustand ändert sich, wenn sich eine Instanz herausbildet, die im Diesseits die Ordnung der Götter vertritt und in deren Namen die politische Macht ausübt. Historisch tritt zunächst der Fürst als Inkarnation der jenseitigen Ordnung auf und repräsentiert diese kraft göttlicher Gnade, göttlichen Rechts oder in der Berufung auf eine heilige Tradition.[52] Eine weitere Erscheinungsform ist der absolutistische Staat, soweit er als »ein den Menschen und auch dem weltlichen Recht transzendentes Wesen« wahrgenommen wird, dessen Kennzeichen die Souveränität ist, der also »keine höhere Macht über sich hat, eine von keiner höheren Macht abgeleitete, durch keine höhere Macht beschränkte Macht ist«.[53] In der Konstruktion des Staates als einer die Gesellschaft transzendierenden und vom Recht verschiedenen und unabhängigen Wesenheit umschreiben die Lehren vom absolutistischen Staat dessen Entkopplung vom Recht. Ihr stellt sich damit das Problem, die letzten Endes metarechtliche Natur des Leviathan zu bändigen. Jellinek suchte die Lösung in einer Selbstverpflichtung des Staates: »*Von Natur aus* alles könnend, was seiner *Macht* zugänglich ist, kann der Staat von *Rechts* wegen nur das, wozu ihn die Rechtsordnung ermächtigt, darf er nur das, was sein gesetzlich gebundener Wille ihm gestattet.«[54]

Vom Standpunkt seiner Reinen Rechts- und Staatslehre kritisiert Kelsen den metarechtlichen Staatsbegriff als eine in sich widersprüchliche Hinterlassenschaft des Absolutismus, die es gestatte, neben der demokratischen Rechtsordnung noch »mit einer zweiten, die sog. *Staatsraison* darstellenden Ordnung« zu operieren, um dem Herrscher »einen weiten Spielraum freien Er-

50 Kelsen, Gott und Staat, 262.
51 Ebenda; vgl. auch Durkheim, Les formes élémentaires de la vie religieuse, 295ff, 322, 597.
52 Ausführlich dazu Kantorowicz, *Die zwei Körper des Königs*. Vgl. auch Wootton, *Divine Right and Democracy*.
53 Kelsen, Gott und Staat, 272.
54 Jellinek, *System*, 194f.

messens« zu erobern.[55] So wie die Freiheit Gottes gegenüber dem Naturgeschehen sich im Wunder ausdrückt, soll die Idee eines metarechtlichen Staates das »Rechtswunder« begreiflich machen. Hierin zeigt sich, so Kelsen, das Spekulative einer politischen Theologie, deren Plausibilität – wie bei der Theologie – darauf beruht, daß man an ihre Inhalte glaubt. Er selbst holt im Gegenzug den Staat aus dem metaphysischen Himmel und verleibt ihn dem Recht ein. Staat und Staatsform sind nurmehr der Sonderfall von Recht und Rechtsnorm.[56] Dieser theoretische Schachzug gestattet Kelsen, den Staat mit der Verfassung als der Methode der Produktion genereller Normen zu identifizieren und auf menschliches Verhalten zu beziehen, zu dem die Rechtsordnung ermächtigt. Im Mittelpunkt steht nicht die Dezision, sondern die »von der Rechtsordnung verliehene Macht, an der Erzeugung der individuellen Rechtsnorm mitzuwirken«.[57] Damit dekonstruiert Kelsen den Dualismus von Staat und Recht und delegitimiert die traditionelle Autorität des Staates als Recht-Fertiger. Den »metaphysischen Rest«, das gefährliche Supplement[58] seiner Reinen Rechtslehre verweist er in die Grundnorm.
Wer entgegen der »Politischen Theologie« mit Kelsen an einer Politik ohne Transzendenz festhält, um der aktivistischen Herausforderung nicht auszuweichen, kann bei Kelsens Einwänden nicht stehen bleiben. Die Stichhaltigkeit der »Theologie als Politik« steht und fällt mit ihrem spezifischen Verständnis von Säkularisierung und vor allem damit, daß die Legitimierung einer politischen Autorität als das einzige oder jedenfalls zentrale durch die Säkularisierung aufgeworfene Problem angesehen wird.
Abgesehen davon, daß die »Politische Theologie« auch nach den demokratischen Revolutionen den Staat als absolut souverän, als Nachfolger des Monarchen von Gottes Gnaden denkt[59] und deshalb das nachabsolutistische demokratische Souveränitätsverständnis verdrängen muß, dringt sie im übrigen nur zum Begriff, nicht aber zum Problem einer Autorität vor, die diesseitig zu konstituieren und zu legitimieren ist. Zwangsläufig kapriziert sich eine »Politische Theologie« darauf, Legitimitätsformeln umzubesetzen und auszuwechseln. In seiner Bedeutung unerkannt, jedenfalls ungelöst bleibt dabei die nicht minder wichtige Aufgabe der sozialen Integration, die sich mit der Autonomisierung und Isolierung der Individuen und der Gestaltbarkeit der Gesellschaft in dramatischer Weise stellt. Die »Politische Theologie«, die sich auf die von allen Fesseln befreite Dezision fixiert, verkörpert im und exekutiert durch den autoritären Staat, führt in ihrem Angebot nur die religiös imprägnierte Vor-

55 Kelsen, *Staatsbegriff*, 137.
56 »Mit dem Begriffe der Staatsform wird die Methode der durch die Verfassung geregelten Erzeugung der generellen Normen gekennzeichnet.« Kelsen, Reine Rechtslehre, 283ff.
57 Kelsen, Reine Rechtslehre, 151 und 289ff.
58 Vgl. Derrida, Grammatologie, 244ff.
59 Vgl. Kelsen, Gott und Staat, 269ff. und ders., *Staatsbegriff*, 136ff.

stellung von Individuen, die in ekstatischer Unterwerfung zu einer (freilich nur temporären) imaginierten Gemeinschaft verschmelzen, einander jedoch nicht horizontal als selbstbestimmte und handlungsmächtige Individuen begegnen.

Kelsen gibt einen Hinweis auf das Problem der sozialen Integration, wenn er den Staat als »soziale Gemeinschaft« einführt.[60] Diese Gemeinschaft bestimmt er jedoch, äußerst zurückhaltend, nur formal. Und zwar im Sinne der völkerrechtlichen Drei-Elemente-Lehre als das Kompositum von Staatsvolk, Staatsgebiet und Staatsgewalt. Er hält alle anderen Versuche, »ein anderes Band zu finden, das die möglicherweise nach Sprache, Rasse, Religion und Weltanschauung verschiedenen, durch Klassengegensätze und mannigfache Interessenkonflikte getrennten Menschen zusammenhält, zu einer Einheit verbindet«, für aussichtslos. Ob diese Auffassung zutrifft, wird später zu prüfen sein. Jedenfalls profiliert Kelsens rechtspositivistische Strategie die Schmitt'sche Suche nach einer Autorität jenseits aller Debatten und einer Einheit jenseits der gesellschaftlichen Pluralität deutlich als den paradoxen Versuch, ein »Kondensat säkularisierter staatlicher Absolutheit«[61] und ein Willenszentrum zu gewinnen, das die Gesellschaft wie aus einem Guß zusammenhält. Nach der theoretischen, oder genauer: nach der politisch-theologischen Entmachtung der Subjekte wird der Staat »auf dem Wege über die Existentialisierung und Totalisierung des Politischen« nunmehr »auch Träger der eigentlichen Möglichkeiten des Daseins selbst. Der Staat hat sich nicht den Menschen, sondern die Menschen haben sich dem Staat zu verantworten«. Sie sind ihm »zur Gänze ausgeliefert.«[62] Auf diese Weise liquidiert die »Politische Theologie« den mit der Säkularisierung erzielten Autonomiegewinn.

2. *Autorität und soziale Integration in einer »Gesellschaft der Individuen«*

Gegenüber der »Politischen Theologie« und gegenüber nicht explizit theologischen Verfassungstheorien, die wie jene alle Aufmerksamkeit allein auf die Umbesetzung staatsrechtlicher Begriffe richten, wird hier ein Verständnis von Säkularisierung in Anschlag gebracht, das deren Unübersichtlichkeit und Komplexität nicht auf einen Vorgang der begrifflichen Transformation reduziert. Säkularisierung bringt vielmehr eine Moderne hervor, die sich nicht im analogisierenden Rückgriff auf das Vorgegebene ihrer selbst vergewissern

60 Kelsen, Reine Rechtslehre, 290.
61 Staff, Die politische Theologie bei Carl Schmitt, 204.
62 Marcuse, Der Kampf gegen den Liberalismus in der totalitären Staatsauffassung, 161ff, 189f.

kann, sondern der, von allen Heilsplänen abgenabelt und mit einer radikal neuen politischen Imagination ausgestattet, die Last der Selbstbehauptung auferlegt ist. Im Zuge der Säkularisierung werden das »Vertrauen in die dem Menschen zugewandte Ordnungsstruktur der Welt«[63] zerstört und die Welt kontigent. Tradierte (Vor-)Rechte und Pflichten verlieren ihre verbindliche und verbindende Kraft. Daraus ergeben sich zwei Herausforderungen, denen sich Gesellschaften wohl temporär, nicht aber auf Dauer entziehen können: die Konstituierung und Legitimierung politischer Autorität und die Konstituierung einer nicht-traditionalen Form von Gemeinschaftlichkeit.

2.1 *Konstituierung und Legitimierung politischer Autorität*

Solange ein Herrscher seine Einsetzung und Aura in der Vorstellung der Untertanen jenseitigen Mächten verdankt, solange er sich bei der Ausübung seiner Herrschaftsgewalt in den Mantel jenseitigen Rechts und göttlicher Gnade hüllen oder sich auf eine heilige, unbezweifelbare Tradition berufen kann, schweigt jeder Zweifel, ob er die Gesamtheit aller Untertanen legitimerweise repräsentiere. Ein Diskurs über die Legitimität seiner Autorität findet nicht statt. Von den (Gesetzes-)Befehlen des Herrschers wird angenommen, daß sie auf die Anweisung außergesellschaftlicher Mächte zurückgehen, seien es die Götter, die geheiligte Tradition oder die geoffenbarten Naturgesetze. In der Vorstellung der Untertanen ist der »Monarch, der die göttlichen Gesetze exekutiert, anwendet und sichert, . . . Statthalter der außergesellschaftlichen . . . Macht, nicht personifizierte Macht einer Gesellschaft, die sich selbst ihre Ordnung gibt«.[64] Solange Gesellschaften die Autorschaft für die grundlegenden Normen ihres Zusammenlebens transzendenten Instanzen zuweisen und sich als Heteronome instituieren, die ihre eigene Autorschaft vor sich selbst verborgen halten,[65] bleibt die »Vorstellung von einem politisch hergestellten Zusammenhalt« und einer politisch eingesetzten Autorität »im Horizont ihres Weltbildes ohne Bedeutung und Sinn«.[66]

Die Säkularisierung zerschneidet jedoch die Verbindung zwischen dieseitiger Herrschaft und jenseitigen Mächten. Autorität[67] verliert ihre höhere Weihe und bezeichnet nunmehr eine Eigenschaft von Personen oder wird Ämtern oder Institutionen zugeschrieben. Sie beruht auf einem Wahl- oder Erneuerungsakt und begründet nur dadurch ein Verhältnis der Anerkennung bzw. des

63 Blumenberg, Säkularisierung und Selbstbehauptung, 160; vgl. auch Foucault, Die Ordnung des Diskurses, 36.
64 Rödel, Zivilgesellschaft und Verfassung, 123.
65 Castoriadis, Institution de la société et religion, 364ff.
66 Rödel, Zivilgesellschaft und Verfassung, 123.
67 Arendt definiert Autorität als fraglose Anerkennung, die nur vom Respekt vor der Person oder dem Amt getragen wird (Macht und Gewalt, 46).

Respekts. Das Novum ist, daß diese Anerkennung von den Adressaten autoritativer Entscheidungen nach den von ihnen selbst aufgestellten Kriterien gewährt oder versagt werden kann. Jede politische Autorität muß sich also unablässig der Frage stellen, warum ihr aus freien Stücken zu gehorchen sei. Sie muß sich rechtfertigen, ihr Herrschaftsrecht fertigen. Wo sie sich nicht auf einen legitimierenden Akt der Herrschaftsunterworfenen berufen kann, behauptet sie regelmäßig, sie werde in deren Interesse ausgeübt: »Und der König absolut, wenn er uns den Willen tut«.[68] Der Zwang aller politischen Autorität, sich rechtfertigen zu müssen, ist Folge der Säkularisierung und Voraussetzung für die Freisetzung neuer gesellschaftlich imaginärer Bedeutungen,[69] die zur Auflösung der sakralen Weltbilder und schließlich zum Auseinandertreten von sakral oder religiös begründeter und weltlicher politischer Macht führen. Auch wenn beide Mächte noch vorübergehend, während der Phase des Absolutismus, in der Person des Fürsten gemeinsam verkörpert sind, so wird gleichwohl die Vorstellung geschichtsmächtig, daß die Instanz einer weltlichen Macht der Gesellschaft nunmehr dem Sozialverband der Untertanen bzw. »Staatsmitglieder« gegenübertritt. Auf der Ebene der symbolischen Repräsentation zeigen sich die zwei Körper des Monarchen – der sakrale, jenseitige und der diesseitige, sterbliche.[70]

(1) *Stufen der Säkularisierung*

Bei aller Fragwürdigkeit, Schnitte durch einen so langwierigen und vielschichtigen Prozeß zu legen, lassen sich doch zwei Stufen der Säkularisierung unterscheiden. Die erste kennzeichnet der Übergang von sakralen zu religiösen Weltdeutungen: Der Herrscher und die politische Ordnung insgesamt werden aus dem Bereich des Sakralen und Geheiligten entlassen, jedoch bleibt die christliche Religion weiterhin deren unbezweifelte Grundlage sowie der »Homogenität verbürgende Boden zwischen Herrschern und Beherrschten«.[71] Danach bildet sich allmählich die zweite Stufe heraus: die Trennung von Religion und Politik und die Emanzipation der Politik von jeglicher religiösen Fundierung.

Die erste Stufe der Säkularisierung setzen zahlreiche Autoren im Investiturstreit (1057-1122) an, »jener von päpstlicher wie von kaiserlicher Seite mit

68 Zit. nach Kirchheimer, Funktionen des Staats und der Verfassung, 63 (Verfassungsreaktion 1932)

69 Hierzu und zum folgenden Castoriadis, Gesellschaft als imaginäre Institution, 559ff.; Rödel et al., Die demokratische Frage, Kap. IV; Frankenberg, Als Zivilgesellschaft ins 21. Jahrhundert und Rödel, Zivilgesellschaft und Verfassung, 124.

70 Zur Genese dieser politisch-rechtlichen Symbolik vgl. Kantorowicz, *Die zwei Körper des Königs*

71 Vgl. Böckenförde, *Die Entstehung des Staates*, 48. Vgl. auch Staff, Zum Begriff der politischen Theologie, 192

äußerster Entschiedenheit geführten geistig-politischen Auseinandersetzung um die Ordnungform der abendländischen Christenheit. In ihr wurde die alte religiös-politische Einheitswelt des orbis christianus in ihren Fundamenten erschüttert und die Unterscheidung und Trennung von ›geistlich‹ und ›weltlich‹ ... geboren.«[72] Zunächst von den Päpsten ersonnen zur Begründung kirchlicher Suprematie, fand sie bald eine andere Verwendung und diente schließlich dazu, die Suprematie der Politik zu unterstützen. Andere Autoren lassen die Säkularisierung überhaupt oder jedenfalls ihre zweite Stufe später einsetzen. Zum Beispiel mit der Entdeckung der Neuen Welt, der Reformation und Glaubensspaltung, den Religionskriegen oder dem »cuius regio eius religio« des Augsburger Religionsfriedens, dem Erdbeben von Lissabon, der philosophischen Aufklärung oder schlicht dem 17. Jahrhundert.[73] Nicht so sehr diese Pluralität der Meinungen, sondern die Komplexität des Gegenstandes und die Dimensionen des Säkularisierungsprozesses, dem sie geschuldet sein dürfte, lassen es geraten erscheinen, bei der genauen Terminierung, gar bei Kausalerklärungen Zurückhaltung zu üben. Es kann im Rahmen einer Verfassungtheorie im übrigen auch unentschieden bleiben, welche Bewegung oder welches Ereignis letzlich für den Verlust des Kosmos[74] – allein oder im Verbund mit anderen – haftbar zu machen ist: die Umwälzungen in der Religion, die Revolutionierung der Wissenschaften seit dem Zusammenbruch des geozentrischen Weltbildes durch die Aufklärung und die mathematische Methode, die politischen Erfordernisse der sich entwickelnden Marktgesellschaft oder schließlich die demokratischen Revolutionen.[75] Denn unstreitig ist der Befund, daß auf der zweiten Stufe der Säkularisierung nunmehr die weltlichen Autoritäten jeglicher transzendenten Legitimation etwa durch »Gott«, »Tradition« oder »Natur« entraten müssen und ihnen folglich die Aufgabe bestritten wird, die Wahrheit zu verteidigen und »mit ihren Mitteln öffentlich den Irrtum

72 Böckenförde, *Die Entstehung des Staates*, 44. Allgemein zur Entstehung des Rechts: Berman, *Recht und Revolution*, bes. 144ff. und 190ff.

73 Aus der unübersehbaren Literatur und der Vielzahl der Deutungen vgl. Koselleck, *Vergangene Zukunft*, der die Entdeckung der »Neuen Welt«, Renaissance und Reformation benennt. Vgl. auch Habermas, Der philosophische Diskurs der Moderne, 13ff. Grimm, *Deutsche Verfassungsgeschichte*, identifiziert diese Stufe mit der Glaubensspaltung. Vgl. M. Weber, Die protestantische Ethik I. Willke verlegt den Beginn der Säkularisierung auf den Augsburger Religionsfrieden, dessen »cuius regio eius religio« erstmals die gesellschaftliche Notwendigkeit von Politik markierte, nachdem die Religionskriege des 16. und 17. Jahrhunderts den Glauben an eine prästabilisierte, religiös fundierte Ordnung erschüttert hatten (Ironie des Staates, 24). Shklar, Über Ungerechtigkeit, macht den vom Lissaboner Erdbeben im Jahre 1755 ausgelösten Aufschrei gegen die göttliche Ungerechtigkeit für den Anbruch der Säkularisierung haftbar. Für Giddens beginnt die Moderne im 17.Jahrhundert (Consequences of Modernity, Kap. I).

74 Ebenso instruktiv wie fesselnd dazu Toulmin, *Cosmopolis*.

75 Zu den unterschiedlichen Deutungen vgl. Toulmin, *Cosmopolis*, passim; die Beiträge in Woodhouse, Puritanism and Liberty; MacPherson, The Political Theory of *Possessive Individualism*; Böckenförde, *Die Entstehung des Staates*, passim.

zu unterdrücken, Häretiker und Ketzer zu bestrafen«.[76] Damit beginnt die seitdem nie abgeschlossene und nie abschließbare Gründung politischer Gemeinwesen und die Begründung einer strikt immanenten politischen Autorität. Naturrechtstheorien, Lehren von Herrschafts- und Gesellschaftsverträgen und politische Theorien stellen sich dieser Aufgabe, indem sie zögernd oder mutig die Individuen als Akteure, wenngleich zumeist als Privatleute, ins Recht setzen und die Entstehung eines »Commonwealth« von deren Vereinbarung ableiten. In der Tat zeigt sich die Entzauberung der Fürsten und Dynastien besonders deutlich darin, daß das *ius divinum* für die Begründung von Herrschaft zunehmend entbehrlich wird, wenn der Monarch beim Herrschaftsvertrag selbst als Vertragspartner fungiert oder sich sein Mandat aus einem Sozialvertrag seiner Subjekte herleitet.[77] Gleichwohl weichen die empiristischen oder normativistischen Vertragskonstruktionen – von Hobbes einerseits und Locke, Rousseau und Kant bis hin zu Rawls andererseits – in zweierlei Hinsicht vor der Radikalität des Säkularisierungsproblems zurück. *Erstens* versuchen sie bezüglich der Legitimierung politischer Autorität doch eine transzendente Ebene wiederzugewinnen. Und zwar, indem sie den offenen historischen Horizont abschließen und die Legitimität der Debatte über die Legitimität mit dem Verweis auf die menschliche Natur, natürliche Rechte, den nicht irrenden Allgemeinwillen, das »transzendentale Faktum« der Vernunft oder universalistische Gerechtigkeitsprinzipien gleichsam einfrieren. In der Rückschau offenbart sich freilich, daß von Endgültigkeit nicht die Rede sein kann. Allein die Pluralität konkurrierender Grundlagen, denen der jeweilige Vertrag letztlich aufruhen soll, dementiert theoretische Alleinvertretungsansprüche, die zur endgültigen Beruhigung über das Autoritätsproblem führen könnten. Das Recht auf Selbsterhaltung oder die naturgesetzlichen menschlichen Bedürfnisse konkurrieren mit natürlichen Rechten auf Freiheit, Eigentum und Sicherheit; die Vernunft konkurriert mit dem öffentlich gebildeten Allgemeinwillen; hinter dem Schleier des Nichtwissens formulierte Prinzipien der Gerechtigkeit konkurrieren mit der Verständigung über die Bedingungen gleicher Freiheit.

Zweitens sind die Vertragstheorien zu einseitig darauf ausgerichtet, politische (oder eigentlich nur staatliche) Autorität zu legitimieren und zu limitieren. Wohl konzipieren sie einen »enttheologisierten Staat«, eine verantwortliche Regierung oder ein *pouvoir neutre*, vernachlässigen darüber jedoch die Gründung und Neugründung eines politischen Gemeinwesens. In den klassischen Vertragstheorien erscheint die Gründung als ein einmaliger Stiftungsakt der vertragschließenden Subjekte. Diese Vorstellung, die vom Kontrast zwischen

76 Böckenförde, *Die Entstehung des Staates*, 49. Vgl. dazu auch Lecler, *Geschichte der Religionsfreiheit*, 148ff., 439ff.

77 Vgl. Stolleis, *Geschichte des öffentlichen Rechts I*, 275. Ausführlich dazu Gough, The Social Contract und Kersting, *Die politische Philosophie des Gesellschaftsvertrags.*

Natur- und Zivilzustand lebt, verkennt, daß mit der Säkularisierung auch die Aufgabe der Gründung auf Dauer gestellt ist, sich also nicht mit einem Akt für alle Zeiten erledigen läßt. In Rawls' Theorie der Gerechtigkeit wird demgegenüber die Idee einer »wohlgeordneten Gesellschaft« vorausgesetzt; die Frage, wie sie zustandekommt, hat nicht den Status eines ausführlich zu erörternden Problems. Eine Schwäche des Kontraktualismus, so läßt sich resümieren, ist sein Verzicht, eine Theorie der Verfassung zu entwickeln.

(2) *Bedingungen politischer Autonomie*

Die tatsächlichen und rechtlichen Probleme der Gründung werden deutlicher erkennbar, sobald sich der Blick von Fürsten und Herrschern, vom Leviathan oder dem *pouvoir neutre*, also von der auf die Frage nach der Souveränität zugespitzten Autoritätsproblematik abwendet und sich auf die in Gesellschaft lebenden Individuen und die Bedingungen ihrer politischen Autonomie richtet.[78] Wenn es zutrifft, daß im Zuge der Säkularisierung die Individuen als autonome und handlungsfähige Subjekte ihrer Geschicke und ihrer Geschichte ins Bild gesetzt werden, dann müssen politische und Verfassungstheorien nicht nur Auskunft geben über Einheits- und Ordnungskonzepte und Legitimationsformeln, sondern vor allem über die rechtlichen Bedingungen der Möglichkeit, unter denen Akteure tatsächlich in die Lage versetzt werden, selbsttätig politisch zu handeln.[79]

In der Tat lassen sich an den Bruchstellen zwischen Religion und Politik Hinweise dafür finden, daß im Zuge der Säkularisierung die Bedingungen autonomen Handelns zum Thema werden. Die in blutigen Kämpfen erstrittene religiöse Toleranz verdrängt schrittweise die Vorstellung religiöser Parität und entfesselt normativ eine Politik, die nunmehr, wenngleich unter dem Vorbehalt letzter sittlich-religiöser Schranken, ihrer eigenen Räson folgen kann.[80] Sie schafft zugleich den Raum für das »erste Grundrecht in dem präzisen Sinn eines säkularen individuellen Freiheitsrechts«[81] – die Gewissensfreiheit. Diese soll das forum internum jedweder Heteronomie entziehen, indem sie das Individuum aus der Vormundschaft der herkömmlichen spirituellen

78 Hierzu Arendt, Über die Revolution, 183ff. und Rödel et al., Die demokratische Frage, Kap. III.

79 Dies bestätigt, wenngleich in rückwärtsgewandter Verneinung, die Irische Verfassung: »Im Namen der Allerheiligsten Dreifaltigkeit, von der alle Autorität kommt und auf die, als unserem letzten Ziel, alle Handlungen sowohl der Menschen wie der Staaten ausgerichtet sein müssen, anerkennen Wir, das Volk von Irland, in Demut alle unsere Verpflichtungen gegenüber unserem Herrn, Jesus Christus« (Präambel der Irischen Verfassung von 1937, idF vom 3.11.1972, Nachw. bei Mayer-Tasch, *Verfassungen*, 261).

80 Stolleis, *Geschichte des öffentlichen Rechts I*, 396f. – »In der Form des Staates schafft sich die Politik eine Leitidee ihrer selbst.« (Willke, Ironie des Staates, 85). Vgl. dazu die Beiträge in Schnur, *Staatsräson* und Münkler, *Im Namen des Staates*, passim.

81 Vgl. Stolleis, *Geschichte des öffentlichen Rechts I*, 396f.; Böckenförde, *Gewissensfreiheit*, 200ff./204 und Anschütz, *Religionsfreiheit*, § 106.

Mächte entläßt und ihm die selbstverantwortliche Weltdeutung ohne jenseitige Rückendeckung zumutet.
Im Laufe der verfassungsrechtlichen Entwicklung werden weitere Grundrechte erkämpft, die sich wie konzentrische Kreise um die Gewissensfreiheit legen und den nunmehr verfassungsmäßig verbürgten Handlungsraum ausweiten. Die in den Deklarationen der Menschenrechte und Verfassungen von der Bürgerschaft jeweils selbst erklärten Rechte konstituieren mit der allgemeinen Handlungsfreiheit den in Privat- und Wirtschaftsangelegenheiten und mit der Konnexgarantie politischer Kommunikationsfreiheiten den in Öffentlichkeit und Politik handlungsfähigen – zunächst allerdings nur männlichen und besitzenden – Bürger. Die »Bill of Rights« zur nordamerikanische Bundesverfassung garantiert nicht zufällig an erster Stelle die Meinungs- und Assoziationsfreiheit gemeinsam mit der Religionsfreiheit.[82] »Die freie Mitteilung der Gedanken und Meinungen ist eines der kostbarsten Menschenrechte«, heißt es in Art. 11 der französischen Erklärung der Menschen- und Bürgerrechte, die freilich die Akteure »für den Mißbrauch dieser Freiheit« verantwortlich hält. In diese Tradition stellt sich das Grundgesetz, wenn es der Meinungsfreiheit den Status eines Menschenrechts einräumt; sie distanziert sich von dieser Tradition, wenn es die Versammlungsfreiheit (Art. 8 I GG) als Grundrecht nur der Deutschen bezeichnet, allerdings im Versammlungsgesetz diese Einschränkung vorsichtig zurücknimmt.
Die Tatsache ihrer feierlichen verfassungsmäßigen Verbürgung enthält für sich noch keine Aussage darüber, welche Durchschlagskraft diese Rechte haben, und in welcher Weise sie, erfolgreich oder nicht, von den Individuen oder Assoziationen ausgeübt werden können. Wohl aber sind damit die notwendigen symbolisch-rechtlichen Bedingungen dafür geschaffen, daß sich eine öffentlich-politische Sphäre herausbilden und durch politische Aktivität der Bürgerschaft und ihrer Assoziationen offengehalten werden kann. In dieser Sphäre kann eine Gesellschaft als Zivilgesellschaft öffentlich zu sich finden und Macht über sich selbst entfalten. Eine solche Gesellschaft hat sich damit als autonome »instituiert«[83], d.h. sie hat sich als Sozialverband ins Bild gesetzt, der aus autonomen, handlungsfähigen und zur politischen Selbstbestimmung ermächtigten Mitgliedern besteht. Wie diese Selbstbestimmung umgesetzt wird, ist allerdings ein Vorhaben, dessen Realisierung keine Theorie vorzeichnen kann. Immerhin lassen sich die notwendigen verfassungsstrukturellen Bedingungen angeben, unter denen die Realisierung von Autonomie in Angriff genommen werden kann.[84]

82 Zur Entwicklung des 1. Amendment in der Rechtsprechung des U.S. Supreme Court: Frankenberg/Rödel, *Von der Volkssouveränität zum Minderheitenschutz*, Kap. II.
83 Dieser Begriff geht zurück auf Castoriadis, Gesellschaft als imaginäre Institution, 233ff/559ff.
84 Siehe unten Kap. IV und V.

Ist bereits dem Autoritätsproblem mit der bloßen Umbesetzung staatsrechtlicher Begriffe nicht angemessen beizukommen und zeigt sich hier eine der grundlegenden Ambivalenzen der Moderne, so gilt das erst recht für die zweite, damit verknüpfte Aufgabe, die sich säkularisierten Gesellschaften stellt – die soziale Integration[85] der vereinzelten Mitglieder. Diese Aufgabe läßt sich auch als Konstitution einer Form von post-traditionaler Gemeinschaftlichkeit[86] umschreiben. In Hinsicht auf diese trägt jede Verfassungstheorie eine doppelte Beweislast. *Erstens* und grundsätzlich muß sie darlegen, daß die Frage der sozialen Integration mit der Begründung einer politischen Autorität nicht beantwortet ist. Wenn sich ihr also ein Platz in der Theorie einer demokratischen Verfassung zuweisen läßt, sind, *zweitens*, zumindest die Umrisse einer plausiblen Antwort zu zeichnen.

Soziale Integration bezeichnet das Problem, zwischen den Mitgliedern einer »Gesellschaft der Individuen«[87] ein symbolisches Band herzustellen, das für alle einen Rahmen der Zugehörigkeit konstituiert, innerhalb dessen sie sowohl ihren Status wie auch ihre grundlegenden wechselseitigen Rechte und Pflichten verorten können. Angespielt wird hierauf, wenn von »Gemeinschaft«[88], der Assoziation von Assoziationen[89], von solidarischen Beziehungen, sozialen Verpflichtungen gegenüber der Gesellschaft oder allgemein von sozialer Verantwortung die Rede ist. Gemeint ist damit nicht eine kollektive Identität, sondern eine Verfassung im untechnischen Sinn, die den einzelnen Mitgliedern genuin *»soziale Sicherheit«* verbürgt. Unter sozialer Sicherheit ist die Gewißheit hinsichtlich der Zugehörigkeit zu einem Sozialverband und der damit verbundenen rechtlichen Ansprüche und Verantwortlichkeiten zu verstehen. Der hier eingeführte Begriff unterscheidet sich damit erheblich vom herkömmlichen Verständnis[90], das soziale Sicherheit mit sozialpolitischen Maßnahmen und sozialrechtlichen Leistungen verbindet, die der ökonomischen Absicherung von typischen Lebens- und Berufsrisiken geschuldet sind.

85 Vgl. Smend, *Verfassung und Verfassungsrecht*, 136ff. zur persönlichen, sachlichen und funktionellen Integration. Ausführlich zur Integrationsproblematik aus soziologischer Sicht: Peters, Die Integration moderner Gesellschaften.
86 Vgl. dazu Honneth, Posttraditionale Gemeinschaften, 260ff.
87 Zu diesem während der französischen Revolution auftauchenden Begriff vgl. Gauchet, *Die Erklärung der Menschenrechte.*
88 Vgl. Kelsen, Reine Rechtslehre, 154: Eine »Gemeinschaft von Individuen ... besteht nur in dieser ihr Verhalten regelnden Ordnung«, gemeint ist damit die Rechtsgemeinschaft. Kägi, Rechtsprobleme der Volksinitiative, ZSR 1956, 739ff. spricht von einer »freien Gemeinschaft freier Menschen«.
89 Siehe oben Kap. II, S. 53ff.
90 Vgl. dazu Kaufmann, *Sicherheit*, bes. 108ff. m.zahlr.Nachw. »Soziale Sicherheit« liegt in der Nähe der »ontologischen Sicherheit« (vgl. dazu Giddens, Consequences of Modernity, 92), verbindet allerdings ein kognitives mit einem emotionalen Element. Auf letzteres scheint sich die Rede von Solidarität zu beziehen, wenn damit nicht bloße Interessenidentität gemeint ist.

Soziale Integration enthält mithin zwei Komponenten: die Inklusion und Obligation der Mitglieder einer Gesellschaft.

In »abgeschlossenen heiligen Gesellschaften«[91] kann die soziale Integration, wie sie hier definiert ist, jedenfalls normativ nicht zum Problem werden, solange diese Gesellschaften sich als durch eine jenseitige Ordnung symbolisch zusammengefügt begreifen und sich in der Gestalt einer sie transzendierenden Instanz als Einheit verkörpert sehen. In solchen inkorporierten Gesellschaften repräsentiert der Herrscher die Gesellschaft als Ganze und ist der Platz der einzelnen Mitglieder mit dem Zeitpunkt der Geburt durch göttliches Recht, Grundsätze einer ehrwürdigen Tradition oder Naturgesetz festgelegt. Sie werden durch Abstammung in einen Stand hineingeboren, mit dem sich, ohne ihr eigenes Zutun, kraft eines seit unvordenklichen Zeiten geltenden Rechts bestimmte Vorrechte und Pflichten verbinden. Mit dem Übergang zur »aufgeschlossenen modernen Gesellschaft«[92], sobald sich also die metaphysisch begründete Ordnung, die einen Sozialverband als Einheit konstituiert, auflöst und die hierarchischen Statusverhältnisse erodieren und herkömmliche Netze sozialer Verantwortung am Ende zerreißen, sobald »alles Ständische und Stehende verdampft, alles Heilige . . . entweiht« wird[93], geht jene auf meist fiktive Abstammungsgefühle und Traditionsbestände gegründete Gemeinschaftlichkeit endgültig verloren.[94]

Für den klassischen wie auch für den Neo-Liberalismus hat sich die Frage weitgehend erledigt, ob und wie solidarische Beziehungen in einer säkularisierten Gesellschaft neu geschaffen werden können. Sie hätte demzufolge in Theorien über die politisch-rechtliche Verfassung demokratischer Gesellschaften keinen legitimen Platz. In der Pose des Verzichts überantwortet der Liberalismus in seiner klassischen Gestalt das Problem der sozialen Integration zur Gänze den Selbstregulierungskräften des Marktes und einem diesem korrespondierenden Katalog von Rechten, die alle Individuen in die Lage versetzen sollen, in vertragsförmige Beziehungen zueinander zu treten und in freier Konkurrenz ihr Eigeninteresse zu verfolgen. Folgerichtig konzentriert die liberale Theorie alle Verpflichtungen auf die Erfüllung abgeschlossener Verträge und Respektierung der Rechte anderer nebst bestimmter Schutz- und

91 Vgl. Tönnies, Gemeinschaft und Gesellschaft.

92 Tönnies, Gemeinschaft und Gesellschaft, 152 f. u. 160 ff.

93 Marx/Engels, Kommunistisches Manifest, MEW 4, 455.

94 Auch diese Seite der Säkularisierung läßt sich ebenfalls bis etwa ins 12. Jahrhundert zurückverfolgen zu den Anfängen einer modernen Gesellschaftsformation und ist beschreibbar als Übergang von weitgehend fiktiven Gefühlen der Verwandtschaft und der gemeinsamen Abstammung, von Verpflichtungen, die sich auf höchst prekäre Weise aus der Stellung in der sozialen Hierarchie oder feudalen Verhältnissen ableiteten, hin zu rechtsförmig verankerten Verantwortlichkeiten und Pflichten, die in der Zugehörigkeit zu einer bestimmen politischen Gemeinschaft gründeten. Vgl. dazu Kaufmann, Christentum und Wohlfahrtsstaat, 70.

Fürsorgepflichten gegenüber »Abhängigen« im persönlichen Nahbereich.[95] An die Stelle von Gemeinschaft und auf diese bezogenen Solidarpflichten tritt in der Marktgesellschaft ein System begrenzter Unverantwortlichkeit. Vor diesem Hintergrund werden alle Formen von Gemeinschaft verworfen, weil sie angeblich mit Unfreiheit und Abhängigkeit einhergehen.[96] Mithin erscheint jede Suche nach »Gemeinschaft« als romantische, kulturkonservative oder modernitätsfeindliche Reaktionsbildung auf die unabänderlichen Gegebenheiten einer liberal-kapitalistischen Gesellschaft. Folglich wird die Artikulation des Verlusts von Gemeinschaftlichkeit mit nachgerade fundamentalistischer Rigidität tabuisiert.[97]

Liberale Verfassungs- und Rechtstheorien können soziale Integration nur dann als Aufgabe wahrnehmen und positive Pflichten zur Unterstützung anderer im Sinne gesellschaftlicher Solidarität demzufolge nur dann begründen, wenn sie zu dem von der Marktökonomie dominierten Gesellschaftsbild auf Distanz gehen. Dann lassen sich die Gesellschaftlichkeit der Arbeit und ihrer Resultate gegenüber dem Aneignungsrecht des Privateigentümers[98] und, im Rahmen des liberal-sozialen Wohlfahrtsstaates, Solidarpflichten als funktionale Ergänzungen zum Recht auf gleiche Freiheit[99] betonen.

Dem heroischen Verzicht des Liberalismus korrespondieren marxistische »Erfüllungstheorien«. Ihre Kritik der politischen Ökonomie schließt die Vorstellung aus, die warenproduzierende Gesellschaft könne als Solidargemeinschaft konstitutiert werden. Einer Solidarität im Ganzen wie entsprechenden wechselseitigen sozialen Verpflichtungen stehen die in diese Gesellschaft eingelassenen strukturellen Widersprüche im Wege. Wie für den klassischen Liberalismus, wenngleich unter anderen politischen Vorzeichen, sind für den Marxismus vor einer radikalen Umwälzung der kapitalistischen Produktionsverhältnisse Solidarität, abgesehen von der Solidarität der Ausgebeuteten und Entrechteten, und soziale Integration im Sinne nachtraditionaler Gemeinschaftlichkeit noch kein Thema. Nach der sozialistischen Revolution sind sie freilich kein Thema mehr: In der mit sich selbst versöhnten sozialistischen Gesellschaft erfüllt sich Solidarität und löst sich das Problem sozialer Integration gleichsam von selbst.

95 Hayek, The Constitution of Liberty und die aktuellere Version bei Mestmäcker, Recht in der offenen Gesellschaft.

96 Hayek, The Road to Serfdom.

97 Vgl. die Beiträge in: Brumlik/Brunkhorst, Gemeinschaft und Gerechtigkeit, dort insbes. Joas, *Gemeinschaft und Demokratie*, 49ff./51 und Frankenberg, Auf der Suche nach der gerechten Gesellschaft, Kap. I.

98 Vgl. dazu Locke, Two Treatises on Civil Government und Rawls, Eine Theorie der Gerechtigkeit, passim.

99 Habermas, Faktizität und Geltung, 156ff., spricht von »Grundrechten auf die Gewährung von Lebensbedingungen, die in dem Maße sozial, technisch und ökologisch gesichert sind, wie dies für eine chancengleiche Nutzung der . . . (anderen privaten und politischen Freiheitsrechte und Rechtsschutzgarantien – G.F.) unter gegebenen Verhältnissen jeweils notwendig ist.«.

Trotz dieser einflußreichen Verzichts- und Erfüllungstheorien haben die unterschiedlichsten Denkschulen seit mehr als zweihundert Jahren die Suche nach der gerechten Gesellschaft fortgesetzt. Sie haben sich dabei immer wieder auf die Frage eingelassen, wie sich zwischen den Mitgliedern einer »Gesellschaft der Individuen« ein diese einigendes soziales Band knüpfen läßt, und wie die Bedingungen der Freiheit vergesellschafteter, historisch situierter Individuen in einer Weise mit sozialen Verpflichtungen vermittelt werden können, die einen gerechten Ausgleich der Lebenschancen, Handlungsmöglichkeiten und gesellschaftlich verfügbaren Ressourcen gewährleistet. Auf ihre Antworten werde ich in dem Kapitel »Solidarität und Sozialstaat« eingehen.

2.3 *Elemente der Säkularität moderner Gesellschaften*

Die bisherigen Überlegungen lassen sich hinsichtlich der Frage, was die Säkularität von Gesellschaften ausmacht, in folgenden Thesen zusammenfassen:

(1) Der als Vorgang der Säkularisierung bezeichnete »Rückzug Gottes« aus der Geschichte profanisiert die Zeit, die erstmals einteilbar erscheint, und läßt Vorstellungen von Geschichte als eines göttlichen Heilsplanes oder blinden Schicksals, als einer naturgesetzlichen oder von der Logik einer transzendenten Macht angetriebenen Evolution zerbrechen. Gesellschaften treten aus der teleologischen Beruhigung heraus in die metaphysische Unsicherheit einer kontingenten Welt; sie werden geschichtlich. Historizität, d.h. ihre Entwicklung und Gestaltung vor einem offenen historischen Horizont, konstituiert eines der Elemente ihrer Säkularität.

(2) Der Bruch mit dem Transzendenten untergräbt die seit unvordenklichen Zeiten geltende, sakrale oder religiös legitimierte hierarchische Ordnung und läßt eine neue politische Imagination zur Entfaltung kommen, die erstmals die Menschen als vereinzelte, in der gemeinschaftlichen Praxis autonome und handlungsmächtige Subjekte ins Bild setzt. Ihnen stellt sich nunmehr die Aufgabe, ihre Geschicke selbst zu bestimmen und sich selbst zu regieren. Nach der Entwertung sakral, religiös oder traditional begründeter Vorrechte treten sie sich politisch auf gleicher Ebene, nicht mehr als Angehörige eines höheren oder niederen Standes gegenüber. Horizontalität kennzeichnet die politische Stellung der Mitglieder säkularisierter Gesellschaften.

(3) Die Säkularisierung der Legitimationsgrundlagen politischer Herrschaft führt auf der Ebene der symbolischen Repräsentation zur Dekorporation der bis dahin in der Gestalt des Herrschers als Stellvertreter einer jenseitigen Macht inkorporierten Gesellschaften und führt zu einer Entzweiung. Die Stelle der Macht wird symbolisch leer; niemand kann legitimerweise bean-

spruchen, diese Stelle kraft höheren Rechts auf Dauer zu besetzen. Vielmehr bildet sich eine der Position der Macht gegenüberliegende Sphäre heraus – die Sphäre politischer Öffentlichkeit, in der die Individuen und Assoziationen ihre unterschiedlichen Auffassungen darüber austragen, wie sie die Selbstregierung ausüben wollen. In diesen Auseinandersetzungen über die Gründung eines politischen Gemeinwesens und die Begründung politischer Autorität, über das, was von Rechts wegen Gültigkeit haben soll, über die institutionelle Ausgestaltung und die jeweils temporäre Besetzung der Stelle der Macht reklamiert die jeweilige Bürgerschaft im Licht der Öffentlichkeit die Legitimität des unabschließbaren Diskurses über die Legitimität. Publizität ist folglich eine weitere Komponente von Säkularität.

(4) Indem Gesellschaften ihre transzendente Fassung verlieren, wird der Blick freigegeben auf die Pluralität der Individuen und Gruppen mit je unterschiedlichen Lebenslagen und Lebensentwürfen, Meinungen und Interessen, Bedürfnissen und Nöten. Der radikale Pluralismus, der im äußersten Fall in antagonistische Interessenkonstellationen, im Normalfall in konträren Auffassungen und Interessen in Erscheinung tritt, stellt soziale Konflike auf Dauer und läßt Harmonie und Konsens als unwahrscheinliche Grenzfälle erscheinen. Pluralität und Konfliktizität sind daher komplementäre Merkmale säkularisierter Gesellschaften.

3. *Risiken der Selbstregierung und Fluchten vor der Freiheit*

Unter der emphatischen Losung von Selbstbestimmung und Selbstregierung eröffnen sich im Zuge der Säkularisierung nicht nur unerhörte Handlungsmöglichkeiten, sondern zeichnen sich zugleich unberechenbare Risiken ab, die das Projekt der Moderne wie ein Schatten begleiten. Von der aktivistischen Zumutung, Geschichte, Gesellschaft und Politik ohne transzendente Rückendeckung zu gestalten, ist zu erwarten, daß sie nicht gleichförmige, sondern ambivalente Reaktionen provozieren. Neben die Gelassenheit, vor einem offenen historischen Horizont zu leben, und die Bereitschaft, in einer pluralistischen Gesellschaft die unvermeidbaren sozialen Konflikte auf der Ebene der Horizontalität im Lichte der Öffentlichkeit auszutragen, treten allfällige Ängste[100], die übermächtige Harmoniesehnsüchte sowie Sicherheits-

100 Ausführlich dazu die materialreichen Arbeiten von Delumeau, *Angst im Abendland*; ders., *Rassurer et protéger*; Foucault, Überwachen und Strafen; ders., Wahnsinn und Gesellschaft, 358ff. und Begemann, Furcht und Angst im Prozeß der Aufklärung sowie die theoretischen Überlegungen von Fromm, Die Furcht vor der Freiheit (Frankfurt/Berlin 1983) und Frankenberg, Angst im Rechtsstaat.

und Ordnungsbedürfnisse wachrufen. Nicht zufällig gehört die Befreiung des Menschen von Furcht zum Programm der Aufklärung.[101]
Die Säkularisierung diktiert die Regeln einer neuen Grammatik – der Grammatik der Freiheit. Sie löst mit der Freiheitsbegeisterung zugleich Befürchtungen aus, die zu Fluchten vor dieser Freiheit führen. Diese Fluchten werden einerseits durch die Ungewißheit ausgelöst, ob die Gründung und Begründung einer politischen Autorität gelingen kann; andererseits ergeben sie sich aus den Schwierigkeiten, eine Gesellschaft der Individuen sozial zu integrieren. Die Befürchtungen konzentrieren sich zunächst auf die Ausübung politischer Herrschaft, und zwar auf den despotischen Machtmißbrauch, später mit der Durchsetzung des Rechtsstaats auf die Ausübung ungesetzlichen Zwangs. Diese Ängste, so ließe sich jedoch einwenden, entstehen nicht erst im Gefolge der Säkularisierung; denn jede herrschaftliche Willkürfreiheit löst sie aus. Die Erkämpfung und verfassungsmäßige Verbürgung der Grundrechte, beginnend mit der Gewissensfreiheit und mit den Habeas Corpus Garantien, sich fortsetzend mit den negativen Freiheitsrechten[102], sowie die Durchsetzung rechtsstaatlicher Prinzipien und Verfahren können daher als Schritte interpretiert werden, den Angehörigen eines politischen Gemeinwesens eben diese Befürchtungen gegenüber despotischer Willkür zu nehmen und, wenn auch nicht Freiheit von Angst zu garantieren, so doch den allfälligen Befürchtungen durch Berechenbarkeit der Herrschaftsausübung und Rechtssicherheit die Konturen von Realängsten zu geben, die vor tatsächlichen Gefahren, also etwa bei Normverletzungen zu erwartenden Sanktionen warnen.[103] Für moderne Gesellschaften typischer sind in der Tat Befürchtungen, die von der Vorstellung eines offenen historischen Horizonts ausgelöst werden, sich an der mutmaßlich unzureichenden Handlungskompetenz oder »bösen« Natur der Individuen festmachen, mit denen nunmehr zu rechnen ist,[104] oder von der Vorstellung einer Konfliktgesellschaft inspiriert werden, die nach dem Rückzug aller tranzendenten Mächte aus der Welt jeglichen Zusammenhalt und jegliche Ordnung verliert.

3.1 *Historizität versus »Ende der Geschichte«*

Affirmation und Abwehr der Historizität moderner Gesellschaften lassen sich, sofern der Blickwinkel auf Verfassungen eingestellt ist, am schwierig-

101 »Seit je hat die Aufklärung im umfassenden Sinn fortschreitenden Denkens das Ziel verfolgt, den Menschen die Furcht zu nehmen und sie als Herren einzusetzen.« Adorno/ Horkheimer, Dialektik der Aufklärung (1. Satz).
102 Zum Begriff der negativen Freiheit: Jellinek, *System*, Kap. VIII; Alexy, Theorie der Grundrechte, 174ff., 233ff. und Berlin, Four Essays on Liberty, 118ff., Taylor, *Negative Freiheit?*
103 Vgl. Frankenberg, Angst im Rechtsstaat.
104 So etwa die Angst vor dem vorzeitigen gewaltsamen Tode in Hobbes' Leviathan. Zur aktuellen Diskussion vgl. Günther, *Kampf gegen das Böse?* m. zahlr. Nachw. und unten Kap. VI.

sten oder jedenfalls nur wenig präzise erfassen, da das Faktum, daß Gesellschaften geschichtlich werden, durchweg wohl Hintergrund, aber nicht selbst Gegenstand verfassungsrechtlicher Regelungen oder verfassungstheoretischer Erörterungen ist. Das säkularisierte Geschichtsbild rückt in das zum Vorverständnis der Verfassungsgeber ein, das fortan keiner ausdrücklichen Bekräftigung im Verfassungstext bedarf. Soweit dennoch explizite historische Bezüge hergestellt werden, handelt es sich um die Abgrenzung von einer Vor-Geschichte, wie etwa die Befreiung vom Faschismus[105], um die Darstellung einer konkreten geschichtlichen Situation zur Rechtfertigung des Aktes der politischen Befreiung und Verfassungsgebung[106] oder aber, wie im Falle der sozialistischen Verfassungen, um die Deklarierung eines bestimmten Standes der gesellschaftlichen Entwicklung bzw. einer für die weitere Entwicklung verbindlichen Programmatik.[107] Liberal-demokratische Verfassungen geben demgegenüber nur implizit mit ihren Meta-Regeln[108] betreffend ihre Geltungsdauer und Revision zu erkennen, daß sie nicht mit dem Anspruch auf Endgültigkeit auftreten, sondern als temporäre und änderbare Abmachungen geschichtlicher Gesellschaften zu verstehen sind. Eine besonders markante, wenngleich wegen der deutschen Teilung untypische eher Meta-Regel dieser Art enthielt Art. 146 GG in der Fassung von 1949: »Dieses Grundgesetz verliert seine Gültigkeit an dem Tage, an dem eine Verfassung in Kraft tritt, die von dem deutschen Volke in freier Entscheidung beschlossen worden ist.«[109]

Das Grundgesetz weist ein nicht minder markantes Beispiel für den Versuch auf, die Offenheit des historischen Horizonts, wenngleich nicht gänzlich abzuschließen, so doch in einem zentralen Punkt zu begrenzen. Art. 79 III will den materialen Kern des Grundgesetzes, d.h. den Schutz der Menschenwürde und die Bindung der staatlichen Gewalten an die Grundrechte sowie die in Art.20 niedergelegten Grundsätze (Volkssouveränität, Rechtsstaatlichkeit, Sozialstaatlichkeit, Demokratie, Gewaltenteilung und Föderalismus) dem verfassungsändernden Zugriff enziehen. Freilich dürfte kaum streitig sein, daß »die Geschichte . . . über eine solche ›endgültige‹ Setzung hinweggehen

105 Präambel der Verfassung der DDR v. 7.Okt. 1974, GBl. I, S.5 (im folgenden DDRVerf 1974).
106 Wie etwa die zeitgeschichtlichen Bezüge in der amerikanischen Unabhängigkeitserklärung von 1776.
107 Vgl. Präambel, Art.6 und 9 DDRVerf 1974. Allerdings spricht auch das 1990 insoweit geänderte Grundgesetz von der vollendeten Freiheit (Art. 146).
108 Siehe hierzu oben Kap I, S.24ff.
109 Die hier zitierte Fassung von 1949 wurde im Zuge der Einigung um den Relativsatz ergänzt: » Dieses Grundgesetz, *das nach Vollendung der Einheit und Freiheit Deutschlands für das gesamte deutsche Volk gilt*, verliert . . .« Der Charakter des Grundgesetzes von 1949 als einer vorläufigen Verfassung und die Geschichtlichkeit der bundesrepublikanischen Gesellschaft, wenngleich bezogen auf den Akt der Wiedervereinigung, illustriert auch der dritte Satz der Präambel i.d.F. von 1949: »Das gesamte Deutsche Volk bleibt aufgefordert, in freier Selbstbestimmung die Einheit und Freiheit Deutschlands zu vollenden.«.

(kann), daß diese Ewigkeitsklausel sinnvollerweise kaum mehr als die *»Erhaltung der Kontinuität im geschichtlichen Wandel«* bezwecken kann.[110] Kühner als noch die Eltern der Ewigkeitsklausel sind politische Theoretiker und Geschichtsphilosophen, die immer wieder einmal das »Ende der Geschichte« ausrufen.[111] Wenn man diese Proklamationen nicht empirisch mißversteht, wird deutlich, daß sie darauf abzielen, die aktivistische Zumutung zu entschärfen und den geschichtlichen Prozeß zu arretieren: »Was wir erleben ist ... das Ende der Geschichte überhaupt; also der Endpunkt ideologischer Evolution der Menschheit und der Beginn weltweiter Gültigkeit der westlichen liberalen Demokratie als endgültige Form menschlicher Regierung.«[112] In unmittelbarer Nachbarschaft hierzu sind Thesen anzusiedeln, die davon ausgehen, die Aufgabe der Selbstregierung habe mit der repräsentativen Demokratie ihre endgültige oder »eigentliche« Lösung gefunden.[113] Denn auch sie transponieren die Subjekte in die Lage von Erben, denen nurmehr verbleibt, die ihnen hinterlassene Regierungsform zu verwalten und alle anderen erdachten oder denkbaren Weisen der Selbstregierung im Fundus der Moderne zu archivieren.

3.2 *Horizontalität versus Transzendenz*

Am prägnantesten und besonders symbolkräftig, allerdings auch ideologieträchtig kommen die im Zuge der Säkularisierung gewonnene Autonomie und Handlungsmacht der Individuen in den Akten der Selbsterklärung ihrer politischen Verfassungen und Menschen- und Bürgerrechte zur Geltung. Die Horizontalität gesellschaftlicher Beziehungen spiegelt sich vor allem in den verfassungsmäßigen Verbürgungen gleicher Freiheit. Daneben treffen Verfassungen besondere Vorkehrungen, um die »Politik ohne Tradition und Transzendenz« auf Kurs zu halten. Hierzu gehören in erster Linie das Verbot einer Staatskirche (Art. 137 I WRV, 140 GG) und die institutionelle Trennung von öffentlicher Gewalt und Religionsgemeinschaften[114]. Während die Verfassungsgeber in der »Gründerzeit« meinten, ausdrückliche Vorsorge gegen den Einbruch bzw. die Rückkehr von Vorrechten und Privilegienstrukturen treffen

110 Hesse, *Grundzüge*, Rn. 701 und Ehmke, Grenzen der Verfassungsänderung, 99f. Nach der Auffassung des Bundesverfassungsgerichts enthält Art. 79 III das Verbot jeder Verfassungsänderung, die die Identität der geschichtlich-konkreten Ordnung, die das Grundgesetzt begründet, aufheben würde(BVerfGE 30, 1ff./24).

111 Instruktiv hierzu P. Anderson, Zum Ende der Geschichte. Kritisch Füredi, Mythical Past, Elusive Future.

112 Fukuyama, The End of History, 3ff. und ausführlich mit Repliken auf die Kritiker ders., *Das Ende der Geschichte.*

113 E.g. Böckenförde, Mittelbare/repräsentative Demokratie als eigentliche Form der Demokratie, 301 ff.

114 Siehe insbesondere Art. 140 GG und Art. 136ff. WRV. Dazu mehr in Kap. VII.

zu müssen,[115] beschränken sich Verfassungen heute zumeist darauf, die Horizontalität der Bürgerschaft als Gleichheit vor dem Gesetz und mit Diskriminierungsverboten abzusichern.[116] Als Transzendenz-Sperre läßt sich auch die grundsätzliche Privilegierung der öffentlichen Kritik an politischen Amtsträgern[117] interpretieren, die sich deutlich von Bestimmungen in den Verfassungen konstitutioneller Monarchien abhebt, die nach wie vor die Person des Königs für sakrosankt, unverletzlich oder unantastbar erklären.[118]

(1) *Verfassungsgebung als transzendenter Moment*

Allerdings finden sich auch in den Verfassungen demokratischer Republiken vereinzelte Ansätze zur Wiedergewinnung einer »säkularisierten Ersatz-Transzendenz«. Wie zur Rückversicherung des Schrittes in die neue Welt aus eigenem Recht handelnder Menschen beschwören sie beim Akt der Verfassungsgebung noch einmal die »Gegenwart des Allerhöchsten«.[119] Rückgriffe auf eine höhere Macht und auf religiöse Formeln wären in Verfassungen aus der Zeit vor den Revolutionen des ausgehenden 18. Jahrhunderts nicht aufgefallen. Ja, das Fehlen eines transzendenten Bezugspunkts wäre schlechthin undenkbar gewesen. Erst mit dem Fortschreiten der Säkularisierung werden sie erklärungsbedürftig.

Ausweislich der Vorsprüche, wird die Verfassungsgebung nicht nur im 18. und 19. Jahrhundert häufig von der Anrufung höherer Mächte begleitet. So erklären Verfassungsgeber, daß sie »in Gegenwart des Allerhöchsten«[120], »im

115 Z.B. »Öffentlich-rechtliche Vorrechte und Nachteile der Geburt oder des Standes sind aufzuheben. Adelsbezeichnungen gelten nur als Teil des Namens und dürfen nicht verliehen werden.« (Art. 109 III WRV).- »Die gesellschaftlichen Unterschiede können nur im gemeinen Nutzen begründet sein.« (Art. 1 frz. Erkl.d. Menschen-u.Bürgerrechte); »Der Staat kennt keine Standesunterschiede.« (Art. 6 I Belg. Verfassung von 1831); »Im Staate gibt es keine Standesunterschiede.« (Art. 11 I Luxembg. Verf.); »Die Adelswürde und andere erbliche Würden dürfen in der Republik nicht verliehen werden.« (§ 15 Finn. Verf. von 1919) – zit. nach Mayer-Tasch, *Verfassungen*, 41, 142, 210 und 348.

116 Art. 3 und 33 GG.

117 Ein interessanter Anwendungsfall ist das von der Rechtsprechung und Lehre zur amerikanischen Verfassung begründete Kritikprivileg (vgl. dazu Frankenberg/Rödel, *Von der Volkssouveränität zum Minderheitenschutz*, Kap. II), das sich zumindest in Text und Tendenz vom Ehrenschutz für Verfassungsorgane in Deutschland (§§ 90ff. StGB) unterscheidet.

118 Siehe z.B. § 3 der Schwedischen Regierungsform vom 6.6.1809 idF vom 10.2.1971 (dieser Passus fehlt in der Regierungsform vom 1.1.1975) und § 5 der Norweg. Verf. v. 17.5.1814, idF vom 24.11.1967 (Mayer-Tasch, *Verfassungen*, 405 und 554). In der Dänischen Verf. von 1953 und der Niederländischen Verf. von 1815 wird die Person des Königs für »unantastbar«, in der Belg. Verf. von 1831 für »unverletzlich« erklärt (Mayer-Tasch, *Verfassungen*, 52 und 68). In Luxemburg ist die Person des Großherzogs »heilig und unverletzlich« (Art. 4 LuxembgVerf). Siehe o. S.60ff.

119 Vgl. die französische Verfassung und die Erklärung der Menschen- und Bürgerrechte, zit. nach Grab, *Die Französische Revolution*, 37f. und 150, die amerikanische Unabhängigkeitserklärung von 1776 oder die Präambel des Grundgesetzes.

120 Vorspruch zur Erklärung der Menschen- und Bürgerrechte von 1789 und zur Verfassung von 1793 (Grab, *Französiche Revolution*, 37 und 150).

Bewußtsein ihrer Verantwortung vor Gott«[121] oder unter dem Beistand der »göttlichen Vorsehung«[122], »Im Namen Gottes des Allmächtigen«[123] oder gar »im Namen der Allerheiligsten Dreifaltigkeit«[124] handeln, zumindest aber »dankbaren Herzens die Güte des großen Gesetzgebers des Weltalls«[125] anerkennen.

Während die Paulskirchenverfassung in dieser Hinsicht »durchsäkularisiert« ist, berufen sich die Autoren der Weimarer Verfassung zwar nicht zur Rükkendeckung des konstitutionellen Aktes auf transzendente Mächte, erklären jedoch in den »dilatorischen Formelkompromissen« (Art. 137ff und 149 WRV) die Religion zu einer »öffentlich anerkannten Angelegenheit des öffentlichen Lebens«. Sie geben damit allerdings nicht die grundsätzliche Trennung der geistlichen und der weltlichen Sphäre völlig auf und errichten nach einhelliger Auffassung keine »Staatskirche«.[126]

Umstritten ist, wie das »Im Bewußtsein seiner Verantwortung vor Gott . . .« in der Präambel des Gundgesetzes gedeutet werden muß. Ob als »Absage an jeden promethischen Größenwahn und Mahnung zur Bescheidenheit«, als »Antrieb für den Verfassungsgeber«, als Absage an das totalitäre Staatsmodell und an ein »voluntaristisches Volkssouveränitätsdenken«, das alles Recht in »überpositive Zusammenhänge« rückt, als Zurückweisung jeglicher Verabsolutierung der Staatsgewalt und Absage an den Atheismus als Staatsreligion[127] oder gar als pro-christliche Auslegungsregel, mit der der »Verfassungsgeber die Pflicht zur Unterwerfung unter Gottes Gebot auch für den staatlichen Bereich bejaht«[128].

121 Präambel des GG idF vom 23.5.1949; vgl. auch die Präambeln der Landesverfassungen von Baden-Württemberg vom 11. November 1953 (Gbl. S.173) und Nordrhein-Westfalen vom 28.Juni 1950 (GS. NW. S.3). Nachhaltiger ist der religiöse Bezug allerdings in der Präambel der Landesverfassung von Rheinland-Pfalz vom 18.Mai 1947: »Im Bewußtsein der Verantwortung vor Gott, dem Urgrund des Rechts und Schöpfer aller menschlichen Gemeinschaft . . .« (VOBl. S.209). In der Bayerischen Verfassung vom 2.Dezember 1946 reagiert die Präambel auf die nationalsozialistische »Staats- und Gesellschaftsordnung ohne Gott« (GVBl. S.333).

122 Unabhängigkeitserklärung von 1776 und Artikel XIII der Konföderation von 1777, ratifiziert 1781 (Smith, The Constitution of the United States, 27 und 35).

123 Schweizer Bundesverf. von 1874.

124 Präambel der Irischen Verf. von 1937 (Mayer-Tasch, *Verfassungen*, 261). In der Griech. Verf. von 1975 heißt es: »Im Namen der Heiligen, Wesensgleichen und Unteilbaren Dreifaltigkeit« (dt.Übers. v. Dagtoglou, Athen 1976).

125 Verf. von Massachusetts von 1780. Vgl. auch die Verf. von Kalifornien (1879) und New York (1895), zit. nach Hübner, *Staatsform der Republik*, 91 ff.

126 Schmitt, *Verfassungslehre*, 33ff. und Anschütz, *Die Verfassung des Deutschen Reichs*; Heller, Grundrechte und Grundpflichten, Ges. Schriften II, 305ff.

127 Nachweise der Zitate bei v. Mangoldt/Klein/Starck, Das Bonner Grundgesetz, Präambel, Rn.26; Model/Müller, GG, Erl. Nr.1; Häberle, FS Zeidler (1987), 12; ders., »Gott« im Verfassungsstaat, in: ders., *Rechtsvergleichung*, 213ff.; v. Münch, in: v.Münch/Kunig, GG, Präambel Rn. 7ff. Vgl. auch Zuleeg, AK-GG, Präambel Rn.14, der dieser Formel keinen Regelungsgehalt beimißt und Hofmann, *Grundgesetz ohne Gott*, 216f.

128 Abw. Meinung v. Schlabrendorff, BVerfGE 33, 23/39; Süsterhenn/Schäfer, Kommentar zur RhPfVerf (1950), 52.

In Bezug auf die Geltung dürfte der Anrufung des Absoluten in der Präambel des an sich weltanschaulich neutral gedachten Grundgesetzes nur deklaratorische Kraft zukommen.[129] Unter dem Gesichtspunkt der Zustimmung soll es sich nach Hofmann um eine »religiös nicht gebundene Verweisung auf ein transzendentes, vordemokratisches, unveräußerliches Fundament« handeln, das von einem »Minimalkonsens« getragen wird. Diese Interpretation bringt die »Verantwortung vor Gott« zwar auf das Niveau einer säkularisierten Gesellschaft, läßt aber die Frage offen, warum nicht nur die Nachkriegs-Präambel von 1949, sondern auch ihre Neufassung nach der deutschen Einigung im Jahre 1990 die vermeintliche »Absage an einen relativistischen Gesetzespositivismus«[130] nicht ohne religiösen Bezug formulierte. Angesichts der aktuellen Bestrebungen, die Präambel durch Streichung oder Änderung des Gottesbezuges zu verweltlichen,[131] dürfte von einem Minimalkonsens im übrigen schwerlich die Rede sein. Eher haftet auch der Verantwortungsformel der Charakter einer rhetorischen Rückversicherung im Moment der Verfassungsgebung an.

Eindeutiger ist demgegenüber die symbolische Bedeutung der *invocatio dei*, der konkreten Anrufung Gottes, wie etwa in der Schweizerischen Verfassung, die von einem »Im Namen Gottes des Allmächtigen« eingeleitet wird. Nach Hannah Arendt soll sie helfen, »zwei circuli vitiosi zu brechen, von denen der eine aller menschlichen Gesetzgebung inhärent zu sein scheint, während der andere der petitio principii anhängt, die jeder Neubeginn stellt, und die sich im Politischen im Problem der Gründung manifestiert.«[132] Die Berufung auf eine höhere, das menschliche Handeln steuernde Macht bringt folglich die Sehnsucht nach einer absoluten Quelle von Autorität jenseits aller von Menschen beschlossenen Gesetze zum Ausdruck[133] und steigert deren Legalität zur höheren Legitimität. Zugleich verhüllen die religiösen Bezüge die nackte, selbsterklärte Autorität des Volkes als Souverän seiner Angele-

129 So die ganz überwiegende Auffassung, vgl. BVerfGE 5, 85/127; 12, 45/51f.; 36, 1/16 u. 20 (st.Rsp.). Vgl. auch Geiger, EuGRZ 1986, 121/124 und v.Münch, in: v. Münch/Kunig, GG, Präambel Rn. 2f., 5ff.

130 Hofmann, *Grundgesetz ohne Gott*, 217.

131 Gesetzentwurf Bündnis 90/Die Grünen, BT-Dr 12/6680 und Verfassungsentwurf der PDS/ Linke Liste, BT-Dr 12/6570. Im Verfassungsentwurf des Kuratoriums für einen demokratisch verfaßten Bund deutscher Länder, in: Guggenberger et al., Eine Verfassung für Deutschland, 102 heißt es statt dessen: »Im Bewußtsein seiner Verantwortung vor der deutschen Geschichte und gegenüber künftigen Generationen«.

132 Arendt, Über die Revolution, 210.

133 Ein aufschlußreicher Hinweis auf die Entstehungsgeschichte findet sich im Protokoll der 6.Sitzung des Hauptausschusses vom 20. 10.1948: »Darüber, ob man eine theologische Formel mit hereinnimmt oder nicht, können wir miteinander reden. Aber von dort her kommt auch die Sorge, dabei Gott zu bemühen für die Unzulänglichkeiten, die Torheiten und die Mißverständnisse, die auf Grund eines sehr menschlichen Werkes entstehen. Man muß sehr vorsichtig sein um der theologischen Position willen, diese sehr diesseitigen Werke zu stark im Metaphysischen verankern zu wollen, weil man sich selbst dann in eine quasi Nichtverantwortung begibt.« (Dr. Heuss).

genheiten und als pouvoir constituant oder die Anmaßung von verfassungsgebenden Eliten.
Die Anrufung der göttlichen Vorsehung oder die Verwendung anderer religiöser Formeln sollte freilich nicht übermäßig dramatisiert werden. Sie zielt in aller Regel nicht darauf ab, einen christlichen Staat oder die »Herrschaft Gottes« zu errichten.[134] Allerdings läßt sie erkennen, daß die Verfassungsgeber der genialen, von Sieyès konzipierten Unterscheidung zwischen *pouvoir constituant* und *pouvoirs constitués* nicht recht trauen mögen. Deshalb geht es ihnen darum, eine reinere, weil transzendente Legitimationsquelle zu erschließen, um dem weltlichen Souverän eine höhere Weihe und der Verfassung dadurch größere Stabilität zu verleihen.
Bleiben aber Verfassung und politische Ordnung, ausweislich der sonstigen verfassungsrechtlichen Regelungen, als »weltliches Geschäft«[135] erkennbar, bleiben ferner geistliche und weltliche Sphäre getrennt und die Neutralität der öffentlichen Gewalten gegenüber Fragen religiöser Wahrheit gewahrt[136], dann läßt sich schwerlich dartun, Präambeln mit religiösen Formeln erteilten der »Politik ohne Transzendenz« eine deutliche Absage. Denn »Verantwortung *vor* Gott« setzt eine andere, eigene »nicht determinierte Entscheidungsmacht« voraus[137], legt also die Konstitution nicht in die Hände einer jenseitigen Autorität. Bei religiösen Bezügen und Bindungen handelt es sich daher entweder um fromme Lügen oder um eine die politischen und ökonomischen Verhältnisse oder auch nur den Akt der Verfassungsgebung verschleiernde Ideologie, deren Sinn nur sein kann, diesen Akt und dessen Produkt von möglichen Interessen der Verfassungsgeber zu reinigen und, aufs Ganze gesehen, die Begleitgewißheit einer Verfassung zu erhöhen.

(2) *Eidesformeln zwischen Routine und frommen Hoffnungen*

Neben den Präambeln sind insbesondere die *Eidesformeln* der politischen Amtsträger Einbruchstellen für die Anrufung transzendenter Mächte. Sie unterscheiden sich danach, ob eine religiöse Beteuerung im Verfassungstext enthalten ist, aber entfallen kann,[138] ob sie nicht vorgesehen ist, der Eid also nur

134 Zur Debatte im Parlamentarischen Rat über den Staat des Grundgesetzes als »christlichen Staat« vgl. C. Schmid, Erinnerungen (Bern/München/Wien 1979), 371f. Vgl. auch Böckenförde, Demokratie als Verfassungsprinzip, Rn. 10.
135 Böckenförde, *Die Entstehung des Staates*, 96.
136 Ein Grenzfall ist die oben zitierte Präambel der Irischen Verfassung von 1937: »Im Namen der Allerheiligsten Dreifaltigkeit, von der alle Autorität kommt . . .«.
137 Böckenförde, Demokratie als Verfassungsprinzip, Rn.10.
138 Wie etwa die Beteuerung »So wahr mir Gott helfe« beim Amtseid des Bundespräsidenten (Art. 56 GG), des Bundeskanzlers und der Bundesminister (Art. 64 II, 56 GG). Vgl auch die §§ 190 II (Eid des Kaisers) und 149 (Eidesformel) der Paulskirchenverfassung und die Eidesformeln in den Länderverfassungen, z.B. Art. 53 NRWVerf, Art. 100 RhPfVerf, Art.89 SaarlVerf.

den Charakter eines feierlichen Gelöbnisses hat,[139] oder ob ein religiöser Bezug im Text fehlt, aber hergestellt werden kann.[140]
Unstreitig dürfte jedoch sein, daß der Amtseid in erster Linie auf die Verfassung geleistet wird.[141] Die Amtsträger versprechen mit dem Eid persönlich und in feierlicher Form, ihre verfassungsmäßigen Pflichten zu erfüllen und die in der Verfassung niedergelegten politischen Entscheidungen anzuerkennen.[142] Die religiöse Beteuerung »so wahr mir Gott helfe« enthält, für sich genommen, keine Bindung an eine höhere Macht, sondern bekräftigt nur die persönliche Verpflichtung. Daß diese gerade mit der Herstellung eines religiösen Bezugs geschieht, verweist allerdings auf nicht säkularisierte Traditionsbestände und hat den fragwürdigen Charakter einer quasi-religösen Garantie des öffentlichen Rechts[143] oder auch nur der frommen oder gedankenlosen Hoffnung, daß der Herr es schon richten werde.

(3) *Erziehungsziele als Einfallstore des Transzendenten*

Eine Problematik eigener Art stellen einige der in Verfassungen niedergelegten *schulischen Erziehungsziele* dar.[144] Solche Erziehungsmaßstäbe können ohne Umschweife auf religiöse Pflichten, Gebote oder Tugenden verweisen wie »Ehrfurcht vor Gott«, »Gottesfurcht« oder »christliche Nächstenliebe«,[145] aber durch die Wertvorgabe auf einen religiösen Kontext Bezug nehmen,[146] der nicht konfessionsneutral ist. Ohne die Durchschlagskraft solcher präskriptiven Verfassungssätze und ihre handlungssteuernde Wirkung in den pädagogischen Interaktionen zu überschätzen,[147] sollte immerhin festgehalten werden, daß religiöse oder religiös imprägnierte Erziehungsziele – im Unterschied zur invocatio dei im Moment der Verfassungsgebung – das Einfallstor für transzendente Werte und Normen auf Dauer öffnen. Hiervon abgesehen, können sie eine beachtliche symbolische Bedeutung und Integrationswirkung

139 Art. 38 HambVerf, Art. 111 HessVerf, Art. 187 BayVerf (vgl. dazu BayVerfGHE 17, 94).
140 »Die Beifügung einer religiösen Beteuerung ist zulässig.« (Art.42 WRV). Vgl. Art. 136 IV WRV, der den Zwang zur religiösen Eidesform verbietet, und Art.23 SchlHVerf.
141 Ausdrücklich und mit ausschließlichem Verfassungsbezug Art. 56 BayVerf, 109 BremVerf. Allgemein Friesenhahn, Der politische Eid, 112ff. und Bethke, *Eid, Gewissen, Treuepflicht*, BVerfGE 33, 23 und dazu Stolleis, *Eideszwang und Glaubensfreiheit*. Vgl. auch Podlech, *Gewissensfreiheit und Beamteneid*.
142 Stern, Staatsrecht I, 183; ders., Staatsrecht II, 207.
143 Jellinek, Allgemeine Staatslehre, 790.
144 BVerfGE 41, 29/51f., 64; 41, 65/78, 84f.; 52, 223/237. Vgl. dazu Bothe, *Erziehungsauftrag und Erziehungsmaßstab* 239f Grundsätzlich dazu Häberle, Präambeln, 199ff.; ders., Verfassungsprinzipien als Erziehungsziele, 321ff. und Renck, *Gemeinschaftsschule*.
145 Art. 12 BWVerf, Art. 131 II BayVerf, Art. 7 I NRWVerf und Art. 33 RhPfVerf. Kritisch hierzu Kühne, Ehrfurchtsgebot und säkularer Staat, NWBl. 5 (1991), 253ff. Vgl. auch zu den »säkularen« Erziehungszielen in den Verfassungen der neuen Bundesländer, ders., Neue Länder – neue Erziehungsziele?, RdJB 1994, 39ff.
146 Gemäß Art. 56 II HessVerf werden die Kinder und Jugendlichen an allen hessischen Schulen in der Achtung der christlichen und humanistischen Tradition erzogen.
147 Skeptisch dazu auch Bothe, *Erziehungsauftrag und Erziehungsmaßstab* (Text zu Fn. 92).

haben; sie bringen die kulturwissenschaftliche Seite der Verfassung zum Ausdruck.[148] Zumal im Kontext von schulischer Bildung als staatlicher Veranstaltung[149] verdichten sich die Erziehungsmaßstäbe zu einem staatlichen Erziehungsauftrag, der den offiziellen wie den heimlichen Lehrplan, also latente Lernprozesse prägt.

Was von solchen Erziehungszielen zu halten ist, hängt wie stets bei Wertentscheidungen vom Standpunkt ab. Bezüglich der religiösen Erziehungsmaßstäbe läßt sich unabhängig vom Standpunkt und ausweislich ihres Wortlauts annehmen, daß sie mehr intendieren als nur die »Achtung vor religiöser Überzeugung«[150], die sich zwanglos aus Prinzipien republikanisch-demokratischer Toleranz ableiten läßt. In Fortsetzung des Weimarer Schulkompromisses (Art. 146 WRV)[151] werden, neben der Garantie des Religionsunterrichts, allen öffentlichen Schulen vielmehr Bildungsziele vorgegeben, die im Widerspruch zur Säkularität moderner Gesellschaften und zur konfessionellen Neutralität der öffentlichen Gewalten stehen und den konfessionellen Pluralismus negieren.[152] Zwar läßt sich die Aufnahme solcher Erziehungsziele in die Landesverfassungen als Reaktion auf die Verheerungen durch den Nationalsozialismus und als Ausdruck eines mangelnden Vertrauens in die sinnstiftenden Potenzen einer demokratischen Republik erklären. Gleichwohl ist nicht zu übersehen, daß Verfassungen mit ihrer Statuierung den Trägern des öffentlichen Schulwesens immerhin die Aufgabe zuweisen, einen Ausschnitt des »Verhaltens des Menschen zu überirdischen Mächten«[153] zu ordnen. Für das den Individuen zugemutete selbsttätige Handeln taucht damit, wenn auch nicht an zentraler Stelle der Verfassung, eine transzendente Instanz als Referenz auf. Wie intensiv Erziehungsziele – oder auch die anderen oben erörterten religiösen Bezüge – das »Entzauberungswerk« der Säkularisierung abwehren, dürfte am Ende freilich weniger von der Tatsache ihrer verfassungsmäßigen Verankerung als vielmehr von den Konjunkturen des Bedürfnisses nach religiöser Sinnstiftung abhängen.

Das Bedürfnis nach religiöser Sinnstiftung scheint zur Zeit, gemessen an den Entrüstungsstürmen, die zuletzt der Kruzifix-Beschluß des BVerfG im Jahre 1995 auslöste, wieder Hochkonjunktur zu haben.[154] Aus Anlaß einer Verfassungsbeschwerde entschied der Erste Senat, daß die Bayerische Volksschulordnung insoweit verfassungswidrig sei, als sie die Anbringung von Kruzi-

148 Vgl. Häberle, Verfassungsprinzipien als Erziehungsziele, 211ff/228f. und Bothe, *Erziehungsauftrag und Erziehungsmaßstab.*
149 Dazu Frankenberg, Verrechtlichung schulischer Bildung. Elemente einer Kritik und Theorie des Schulrechts (Diss. München 1978).
150 Art. 131 II BayVerfG.
151 Schmitt, *Verfassungslehre*, 34f.; Heller, Grundrechte und Grundpflichten, 307ff.
152 Zur Neutralitätsverpflichtung vgl. BVerfGE 88, 40/46f. Zur ideologischen Toleranz vgl. BVerfGE 79, 298.
153 Heller, Staatslehre, Ges.Schriften III, 317.
154 BVerfG EuGRZ 1995, 359ff. Siehe auch u. Kap. VII.

fixen in den Klassenzimmern öffentlicher Schulen zur Pflicht mache. Mit Recht wies die Richtermehrheit darauf hin, daß diese Regelung zum einen der negativen Religionsfreiheit, »nach eigenen Überzeugungen zu leben«, d.h. hier vor allem »kultischen Handlungen eines nicht geteilten Glaubens fernzubleiben« widerspricht,[155] als auch den Grundsatz staatlicher Neutralität in Glaubensfragen verletzt.[156] Nimmt man die Glaubens- und Gewissensfreiheit ernst, dann ist nicht erkennbar, zumal nicht am Ausgang des 20. Jahrhundert, was an dieser Entscheidung zu rügen sein sollte.[157]

Gleichwohl entzündete sich an dieser Entscheidung eine Urteilsschelte, die bald die Züge eines Kulturkampfes annahm, schließlich in einen Verfassungskonflikt überging und von der Bayerischen Staatsregierung als Kreuzzug gegen Karlsruhe[158] fortgeführt wurde. Besondere Erbitterung löste die Begründung aus: »Zusammen mit der allgemeinen Schulpflicht führen Kreuze in Unterrichtsräumen dazu, daß die Schüler während des Unterrichts von Staats wegen und ohne Ausweichmöglichkeit mit diesem Symbol konfrontiert sind und gezwungen werden ›unter dem Kreuz‹ zu lernen.«[159] Zwar gehe mit der Anbringung des Kreuzes »kein Zwang zur Identifikation oder zu bestimmten Ehrenbezeugungen und Verhaltensweisen« einher, jedoch habe das Kreuz im Klassenzimmer »appelativen Charakter« und »weis(e) die von ihm symbolisierten Glaubensinhalte als vorbildhaft und befolgungswürdig aus«, folglich könne diesem Symbol »die Einwirkung auf die Schüler nicht abgesprochen werden«, wie aber in den Vorinstanzen geschehen.[160]

Diese in einer säkularisierten Gesellschaft an sich ebenso selbstverständliche wie in einer Minderheiten schützenden Verfassungsordnung unausweichliche und maßvolle Entscheidung entzweite die Republik wie kaum ein anderer Spruch aus Karlsruhe zuvor.[161] Kirchliche Würdenträger, um den Verlust der staatlichen Rückendeckung in Schulen besorgt, beschworen den Untergang des Abendlandes, jedenfalls aber die Drohung einer »kreuzeslosen abendländischen Gesellschaft«. Sie stellten die Verfassungsrichter auf eine Stufe mit den atheistischen Bilderstürmern des Nazi-Regimes und riefen zum Widerstand auf. Politische Bedenkenträger traten ihnen zur Seite und beklagten Rechtsbruch, Erpressung der Mehrheit, Grenzverletzungen durch das BVerfG

155 Vgl. auch BVerfGE 32, 98/106.
156 BVerfG (Kruzifix-Beschl.), aaO.
157 Abgesehen von dem unglücklich formulierten 1. Leitsatz, der in einer Presseerklärung des Senatsvorsitzenden und Vizepräsidenten des BVerfG Henschel – in einem nicht ganz einwandfreien Verfahren – korrigiert wurde.
158 In der Tagespresse vom 11.9.1995 (vgl. FR v. 11.9.1995).
159 Kruzifix-Beschl., 364.
160 Ebd.
161 Aus den zahllosen Pressemeldungen und Kommentaren vgl. nur die Kommentare in: DIE ZEIT Nr. 34 (1995), 1f.; Günther, Das Recht, die Moral und die Mehrheit, FR v. 22.8.1995; Faller, Die Glaubensfreiheit im Streit, FAZ v. 23.8.1995; Leicht, Wer Streit schlichtet, wird Streit ernten, DIE ZEIT Nr. 35 (1995); Fromme, Und wenn das Urteil falsch wäre, FAZ v. 22.8.1995.

und ähnliches mehr. In einer hysterischen Atmosphäre kleriko-populistischer Heuchelei kündigten auch einzelne Politiker wie vor allem der Bayerische Ministerpräsident Widerstand an.[162] Zudem berichtete die Präsidentin des BVerfG, über 2000 Zuschriften – mehr als je zuvor bei einer Entscheidung – seien in Karlsruhe eingegangen.[163]

Über die Motive der politischen Gegner des Kruzifix-Beschlusses, da sie nicht offen zutage treten, lassen sich nur Vermutungen anstellen. Daß wütende Kritiker, zumal in Bayern, ihre Wählerklientel bedienen wollten, ist wahrscheinlich. Auch dürfte der Beschluß den durch andere – vermeintlich übermäßig liberale – Entscheidungen angestauten Unmut freigesetzt haben.[164] Schließlich fehlt es nicht an Indizien, daß der Protest gegen das BVerfG darauf abzielt, einer allzu grundrechts- und minderheitenfreundlichen Asylentscheidung (allerdings des Zweiten Senats) entgegenzuwirken. Hiervon abgesehen, signalisieren der in seiner Heftigkeit unerwartete Kreuzzug gegen den Wertezerfall[165] zum einen eine fehlende Einsicht in die für Mehrheiten in aller Regel ärgerliche Notwendigkeit des Minderheitenschutzes und damit in den Zusammenhang von Verfassung(srecht) und Demokratie. Das Argument, das Bedürfnis der katholischen Mehrheit nach religiöser Selbstbestimmung werde übermäßig eingeschränkt, hätte bei gehöriger Anspannung politischer Toleranz und demokratischer Gesinnung sonst noch stärker an der vom BVerfG überzeugend dargestellten Lage von Minderheiten gemessen werden müssen. Zum anderen zeigt die These vom Wertezerfall an, daß die Bürde der Säkularisierung für viele, die sich in diesen Konflikt eingeschaltet haben, zu schwer wiegt, daß die Sehnsucht nach staatlich-autoritärer Wertestabilisierung und Werteverwirklichung in Teilen der Gesellschaft unbesehen nachgegeben wird. Unter der Hand wird die Säkularisierung zurückgenommen auf eine bedenkliche Renaissance des »cuius regio eius religio«.

3.3 *Publizität versus Arkan-Politik*

Die Entstehung einer Sphäre des Politisch-Öffentlichen ist für Zivilgesellschaften schlechthin konstitutiv. In öffentlichen Arenen und auf öffentlichen Foren treten ihre Mitglieder als einzelne oder in Assoziationen auf, um ihre Meinungen und Interessen zur Geltung zu bringen. Nur in der Öffentlichkeit

162 Vgl. FR v. 9.9.1995 (»Waigel macht Stimmung gegen Karlsruhe«) und v. 11.9.95 (»Der Kreuzzug für das Kreuz und gegen Karlsruhe«).
163 Interview, Der Spiegel Nr. 35 (1995), 34ff. (»Die Grenzen sind erreicht«).
164 Steine des Anstoßes waren insbesondere der Kammerbeschluß des gleichen Senats, der die Äußerung »Soldaten sind ›Mörder‹« u.U. in den Schutzbereich der Meinungsfreiheit einbezog (NJW 1994, 2943) und die Entscheidung zu den Sitzblockaden, die die Akteure vom Odium der Nötigung befreite (NJW 1995, 1141). Äußerungen konservativer Politiker ist zu entnehmen, daß ihnen »die ganze Linie nicht paßt«. Ausführlich dazu unten Kap. VII.
165 Krit. dazu Günther, Das Recht, die Moral und die Mehrheit, aaO.

kann eine Gesellschaft beim Geschäft der Selbstregierung gleichsam zu sich finden. Ohne Publizität ist deliberative Politik[166] nicht denkbar. Demokratische Verfassungen tragen ihrer Bedeutung dadurch Rechnung, daß sie die Bürgerschaft zur Teilnahme am öffentlichen Leben ermächtigen, indem sie Freiheiten politischer Kommunikation und besondere staats- bzw. aktivbürgerliche Rechte begründen, daß sie die Träger politischer Autorität als öffentliche Gewalten konstituieren, deren Entscheidungsprozesse grundsätzlich der Öffentlichkeit zugänglich sein müssen, und daß sie das politische Gemeinwesen als Republik ausweisen.

Am Merkmal der Publizität lassen sich besonders deutlich die Risiken des zivilgesellschaftlichen Projekts und die ambivalenten Reaktionen illustrieren, die durch sie ausgelöst werden. Jeweils herrschende Mehrheiten, »the powers that be«, unternehmen mannigfaltige Versuche, ihnen mißliebige Gruppen oder Themen aus der öffentlichen Sphäre zu verbannen, oder aber bestimmte Formen der Meinungsäußerung und Interessendurchsetzung zu verbieten, um sich selbst oder die vorfindliche politische Ordnung strukturell zu verewigen. Auffällige und folgenreiche Beispiele hierfür sind die Verdrängung der Republik und die Installierung einer »abwehrbereiten Demokratie« in der Bundesrepublik Deutschland, die im folgenden Kapitel ausführlich erörtert werden. Weniger auffällig, wenngleich alles andere als unbedeutend sind Einschränkungen der Freiheit politischer Kommunikation und Bestimmungen, die insbesondere der Verwaltung oder parlamentarischen Ausschüssen gestatten, unter Ausschluß der Öffentlichkeit zu beraten und zu entscheiden, und damit der an sich *öffentlichen* Gewalt neue Arkanbereiche erschließen.[167]

Diese Regelungen im einzelnen zu erörtern würde den Rahmen dieser Arbeit sprengen. Zur Illustration der Bedeutung von Öffentlichkeit und der Risiken des zivilgesellschaftlichen Projekts soll hier nur ein Extrembeispiel vorgeführt werden. Der Totalitarismus liquidierte das gesamte symbolische Dispositiv, d.h. die Selbst-Instituierung einer autonomen Zivilgesellschaft, vermittelt durch die Öffnung einer öffentlich-politischen Sphäre gegenüber der leeren Stelle, wo die Macht einer Gesellschaft über sich selbst symbolisch repräsentiert wird, sowie die Entkoppelung von Macht, Recht und Wissen.Dieses Dispositiv gestattet, die demokratische Frage zu stellen: Die moderne Demokratie ist die einzige Regierungsform, die die Faktizität der Macht von ihrer symbolischen Repräsentation trennt und mit einem Begriff von Macht verbindet, die sich niemand, weder der Fürst noch eine kleine Zahl, auf Dauer kraft höheren Rechts aneignen kann. Der Vorzug dieser Regierungsform ist, »daß die Gesellschaft immer von neuem ihre Instituierung unter Beweis stellen muß. Dort, wo sich ein leerer Raum abzeichnet, gibt es keine mögliche Ver-

166 Vgl. hierzu Michelman, Law's Republic und Habermas, Faktizität und Geltung, 349ff.
167 Vgl. dazu BVerfGE 70, 324; bes. S. 366ff. (Sondervotum Mahrenholz).

bindung zwischen der Macht, dem Recht und dem Wissen, keinen möglichen fixen Ausdruck ihrer Begründung. Das gesellschaftliche Sein entzieht sich dem Blick oder, besser gesagt, zeigt sich als unabschließbare Infragestellung ... Die letzten Anhaltspunkte der Gewißheit sind aufgelöst, während eine neue Sensibilität für das Unbekannte der Geschichte, für die Möglichkeiten der Menschheit in ihrer ganzen Mannigfaltigkeit entsteht.«[168] Charakteristische Merkmale totalitärer Herrschaft sind (a) die Zerstörung der öffentlichen Sphäre, deren Ersetzung durch eine Gesinnungsverwaltung und die Abschaffung der Meinungsvielfalt[169] zugunsten einer Einheitsmeinung, die als überlegenes »Wissen« propagiert wird; (b) die Aufhebung der Trennung zwischen privater und öffentlicher Sphäre durch die von der Exekutive betriebene Veröffentlichung des Privaten und das Verschwinden öffentlicher, transparenter und diskutierbarer Politik; und schließlich (c) die Ausübung und Legitimierung von Gewaltherrschaft unter Berufung auf jenes privilegierte Wissen, die Ideologie bzw. das »richtige« Bewußtsein.
Die gewaltsame Unterwerfung der Gesellschaft unter einen ideologisch determinierten Geschichtsverlauf und die Inthronisierung einer die Gesellschaft transzendierenden Entscheidungsinstanz, sei es eine Avantgarde, Partei oder Führerperson, sind darauf angelegt, die Zumutung autonomen Handelns der Individuen in säkularisierten Gesellschaften abzuweisen. Für Verfassungen als schriftlich fixierte »grundlegende Konventionen«, die eine gesellschaftliche Streitkultur umschreiben, bleibt kein Raum. Da die Theorie divergierende Interessen nicht vorsieht, dürfen sie praktisch nicht in Erscheinung treten. Konflikte werden nach Maßgabe des »gesunden Volksempfindens« oder der »sozialistischen Gesetzlichkeit« nicht in öffentlicher Kontroverse, sondern autoritär beigelegt. Folglich werden Verfassungen entweder nur zur Ermächtigung diktatorischer Herrschaft fortgeschrieben wie im Nationalsozialismus oder umstandslos außer Kraft gesetzt, oder aber sie fungieren als bloße Attrappen, die die Entmachtung der Bürgerschaft verschleiern oder als Blankettnorm zur Ermächtigung selbsternannter Avantgarden und einer geschichtsphilosophisch fundierten Ideologie fungieren.[170]

3.4 *Pluralität versus Identität*

Der radikale Pluralismus moderner Gesellschaften, ihre Fragmentierung entlang der Grenzen sozialer Gruppen mit divergierenden Interessen, die in den

168 Lefort, Permanence du théologico-politique?, 268.
169 Dieser Strategie liegt die Annahme einer Interessenidentität zwischen Volk und Partei oder Staat zugrunde, die es insbesondere erübrigt, eine unabhängige Verwaltungsgerichtsbarkeit vorzusehen.
170 So beispielsweise in der DDRVerf von 1974, in der die sozialistische Gesetzlichkeit zur leitenden Norm erhoben wird (Art. 19 Abs. 1).

unterschiedlichsten Formen der Assoziierung aufscheint, wirft die Frage auf, ob sie eine kollektive Identität herausbilden können, die die Pluralität von Weltanschauungen und Interessen nicht verdrängt und gleichwohl einen alle erfassenden sozialen Zusammenhalt begründet. Demokratisch-republikanischen Verfassungen wird damit die Aufgabe gestellt, Gesellschaften auf der Ebene symbolischer Repräsentation nicht als substantialistische Einheit ins Bild zu setzen. Das eindrucksvollste Beispiel eines jedenfalls in dieser Hinsicht[171] textlich gelungenen Entwurfs ist die Verfassung der Vereinigten Staaten. Im »We, the People« bleibt das Volk symbolisch als Pluralität ebenso erkennbar wie in der Losung »E pluribus unum«.[172] Weniger deutlich, aber folgenreicher lassen sich die Freiheiten politischer Kommunikation als Bedingungen der Möglichkeit dafür lesen, daß der real existierende Pluralismus auf der Ebene der Verfassung zur Geltung kommt.[173] Ob er das tatsächlich kann, ist freilich eine andere Frage.

Liberale Verfassungen bringen häufig unfreiwillig zum Ausdruck, wie schwer sich Gesellschaften tun, sich mit der Tatsache abzufinden, daß sie von tiefen Interessengegensätzen durchzogen sind, die wiederum die Kristallisationskerne rivalisierender politischer Bewegungen und Organisationen bilden. In Reaktion auf den unbequemen und Unruhe erzeugenden Pluralismus und die damit einhergehenden Konflikte geben Gesellschaften daher Bestrebungen zur Einheitsbildung nach oder treffen in Verfassungen Vorsichtsmaßregeln, die der Bürgerschaft Eintracht und Einheit verheißen. Der Geschichte der modernen Verfassungen läßt sich daher auch als Suche nach Konstruktionen solcher symbolischen Einheit schreiben, in denen soziale Gegensätze und Kontroversen aufgehoben und die Pluralität in einer Einheit zur Ruhe gelegt werden sollen. Hier kommen Harmoniesehnsüchte ins Spiel, die sich mitunter bis hin zu Verschmelzungsphantasien steigern. Sieht man einmal von der extremen Form ab, die solche Phantasien gerade im Nationalsozialismus[174] annahmen (»Ein Volk, ein Reich, ein Führer«), dann tritt die Nation als modernes Paradigma einer imaginierten Gemeinschaft hervor.[175] Sie ist zu unterscheiden vom Nationalstaat als »nach innen und außen wirksamer universaler Gebietsentscheidungseinheit«[176] des Staats- und Völkerrechts. Während der Nationalstaat ein politisch-rechtliches, institutionell ausgeformtes Phänomen ist,

171 Das zu erkennen, bedarf es keiner idealisierenden Interpretation des Textes. Vgl. Arendt, Über die Revolution, Kap. III und Rödel et al., Die demokratische Frage, Kap. III.

172 Vgl. aber Morgan, Inventing the People.

173 Frankenberg/Rödel, *Von der Volkssouveränität zum Minderheitenschutz*, Kap. II.

174 Der Totalitarismus als äußerstes Risiko demokratischer Politik treibt die Mitglieder des Kollektivs unter das Dach einer säkularisierten Ersatzreligion. Vgl. Rödel et al., Die demokratische Frage, 52f., 84ff., 96ff.

175 Nation als imaginierte Einheit ist dabei zu unterscheiden von der nationalstaatlichen Organisation einer Gesellschaft; vgl. dazu B. Anderson, *Die Erfindung der Nation* und Renan, *Qu'est-ce qu'une nation?*.

176 Heller, Die Souveränität, Ges. Schriften II, 141.

entspringt die Nation der Imagination; sie ist eine imaginierte politische Gemeinschaft. Ihr Wesen ist, »daß alle einzelnen vieles gemeinsam und daß sie alle vieles vergessen haben«[177]. Sie beruht häufig auf dem Mißverständnis einer gemeinsamen ethnischen Herkunft. *Imaginiert* ist sie deswegen, weil die Mitglieder selbst der kleinsten Nation die meisten anderen Mitglieder niemals kennen, ihnen weder begegnen noch je von ihnen hören werden, aber im Kopf eines jeden gleichwohl die Vorstellung ihrer *Gemeinschaft* existiert.[178] Zu ihren weiteren Merkmalen gehört die Vorstellung ihrer *Begrenztheit* und ihrer *Souveränität*. Keine Nation setzt sich mit der Menschheit gleich; jede wähnt sich frei, die Ansprüche anderer, insbesondere transzendenter Mächte ablehnen oder erfüllen zu können.[179]

Vom Kult der Nation, wie er sich in der Französischen Revolution herausbildete, bis hin zur blutigen Renaissance ethnischer Nationalismen im Zentral- und Osteuropa der 90er Jahre des 20. Jahrhunderts bietet die Geschichte reichhaltiges Material für die These, daß das Nation-Sein nach wie vor zu den universell legitimiertesten Werten gehört, ohne daß es eine eindeutige Definition der »Nation« oder eine Theorie des Nationalismus gäbe, die alle Fragen nach dessen Ursprung, Bedeutung und Zukunft beantworten könnte. Die Nation ist offensichtlich mehr als das Volk, ohne das sie nicht existieren könnte, und etwas Anderes als der Staat, in dem sie politisch-rechtlich in Erscheinung tritt.[180]

Kennzeichnend für die Nationalismen des 19. und des 20. Jahrhunderts ist die identitäre Symbolisierung, einer auf einem abgegrenzten Territorium lebenden, vermeintlich durch Abstammung, Sprache, Kultur oder Geschichte verbundenen Bevölkerung, gleichsam deren Transsubstantiation zu einem Kollektivsubjekt, hinter oder in dem ihre plurale Struktur und soziale Fragmentierung zum Verschwinden gebracht werden sollen. Vor allem im Verhältnis zu den nicht der Nation angehörenden Fremden und in der Frage ihrer Aufnahme in die »Gemeinschaft« macht es allerdings einen erheblichen Unterschied, ob die imaginierte Einheit auf rechtlicher Gleichheit, gemeinsamer kultureller Erfahrung oder aber auf einer angenommenen oder erwünschten sozialen oder ethnischen Homogenität beruht.[181] Auf diese Problematik ist ausführlich zu-

177 Renan, *Qu'est-ce que une nation?*.
178 B. Anderson, *Die Erfindung der Nation*, 15 auch zum folgenden.
179 Angesichts islamischer Nationen wird man Andersons Annahme, daß zur Nation der Traum gehört, »von Ansprüchen jeden Glaubens und seiner territorialen Ausdehnung . . . frei zu sein«, (*Die Erfindung der Nation*, 17) wohl qualifizieren müssen.
180 Vgl. Leibholz, Nation, Sp. 1590ff und ders., Volk, Nation und Staat im 20. Jahrhundert; Grawert, Staatsvolk und Staatsangehörigkeit, HdbStR I, 666ff. m.w.Nachw.
181 Zur Betonung der Homogenität siehe Schmitt, *Verfassungslehre*, 227ff. Eine Schwäche für Homogenität signalisiert auch das BVerfG in seiner Maastricht-Entscheidung, wobei der Stammvater dieser Idee (Carl Schmitt) durch das Herbeizitieren seines Antipoden Kelsen verdeckt werden soll (E 89, 155/186).

rückzukommen.[182] Vorab sei gesagt, daß die als Abstammungsgemeinschaften imaginierten Sozialverbände die Aufnahme neuer Mitglieder eher restriktiv handhaben, während Bürger-Nationen dagegen großzügiger sind. Ausweislich des Staatsangehörigkeitsrechts hat das Konzept der ethnisch definierten Nation die deutsche Geschichte und Verfassungsentwicklung zwar nicht ausschließlich, aber doch mehr als in den meisten Nachbarstaaten geprägt. Noch die republikanische Weimarer Verfassung betont in der Präambel die Einigkeit des Volkes »in seinen Stämmen«, und das Bonner Grundgesetz knüpft wiederum in seiner Präambel von 1949 ohne Vorbehalt an das durch den Faschismus restlos diskreditierte Projekt nationaler Einheit an. Es läßt das Deutsche Volk »von dem Willen beseelt« sein, seine »nationale ... Einheit zu wahren«. Gegenüber dem hier anklingenden, durch die Spaltung nicht hinreichend verdeckten Ethnozentrismus stehen bei der Bürgernation Vorstellungen rechtlicher Gleichheit im Vordergrund, also citizenship statt ethnicity, und bei der imaginierten Kulturnation eine ihre Angehörigen kulturell prägende, sie integrierende Erfahrung, also Kultur und nationality statt ethnicity. Soweit Kultur nicht vornehmlich auf eine gemeinsame Sprache und Geschichte gestützt, sondern aus einem gemeinsamen Schicksal abgeleitet wird, begegnen sich Abstammungsgemeinschaft und Kulturnation in der Vorstellung einer Schicksalsgemeinschaft.[183]

Ob die aktivistische Zumutung angenommen oder abgewehrt wird, läßt sich daher auch daran ablesen, wie das Volk als Souverän vor- und dargestellt wird: als Einheitswille oder plural als Volk von Gleichen, ob sich die Einheit hinter dem Rücken der Subjekte oder von ihnen beeinflußbar vollzieht, und ob die Selbstregierungsfähigkeit mit der Einheits- und Staatsbildung als erfüllt angesehen wird oder nicht. Identitäre Konzeptionen, die den Harmoniesehnsüchten und Verschmelzungsphantasien am weitesten entgegenkommen, gehen tendenziell davon aus, daß die Aktivbürger der Machtausübung durch die als präexistent angenommenen oder ein für allemal konstituierten politischen Gewalten nur noch zustimmen können. Die Stelle der Macht wird symbolisch vom Kollektivsubjekt »Nation« oder der fiktiven »Abstammungsgemeinschaft« besetzt. Allein die Konzeption der Bürgernation gestattet, die Einheitsbildung selbst im *plébiscite de tous les jours* immer wieder zum Gegenstand politischer Auseinandersetzungen zu machen.[184]

182 Sie wird Gegenstand der Fortsetzung dieser Überlegungen sein.
183 Zu den einzelnen Konzepten der Nation vgl. Oberndörfer, *Der Nationalstaat*, 3ff. und Hoffmann, Die unvollendete Republik.
184 Vgl. Heller, Souveränität, 82; Smend, *Verfassung und Verfassungsrecht*, 136 und Isensee, Staat und Verfassung, HdbStR I, 633ff.

IV. Demokratische Republik und öffentliche Freiheit

1. *In schlechter Verfassung: Die Republik*

1.1. *Republikanische Rhetorik*

Die Republik ist in schlechter Verfassung. Am Begriff tritt diese zutage. Er scheint das Schicksal des Begriffs der Zivilgesellschaft zu teilen. Geprägt in einer Vielfalt sich überkreuzender Diskurse, verliert sich auch, was »Republik« bedeuten könnte, in einer von unterschiedlichen Bedeutungssträngen durchzogenen Grauzone der Unbestimmtheit, die bis in die Antike reicht.[1] Herrenlos und vage steht diese politische Selbstbezeichnung allen möglichen Regimen zu Diensten und ist heute zu einem nahezu beliebig verwendbaren Etikett verkommen, dessen deskriptive Aussagen von keinen einigermaßen präzisen Kriterien für die institutionelle Ausgestaltung konturiert werden. Als Republiken firmieren in nicht immer friedlicher Koexistenz, um nur einige Beispiele zu nennen, die »unteilbare, laizistische, demokratische und soziale Republik« Frankreich[2] wie auch die »Volksrepublik« China, die »demokratische, auf Arbeit gegründete Republik« Italien[3], die »souveräne, sozialistische, säkulare, demokratische Republik« Indien[4] ebenso wie die Irische Republik, in der alle Regierungsgewalt »nächst Gott vom Volke aus(geht)«[5], die Einzelstaaten der Vereinigten Staaten von Amerika, die Kantone der Schweizerischen Eidgenossenschaft so wie diese selbst[6] und neuerdings die »Russische Föderation«.[7] Als Republiken gelten »Freistaaten« wie der Bayerische und der Sächsische, »freiheitliche Demokratien« wie die des Saarlandes (Art. 60 SaarlV) oder »Freie Hansestädte« wie die Bremens oder Hamburgs, die darauf verzichtet haben, ihre selbstverständlich republikanische Existenz verfas-

1 Zur Unbestimmtheit vgl. schon Gaudamet, Stichwort »Republik«, Sp. 872ff. (7.Aufl. IV, 1988, Sp.882ff. von Isensee). Zu den Bedeutungslinien vgl. Mager, Republik, 549ff. Zum Bedeutungsverlust vgl. Langewiesche, *Republik und Republikaner*.

2 Art. 2 I der Verf. der Franz.Republik von 1958, zit. nach Mayer-Tasch, *Verfassungen*, 190

3 Art.1 I der Verf. der Italienischen Republik von 1947, zit. nach Mayer-Tasch, *Verfassungen*, 314.

4 Präambel der Verfassung Indiens von 1950, zit. nach Isensee, *Republik*, 2.

5 Art. 6 der Verf. Irlands von 1937.

6 Deren republikanische Form wird in beiden Fällen durch den Bund gewährleistet, und zwar gem. Art. 4 IV der amerikanischen Verfassung von 1787 und Art. 6 II b der schweizerischen Bundesverf. von 1874.

7 Art. 1 d. Russ. Verf. v. 12.12.1993: »Die Russische Föderation ist ein demokratischer föderativer Rechtsstaat mit republikanischer Regierungsform.« (zit. in: Osteuropa Recht 1994, 296ff.).

sungsmäßig zu beglaubigen. Selbst konstitutionelle Monarchien wie die schwedische und spanische deklarieren sich als Republiken.
Der normative Gehalt der republikanischen Idee[8] ist so diffus, daß sich gegen die beliebige Selbstbezeichnung als »Republik« oder »Republikaner« von keiner Seite Einspruch erhebt. Symptomatisch für die Misere dieser Idee ist, daß hierzulande eine Partei am rechten Rand des politischen Spektrums, trotz ihrer ersichtlich nationalistisch-autoritären Ausrichtung, für sich den Namen »Die Republikaner« reklamieren kann.[9] Im Selbstverständnis und in der Programmatik der großen Parteien spielt der Republikanismus heute keine nennenswerte Rolle. Vereinzelte Ansätze von Gruppen und Initiativen, die nach der eingeübten politischen Geographie eher links zu verorten wären, an dessen freiheitlich-aufklärerische Tradition anzuknüpfen, haben die republikanische Idee nicht revitalisieren können.[10] Ihre »Briefe zur Verteidigung der Republik« oder »republikanischen Reden«[11] gehören bereits zur Zeitgeschichte. Sie haben in Staatslehre und Politikwissenschaft wohl vereinzelte Gegenpolemiken provoziert[12], aber keine klärende Debatte in Gang gesetzt. So bleibt es meist, abgesehen von dem einsamen Versuch zu einer »Grundlegung einer Allgemeinen Republiklehre«,[13] bei sporadischen Erinnerungen an Aristoteles' Lehre von den Staatsformen oder Ciceros Schriften, an die Begründung der Republik bei Rousseau und Kant oder an den dramatischen Moment der Französischen Revolution, in dem die Geburt der Republik, wie oben erwähnt, zugleich den Tod des Königs und und das Ende seiner Vergötterung besiegelte.

1.2 *Die verdrängte Bundes-Republik*

Als das Kaiserreich, das Bismarck für eine Republik gehalten hatte,[14] in Trümmern lag und der in der Reichsverfassung von 1871 feierlich besiegelte Fürstenbund sich aufgelöst hatte, riefen 1918 der Sozialdemokrat Philipp Scheidemann die demokratische und der Sozialist Karl Liebknecht die sozia-

8 Gegen Henke (Verfassungsprinzip der Republik, 250) ist daran festzuhalten, daß Republik nicht nur ein staatsformender Grundsatz, sondern immer auch eine Idee war und ist. Auch Ideen werden nicht »in den Sternen« geboren, vielmehr in der Geschichte.

9 Ausführlich dazu Leggewie, Die Republikaner; vgl. auch Langewiesche, *Republik und Republikaner*.

10 Wie etwa durch Republikanische Clubs oder den Republikanischen Anwaltsverein. Ein in diesem Kontext erfreuliches und bemerkenswertes Protestphänomen war die Ausrufung der »Republik Wendland«.

11 Vgl. F. Duve/ H. Böll/ K. Staeck (Hg.), Briefe zur Verteidigung der Republik (Reinbek 1977); Habermas, *Stichworte* und W. Jens, Republikanische Reden (1979).

12 Hennis, Republik ohne Bürger, vgl. auch Henke, Die Republik, 878.

13 Schachtschneider hat mit *»Res publica res populi«* eine nicht eben leicht verdauliche Monographie vorgelegt, in der er ein wenig langatmig die Grundzüge einer »diskurshaften Republik« (XI) entwickelt.

14 Dazu Jellinek, Allgemeine Staatslehre, 712f.

listische Republik aus. »Die Hohenzollern haben abgedankt ... Es lebe die Republik!«[15]. Die Weimarer Verfassung bekräftigt diese Proklamation und beginnt, in offensichtlicher Wendung gegen das Wilhelminische Regime, mit der Selbsterklärung »Das Deutsche Reich ist eine Republik« (Art. 1 I WRV). Zur Begründung verweist die Verfassung der ersten deutschen Republik darauf, daß alle Staatsgewalt vom Volk ausgehe. Volkssouveränität wäre demnach das konstitutive Merkmal einer Republik.
Die Rechtsnachfolgerin des Deutschen Reiches, jedenfalls nach offiziellem Verständnis,[16] bezeichnet sich im Vergleich zu Weimar und zur Deutschen Demokratischen Republik weniger auffällig, allerdings gleichfalls in systematischer Beziehung und sachlicher Nähe zum Prinzip der Volkssouveränität, als »Bundesrepublik«[17] und verlangt ihren Ländern im Sinne politischer Homogenität ab, ihre verfassungsmäßige Ordnung müsse »den Gundsätzen des republikanischen, demokratischen und sozialen Rechtsstaates entsprechen«.[18] Angesichts der symbolischen Bedeutung der »Republik« im Namen dieses politischen Gemeinwesens und der Auszeichnung des republikanischen Prinzips als eines der »materiellen Kernelemente des Grundgesetzes«, die dem Zugriff verfassungsändernder Mehrheiten entzogen sein sollen,[19] muß dessen stiefmütterliche Behandlung in Verfassungstheorie, Staats- und Verfassungslehre überraschen. Selbst das Bundesverfassungsgericht überging die Republik in seiner Definition der »freiheitlichen demokratischen Grundordnung«,[20] und in seinen Ausführungen zur Öffentlichkeit parlamentarischer Beratungen[21], ohne daß dies in den Urteilsanmerkungen gerügt worden wäre. Allem Anschein nach entfachen Begriff und Idee der Republik weder theoretische Dispute noch »verfassungsexegetische Glaubenskämpfe«.[22] Bei einigen Verfassungs- und Staatslehrern sucht man vergeblich nach dem

15 Huber, *Dokumente* III, 1f.; H. Schneider, Die Reichsverfassung vom 11. August 1919, HdbStR I, § 3 und Ritter/Miller (Hg.), Die deutsche Revolution 1918-1919, 77f.
16 Vgl. Mußgnug, Zustandekommen des Grundgesetzes und Entstehen der Bundesrepublik Deutschland, HdbStR I, § 6, 220f. und Stolleis, Besatzungsherrschaft und Wiederaufbau 1945-1949, HdbStR I, § 5, 188f. m.zahlr.Nachw.
17 Präambel und Art.20 I GG.
18 Art. 28 I GG; vgl. auch Art. 17 WRV.
19 Mit der Bezeichnung »Bundesrepublik Deutschland« in Art. 20 I GG ist die Republik, ausweislich der Entstehungsgeschichte des Grundgesetzes als Fundament der politischen Ordnung mitgemeint und gem. Art. 79 III GG ein Element des veränderungsfesten materiellen Kerns. Die Absicht des ursprünglichen Textes, Deutschland zur Republik zu erklären, änderte sich nicht dadurch daß die Formulierung in Art. 20 I GG von Art. 1 WRV abweicht. In beiden Fällen hat »Republik« die gleiche verfassungsgesetzliche Bedeutung (JöR NF 1, 1951, 195ff.). So auch Henke, Die Republik, 865.
20 In den Urteilen zum Verbot bzw. der Verfassungswidrigkeitserklärung der SRP (BVerfGE 2, 1ff.) und der KPD (BVerfGE, 5, 85ff./112, 140) zählt das BVerfG zwar die Volkssouveränität, nicht aber ausdrücklich auch die Republik zu den »grundlegenden Prinzipien dieser Ordnung«. Vgl. auch den Radikalen-Beschluß (BVerfGE 39, 334ff.).
21 BVerfGE 70, 324/355ff. Vgl. dazu die abw. Sondervoten der Richter Mahrenholz und Böckenförde (S. 366ff. und 380ff.).
22 Isensee, *Republik*. Dagegen jetzt Schlachtschneider, *Res publica res populi*, passim.

an sich einschlägigen Stichwort »Republik«.[23] Bei anderen geht sie, nur am Rande erwähnt, restlos in der Volkssouveränität oder Verfassungsstaatlichkeit auf.[24] Wieder andere schlagen sie entweder der Demokratie[25] oder seltener: dem Rechtsstaat[26] zu, räumen dabei ein, daß Republiken keine Demokratien und Demokratien keine Republiken sein müssen.[27] Daß freilich noch die nationalsozialistische Diktatur als »Republik« rubrifiziert werden kann,[28] beweist nunmehr, wie weit sich die konzeptuelle Arbeit sowohl von historisch-politischen Vorbildern als auch von theoretisch einleuchtenden Kriterien entfernt hat.

Wenn es eine herrschende Meinung zur Republik gibt dann die, daß sie die Absage an Monarchie und dynastisches Prinzip enthalte.[29] Der Triumph der von Machiavelli am prägnantesten formulierten Dichotomie, wonach »(a)lle Staaten, alle Gewalten, die Herrschaft über die Menschen besessen haben und noch besitzen, . . . entweder Republiken oder Monarchien (sind)«[30], vollendet sich in dem Diktum, daß die Republik als Nicht-Monarchie in der Abwesenheit eines lebendigen, nicht bereits konstitutionell entschärften »monarchischen Princips«[31] jegliche Bedeutung verloren habe und zum »verfassungs-

23 Leibholz/Rinck/Hessenberger, *Grundgesetz*; Kriele, *Staatslehre*. Irritierender freilich ist die Nichterörterung der Republik im Alternativkommentar zum GG trotz des Anspruchs einer »alternativen Auslegung aufgrund korrigierter realanalytischer Prämissen« (Bothe), vgl. AK-GG, Art.20, Rn. 1ff. Vom Kommentar kommentarlos erwähnt wird die »Republik« als Gegensatz zur »Demokratie« in den sonst wortreichen Ausführungen von Bäumlin/Ridder zum Rechtsstaat – und zwar im Unterkapitel USA (AK-GG, Art.20 Abs. 1-3, III Rn.7) und in Bezug auf den Rechtsstaat der Weimarer Republik (Rn. 21).

24 Denninger, Staatsrecht I, 85f.: »Die Entscheidung für die ›Republik‹ . . . kann man noch von der Hervorhebung der Volkssouveränität als mitumfaßt ansehen.« – »Republik . . . meint eine Staatsform, bei der der Souverän seine Legitimation durch einen (unmittelbaren oder mittelbaren) Berufungsakt des Volkes erhält, und zwar i.d.R. auf Zeit und mit der Möglichkeit der Absetzbarkeit.« Schnapp, v.Münch/Kunig, GG, Art. 20 Rn.5 unter Verweis auf Stern, Staatsrecht I, § 17 II 2a.

25 So bereits Thoma, Das Reich als Demokratie und Heller, Politische Ideenkreise, Ges.Schriften I, bes. 309ff.

26 Maunz/Zippelius, *Staatsrecht*, § 10 II.

27 Zur Abgrenzung vgl. v.Mangoldt/Klein, Das Bonner Grundgesetz, 593, 600; Maunz/Zippelius, *Staatsrecht*, §10 II,III; Stern, Staatsrecht I, § 17 oder schon Bryce, Modern Democracies I (1923), 25. Böckenförde, Demokratie als Verfassungsprinzip, HdbStR I § 22, sieht ein »formales Nebeneinander« von Republik und Demokratie, in der Sache geht die Republik bei ihm in der Volkssouveränität auf. Dem »inhaltlichen Begriff der Republik« spricht er die »staatsrechtlich-dogmatische Relevanz« ab, HdbStR II, 947f.

28 Stein, Staatsrecht, 3: »Eine Republik kann eine Demokratie oder eine Diktatur sein. (. . .) Mit der Übernahme der Macht durch die Nationalsozialisten wurde die (Weimarer – G.F.) Republik zur Diktatur.«.

29 Schmitt, *Verfassungslehre*, 223f.; Isensee, *Republik*; ders., *Grundrechtliche Freiheit* und Henke, Verfassungsprinzip der Republik. Beispiele hierfür sind Maunz/Dürig, GG, Art.20 Rn.1f.; v. Mangoldt/Klein, Das Bonner Grundgesetz 2.Aufl. (1966), 593; Stern, Staatsrecht I, 433ff.; Stein, Staatsrecht, § 1 III: »Unter einer Republik versteht man jeden Staat ohne monarchische Spitze.« Vgl. auch Löw, *»Republik«*, 819ff. und Imboden, *Staatsformen*, 16. Kritisch dazu Schachtschneider, *Res publica res populi*, 10ff.

30 Einleitungssatz zu Der Fürst (1513). Vgl. auch Montesquieu, De l'Esprit des lois. Siehe dazu die Übersicht über die Staatsformen bei Stein, Staatsrecht, 3.

31 Stahl, *Das monarchische Princip*.

rechtlichen Fossil« geworden sei.[32] Der nurmehr zeremoniellen Bedeutung der Monarchen in einigen westlichen Demokratien entspricht in der Literatur der eher rituelle Hinweis auf die im Namen des »Staates« immer noch mitgeführte »Republik«. An diesem Tatbestand ändert sich, jedenfalls nach dem Zusammenbruch totalitärer Regime, auch dann nichts, wenn Republik als Gegenbegriff nicht nur zur Monarchie, sondern zu jeglicher obrigkeitsstaatlichen bzw. diktatorischen Herrschaft fungiert.[33] Mit Einschränkungen[34] ist daher der Schlußfolgerung Isensees zuzustimmen: »Der deutschen Staatsrechtslehre fällt zur ›Republik‹ nichts ein.«[35] Interessanter als dieses Diktum ist freilich die Frage, warum die Republik ohne viel Aufhebens von ihm zum »verfassungsrechtlichen Fossil« erklärt werden kann – oder muß.

1.3 *Die libertäre und soziale Komponente der Republik*

Für die Misere der Republik als politischer Idee und verfassungsrechtlichem Prinzip können eine Reihe von möglichen Ursachen haftbar gemacht werden. Historisch stand die republikanische Tradition in Deutschland im Schatten von römischem Kaisertum und Lehnswesen, »das persönliches, erbliches Eigentum und öffentliche Gewalt in der Grundherrschaft vereinigte«.[36] Der politische Absolutismus verlängerte diesen Schatten bis weit in das 19. Jahrhundert und führte in der Staatslehre zur Begründung eines eigenen Rechts des Monarchen auf die staatlichen Herrschaftsrechte. Gegen die ganz herrschende etatistische Meinung meldeten sich im Vormärz immer wieder überzeugte Republikaner und Demokraten mit Freiheitspathos und republikanischem Bürgerideal zu Wort. So suchte die frühliberale Verfassungslehre nach einer ausgewogenen Mischung zwischen unerwünschter absoluter Monarchie und theoretisch idealer, aber praktisch unmöglicher »reiner Demokratie«. Besonders vehement und polemisch wendete Julius Fröbel die libertär-demokratische und die soziale Komponente der Republik gegen die absolutistische Monarchie: »Wir wollen die soziale Republik, d.h. den Staat, in welchem das Glück, die Freiheit und die Würde jedes Einzelnen als gemeinsamer Zweck aller anerkannt ist und die Rechts- und Machtvollkommenheit der Gesellschaft aus der Verständigung und Vereinbarung aller ihrer Glieder ent-

32 So Isensee, *Republik*, 1 unter Verweis auf die Literatur zum Verfassungsrecht in den Bundesrepubliken Deutschland und Österreich. Auf die Gegenstimmen von Hesse und Henke ist weiter unten zurückzukommen.

33 Maunz/Dürig, GG, Art. 20, Rn.1ff.; Maunz/Zippelius, *Staatsrecht*, aaO.; Isensee, *Republik*, 5f.; Löw, *»Republik«*, aaO.

34 Vgl. Hesse, *Grundzüge*, Rn. 117ff. und Henke, Die Republik, 863ff. Vgl. auch Hübner, *Staatsform der Republik*.

35 Isensee, *Republik*, 1. Viel eingefallen ist Schachtschneider, *Res publica res populi*.

36 Henke, Verfassungsprinzip der Republik, 250.

springt.«[37] Im Vordergrund steht hier die Vorstellung partizipatorischer öffentlicher Freiheit. Überwiegend orientierte sich der Republikanismus dieser Zeit eher an der antiken Verfassungstypologie und war geprägt von der Vorstellung einer homogenen Bürgergesellschaft – eine Neukombination von geschichtlicher Erfahrung unter den Bedingungen des 19. Jahrhunderts.[38]
Dem um die Sicherung der staatlichen Autorität zentrierten Verfassungsdenken in Deutschland war und blieben Losungen dieser Art in zweifacher Hinsicht suspekt. Die Bedenken richteten sich zum einen gegen den libertären Republikanismus, selbst wenn er nicht die »legale und permanente Revolution« (Fröbel), sondern »durch Vernunftgesetz geleitete Freiheit«[39] einforderte. Denn dieser beantwortete die Frage nach der Legitimität politischer Herrschaft, in Frontstellung gegen das monarchische und dynastische Prinzip, unter Berufung auf die öffentliche Freiheit der Bürgerschaft: »Mit dem Verfassungsvertrage kommen die Parteien überein, ihre Meinungen nur noch durch eine freie Diskussion aufeinander wirken zu lassen . . . Mit dem Verfassungsvertrage kommen die Parteien überein: die Einheit des Zwecks durch die Mehrheit der Anhänger der Theorie zu bestimmen, die Propaganda der Theorie aber der Freiheit jedes Einzelnen zu überlassen . . .«[40]. Für die etatistische Staats- und Verfassungslehre hatten Freiheitlichkeit und Publizität in erster Linie umstürzlerische Konnotationen,[41] da die »Freiheitsraserei«[42] Bestand und Legitimität der überkommenen politischen Ordnung bedrohten. In der Tat ließen sich die demokratischen Republikaner nicht leicht mit der konstitutionellen Monarchie versöhnen, wenngleich nicht alle den König als »Dalai Lama des weltlichen Aberglaubens« titulierten.[43] Während dem Republikanismus auf der nationalen Ebene heftiger Widerstand entgegenschlug, war er selbst Konservativen als »Erfahrungsrepublikanismus« in den (vornehmlich süddeutschen) Gemeinden eher erträglich. Die Gemeinde galt als Ort, an dem das »demokratische Princip« – im Staat »wegen der in der Regel leider vor-

37 Fröbel, Monarchie oder Republik?, 6.
38 Vgl. auch Koselleck, *Vergangene Zukunft* und Nolte, *Bürgerideal*, 622ff.
39 J.B. Geich, Republikanismus und Kulturfortschritt, in: J. Garber (Hg.), Revolutionäre Vernunft. Texte zur jakobinischen und liberalen Revolutionskonzeption in Deutschland 1789-1810 (Kronberg 1974), 149ff. Vgl. auch Fichte, Zurückforderung der Denkfreiheit von den Fürsten Europens, die sie bisher unterdrückten (1793), Sämmtliche Werke (Hg. I.H. Fichte), VI (Berlin 1845), 3ff.
40 Fröbel, *System der socialen Politik*, 113.
41 Diese Konnotation waren insbesondere Chaos, Anarchie und Terror der Tugend. Die antirepublikanischen Ängste wurden nirgendwo deutlicher artikuliert als bei G. Flaubert: »und das Beil der Guillotine blitzte in allen Silben des Wortes Republik«. (Lehrjahre des Glücks, Hamburg 1959, 221).
42 Hegel, Die Verfassung Deutschlands (1802), 1ff. und ders., Rechtsphilosophie, § 279: Das monarchische Prinzip sei »die entwickelte Idee«, der gegenüber von der »Republik und zwar bestimmter der Demokratie« »nicht mehr die Rede sein« könne. Vgl. auch Stahl, *Das monarchische Princip*, der hier den Gegensatz zwischen Monarchie und Parlamentarismus entwickelt.
43 Fröbel, Das Königthum und die Volkssouveränität.

herrschenden Schlechtigkeit der Menschen nicht durchführbar« – sich entfalten durfte.[44]

Verstärkt wurden die Befürchtungen zum anderen von der sozialen Komponente der republikanischen Idee, unter der demokratische Republikaner im 19. Jahrhundert die Selbstorganisation der Gesellschaft propagierten, von der sie sich einen Zuwachs an sozialer Gerechtigkeit oder eine neue Gesellschaftsordnung auf der Grundlage der »gleichen Anerkennung aller Rechte« versprachen.[45] Diese den absolutistischen Staatslehren äußerst befremdliche soziale Utopie ließ sich an die Programmatik der genossenschaftlichen Bewegung[46] anschließen, die nicht unerheblich in der »moralischen Ökonomie der vorindustriellen Unterschichten« gründete.[47] Mit einer »Republik mit sozialen Institutionen«[48] oder einem »Staat, in welchem das Glück, die Freiheit und die Würde jedes einzelnen als gemeinsamer Zweck aller anerkannt ist, und die Recht- und Machtvollkommenheit der Gesellschaft aus der Verständigung und Vereinbarung aller ihrer Glieder entspringt«[49], gar einer »Nation, wo alle Gelderpressungen und Plackereien in Zukunft aufhören«[50] und eine »gerechte Vertheilung der Güter«[51] menschenrechtlich abgesichert wäre, konnten sich weder konservative noch liberale Staatslehrer anfreunden. Diese republikanischen Ideen mußten auch ein Bürgertum verunsichern, das eben seine politische Stimme gefunden, sich jedoch bald mit den herrschenden Mächten arrangiert hatte und bereit war, auf politische Rechte zu verzichten. Statt die nicht eben machtvollen Bestrebungen für eine libertäre und »sociale« Republik zu unterstützen, zogen selbst Bürgertum und die ihm geneigte Staatslehre[52] es vor, ihr politisches Heil, ihre ökonomische Sicherheit und sozialen Frieden in einem Bündnis mit der konstitutionell gebändigten Monarchie zu suchen und dem »monarchischen Gefühl« sowie der »Revolution von oben« zu vertrauen.

44 V. Aretin/v.Rotteck, Staatsrecht der konstitutionellen Monarchie III, 122f. Vgl. auch Nolte, Gemeindeliberalismus, passim.
45 Adam Lux argumentierte bereits 1793: »Republik und Reich der Gerechtigkeit sind einerlei.« (zit. nach Mager, Republik, 602). Vgl. auch Fröbel, Monarchie oder Republik? und ders., *System der socialen Politik*; v. Rotteck, *Lehrbuch des Vernunftrechts* II, 209: »Nur die Republik ist gerecht; Nur die Republik ist gut«. Vgl. Langewiesche, *Republik und Republikaner*, 35ff.
46 Vgl. H. Faust, Geschichte der Genossenschaftsbewegung, 3.Aufl. (1977).
47 Vgl. Ritter, Arbeiterkultur (Königstein 1979).
48 Marx, Die Klassenkämpfe in Frankreich, MEW 7, 29.
49 Fröbel, Monarchie oder Republik?, passim. Vgl. auch Marx, Die Klassenkämpfe in Frankreich, MEW 7, 29ff.
50 G. Köhler, Bekenntnis zur fränkischen Republik, in: Garber, Revolutionäre Vernunft, 151f.
51 Fröbel, *System der socialen Politik* I, 152.
52 Vgl. v. Rotteck, Art. »Monarchie«, in: Staats-Lexicon oder Encyclopädie der Staatswissenschaften X (Altona 1840), 658 und Bluntschli, Art. »Monarchie«, 704ff./728. »In dem alten Europa erscheint die Ungleichheit auch der socialen Verhältnisse so groß, daß eine auf Gleichheit gebaute Staatsform sofort zur Lüge würde. Die socialen Gegensätze in der europäischen Bevölkerung zu gleichzeitiger Herrschaft berufen, hieße einen innern Bürgerkrieg entzünden. Sollen sie friedlich in den engen Räumen neben einander bestehen, so bedürfen sie einer starken obrigkeitlichen Gewalt, die über ihnen ist und den Frieden schützt.« (Bluntschli, Art. »Demokratie«, in: Staats-Wörterbuch II, 711).

In Deutschland war also bereits im 19. Jahrhundert der kurze republikanische Traum ausgeträumt und verdängt durch das Trauma des Jakobinismus. »Das gekrönte Haupt, das unter der Guillotine gefallen war, hatte die revolutionäre Kraft, die sich nun mit der Republik verband, den Zeitgenossen blutig eingeschärft.«[53] Die Niederlage des politischen Liberalismus vollendete sich im vergänglichen Triumph eines entsakralisierten »monarchischen Princips«, dem keine machtvolle metaphysische Begründung mehr zu Gebote stand.[54] Das Begründungsdefizit trat angesichts der bedrängenden Realität der sich dramatisch entwickelnden Klassengesellschaft in den Hintergrund. Die Staatslehre, die das Prinzip der Volkssouveränität zugunsten der konstitutionellen Monarchie kompromittiert hatte, konzentrierte sich auf die Stabilität der politischen Ordnung, mit deren Erfordernissen wohl eine »sociale Demokratie« und ein »aktiver Staat«, nicht aber eine Republik zu vereinbaren waren. Ihre führenden Vertreter erhoben die Vertreibung alles Philosophischen, Politischen und Historischen zum Programm der Staats- und Verwaltungslehre.[55] So verlieren sich bereits in der Mitte des vergangenen Jahrhunderts die in Deutschland ohnehin schwachen Spuren der republikanischen Tradition.

Erst nach dem Scheitern der konstitutionellen Monarchie konnte sich die republikanische Idee in Deutschland als »Staatsform« durchsetzen. 1919 ließ sich das eindeutige Bekenntnis der Weimarer Verfassung zur Republik daher als die historisch einleuchtende Absage an Monarchie und dynastisches Prinzip verstehen.[56] Weniger plausibel und deshalb erklärungsbedürftig ist, zumal vor dem Hintergrund der Befreiung vom Nationalsozialismus, warum die einschlägigen Bestimmungen des Grundgesetzes als bloße Erinnerung an die anti-monarchische Stoßrichtung der republikanischen Idee zu verstehen und das Prädikat »freiheitlich« der demokratischen Grundordnung *de quelque façon nul* wären. Mit der Folge, daß lakonisch deren »Degradierung« zu kon-

53 Langewiesche, Republik, 32.

54 Zu den von der Staatslehre entwickelten Theorien über die Subjektstellung des Monarchen siehe oben Kap. II 1.1 und Stolleis, *Geschichte des öffentlichen Rechts* II, 102ff.

55 Gerber, Grundzüge des deutschen Staatsrechts; Laband, Staatsrecht des Deutschen Reiches; v. Seydel, Das Staatsrecht des Königreichs Bayern. Mit zahlr. Nachw. dazu Stolleis, *Interventionsstaat* sowie ders., *Geschichte des öffentlichen Rechts* II, 330ff.

56 Zur deutschen Verfassungstradition vgl. Stern, Staatsrecht I, § 17; Jellinek, Allgemeine Staatslehre; Menger, Deutsche Verfassungsgeschichte der Neuzeit, bes. Kap. 7 u. 10. Zur Diskussion während der Weimarer Republik vgl. Hübner, Die Staatsform der Republik und Bernatzig, Republik und Monarchie sowie Preuß, Deutschlands republikanische Reichsverfassung.

statieren sei,[57] weil sie sich »mit dem Sieg in der Sache verbraucht« habe.[58] Historisch läßt sich der Absturz einer Idee, die in Deutschland niemals eine »Freiheitsraserei« auslöste, in die Bedeutungslosigkeit nicht hinreichend erklären. Der scharfsinnigen Verfassungs- und Staatslehre dürften die konstitutionellen Zäsuren von 1919 und 1949, die Selbstbezeichnung des politischen Gemeinwesens als »Bundesrepublik« sowie vor allem die verfassungsmäßige Verankerung des republikanischen Prinzips an einigermaßen zentraler Stelle (Art. 20 I, 28 I GG) nicht entgangen sein.[59] Zu vermuten ist daher, daß Verfassungsexegeten diesem Prinzip ausweichen, die republikanische Leerstelle dann aber ersatzweise ausfüllen.

2.1 *Reduktion der Republik auf eine Staatsform*

Wenngleich die Erinnerung an die Französische Revolution verblaßt sein dürfte und die Legende vom Untergang der Weimarer Republik wegen ihres Übermaßes an Freiheitlichkeit ebenso wie die These, das deutsche Volk sei zur Demokratie nicht begabt, nunmehr wohl der Revision bedarf, so hat die Republik offenbar wenig von ihrer normativen Brisanz und politischen Bedrohlichkeit verloren. Jedenfalls ist zu konstatieren, daß Staats- und Verfassungslehre sie auf das negatorische Verständnis einengt und sowohl die libertäre wie auch die soziale Komponente im Verständnis einer bloßen Staatsform zur Ruhe legt. Diese Entwertung des republikanischen Prinzips kann sich auf die Frühgeschichte der Moderne berufen. In dieser Phase wurde »Republik«, wenn auch nicht durchgängig, von der kontinentalen politischen Theorie mit »Staat« übersetzt.[60] Gebannt von der Präsenz des absolutistischen Souveräns, ließen politische Theorien und Staatslehren den normativen Begriff der Republik als eines »gemeinen Wesens« und einer Interessengemeinschaft freier Bürger tendenziell hinter den deskriptiven Begriff der Republik als »Staatsform« zurücktreten.[61] Damit verlagerte sich die juristische Beurteilung von der Rechtmäßigkeit oder Freiheitlichkeit einer Regierung vor dem Hintergrund eines Dualismus von Staat und Gesellschaft[62] auf ihre Souveränität als Letztentscheidungsinstanz und folgte der von Machiavelli vorgezeichneten Spur, Gewalt und Macht ineinszusetzen.[63] Die Klassifizierung politischer

57 Abgesehen von der historischen Amnesie ist gegen diese Auffassung einzuwenden, daß die Absage an das monarchische Prinzip deutlicher in den Art. 54ff. GG zum Ausdruck kommt, die Wahl und Aufgaben des Bundespräsidenten als Staatsoberhaupt festlegen.
58 Isensee, *Republik*, 1.
59 So auch Schachtschneider, *Res publica res populi*, bes. 60 ff.
60 Instruktiv dazu die ausführlichen Vorbemerkungen des Übersetzers Mayer-Tasch zu Bodins, Six livres de la république; vgl. auch Mager, Republik, 618ff.
61 Siehe hierzu Hübner, *Staatsform der Republik*.
62 Ausführlich und kritisch hierzu Schachtschneider, *Res publica res populi*, 159ff.
63 Zu einer differenzierenden Sicht vgl. Arendt, Macht und Gewalt, 36ff.

Herrschaft orientierte sich weniger an ihrer Konstituierung und Legitimierung als an ihrer Form, weniger an der Art und Weise der politischen Willensbildung als an ihrer institutionellen Ausgestaltung. Sie lenkte das Augenmerk von der »Plattform« auf die »Spitze« – das »Staatsoberhaupt«.[64]

Diese Begriffsverengung läßt sich auch in der heutigen Staats- und Verfassungslehre aufweisen. Herrschend, wenngleich nicht unbestritten ist die Auffassung, die Bezeichnung »Republik« erschöpfe sich im Gegensatz zur Monarchie und sei durch das Fehlen eines »erblichen Staatsoberhaupts«[65] gekennzeichnet. Konsequenterweise führt diese These zu dem Schluß, Art. 28 I GG verbiete die Einführung der Monarchie.[66] Die überschießende Bedeutung der Republik als »staatsrechtlich erhebliche inhaltliche Aussage« über das Verbot jeder Art von »anti-demokratischer Minderheits- oder Klassenherrschaft«, wie etwa einer Räterepublik, hat dieser Auslegung zufolge in den Prinzipien der formellen und materiellen Rechtsstaatlichkeit ihre nähere Ausgestaltung gefunden.[67] Nahezu einhellig ist die kaum zwingend begründete Auffassung, daß für einen »inhaltlichen Republikbegriff« kein Raum sei, »weil Republik dort (in Art. 20 I und 28 I GG – G.F.) im formalen Sinn verstanden und gemeint ist.«[68] Danach wäre Republik, obwohl in der »Staatsfundamentalnorm«[69] niedergelegt, kein »normativer Grundbegriff«, sondern nur ein »zusammenfassender ex-post-Begriff« für anderweitig festgelegte Formelemente[70].

2.2 *Re-Ethisierung des Staates*

In klassischen wie auch in einigen zeitgenössischen Theorien erscheint die Republik als Paradigma eines Sozialverbandes, »in dem sich die unterschiedlichsten Individuen (versammeln), um auf diese Weise die Ziele zu erreichen, die nur in Gemeinschaft erreicht werden (können)«.[71] Dieses Paradigma reformuliert die zeitgenössische deutsche Verfassungslehre, soweit sie überhaupt

64 Sieyès, Über den wahren Begriff einer Monarchie, 341ff. Vgl. Jellinek, Allgemeine Staatslehre, 710ff.

65 Maunz/Zippelius, *Staatsrecht*, § 10 I 1, II. Stein, Staatsrecht, 3: »Unter einer Republik versteht man jeden Staat ohne monarchische Spitze.« Vgl. auch Stern, Staatsrecht I, § 17 I 5 und Herzog, in: MD, GG, Art. 20, III. Abschnitt Rn.5 und 9, der allerdings betont, daß »das Staatsoberhaupt . . . seine Legitimation durch eine ununterbrochene Kette individueller Berufungen auf das Staatsvolk zurückführen« muß.

66 V. Mangoldt/Klein, GG, Art. 28 Anm. III 2.

67 V. Mangoldt/Klein, GG, Art. 20 Anm. IV u. VIII, Art. 28 Anm. III 2b; Maunz/Zippelius, *Staatsrecht*, § 10 II.

68 Böckenförde, Demokratie als Verfassungsprinzip, HdbStR I § 22, Rn. 96.

69 Herzog, MD, GG, Art. 20 Rn.7.

70 Böckenförde, Demokratie als Verfassungsprinzip, ebd. und ders., Gesetz und gesetzgebende Gewalt, 388.

71 Pocock, *Der bürgerliche Humanismus*, 40.

von diesem Problem Notiz nimmt, als »Gemeinschaft, Zusammenschluß von Individuen, der durch gemeinsame Bestrebungen geeint ist«[72], als »das ganze Gemeinwesen, in dem Staat und Gesellschaft aufgehen«[73] oder als das »gemeine Wesen (res publica), in dem alle öffentliche Gewalt auf die Gemeinschaft zurückzuführen und dem ›gemeinen Besten‹ (salus publica) zu dienen verpflichtet ist«.[74] Prekär für die auf Partizipation gegründete politische Gemeinschaft sind aber die »metaphysische Enthaltsamkeit«[75] einer Republik, der Pluralismus der Loyalitäten[76] sowie letztlich die unberechenbare menschliche Natur. Aufs Ganze gesehen, lebt eine staatlich verfaßte Gemeinschaft nach dieser Auffassung von Voraussetzungen, die ein »freilicher Staat« »selbst nicht garantieren kann, ohne seine Freiheitlichkeit in Frage zu stellen«.[77]

Im Gegenzug zu den Gefahren einer Republik forderte bereits die idealistische Staatsphilosophie eine Versittlichung des Staates. Sie war sich insoweit einig in der Ablehnung des Staates als »Notdach« gegen Gewalt oder »als rational konstruierte Maschine« oder als Vertrag.[78] Die Skepsis der klassischen Autoren läßt sich auch in den Staats- und Verfassungslehren der Weimarer Republik und der heutigen Bundesrepublik aufweisen. Und zwar vorwiegend als Sorge, daß sich eine Gemeinschaft nicht nur auf »Einheit, Freiheit und Gleichheit« oder auf einer bloßen Ethik des *pacta sunt servanda* gründen lasse[79], und daß es nicht ausreiche, den Staat als »Versicherung des Egoismus«[80] zu definieren. Nicht allein konservative Staatslehrer gehen davon aus, daß die Republik zur Sicherung ihres Bestandes eines Ersatzes bedürfe für die verloren gegangene »Gewißheit in politischen Fragen, die sich aus höheren, übervernünftigen Quellen nähren«[81]. Anders als zur Zeit der Weimarer Republik richten sich die Befürchtungen heute nicht gegen monarchistische Strömungen, nur punktuell gegen totalitäre Parteien, aber häufig gegen »Radikalismus« jeder Art, insbesondere gegen »Friedens-, Alternativ- und andere Bewegungen, soweit sie ihr Handeln durch Gewißheiten leiten lassen, die, gleich wie sie begründet werden, keine mäßigende und begrenzende Einfügung in ein System staatlicher Willensbildung ertragen,« sowie gegen ein »politisierendes Christentum, das die Unterscheidung der zwei Reiche vergißt«.[82] Als

72 Stern, Staatsrecht I, 432f.
73 Isensee, *Republik*, 8
74 Hesse, *Grundzüge*, Rn. 120; Henke, Die Republik, 874ff.; Thoma, Das Reich der Demokratie, 186f.
75 Henke, Die Republik, 875
76 Schmitt, *Staatsethik*, 133 ff.
77 Böckenförde, *Entstehung des Staates*, 60. Vgl. ders., *Sittlicher Staat*, 37
78 Stolleis, Staatsethik
79 Huber, *Dokumente* VI, 29 und Schmitt, *Staatsethik*, 137
80 Marx, Zur Judenfrage, 194
81 Henke, Die Republik, 874/877
82 Henke, Die Republik, 877

stabilisierende Faktoren werden eine ethisch aufgeladene, inhaltlich neu bestimmte Staatsidee, die Verknüpfung von Amtsethos und Institution und Bürgertugenden angeboten. Gemeinsam ist diesen Ansätzen, daß sie den Staat als das »der Verfassung vorausliegende« sittliche Zentrum situieren und, flankierend, die »Überbetonung des Öffentlichen« kritisieren.[83]

Was die inhaltliche *Staatsidee* angeht, so bleiben die Vorschläge äußerst vage, verweisen entweder auf eine »Substanz«, die bisweilen »in umständlicher Umschreibung« als »freiheitliche demokratische Grundordnung« firmiert[84], oder erheben den Staat zum »Träger des letzten Wortes in Fragen des äußeren Zusammenlebens«[85]. Diese zweite Alternative bewegt sich in der Nähe einer vom Staat als übergeordnetem Gesamt-Subjekt gesetzten Ethik, die Pflichten der Bürger begründet, insbesondere etwa der Verpflichtung zur Mitarbeit an der »bewußten Herbeiführung jener (staatlichen – G.F.) Einheit«, um »ein Stück konkreter und realer Ordnung« zu realisieren.[86] Obgleich sie den Staat nicht als autonomes ethisches Subjekt inthronisiert, gibt sie ihm doch die »inhaltliche Gestaltung der Gesellschaft« und die Bewahrung des »unverlierbaren Erbes des Humanismus« auf.[87] Das mit der Republik verbundene Risiko unsteuerbarer Konflikte mit offenem Ausgang soll der sittliche Staat dadurch bändigen, daß er das »spezifische Humanum« herausbildet und weckt, die Mitglieder der Gesellschaft zum eigenen Urteil und zur vernunftgeleiteten Selbstverwirklichung befähigt und sich, in der Auseinandersetzung mit der sozialen Umwelt, sowohl in den Dienst der individuellen Entfaltung als auch der Gemeinschaft stellt.[88] Unklar bleibt jedoch, wer in welchem Verfahren letzlich die »Haltepunkte, institutionellen Verformungen und normativen Stützen« festlegt, »an denen die allgemeinen geistigen und sittlichen Haltungen, die vorhanden sind, sich festmachen können, öffentliche Relevanz erlangen und gegenüber den individualistisch-funktionalen Bewegungskräften der Erwerbs- und Leistungsgesellschaft Rückhalt und Bestätigung finden«[89].

Die These vom sittlichen Staat läßt zwei Deutungen zu. Zum einen könnte sie als Ausstattung des Staates mit einer höheren Dignität verstanden werden, selbst wenn am Ende der Bürgerschaft anheimgestellt wird, die von den »leitenden Organen« formulierten Fragen und ethischen Angebote anzunehmen

83 Vgl. Henke, Die Republik, 875; Isensee, *Republik*, 8. Siehe auch Schulz-Schaeffer, Die Staatsform der Bundesrepublik Deutschland, 175ff.; Saladin, Verantwortung als Staatsprinzip (1984); Thoma, Das Reich der Demokratie, 186f. Rupp, Die Unterscheidung von Staat und Gesellschaft, HdbStR I, § 28.

84 Isensee, *Republik*, 8.

85 Böckenförde, *Sittlicher Staat*, 14.

86 Schmitt, *Staatsethik*, 145. Kritisch hierzu Stolleis, Staatsethik und Schachtschneider, *Res publica res populi*, 159ff., der allerdings das »Sittengesetz« als »republikanischen Schlüsselbegriff« einführt (259ff.).

87 Böckenförde, *Sittlicher Staat*, 33.

88 Böckenförde, *Sittlicher Staat*, 33.

89 Böckenförde, *Sittlicher Staat*, 35.

oder zurückzuweisen. Zum anderen läßt sich der sittliche Staat als Quelle einer einheitlichen Ethik verstehen. Einer Ethik freilich, für die in einer säkularisierten und radikal pluralistischen Gesellschaft kein Konsens bereit steht. Die These vom sittlichen Staat, wenn sie mehr meint als die Initiative, Verantwortung und Vorbildwirkung politischer Amtsträger,[90] müßte mithin angeben, wie sie verhindern will, daß ihre Staatsethik die horizontale Ebene einer demokratischen Republik transzendiert. Das setzt voraus, daß sie sich vom republikanischen Bürger, dem citoyen eine angemessene Vorstellung macht.[91]

Mit der Idee einer »freiheitlichen demokratischen Grundordnung« als »objektiver Wertordnung« geht die oben angesprochene erste Alternative einen anderen Weg, um den Risiken einer demokratischen Republik auszuweichen. Statt zu einem sittlichen Staat führt dieser zu einer »Verfassungsethik«;[92] statt aus einer Staatsidee wird die substanzielle normative Grundlage des Lebens in Gesellschaft nunmehr aus einer Umdeutung der Verfassung gewonnen. In der Folge treten die Werte einer politischen Ethik und daraus abgeleitete Pflichten gegenüber den Rechten und Verfahren der politischen Willens- und Entscheidungsbildung in den Vordergrund. Diese Substantialisierung der Verfassung läßt sich gleichfalls als Versuch interpretieren, die Vorstellung des Staates als Selbstorganisation der Gesellschaft abzuwehren und die politischen Gefahren einer demokratischen Republik zu bannen.

Ansatzpunkte für die Umdeutung sind zunächst die Bestimmungen, die die Freiheitlichkeit eines politisch verfaßten Gemeinwesens gegenüber den mutmaßlichen »Feinden der Freiheit« verbürgen sollen. So werden insbesondere die Vorkehrungen zur Einschränkung der Vereinigungsfreiheit (Art. 9 II GG), zur Verwirkung von Grundrechten (Art. 18 GG) und zur Erklärung der Verfassungswidrigkeit von Parteien (Art. 21 II GG) interpretatorisch zusammengezogen. Aus der Gesamtschau wird dann eine substanzielle Entscheidung für die »wehrhafte Demokratie« abgeleitet. Wehrhaftigkeit (oder Streitbarkeit) der Demokratie bedeutet freilich nicht eine möglichst ungehinderte öffentliche Auseinandersetzung, sondern begründet eine relativ weit gesteckte Eingriffsbefugnis der Staatsgewalt zur politischen Gefahrenabwehr. Diese transformiert das Grundgesetz in den Äußerungen zur »freiheitlichen demokratischen Grundordnung« tendenziell von der politischen Form und den prozeduralen Grundsätzen einer sich selbst regierenden Gesellschaft zu einem super- bzw. meta-legalen Pflichtenkatalog: Die »streitbare Demokratie« erwar-

90 Vgl. hierzu Stolleis, Staatsethik.

91 »Das großangelegte Handbuch des Staatsrechts, welches Josef Isensee und Paul Kirchhof von 1987 bis 1992 herausgegeben haben, kennt den Bürger nicht. Es kennt Wähler und Grundrechtsträger, also doch nur konstitutionalistische Untertanen der heute parteienstaatlichen Obrigkeit«. Dieses Diktum Schachtschneiders (*Res publica res populi*, IX) trifft mit Einschränkungen auch auf Böckenfördes »sittlichen Staat« zu.

92 Zur Idee einer von der Wertordnungslehre zu unterscheidenden demokratischen »Verfassungsethik« vgl. Hesse, Die normative Kraft der Verfassung und Stolleis, Staatsethik.

tet »von ihren Bürgern eine Verteidigung der freiheitlichen Ordnung« und nimmt »einen Mißbrauch der Grundrechte zum Kampf gegen diese Ordnung nicht (hin)«.[93] Von ihren Beamten erwartet sie die »nicht bloß verbale« Bejahung der vorfindlichen Verfassungsordnung und die Anerkennung des Staates als eines »hohen positiven Wertes«[94]. Hierauf ist bei der Erörterung der öffentlichen Tugenden und Pflichten ausführlich zurückzukommen.

An dieser Stelle ist festzuhalten, daß die Wertordnung dem in der Verfassung erlaubten oder verbotenen Verhalten vorgelagert ist und dieser den Charakter einer grundlegenden, aber revidierbaren Konvention nimmt, die das Zusammenhandeln der Bürgerschaft im Konflikt bestimmt. An ihre Stelle treten vielmehr das Verfassungsgericht als Hüter und der Staat als Vollstrecker dieser Ordnung. Das Staat nimmt in der Rechtsprechung des Bundesverfassungsgerichts bisweilen Züge eines werthaft aufgeladenen Ensembles von Funktionen an, die sich unter dem Schutz der »objektiven Wertordnung« gegen die Ausübung der Freiheit in Anschlag bringen lassen.[95] Wie die ethisierte Staatsidee bricht auch eine »objektive Wertordnung« aus der Horizontalität der Bürgerschaft aus und treibt jene höherstufige Legitimität hervor, die es den politischen Gewalten erleichtern soll, gesellschaftliche Prozesse nach ihrer eigenen, von der Aktivbürgerschaft kaum kontrollierbaren Vorstellung[96] von gesetzlicher Herrschaft zu steuern.

93 BVerfGE 5, 139 (KPD-Verbot); BVerfGE 30, 19f. (Abhör-Gesetz). Zur Kritik: U.K. Preuß, Legalität und Pluralismus; ders., Legalität – Loyalität – Legitimität, 450ff.; Denninger, *Freiheitsordnung* und ders., Verfassungsrechtliche Schlüsselbegriffe, in: ders., Der gebändigte Leviathan, 143ff. und 158ff.; Frankenberg, Angst im Rechtsstaat; Kirchheimer, *Legalität und Legitimität*, in: ders., *Politische Herrschaft*, 7ff. Vgl. auch Schmitt, Legitimität und Legalität, 263ff.

94 BVerfGE 39, 334ff.

95 BVerfGE 39, 1ff./45f.(Ableitung einer Pflicht des Gesetzgebers zum Erlaß von Strafnormen aus der »obj. Wertentscheidung« für den Schutz des werdenden Lebens); 88, 203ff. (Schutzpflicht für das ungeborene Leben verpflichtet Gesetzgeber, Schwangerschaftsabbruch grundsätzlich zu verbieten); BVerfGE 28, 243ff./261 (Einschränkung des Grundrechts auf Kriegsdienstverweigerung zugunsten der »Einrichtung und Funktionsfähigkeit der Bundeswehr«); BVerfGE 48, 127ff./159 und 69, 1ff. (»Verfassungsrechtliche Grundentscheidung für die militärische Landesverteidigung« begründet Pflicht des Gesetzgebers sicherzustellen, daß nur solche Kriegsdienstverweigerer anerkannt werden, bei denen mit hinreichender Sicherheit angenommen werden kann, daß sie die Voraussetzungen des Art. 4 III 1 GG erfüllen); BVerfGE 44, 197ff./202ff. und BVerfG KJ 1979, 321f. (Einschränkung der Meinungsfreiheit durch »Erfordernisse der Truppe« bzw. die Funktionsfähigkeit der Bundeswehr).

96 Am markantesten brachte dies das Bundesverfassungsgericht in seiner ersten Entscheidung zur Strafbarkeit von Abtreibungen (Fristenlösung) zum Ausdruck: Die »Grundentscheidung der Verfassung (die unbedingte Achtung vor dem Leben eines jeden Menschen, auch dem scheinbar sozial ›wertlosen‹, unabdingbar fordert,) bestimmt Gestaltung und Auslegung der gesamten Rechtsordnung. Auch der Gesetzgeber ist ihr gegenüber nicht frei . . . Auch ein allgemeiner Wandel der hierüber in der Bevölkerung herrschenden Anschauungen – falls er überhaupt festzustellen wäre – würde daran nichts ändern können. Das Bundesverfassungsgericht, dem von der Verfassung aufgetragen ist, die Beachtung ihrer grundlegenden Prinzipien durch alle Staatsorgane zu überwachen und gegebenenfalls durchzusetzen, kann seine Entscheidungen nur an diesen Prinzipien orientieren, zu deren Entfaltung es selbst in seiner Rechtsprechung Entscheidendes beigetragen hat.« (BVerfGE 39, 67).

Anders als die Ethisierung von Staat oder Verfassung stehen öffentliche Tugenden auf den ersten Blick mit der Idee der Republik nicht im Widerspruch. Das gilt insbesondere für die besondere Verpflichtung der Regierenden auf die *salus publica.* Die Ethisierung des politischen Amtes kann sich auf eine ehrwürdige, allerdings weitgehend vorrevolutionäre und bereits von Hegel scharf kritisierte[97], republikanische Tradition berufen – den humanistischen Tugenddiskurs. Konstituiert wird demnach eine demokratische Republik zwar durch allgemeine Partizipation, im Lot halten sie jedoch Amtsethos und Bürgertugenden, die sich im Dienst zum »gemeinsamen Besten« verbinden und Kommunalität stiften sollen. Diesen also wird in der Republik die integrative Funktion zugeschrieben, die in einer Monarchie die Ehre und in einer Despotie die Furcht ausübten.[98] Amtsethos und Tugenden der Regierenden einerseits sowie gemeinschaftsorientierte Gesinnung und Bürgertugenden andererseits sollen den gefährlichen »subjektiven Faktor« der an sich unpersönlichen republikanischen Herrschaft korrigieren, der sich in menschlichen Schwächen wie Bestechlichkeit und Eigennutz auf der einen und in politischem Absentismus, Politikverdrossenheit und einem Rückzug ins Private auf der anderen Seite zeigt. Ihnen wird ferner die Aufgabe zugewiesen, der ethischen Austrockung »unseres Zeitalters« nach dem »Zusammenbruch der alten Metaphysik«[99], um im Bilde zu bleiben, mit einem neuen ethischen Bewässerungsprojekt zu begegnen.

Ethische Verpflichtungen von Amtswaltern und Bürgern bedürfen einer gesonderten Betrachtung, da sie zueinander nicht in einem Verhältnis normativer Symmetrie stehen. Eine solche Symmetrie behaupten Verfassungslehrer, meist stillschweigend, wenn sie beide in einem Atemzug als Supplement oder Existenzbedingung einer demokratischen Republik nennen: »Republik bewahrt die Erkenntnis, daß in einer gesetzlichen Ordnung Menschen regieren, und daß es nicht darauf ankommt, sie zu ersetzen, sondern darauf, ihre Macht in Amtsgewalt zu wandeln. Das aber bedeutet nicht Gesetzesherrschaft, sondern ein – begrenztes – menschliches Element im Staat. Mit ihm entsteht auch Raum für persönliche Tugenden sowohl bei den regierenden als auch bei den anderen Bürgern.«[100]

97 » . . . die subjektive, die bloß von der Gesinnung aus regiert, bringt die fürchterlichste Tyrannei mit sich. Sie übt ihre Macht ohne gerichtliche Formen, und die Strafe ist ebenso einfach – der Tod«. Hegel, Vorlesungen über die Philosophie der Geschichte, unter Bezug auf Robbespierres Terror der Tugend (Nachw. bei Münkler, Die Idee der Tugend, 381)
98 Montesquieu, De l'Esprit des lois, III, 5
99 Morstein Marx, Beamtenethos und Verwaltungsethik, 344
100 Henke, Die Republik, 883.

Betrachtet man nun die an die »regierenden und anderen Bürger« adressierten Gebote und Verbote von Handlungen, die Ausdruck öffentlicher Tugenden sein könnten, so ergibt sich im Vergleich eine zusätzliche, in der Verfassungs- und Rechtsordnung nicht vorgesehene Inpflichtnahme der »anderen Bürger«. Wenn nämlich Amtsethos und Beamtenethik[101] letztlich nichts anderes bedeuten als »der treuhänderische Dienst für das Volk, das Verbot der eigennützigen, parteilichen Amtsführung, die Überwindung der privaten und der gesellschaftlich-partikulären Motivation im Ethos der staatlichen Allgemeinheit,«[102] dann ist leicht zu erkennen, daß dieses Ethos den »regierenden (und verwaltenden) Bürgern« ohnehin durch die von ihnen zu leistenden Amtseide aufgegeben ist.[103] So müssen Bundespräsident, Bundeskanzler und Bundesminister gemäß Art. 56, 64 II GG ihre »Kraft dem Wohle des deutschen Volkes widmen, seinen Nutzen mehren und Schaden von ihm wenden«, ihre Amtspflichten »gewissenhaft erfüllen und Gerechtigkeit gegen jedermann üben«. Sie sind ferner verpflichtet, das Grundgesetz und die Gesetze des Bundes zu wahren und zu verteidigen. Wahrung der geltenden Gesetze und gewissenhafte Erfüllung der Amtspflichten müssen auch die Beamten auf ihren Eid nehmen (§ 40 I BRRG, § 58 I BBG). Bei ihnen treten Loyalitäts-, Mäßigungs- und politische Treuepflichten hinzu (Art.33 IV GG, §§ 52 II, 53 BBG). Den einschlägigen Gesetzen sind ferner zahlreiche Bestimmungen zu entnehmen, die das »Verbot der eigennützigen, parteilichen Amtsführung« (§§ 35 I, 36 BRRG, §§ 52 BBG) konkretisieren und die »Überwindung der privaten und der gesellschaftlich-partikulären Motivation« etwa durch das Verbot der Vorteilsannahme (§ 43 BRRG) fördern sollen. Schließlich sieht das Strafgesetzbuch einen ganzen Abschnitt für »Straftaten im Amt« vor (§§ 331ff. StGB), die gravierende Verstöße gegen Amtsethos und Beamtenethik als Delikte definieren und unter Strafe stellen.

Diese kursorische Übersicht läßt erkennen, daß die an die Regierenden adressierten ethischen Postulate richtiger und verantwortlicher Amtsführung weitgehend in Pflichten übersetzt worden sind. Sie konkretisieren deren allgemeine Verpflichtung, dem »gemeinen Besten« zu dienen, und führen alle öffentliche Gewalt auf die Gemeinschaft zurück.[104] Es handelt sich um republikanische Pflichten, soweit deren Referenz die Öffentlichkeit des jeweils ausgeübten Amtes[105] ist. Auf der Seite der regierenden Bürger sind jedoch die

101 Morstein Marx unterscheidet Amtsethos als subjektive Einstellung zum Beruf von der Beamten- bzw. Verwaltungsethik als einem Komplex ergänzender Vertretbarkeitskriterien (Beamtenethos und Verwaltungsethik, 324ff.

102 Isensee, *Republik*, 8.

103 Friesenhahn, Der politische Eid, 41ff.und 83ff.; Morstein Marx, Beamtenethos und Verwaltungsethik, 323ff.

104 Hesse, *Grundzüge*, Rn.120.

105 Zum Amt R. Stettner, Grundfragen der Kompetenzlehre (1983) und Schnapp, Amtsrecht und Beamtenrecht.

Pflichten von politischen Entscheidungsträgern und Beamten zu differenzieren. Denn Beamte stehen in einem öffentlich-rechtlichen Dienst- und Treueverhältnis, das »unter Berücksichtigung der hergebrachten Grundsätze des Berufsbeamtentums« zu regeln ist (Art. 33 IV, V GG). Diese Formulierung signalisiert mit den »hergebrachten Grundsätzen« die Aufnahme vorrepublikanischer Traditionsbestände in das Grundgesetz.[106] Die einschlägigen Bestimmungen in den Beamtengesetzen, wonach sich jeder Beamte »durch sein gesamtes Verhalten zu der freiheitlichen demokratischen Grundordnung bekennen und für deren Erhaltung eintreten« muß[107], lassen sich bei enger Auslegung als Verhaltenspflicht[108] verstehen, die auch in einer demokratisch-republikanischen Verfassung niedergelegt sein könnte. Jedoch »kann in diesem Zusammenhang nicht außer Betracht bleiben, daß die einschlägigen gesetzlichen Regelungen unseres Beamtenrechts auf einer nahezu wortgleichen Übernahme von Formulierungen des nationalsozialistischen Beamtenrechts beruhen, die erst durch das NS-Regime in die Beamtengesetze hineingebracht wurden. Während das Republikschutzgesetz der Weimarer Zeit ausdrücklich und konsequent auf das *Verhalten* der Beamten zugriff, ... findet sich erstmals im NS-Gesetz zur Wiederherstellung des Berufsbeamtentums vom April 1933 ... die Formel, daß der Beamte Gewähr bieten müsse, jederzeit rückhaltlos für den nationalen Staat einzutreten.«[109] 1937 trat an die Stelle des »nationalen« nunmehr der »nationalsozialistische Staat«.[110] Es bleibt ein Geheimnis, warum der republikanische Gesetzgeber es für angemessen hielt, diese Formel zu übernehmen – bei Streichung des Adverbs »rückhaltlos« und bei Auswechslung des Bezugsobjekts der Treuepflicht, »freiheitliche demokratische Grundordnung« statt »nationalsozialistischer Staat«, und warum das BVerfG an der anrüchigen Herkunft der Gewährbiete-Formel keinen Anstoß nahm.

Die Verdrängung dieser Vorgeschichte hat einer Auslegung Vorschub geleistet, die sich in mehreren Schritten von jedem denkbaren demokratisch-republikanischen Kontext entfernt und die Amtspflicht zum Eintreten für die Verfassung mit einer ethisierten Staatsidee verknüpft hat. In einem ersten Schritt verwandeln »ungenaue Interpreten« die Verhaltenspflicht in eine bei der Bewerbung zu beweisende Eigenschaft – die »Verfassungstreue« bzw. »Verfas-

106 Politische Treuepflicht: Brandt, *Politische Treuepflicht* und BVerfGE 39, 334ff./347 m.w.Nachw. Vgl. dagegen BVerfGE 3, 58/116ff.
107 § 52 II BBG (für Bundesbeamte) und § 35 I BRRG (gültig auch für Landesbeamte).
108 Stein, Staatsrecht, § 40 III.
109 Böckenförde, *Sittlicher Staat*, 27f. mit Nachw. der einschlägigen Gesetze.
110 § 26 DBG v. 26.1.1937, RGBl. I, S. 39.

sungsfreundlichkeit«.[111] Die Eigenschaft, kein »Verfassungsfeind« zu sein, ergibt sich für sie, so der zweite Schritt, vor allem aus geäußerten Meinungen und aus politischen Mitgliedschaften, denen die Interpreten Rückschlüsse auf eine verfassungsuntreue Gesinnung entnehmen. Der dritte Schritt führt schließlich zu einer Auswechslung des Bezugspunktes der Verfassungstreue. Statt eines Eintretens für die Verfassung verlangen sie nunmehr die Identifikation mit dem Staat: »Das Entscheidende ist, daß die Treuepflicht gebietet, den Staat und seine geltende Verfassungsordnung ... zu bejahen und dies nicht bloß verbal, sondern insbesondere in der beruflichen Tätigkeit dadurch, daß der Beamte die bestehenden verfassungsrechtlichen und gesetzlichen Vorschriften beachtet und erfüllt und sein Amt aus dem Geist dieser Vorschriften heraus führt. Die politische Treuepflicht – Staats- und Verfassungstreue – fordert mehr als nur eine formal korrekte, im übrigen uninteressierte, kühle, innerlich distanzierte Haltung gegenüber Staat und Verfassung; sie fordert vom Beamten insbesondere, daß er sich eindeutig von Gruppen und Bestrebungen distanziert, die diesen Staat, seine verfassungsmäßigen Organe und die geltende Verfassungsordnung angreifen, bekämpfen und diffamieren. Vom Beamten wird erwartet, daß er diesen Staat und seine Verfassung als einen hohen positiven Wert erkennt und anerkennt, für den einzutreten sich lohnt ... Der Staat – und das heißt hier konkreter, *jede verfassungsmäßige Regierung und die Bürger* – muß sich darauf verlassen können, daß der Beamte in seiner Amtsführung Verantwortung für diesen Staat, für ›seinen‹ Staat zu tragen bereit ist, daß er sich in dem Staat, dem er dienen soll, zu Hause fühlt ...«[112]. Gemeint ist damit der Staat als institutionalisierte öffentliche Gewalt, und zwar so wie er in seiner vorfindlichen Gestalt existiert. Abgesehen von allen gegen diese Entscheidung bereits vorgetragenen Beden-

111 Stein, Staatsrecht, § 40 III: »Zugleich deuten sie das Gebot, jene Beamtenpflicht nicht zu verletzen, in eine Voraussetzung für die Ernennung zum Beamten um: den Besitz jener Eigenschaft der Verfassungstreue. Schließlich kehren sie noch die materielle Beweislast um: Während sonst niemand von einem Bewerber den Nachweis verlangt, daß er seine Beamtenpflichten nicht verletzen wird, soll ein Bewerber bereits ungeeignet als Beamter sein, wenn sich nicht klären läßt, ob Zweifel an seiner Verfassungstreue unbegründet sind.« Hierzu und auch zum folgenden: Denninger, Verfassungstreue und Schutz der Verfassung, 8ff. und Frankenberg, *Staatstreue.*

112 BVerfGE 39, 334/348ff. Zu dieser Problematik: Böckenförde, Verhaltensgewähr oder Gesinnungstreue?, 277ff.; Denninger, Freiheitliche demokratische Grundordnung; Denninger und H.H. Klein, Verfassungstreue und Schutz der Verfassung, VVDStRL 37 (1979), 8ff. und 54ff.; Böckenförde, *Rechtsstaatliche Selbstverteidigung als Problem*; Komitee für Grundrechte und Demokratie, *Ohne Zweifel für den Staat* und Frankenberg, *Staatstreue.*

ken[113], läßt die Ausdehnung der Treuepflicht nicht mehr erkennen, wie diese sich in den Kontext einer demokratischen Republik einfügen könnte. Denn im Lichte dieser auf die Gesinnung durchgreifenden Verpflichtung wird der Staat anstelle der Verfassung zum Bezugspunkt der Treuepflicht. In der »Staatstreue« wird das von der Revolution 1918 beseitigte persönliche »Treueband zum Monarchen«, das Weimarer Verfassung und Grundgesetz durch eine überpersönliche Treuepflicht gegenüber der demokratisch-republikanischen Grundordnung ersetzten[114], re-personalisiert. Ihre ethische Aufladung stellt eine (un)heimliche Korrespondenz zwischen der Treue von »Fürstendienern« bzw. der Treue zum »Führer« und der Treue von Staatsdienern her. Als überragendes ethisches Gebot verstärkt diese nicht das Prinzip demokratischer Legalität und republikanischer Publizität, sondern eine ins Metaphysische aufgespreizte Staatlichkeit. Ob damit eine tragfähige Grundlage für die eingeforderte neue Beamtenethik gewonnen ist, dürfte allein angesichts der scharfen, nicht nur vereinzelten Kritik an dieser Rechtsprechung zu bezweifeln sein.

Im geltenden Recht, so läßt sich folgern, ist das, was bisweilen unter der Flagge öffentlicher Tugend und Amtsethos den Regierenden und Verwaltenden abgefordert werden soll, längst verankert. Was die politische Freiheit von Beamten betrifft, so ist die Rechtsprechung zudem weit über ein republikanisches Amtsethos hinausgegangen und hat die Diener der demokratisch-republikanischen *salus publica* in Staatsdiener verwandelt. Damit ist nicht gesagt, daß für ein republikanisches Amtsethos der Regierenden kein Bedarf sei. Zahlreiche Untersuchungen belegen die Neigung von Angehörigen der politischen Klasse und der »Diener des Staates«, entgegen ihrer Verpflichtung als Repräsentanten oder »civil servants« des ganzen Volkes[115], dessen Wohle sie ihre Kraft widmen[116] sollen, ihren eigenen Nutzen zu mehren und die Politik als Selbstbedienungsladen aufzufassen.[117] Diesen Mißständen ist nur beschränkt mit der Statuierung gesetzlicher Amtspflichten beizukommen. Deren Ergänzung und Unterstützung durch die Maximen einer politischen Ethik wäre daher gewiß wünschenswert. Außerrechtliche Selbstverpflichtungen dieser Art sind freilich angemessener und wirksamer im republikanischen Publizitätsprinzip als in einer ethisierten Staatsidee oder einer konturlosen Amtsethik aufgehoben.

113 Wie vor allem Erfindung des in der Verfassung nicht vorgesehenen Begriffs des »Verfassungsfeindes«, Erosion der Freiheiten politischer Kommunikation zugunsten staatsfunktionaler Erwägungen, Ermächtigung der Exekutive zur Abgabe von politischen Verrufserklärungen, Umwandlung des Auslegungsmonopols des BVerfG hinsichtlich Art. 21 II in ein Feststellungsmonopol (so BAG NJW 1978, 69ff.; BVerwGE 47, 345f.); vgl. dazu m.w.Nachw. Frankenberg, *Staatstreue*.

114 Maunz-Zippelius, *Staatsrecht*, § 37 II 1. Vgl. BVerfGE 3, 58 (G 131).

115 Art. 38 I GG; vgl. auch Art. 21 WRV.

116 Vgl. Art. 56 GG.

117 V. Arnim, Ämterpatronage durch politische Parteien; ders., Abgeordnetenentschädigung und Grundgesetz.

2.4 *Rückgriff auf Bürgertugenden*

Öffentliche Tugenden der Bürger haben im Unterschied zu den Tugenden der »regierenden Bürger« in aller Regel keineswegs nur deklaratorische Bedeutung.[118] Ausnahmen von dieser Regel sind die von Thoma eingeforderte »Gesinnung und tätige Bereitschaft«[119] der Bürgerinnen und Bürger, für das Gemeinwohl einzutreten, und die von Böckenförde postulierten »Grundtugenden menschlichen und bürgerlichen Zusammenlebens«[120]. Über das von Rechts wegen ohnehin Abverlangte dürfte sie schwerlich hinausgehen. Illustrieren läßt sich das einer Bürgerschaft moralisch Abverlangte sowohl an der Bill of Rights von Virginia – »Eine freie Regierung und die Segnungen der Freiheit können einem Volk nur durch strenges Festhalten an den Idealen der Gerechtigkeit, Mäßigung, Enthaltsamkeit, Bescheidenheit und Tugend und durch ein ständiges Besinnen auf die grundlegenden Prinzipien erhalten bleiben« (Sec. 15) – als auch an Art. 163 I WRV: »Jeder Deutsche hat unbeschadet seiner persönlichen Freiheit die sittliche Pflicht, seine geistigen und körperlichen Kräfte so zu betätigen, wie es das Wohl der Gesamtheit erfordert«.[121]

Gleiches läßt sich jedoch nicht von den anderen Bürgertugenden sagen, die im Handbuch des Staatsrechts aufgelistet werden, wie etwa die »Festigkeit im Eintreten für das geltende Recht, bewehrt durch eigene Rechtlichkeit, Mäßigung der eigenen Freiheit und Bereitschaft, sie auch für gemeinsame Ziele einzusetzen, Geltenlassen anderer Ansichten, ohne sie zu verdächtigen oder durch Herausforderung dahin zu bringen, daß sie sich selbst ins Unrecht setzen, und verantwortliches Bedenken der Folgen des eigenen freien Handelns für die anderen und für die Allgemeinheit, kurz: ein Verhalten, das Eingriffe des Staates in eigene oder fremde Freiheit möglichst überflüssig macht.«[122] Tugend wird hier zum Oberbegriff für ein Verhalten, dessen normative Grundlage in der Pflicht zur Mäßigung und Toleranz, zu politischer Loyalität und Verfassungstreue, zu Gesetzesgehorsam und Gemeinsinn liegt, aber Gefahr läuft, als Aufforderung zum politischen Quietismus mißverstanden zu werden.

118 Hesse, der nicht von Tugenden spricht, sieht das republikanische Element gerade in der »Verpflichtung der Regierenden auf die salus publica« (*Grundzüge*, Rn. 118ff).

119 Thoma, Das Reich der Demokratie, 186.

120 Böckenförde, *Sittlicher Staat*, 36.

121 Zu einer republikanischen Sittlichkeit – mit starkem anti-parteienstaatlichen Affekt – vgl. Schachtschneider, *Res publica res populi*, 259ff m.zahl.Nachw., der gegen die Materialisierung des Sittengesetzes (BVerfGE 6, 389/434ff.) sich auf Kants allgemeines Rechtsprinzip beruft. Vgl. hierzu Kant, Metaphysik der Sitten, 337 und Über den Gemeinspruch, 144.

122 Henke, Die Republik, 875; vgl. auch Saladin, Verantwortung als Staatsprinzip.

Eine naheliegende Frage ist, ob und inwieweit sich diese ethischen Tugend-Pflichten mit dem *rechtlichen* Pflichtenstatus der Bürger decken. Die auf die Gemeinschaft bzw. das politische Gemeinwesen bezogenen Pflichten weisen das Grundgesetz als eine in dieser Hinsicht vergleichsweise[123] zurückhaltende Verfassung aus, die den Aktivbürgern keine öffentlichen Tugenden, etwa eine gemeinschaftsfördernde innere Einstellung oder Verfassungspatrotismus abverlangt. Von der Treue zur Verfassung ist allein in Art. 5 III GG die Rede, hier bezogen auf die Freiheit der Lehre. Auf ein Treueverhältnis spielt ferner Art. 33 IV GG an, der jedoch nur die Angehörigen des öffentlichen Dienstes im Auge hat. Daraus zu folgern, daß die übrige Bürgerschaft daher keinen verfassungsmäßigen Gehorsam schulde, wäre freilich ein Kurzschluß. Denn bereits die Regelungen, die die »Abwehrbereitschaft« der »wehrhaften bzw. streitbaren Demokratie« – oder weniger militant und textnäher: der »freiheitlichen demokratischen Grundordnung« (Art. 18 und 21 II GG) bzw. der »verfassungsmäßigen Ordnung« (Art.9 II und 20 III,IV GG) – signalisieren,[124] lassen erkennen, daß das äußere Verhalten verfassungskonform sein muß. Zwar sind die Konturen der Pflicht zu verfassungstreuem *Verhalten* unbestimmt[125], doch steht außer Zweifel, daß von den Bürgerinnen und Bürgern jedenfalls keine grundgesetzkonforme *innere Einstellung* abverlangt wird.[126]
Eine Ausnahme stellen insofern Ansätze dar, die politische Treuepflicht in die Sphäre der Gesinnung zu verlängern. Der sogenannte Radikalenerlaß von 1972, dessen Einschüchterungseffekte weit in das Vorfeld von Meinungsäußerungen wirkten, wurde zwar vom Bundesverfassungsgericht, wie er-

123 Zu den Ausnahmen vgl. etwa die Präambel der HambgVerf (»Jedermann hat die sittliche Pflicht, für das Wohl des Ganzen zu wirken.«); die Landesverfassungen von Bayern, Hessen und Rheinland-Pfalz (Art.20ff.) sowie den Zweiten Hauptteil der Weimarer Verfassung »Grundrechte und Grundpflichten der Deutschen«, insbes. die Art. 133 (Persönliche Dienste, Wehrpflicht), 134 (Beitrag zu öffentlichen Lasten), 145 (Schulpflicht), 153 III (»Eigentum verpflichtet. Sein Gebrauch soll zugleich Dienst sein für das Gemeine Beste.«), 155 III (Pflichten der Grundbesitzer gegenüber der Gemeinschaft), 163 I (»sittliche Pflicht, seine geistigen und körperlichen Kräfte so zu betätigen, wie es das Wohl der Gesamtheit erfordert«). Dazu Thoma, Das System der subjektiven öffentlichen Rechte und Pflichten. – Vgl. auch DDRVerf von 1949: Art. 3 II (polit. Mitgestaltungspflicht), 22 I und 24 (»soziale Pflichten <des Eigentums> gegenüber der Gemeinschaft«), 31 (Erziehung der Kinder als »oberste Pflicht <der Eltern> gegenüber der Gesellschaft«) und 38 (Schulpflicht).

124 Hierzu gehören auch die Schranken der Meinungsfreiheit (Pieroth/Schlink, *Grundrechte*, 154ff. und vor allem BVerfGE 7, 198/209f.) sowie das Gebot, sich »friedlich und ohne Waffen zu versammeln« (Art.8 I GG; vgl. auch §§ 5 Nr.3, 13 I Nr.2 VersammlG). Dazu BVerfGE 73, 206/249 und BVerfGE 69, 315ff. (Brokdorf); Pieroth/Schlink, *Grundrechte*, 184ff. m.w. Nachw.

125 S. dazu die Kommentarliteratur und Rechtsprechung vor allem zur Meinungs- und Versammlungsfreiheit, Hoffmann-Riem, AK-GG, Art. 8 Rn. 15ff.

126 Faber, Innere Geistesfreiheit und suggestive Beeinflussung 1968 (innere Geistesfreiheit); Ridder, Meinungsfreiheit, in: Grundrechte II, 243ff./245 (Denk-, Entschluß- und Urteilsfreiheit); Scholz,in: MD, Art.5, Rn. 8 (Denkfreiheit); Hoffmann-Riem, AK-GG, Art.5, Rn.16 (Willensbildungsfreiheit); Böckenförde, Verhaltensgewähr oder Gesinnungstreue?.

wähnt, in einer problematischen Entscheidung[127] im Prinzip gebilligt, jedoch, wie oben ausgeführt, auf den öffentlichen Dienst bezogen und nicht als allgemeine Bürgerpflicht ausgelegt.[128] Anderen Entscheidungen des BVerfG ist im Unterschied zur Rechtsprechung einiger Verwaltungsgerichte zu entnehmen, daß jedenfalls ein aktiver Verfassungsschutz und Staatstreue, die sich in der Gesinnung äußert, von »anderen Bürgern« nicht verlangt wird.[129] Abgesehen von den praktischen Problemen, eine solche Gesinnung tatsächlich und prognostisch festzustellen, und von den verheerenden Folgen solcher Gesinnungskontrollen, läßt sich eine so weit gefaßte Treuepflicht jedenfalls lege artis nicht dem Grundgesetz entnehmen. Es sei nur daran erinnert, daß nicht einmal der vergleichsweise zurückhaltende Art. 19 des Herrenchiemseer Entwurfs »Jeder hat die Pflicht der Treue gegen die Verfassung und hat Verfassung und Gesetz zu achten und zu befolgen.«[130] in den endgültigen Verfassungstext aufgenommen wurde. Zudem verbürgt das Grundgesetz ausdrücklich die Gewissensfreiheit (Art.4 I) und mit der Meinungsfreiheit (Art. 5 I) nach ganz herrschender Auffassung auch die Denkfreiheit. Ferner gebietet der Gleichheitsgrundsatz, die Differenz zwischen Bürgern und Beamten auch in differenzielle Anforderungen an die Verfassungstreue zu übersetzen.[131]

Von der Idee einer umfassenden Bürgertugend sind auch die anderen in der Verfassung geregelten, am Gemeinwohl orientierten Pflichten weit entfernt. Einen Gemeinschaftsbezug enthalten die Pflicht der Eltern, ihre Kinder zu erziehen (Art. 6 II GG), die enggefaßte Pflicht zur Arbeitsleistung besonders zur Abwehr gemeiner Gefahr oder die Wehr- bzw. Zivildienstpflicht (Art. 12 II, 12a GG) wie auch die Sozialpflichtigkeit des Eigentums (Art. 14 II).[132] Darüberhinaus verweist das Grundgesetz generell auf »staatsbürgerliche Pflichten« (Art. 33 I GG), worunter man etwa die Steuerpflicht und die Übernahme

127 Vgl. den umstrittenen Radikalenbeschluß des BVerfGE 39, 334ff.

128 BVerfGE 39, 343ff./348f.

129 BVerfGE 63, 282ff. Zur Debatte über Inhalt und Umfang der Verfassungstreue: Böckenförde u.a., *Extremisten und öffentlicher Dienst*; Doehring u.a., Verfassungstreue und öffentlicher Dienst; Stern, Zur Verfassungstreue der Beamten; Frankenberg, *Staatstreue*; Schlink, *Zwischen Identifikation und Distanz*; Blanke/Frankenberg, Zur Kritik und Praxis des »Radikalenerlasses«; Th. Blanke, *Die Radikalisierung der Radikalenverfolgung*, 95ff.; v. Brünneck, *Treuepflicht des Beamten*, 11ff.; Komitee f. Grundrechte und Demokratie, *Ohne Zweifel für den Staat*; Denninger, Freiheitliche demokratische Grundordnung II, 487ff.; Koschnick, Der Abschied vom Extremistenbeschluß; Jesse, Streitbare Demokratie und Berufsverbote und Leggewie/Meier, *Republikschutz*, 120ff.

130 Nachw. bei Maunz/Zippelius, Staatsrecht, 174.

131 Konturen dieser Differenz deuten sich an, wenn man die politischen Verhaltensanforderungen für Bürger (Art. 8 I, 18, 9 II, 21 II GG) einerseits und Beamten andererseits in Art. 33 IV, V GG iVm den Bestimmungen des Beamtenrechts vergleicht.

132 Sozialbindung wird im BVerfG in erster Linie als »Richtschnur für den Gesetzgeber«, in zweiter Linie als »Anweisung an das konkrete Verhalten der Eigentümer« verstanden (E 38, 348/370; 68, 361/368).

von Ehrenämtern verstehen mag.[133] Im übrigen markiert die Respektierung der Rechte anderer, insbesondere ihrer Freiheit, ihrer körperlichen und psychischen Integrität das Zentrum, wenngleich nicht die Grenzen[134] bürgerlicher (Selbst-)Verpflichtung. Hieraus und aus dem Gebot der Friedlichkeit von Versammlungen (Art.8 I GG) läßt sich schließlich die Verpflichtung entnehmen, eigene Interessen und Ziele ohne Gewalt durchzusetzen.

Welchen Sinn hat also die Erfindung weiterer, über diese Bürgerpflichten hinausgehender »öffentlicher Tugenden«? Sie reagieren auf das »auf sich selbst beschränkte Individuum«[135] und seine Isolierung in einer Gesellschaft, die »zunehmend vom Ellenbogengebrauch und der ökonomisch-egoistischen Maxime geprägt« wird, »mit wenig Einsatz ein Höchstmaß an finanziellem Ertrag zu erreichen«.[136] Sie thematisieren damit die prekäre soziale Integration moderner Gesellschaften, die sogleich erörtert wird.[137] An dieser Stelle ist zunächst nur von Interesse, in welcher Weise Tugenlehren dem republikanischen Prinzip ausweichen. Sie fordern mehr ein als Gehorsam gegenüber Recht und Verfassung, wenn von ihnen gesagt wird, daß sie sich zum »Bürgerethos« verbinden und ein »sittliches Äquivalent« der Bürgerfreiheit bilden.[138] Dieses Mehr ist das Gegenteil zu einer »Ethik der Einmischung«, die sich am »Leitbild der Mündigkeit« orientiert.[139] Es fragt sich ferner, welchen verfassungsrechtlichen Status ein solches sittliches Äquivalent haben kann. Die Vermutung liegt nahe, daß es nicht nur die selbstverständliche Feststellung betont, daß ein »freiheitliches Gemeinwesen von den politischen und sozialen Tugenden seiner Bürger«[140] oder genauer: davon lebt, daß die Bürger im Zusammenhandeln für die Grundsätze ihrer grundlegenden Konvention eintreten. Für öffentliche Tugenden, so das Argument derjenigen, die sie heute rehabilitieren möchten, habe auch die moderne Republik Bedarf zur notwendigen Ergänzung des Rechtsstaatsprinzips. Ist damit nur die bloße extralegale Aufforderung bzw. Selbstverpflichtung einer Bürgerschaft angesprochen, verstehen sich diese »Tugenden« – wie im übrigen auch eine republikanische Amtsethik – als Antwort auf das Problem, die von einer demokratischen Republik geforderten, durch diese aber nicht selbst herzustellenden Voraussetzungen mit Hilfe der politischen Ethik zu produzieren.

Auffällig werden Tugenden jedoch, wenn sie als *Pflichten* in die Sprache des

133 Bei großzügiger Interpretation ließ sich bis zur Vereinigung auch die an das »gesamte deutsche Volk« gerichtete Aufforderung, »in freier Selbstbestimmung die Einheit und Freiheit Deutschlands zu vollenden«, als Gemeinschaftspflicht aller Bürger verstehen.

134 Hierzu wären die allgemeinen Gesetze, vor allem das StGB näher zu betrachten.

135 Marx, Zur Judenfrage I, passim.

136 Böckenförde, *Sittlicher Staat*, 36.

137 Siehe Abschnitt 5. in diesem Kapitel.

138 Isensee, *Freiheit ohne Pflichten?*, passim und ders., *Republik*, 8. Vgl. auch ders., *Grundrechtliche Freiheit*.

139 Stolleis, Staatsethik.

140 Hofmann, *Grundpflichten*, 44.

Rechts übersetzt und Verstöße gegen sie rechtlich sanktioniert werden. Eben darauf läßt die These schließen, es gehe nunmehr darum, die »Asymmetrie von Grundrechten und Grundpflichten«[141] in einer demokratischen Republik zu korrigieren. Bürgertugenden, in dieser Weise ernstgenommen, führen zu einer tiefgreifenden und folgenreichen Umwertung, die das Verhältnis von Rechten und Pflichten auf den Kopf stellt. Wie im klassischen Tugenddiskurs sollen sich nunmehr die Rechte der Bürger aus ihren Pflichten ableiten. Ethische Grundpflichten werden zum eigentlichen Inhalt der grundrechtlichen »Hülsen« aufgewertet.[142] Das Ergebnis wäre eine in spezifischer Weise vor allen öffentlichen Debatten und vor dem Beginn demokratischer Prozesse autoritär »geordnete Freiheit«[143].

3. *Die Aktualität der demokratischen Republik*

Gegen die Re-Ethisierung des Staates und der Verfassung, die Wiederbelegung einer vagen Amtsethik und von Bürgertugenden, die sich gegen Grundrechte in Anschlag bringen lassen, soll im folgenden die Aktualität der Republik ohne Rückgriff auf den Tugenddiskurs begründet werden. Die Überlegungen konzentrieren sich dabei auf das republikanische Prinzip im Kontext demokratischer Verfassungen, nicht auf Republik schlechthin,[144] da diese in modernen Gesellschaften nur als Verwirklichung der Einwirkung einer Gesellschaft auf sich selbst aktuell ist.[145]

3.1 *Ansätze in der Verfassungslehre*

Sucht man nach Verfassungslehren, die der Entwertung der republikanischen Idee nicht ohne weiteres nachgeben und das republikanische Prinzip nicht umgehen, so ist die Position des Weimarer Staatsrechtlers Thoma in zweifacher Hinsicht aufschlußreich. In seiner Studie »Das Reich als Demokratie« rekapituliert er zunächst das überkommene Verständnis: »Republik bedeutet Verneinung aller erbmonarchischen oder auch lebenslänglich unabsetzbaren monarchischen (durch Wahl oder Kooptation übertragenen) Herschaftsgewalt

141 Hofmann, *Grundpflichten* 49 und 54, der die Asymmetrie konstatiert, aber nicht wie Isensee korrigieren will.
142 Vgl. Münkler, Die Idee der Tugend, 384.
143 Henke, Die Republik, 880.
144 So aber Schachtschneider, *Res publica res populi*, passim.
145 So auch Hübner, *Staatsform der Republik*, 15.

einer Einzelperson.«[146] Andere Autoren charakterisieren die demokratische Republik ganz ähnlich als verantwortliche, absetzbare, »antastbare«, nicht von Gottes Gnaden berufene Herrschaft: » . . . die Republik kennt keinen *Herrn*, dem ein eigenes Recht darauf zustünde, den Staat zu beherrschen, d.h. sie negiert ein *Vorrecht* irgend jemandes zu herrschen«.[147] Thoma fährt an der zitierten Textstelle fort: »Der positive und ursprüngliche Sinn des Wortes begreift den Staat als eine res publica, als ein Gemeinwesen, an dem alle Bürger teilhaben, in dem jede Herrschaft zum Dienst an den Gliedern, jedes Glied zum Dienst am Ganzen verbunden gilt. Republik in diesem Sinne macht den Untertan zum Bürger und verpflichtet und berechtigt ihn zu der Gesinnung und zur tätigen Bereitschaft, die Friedrich Naumann in die Worte gekleidet hat: ›Der Staat, das sind wir.‹«[148] Hier ist Republik nicht nur als legitimatorisches Prinzip, sondern darüberhinaus als Prinzip der sozialen Integration angesprochen.

Beide Bedeutungskomponenten lassen sich auch in der zeitgenössischen Verfassungslehre auffinden; die zweite allerdings nur vereinzelt.[149] Hesse konstatiert zunächst einen »Rückgang der Bedeutung der republikanischen Staatsform«, den er auf einen Vergleich der Art. 1 WRV einerseits und der Art. 20 I, 28 I GG andererseits stützt. Dem ist zuzugeben, daß keine dem Satz »Das Deutsche Reich ist eine Republik« entsprechende Aussage im Grundgesetz vorkommt, immerhin aber mehrfach die Bezeichnung »Bundesrepublik Deutschland«.[150] Dem negatorischen bzw. antimonarchischen Verständnis kann ferner die republikanische Staatsform »unproblematisch« erscheinen, soweit sie sich weder gegenüber einer bedrohlich unvollendeten monarchischen Vergangenheit noch gegenüber der Präsenz eines benachbarten despotischen Regimes absetzen muß.[151]

Gleichwohl behält die Republik als »Ausschluß jeder Regierungsgewalt aus eigenem Recht«[152] eine mehr als nur zeremonielle Bedeutung. Diese wird von Hesse dadurch verstärkt, daß er auf den weiteren Begriff rekurriert. Danach bezeichnet Republik das »gemeine Wesen«, »in dem alle öffentliche Gewalt auf die Gemeinschaft zurückzuführen und dem ›gemeinen Besten‹ zu dienen verpflichtet ist, in dem nach der Formel Kants ›die freien Menschen und gleichen Untertanen auch Bürger sind‹, die keinen anderen als den verfassungs- und gesetzmäßigen Gehorsam schulden und denen öffentliche Rechte, beson-

146 Thoma, Das Reich der Demokratie, 186.
147 Bernatzik, Republik und Monarchie, 4ff./34; vgl. auch Jellinek, *System*, 155f.
148 Thoma, Das Reich der Demokratie, in: Anschütz/Thoma, HdbDStR I (1930), 186f.
149 Vgl. Hesse, *Grundzüge*, Rn.117ff. und Henke, Die Republik, 867ff. und Schachtschneider, *Res publica res populi*, 234ff. und 1177ff.
150 In der Bezeichnung der vorläufigen Verfassung als »Grundgesetz der Bundesrepublik Deutschland« (Präambel) und in Art. 20 I GG.
151 Das dürfte insbesondere für die Zeit nach dem Zusammenbruch der realsozialistischen »Volksrepubliken« gelten.
152 Hesse, *Grundzüge*, Rn.119.

ders das der Mitwirkung bei der Gesetzgebung zukommen«[153]. Hiermit wäre ein Ansatz gewonnen, die Auslassung der Republik bei der verfassungsrichterlichen Definition der »freiheitlichen demokratischen Grundordnung« zu rügen und die Ausuferung politischer Mäßigungs- und Loyalitätspflichten zurückzuweisen. Diesen Schritt geht Hesse jedoch nicht, da er den Aktivbürgerstatus nicht weiter entfaltet, sich vielmehr mit der Feststellung begnügt, daß sich die republikanischen Inhalte mit denen der Demokratie und des Rechtsstaats überschneiden, »mit denen sie sich geschichtlich verbunden haben und in die sie heute weithin eingegangen sind«.[154] Das »Weithin« signalisiert immerhin einen Bedeutungsrest, zu dem Hesse schweigt. Am Ende erschöpft sich die aktuelle Bedeutung des republikanischen Elements bei ihm in »der Verpflichtung der Regierenden auf die salus publica«.[155]

3.2 *Das Grundgesetz als republikanische Verfassung*

Das Grundgesetz ist weniger schweigsam. Eine Reihe von Bestimmungen lassen sich als Konkretisierungen des republikanischen Prinzips lesen. Grundlage des »öffentlichen Rechts« aller politischen Herrschaft ist, wie ausgeführt, die Volkssouveränität (Art. 20 II 1), die allerdings die Bedeutung der republikanischen Idee nicht ausschöpft.[156] Das Bekenntnis »zu unverletzlichen und unveräußerlichen Menschenrechten als Grundlage jeder menschlichen Gemeinschaft« (Art. 1 II) und die Bindung der Gesetzgebung an die Menschenrechte (Art. 1 III) haben republikanische Konnotationen. Mögliche Zweifel, ob mit Gesetzgeber auch der Verfassungsgesetzgeber gemeint ist, zerstreut die »Ewigkeitsklausel« des Art. 79 III jedenfalls insofern, als sie den »materiellen Kern des Grundgesetzes«, die »in den Art. 1 und 20 niedergelegten Grundsätze« dem Zugriff auch des verfassungsändernden Gesetzgebers entziehen will. Der Handlungs- und Entscheidungsspielraum des Souveräns soll hiermit unter anderem zugunsten des Schutzes der Menschenwürde und der Grundrechtsbindung der staatlichen Gewalten eingeschränkt werden.[157] Ganz überwiegend folgert die Verfassungslehre hieraus, daß die Volkssouveränität nicht nur vor der Beseitigung des Grundgesetzes als Ganzem, sondern bereits

153 Hesse, *Grundzüge*, Rn.120.
154 Hesse, *Grundzüge*, Rn.120.
155 Hesse, *Grundzüge*, ebd.
156 Andernfalls hätten die Hinweise auf die Republik in Art. 28 GG und in einigen Verf. der Bundesländer nur mehr deklaratorische Bedeutung; vgl. Art. 60 SaarlVerf (»freiheitliche Demokratie«), Art. 23 I BWVerf und Art. 1 NdsVerf (»republikanischer, demokratischer und sozialer Rechtsstaat«); Art. 1 BayVerf (»Bayern ist ein Freistaat.«); Präambel der HessVerf (»Gliedstaat der Deutschen Republik«) und Präambel BWVerf, Art. 1 I NRW-Verf, Art. 1 SchlHVerf (»Glied der Bundesrepublik«).
157 Stein, Staatsrecht, § 18 III; Hesse, *Grundzüge*, 261 f.; Ehmke, Grenzen der Verfassungsänderung, 99f.

vor der »Identität der geschichtlich-konkreten Ordnung« endet, »die das Grundgesetz begründet«.[158] Für diese Identität sind die Menschenrechte, auch das ist unbestritten, schlechthin konstitutiv.

So nützlich die »Ewigkeitsklausel« als Indiz für eine Kantische Republikkonzeption sein mag, so problematisch erweist sie sich, wenn sie andererseits ein wenig republikanisches Verfassungsverständnis begründet, »das von einer rangmäßigen Überordnung der Verfassung und der in ihr niedergelegten Wertentscheidungen (so das BVerfG) über den Willen des demokratischen Souveräns, wie er in Parlamentsentscheidungen sich manifestiert, und über die allgemein in der Bevölkerung herrschende Anschauungen ausgeht«.[159] In der Konstruktion einer die Verfassung überwölbenden Wertordnung tritt deren Charakter als »grundlegende Konvention« bzw. als »›Spielregel‹-Rahmen für die freie politische Auseinandersetzung um das ›Gemeinwohl‹ . . . immer stärker zurück«.[160] Die Stelle des Souveräns nehmen nunmehr tendenziell die Verfassung als objektive Wertordnung und das Verfassungsgericht als ihr Hüter ein. Diese Wertordnung, bisweilen auch als »freiheitliche demokratische Grundordnung« oder »verfassungsmäßige Ordnung« (Art. 20 III) bezeichnet, transzendiert sowohl die Ebene republikanischer Publizität, soweit ihre Definition nicht mehr öffentlich zur Debatte steht, als auch die Ebene demokratischer Legalität, soweit sie Mehrheitsbeschlüsse von der Übereinstimmung mit eben dieser höheren Legitimität abhängig macht.

Im Unterschied zur dieser Weise, das »öffentliche Recht« politischer Herrschaft zu begründen, hält sich der Text des Grundgesetzes hinsichtlich deren Einrichtung und Ausübung strikter an die republikanische Idee.[161] Der praktischen Notwendigkeit einer Regierung trägt es dadurch Rechnung, daß es öffentliche Ämter vorsieht[162], deren Inhaber auf Zeit eingesetzt werden.[163] Die Einsetzung geschieht durch periodische Wahlen.[164] Für das Republikverständnis des Grundgesetzes besonders aufschlußreich ist der Ausschluß der Wiederwahl des Bundespräsidenten nach der zweiten Amtsperiode (Art. 54 II 2 GG). Dieser soll auch nicht durch Wahlakte die Stellung eines demokratischen »Erbmonarchen« erlangen. Die gewählten Amtswalter sind an

158 Hesse, *Grundzüge*, 262; vgl. BVerfGE 30, 1/25.
159 Denninger, AK-GG, Art. 1 Abs. 2,3, Rn. 17 unter Verweis auf BVerfGE 39, 1ff/67.
160 Denninger, AK-GG, Art. 1 Abs. 2,3 Rn. 17.
161 Dazu Henke, Die Republik, 878f.
162 Art.20 II GG spricht von »besonderen Organen der Gesetzgebung, der vollziehenden Gewalt und der Rechtsprechung«. Ämter betreffen die Ausübung der Regierungsgewalt. Vgl. auch Art. 33 II, III zum Begriff des »öffentlichen Amtes«. Dazu Hesse, *Grundzüge*, Rn. 437.
163 Insbesondere Art. 38, 39, 54, 63, 69 II GG. Vgl. auch Art. 94 GG iVm § 4 BVerfGG zur Amtsperiode der Richter des Bundesverfassungsgerichts.
164 Art. 38, 39 GG. Dem entspricht auch die Verfassung dieser Organe; vgl. Art. 40 GG für den Bundestag und Art. 94 iVm §§ 4 ff. BVerfGG für das Bundesverfassungsgericht.

Verfassung, Gesetz und Recht gebunden[165]. Die Publizität der Amtsausübung wird einmal dadurch bekräftigt, daß die an der Gesetzgebung beteiligten Organe und die von ihnen gebildeten Ausschüsse grundsätzlich gehalten sind, öffentlich zu verhandeln,[166] und zum anderen dadurch, daß die Geltung von Gesetzen und Rechtsverordnungen davon abhängig ist, daß sie im Bundesgesetzblatt verkündet werden. Das gilt auch für die Entscheidungen des Verfassungsgerichts.[167] Die besondere Bedeutung des Publizitätsprinzips läßt sich daraus ersehen, daß Ausnahmen entweder ausdrücklich geregelt sind und in aller Regel nur aufgrund eines qualifizierten Mehrheitsbeschlusses zugelassen werden und/oder einer besonderen Begründung bedürfen.[168]
Wenn man das für eine Republik konstitutive Element der Publizität der Einrichtung von Regierungsämtern und der Bestellung ihrer Inhaber nicht überliest oder umstandslos in der Demokratie aufgehen läßt,[169] kann schwerlich gesagt werden, das republikanische Prinzip des Grundgesetzes sei restlos »in andere Prinzipien eingegangen«[170] oder gar obsolet. An vielen Stellen betont das Grundgesetz die Publizität, die die politische Entscheidungsbildung »nicht im Dunkeln der Abmachungen und Entschlüsse von unkontrollierten Machthabern« läßt, sondern »prinzipiell in das Licht der Öffentlichkeit« rückt.[171] Republikanische Publizität bleibt mithin auch in einer politischen Ordnung aktuell, die über das monarchische Prinzip endgültig (?) triumphiert hat, und in der alle öffentliche Gewalt in Wahlen und Abstimmungen konstituiert und durch besondere Organe ausgeübt werden soll.

4. *Republik als Modus der Begründung politischer Autorität*

Mit republikanischen Ansätzen in der Verfassungslehre und Indizien im Grundgesetz, die über das negatorische Republikverständnis hinausweisen, läßt sich bestenfalls die dogmatische Blickverengung korrigieren. Die Aktua-

165 Art. 1 III, 20 III GG. Die Pflicht zur Wahrung des Grundgesetzes ergibt sich auch aus dem Amtseid, vgl. Art. 56, 64 II GG.
166 Art. 42 I, 44 I, 52 III 3 GG.
167 Art. 82 GG; §§ 30f. BVerfGG.
168 Siehe Art. 42 I 2 (Nichtöffentlichkeit von Sitzungen des Bundestages); Art. 44 I 2, II GG (Nichtöffentlichkeit von Verhandlungen eines Untersuchungsausschusses); Art. 44 II 2 (Schutz des Brief-, Post- und Fernmeldegeheimnisses) und § 22 III GeschOBReg (Vertraulichkeit der Sitzungen der Bundesregierung).
169 So Hesse, *Grundzüge*, Rn. 138, dessen Ausführungen zum Prinzip der Publizität aber nahelegen, es der Republik zuzuordnen. Zur Bedeutung der Öffentlichkeit vgl. Habermas, Strukturwandel der Öffentlichkeit; Preuß, Zum staatsrechtlichen Begriff des Öffentlichen, 161ff.; Scheuner, Pressefreiheit; Kloepfer, Öffentliche Meinung, Massenmedien.
170 Stern, Staatsrecht I, § 17 I.
171 Hesse, *Grundzüge*, Rn. 138.

lität der Republik bedarf, zumal im Verhältnis zur Demokratie, einer genaueren Bestimmung. Stichworte dazu, die im folgenden erläutert werden, sind: Horizontalität, Publizität und Immanenz.
Mit *Horizontalität* ist die Frage angesprochen, wer kraft welchen Rechts herrschen soll, und in welchem Verhältnis Aktivbürger und politische Entscheidungsträger zueinander stehen. Die Republik antwortet hierauf nicht allein mit der Absage an die Monarchie als »Staatsform« oder an das monarchische »Staatsoberhaupt«, sondern schließt jede metaphysische Legitimation politischer Herrschaft aus. Dabei macht es keinen Unterschied, ob sie von einer Einzelperson, einer Dynastie oder Gruppe unter Berufung auf Gottes Gnade, eine heilige Tradition oder eine Ideologie gerechtfertigt und ausgeübt wird. Denn diesen Formen politischer Herrschaft ist gemeinsam, daß sich ihre Inhaber auf ein »eigenes Recht«[172] berufen. Ein solches privates Recht will die Selbstregierung in Gestalt der Republik gerade ausschließen. Sie ist im Unterschied allen transzendent legitimierten Formen von Herrschaft eine politische Veranstaltung handlungsmächtiger Akteure, die sich auf gleicher Ebene gegenübertreten. Aus dieser Horizontalität wird auch das republikanische »Staatsoberhaupt« nicht entlassen; es bedarf eines diesseitigen, vom Willen der Bürgerschaft abgeleiteten und zu erneuernden Mandats. Nichts Anderes besagt auch die Kantische Idee von der Verwandlung der Staatsuntertanen in Staatsbürger und des Staatsoberhaupts in einen Rechtsgenossen.[173] Die republikanische Legitimation politischer Autorität läßt sich ebenso mit Rousseaus These kennzeichnen, daß »souveräne Macht . . . die Grenzen der allgemeinverbindlichen Konventionen nicht überschreiten kann«[174]. Konventionell begründete politische Autorität, sei es in Gestalt einer Verfassung, sei es in Gestalt allgemeiner, für alle in gleicher Weise verbindlicher Parlamentsgesetze, widerspricht einem Verständnis, das die »Obrigkeit« als »Staatseigentümer« (Kant) und Regierungsgewalt als Eigentum der jeweils Regierenden begreift, um das Mandat zu verewigen und die symbolisch leere Stelle der Macht kraft höheren Rechts zu besetzen.
Republik enthält darüberhinaus die Selbstverpflichtung einer Gesellschaft zur Schaffung und Offenhaltung eines öffentlichen Raumes, in dem unterschiedliche Meinungen und Interessen in Erscheinung treten und zur Geltung kommen können. Diese Verpflichtung zur *Publizität* ist gegenüber der Aufgabe demokratischer Selbstregierung nach dem Modus der Mehrheitsregel vorgängig.

172 Hesse, *Grundzüge*, ebd.; Henke, Verfassungsprinzip der Republik, 251.
173 Kant, Zum ewigen Frieden, 209.
174 Rousseau, Contrat Social (1762), 53.

4.1 *Horizontalität republikanischer Herrschaft: Volkssouveränität und Menschenrechte*

Wenn Regierungsgewalt abgeleitet oder delegiert sein soll, bleibt zu klären,[175] wer sie letztlich konstituiert. Die modernen Verfassungen beantworten diese Frage nahezu durchgängig[176] damit, daß alle öffentliche Autorität, genannt: Staatsgewalt, vom Volke (oder der Nation) ausgehe. Dieses soll über die Einrichtung der politischen Ämter und die Bestellung der Personen, die sie nach Maßgabe der machtbegrenzenden und gewaltenteilenden Verfassung ausüben, entscheiden. Ihrem Wortlaut nach ergreifen die Konstitutionen zunächst Partei für die Auffassung, die in der Volkssouveränität[177] das autorisierende Prinzip sieht. Mit der Verbürgung von Menschen- und Bürgerrechten und der Teilung der politischen Gewalten errichten sie aber zugleich Grenzen für jede Amtsausübung. Die Grundrechte und von diesen insbesondere die Menschenrechte begründen einerseits das »rechtliche Können« der Aktivbürgerschaft, statuieren andererseits an die öffentliche Gewalt adressierte, negative Kompetenzen.[178] Volkssouveränität und Menschenrechte treten damit in ein bis heute weder von der Verfassungstheorie noch im Verfassungsrecht befriedigend gelöstes Spannungsverhältnis.[179] Begreift man Volkssouveränität als uneingeschränktes letztes Prinzip, so hätte es das Volk in der Hand, unter Berufung auf seine Souveränität auch die Menschenrechte abzuschaffen. Nehmen demgegenüber die Menschenrechte eine Vorrangstellung ein, so begrenzen diese zwangsläufig die Volkssouveränität und lassen es fraglich erscheinen, ob es angemessen ist, von einem souveränen, durch nichts beschränkten Volk zu reden.

Vor allem die dem Liberalismus zuzuordnenden Verfassungstheorien geben zu erkennen, daß sie die Volkssouveränität entweder von vornherein einschränken oder aber mit den Menschenrechten in ein letztere betonendes Ver-

175 Der theoretische Streit betrifft vor allem das Verhältnis von Volkssouveränität und Menschenrechten zur Idee der Selbstgesetzgebung und kommt in unterschiedlichen Interpretationen dieser Idee bei Rousseau und Kant zum Ausdruck. Vgl. zuletzt Habermas, Faktizität und Geltung, Kap. III und Maus, Von der Metaphysik des Widerstandsrechts zum nachmetaphysischen Prinzip der Volkssouveränität: die Demokratietheorie Kants, 15ff.

176 In der Irischen Verfassung heißt es allerdings »Alle Regierungsgewalt, die gesetzgebende, vollziehende und rechtsprechende, gehen nächst Gott vom Volke aus.« (Art. 6).

177 In der Encyclopédie von Diderot und d'Alembert wird Republik definiert als »Forme de Gouvernement, dans lequel le peuple en corps ou seulement une partie du peuple, a la souveraine puissance«. (Art. République, Encyclopédie t. 14, 1765, 150).

178 Dazu Ehmke, Prinzipien der Verfassungsinterpretation, 89ff. und Alexy, Theorie der Grundrechte, 223ff.

179 Die folgenden Überlegungen zum Spannungsverhältnis von Volkssouveränität und Menschenrechten, zum Tugenddiskurs und zur anti-hobbesianischen Reformulierung des Ordnungs- und Integrationsproblems sind in einem durch einzelne Fußnoten nicht angemessen ausweisbaren Maße Diskussionen mit und Anregungen von Klaus Günther geschuldet.

hältnis »praktischer Konkordanz«[180] bringen, d.h. Selbstregierung und Herrschaft des Gesetzes miteinander versöhnen wollen.[181] Ein Vorrang dieser Rechte begrenzt das souveräne Handeln in aller Regel auf den Akt der Verfassungsgebung und läßt danach die Souveränität in den Hintergrund treten. Konkordanzlehren scheitern durchweg an der dilemmatischen Struktur des Problems, das zu lösen sie sich vornehmen. Instruktiv sind hierfür wiederum die besonders einflußreichen Theorien von Rousseau und Kant. Nach einer souveränitätstheoretischen Lesart der Rousseauschen Lehre kennt der souveräne Wille der Freien und Gleichen keine Beschränkung.[182] Er wird durch einen Gesellschaftsvertrag konstituiert und ist allein an den allgemeinen Bürgerwillen gebunden, der am Ende in der Gesetzgebung zum Ausdruck kommt. Im Gemeinwillen verschmelzen die einzelnen Bürger zur öffentlichen Person (personne publique)[183], die gleichsam automatisch das öffentliche Interesse repräsentiert und damit die Legitimität der Regierung begründet: »J'appelle donc République tout Etat régi par des loix, sous quelque forme d'administration que ce puisse être: car alors seulement l'intérêt public gouverne«.[184] Republik wäre demnach jede legitime, letztlich durch Gesellschaftsvertrag begründete Verfassungs- und Rechtsordnung, die auf einem einmütigen, den Staat tragenden Lebenswillen aufruht, dessen Gegenstand der »bloc des idées incontestables«, die »éléments incontestés de l'ordre social« sind.[185]
Der Rousseau'sche Gesellschaftsvertrag läßt sich, vor allem aus der Perspektive seiner Schrift über die polnische Verfassung[186], auch als Konkordanzlehre deuten. Er vereinigt eine Menge von Menschen, die sich den selbstgesetzten Rechtsgesetzen unterwirft. Diese wiederum hegen in der Zivilgesellschaft den souveränen Willen ein und verbürgen, indem sie dessen Anspruch auf uneingeschränkte Geltung begrenzen, die Gleichheit aller Bürger. Selbstregierung wird auf diese Weise in die den Souverän zügelnde Selbstgesetzgebung überführt.
Eine ähnliche Ambivalenz läßt sich aus der Kantischen Auffassung von Volkssouveränität herauslesen, die insbesondere die deutsche Verfassungs-

180 Zur »praktischen Konkordanz« als der Relationierung von Grundrechten und grundrechtsbegrenzenden Rechtsgütern ausführlich: Hesse, *Grundzüge*.
181 Vgl. Michelman, Law's Republic und Habermas, Faktizität und Geltung, Kap. III und IV.
182 »Die Vorstellung eines ursprünglichen Rechtes, das der Mensch in die Gesellschaft hinübernimmt und das als rechtliche Grenze des Souverains auftritt, wird von Rousseau ausdrücklich verworfen. Die Prinzipien des contrat social sind demnach einer jeden Erklärung der Rechte feindlich. Aus ihnen folgt nicht das Recht des Einzelnen, sondern die Allmacht des rechtlich schrankenlosen Gemeinwillens.« Jellinek, Die Erklärung der Menschen- und Bürgerrechte, 6f.
183 »Cette personne publique, qui se forme ainsi par l'union de toutes les autres, prenoit autrefois le nom de Cité, et prend maintenant celui de République ou de corps politique.« Contrat social 1, 6.
184 Rousseau, Contrat social 2, 6.
185 Hierzu Smend, *Verfassung und Verfassungsrecht*, 181f.
186 Rousseau, *Considérations sur le gouvernement de Pologne*.

lehre nachhaltig geprägt hat. Kant geht auf Distanz zur Idee eines ursprünglichen, absolute Souveränität begründenden und zum Ausdruck bringenden Vertrages, bleibt jedoch in der Nähe des Rousseau'schen Konzepts der Selbstgesetzgebung: »Die gesetzgebende Gewalt kann nur dem vereinigten Willen des Volkes zukommen. Denn, da von ihr alles Recht ausgehen soll, so muß sie durch ihr Gesetz schlechterdings niemand unrecht tun können. Nun ist es, wenn jemand etwas gegen einen anderen verfügt, immer möglich, daß er ihm dadurch unrecht tue, nie aber in dem was er über sich selbst beschließt (denn volenti non fit iniuria). Also kann nur der übereinstimmende und vereinigte Wille aller, sofern denn ein jeder über alle und alle über einen jeden dasselbe beschließen, mithin nur der allgemein vereinigte Volkswille gesetzgebend sein.«[187] Kant leitet Freiheit und Gleichheit als »dieses einzige, ursprüngliche, jedem Menschen, kraft seiner Menschheit, zustehende Recht« aus der Vernunft ab. Seine Rechtslehre bezieht sich sodann darauf, dieses ursprüngliche Menschenrecht auf die privatrechtlich geregelten Verhältnisse des »äußeren Mein und Dein« anzuwenden. Aus den Sicherheitsproblemen, die das natürliche Privatrecht mit sich bringt, folgert Kant die wechselseitige Nötigung, in einen rechtlichen Zustand einzutreten, d.h. den Zustand des öffentlichen Rechts der republikanischen Gesetzgebung zu schaffen. Nach Kant enthält das öffentliche Recht »nicht mehr oder andere Pflichten der Menschen unter sich, als in jenem (i.e. das natürliche Privatrecht) gedacht werden könne; die Materie des Privatrechts ist eben dieselbe in beiden. Die Gesetze des letzteren betreffen also nur die rechtliche Form ihres Beisammenseins (Verfassung), in Ansehung deren diese Gesetze notwendig als öffentliche gedacht werden müssen.«[188]

Aus der Bedeutung des ursprünglichen Menschenrechts hat die lange Zeit kaum bestrittene Kant-Interpretation geschlossen, daß die Freiheit jedes Gliedes der Sozietät als Menschen allem anderen vorgeschaltet ist, und daß damit die Volkssouveränität jegliche Bedeutung verliert, jedenfalls durch moralisch begründete Menschenrechte erheblich eingeschränkt ist.[189] Bei Kant erscheinen diese Rechte freilich nicht als Einschränkung der Souveränität des »zustimmenden und vereinigten Willens« der Bürgers, da sie jedem Menschen »unverlierbar« zukommen, und »die er nicht einmal aufgeben könnte, wenn er auch wollte«.[190] Republik wäre also nicht die durch den Akt der Vergesellschaftung gebildete »Staatsperson«, sondern die »Vereinigung einer Menge von Menschen unter Rechtsgesetzen«.[191] Nunmehr ist der »vereinigte Wille

187 Kant, Rechtslehre, § 46.
188 Kant, WW 424 (AB 156).
189 Vgl. Habermas, Faktizität und Geltung, 131. Mit Nachdruck gegen die herrschende Kant-Interpretation: Maus, Zur Aufklärung der Demokratietheorie.
190 Kant, Über den Gemeinspruch, 161.
191 Kant, Metaphysik der Sitten, Rechtslehre 1797, § 45.

der Staatsbürger . . ., da er sich nur in der Form allgemeiner und abstrakter Gesetze äußern kann, per se zu einer Operation genötigt, die alle nicht-verallgemeinerungsfähigen Interessen ausschließt und nur solche Regelungen zuläßt, die allen gleiche Freiheiten garantieren. Die Ausübung der Volkssouveränität sichert zugleich die Menschenrechte.«[192] Politische Autorität in einer Republik gründete demnach in dem durch die Menschenrechte gebundenen Gemeinwillen des souveränen Volkes, der sich in den Verfahren und Arenen der öffentlichen Kommunikation anonym bildet, im Gesetz verstetigt, in Abgeordneten und Amtsträgern verkörpert und schließlich in einem gewaltenteiligen System institutionell realisiert.

Hier ist weniger die authentische Kant- oder Rousseau-Interpretation von Interesse als vielmehr die Art und Weise, wie das »öffentliche Recht«, das unter den Bedingungen säkularisierter Herrschaft politische Autorität begründet, jeweils zustandekommt, und wer an der Setzung dieses Rechts als Autor beteiligt ist. Rousseau und Kant setzen »zentrierte«, nach der Vorstellung von Souveränität modellierte Subjekte voraus.[193] Zutreffend ist an dieser Konzeption, daß Bürgerinnen und Bürger ohne ein Mindestmaß an Handlungsfähigkeit und Autonomie als Autoren der Verfassungs- und Rechtsordnung nicht einmal gedacht werden können. Allerdings hat einmal die politische bzw. öffentliche Autonomie (Rousseau), einmal die private Autonomie (Kant) Vorrang. Der öffentliche Charakter einer Republik gründet jeweils in dem direkten Bezug zu den von dieser Herrschaft Betroffenen und äußert sich in einer Vereinbarung, an der idealiter alle Rechtsgenossen beteiligt sind. Am Ende steht jeweils die vertraglich mit der Einsetzung einer Legislative konstituierte, unpersönliche Herrschaft des Gesetzes.

Streng genommen müssen aber beide Konzeptionen ein weiteres Element von Öffentlichkeit voraussetzen, nämlich einen symbolischen Raum, in dem sich die Mitglieder eines Gemeinwesens gegenübertreten und sich darüber verständigen, wie sie die Selbstgesetzgebung handhaben wollen. Die in einer interessengespaltenen Gesellschaft zwangsläufig kontroversen Debatten mit offenem Ausgang versuchen beide einzugrenzen: Rousseau bedient sich dazu der Fiktion einer wiederum zentrierten, souveränen »öffentlichen Person«, die immer recht hat und immer nur das öffentliche Interesse wahrnimmt.[194] Da er der Wirkkraft dieses Kollektivsubjekts allein nicht traut, ergänzt Rousseau die Bildung der volonté générale und die Kreation des »moi commun« durch eine patriotische Erziehung, die gewährleisten soll, daß die Ak-

192 Habermas, Volkssouveränität als Verfahren, 600ff./611.

193 Eine prägnante Übersicht über die Kritik am »zentrierten Subjekt« gibt Frug, Decentering Decentralization, 257f., der zugleich eine Alternative vorschlägt, die sich wie die hier entwickelten Überlegungen an der Handlungsfähigkeit orientiert. Ausführlich hierzu auch Kap. II 1.3.

194 Zur Kritik: Heller, Staatslehre, 164 und allgemein Frug, Decentering Decentralization, 258ff.

tivbürger die notwendige republikanischen Einstellung[195] und den Respekt vor der »Heiligkeit des Gesellschaftsvertrags und der Gesetze«[196] erlernen. Der Souverän soll auf diese Weise bei der Realisierung der mit der Säkularisierung aufgegebenen Selbstbestimmung durch eine politische Ethik auf dem richtigen, von der Idee der Selbstgesetzgebung theoretisch vorgezeichneten Kurs gehalten werden.

In der Kantischen Konzeption sollen die Risiken jeder Form der Selbstregierung in zweifacher Hinsicht, wenn nicht ausgeschlossen, so doch limitiert werden. Und zwar zum einen durch den Rückgriff auf ein moralisch begründetes, apriorisches Prinzip der Freiheit, das zu einer »reinen Republik«, d.h. einem entpersönlichten Staat führt, den er als »Vereinigung einer Menge von Menschen unter Rechtsgesetzen« definiert. Der »Staatsvertrag als Probierstein der Rechtmäßigkeit« einer Verfassung erhält seine Unabhängigkeit vom empirischen Volkswillen dadurch, daß Kant in ihn eine »objektive Vernunftgesetzlichkeit hineinlegt«, die Revolution und Widerstandsrecht, ja selbst das »werktätige Vernünfteln« ausschließt.[197] Die zweite Eingrenzung republikanischer Risiken betrifft den Kreis der »Mitgesetzgeber«. In diesen werden nach Kant nur die durch Eigentum und Selbständigkeit ausgezeichneten männlichen »Staatsbürger« aufgenommen.[198] Eigentum und Selbständigkeit mochte Kant noch als Bedingungen wirtschaftlicher Unabhängigkeit verstehen, deren ein Staatsbürger bedurfte, um sich frei von Vorgaben eines Dienstherren an politischen Entscheidungen beteiligen zu können. Angemessener dürfte wohl sein, die Exklusion der Frauen und Nichtbesitzenden als historisch kontingente, wenngleich im Vernunftprinzip oder dem Staatsbegriff[199] angelegte Verbeugungen vor dem patriarchalischen Zeitgeist abzubuchen. Diese haben die Republik und Öffentlichkeit nachhaltig in Verruf gebracht. Zu diesen politischen Versicherungen wäre darüberhinaus, gleichfalls mit Blick auf die Geschichte, zu sagen, daß sie schwerlich geeignet sind, auf Dauer die Forderungen der Ausgeschlossenen nach Beteiligung am Geschäft der Selbstregierung abzuwehren.

Theoretisch nicht weniger gravierend sind die Einwändc gegen die

195 Rousseau, *Considérations sur le gouvernement de Pologne.*

196 Rousseau, Contrat social 4, 8.

197 Heller, Politische Ideenkreise, Ges. Schriften I, 312 zu Kant, Metaphysik der Sitten, § 49.

198 Kant, Zum ewigen Frieden (1795) und Über den Gemeinspruch (1793). Vgl. dazu auch Jellinek, Allgemeine Staatslehre, 717, wonach die Republik auf der »Teilnahme aller erwachsenen, in der Regel bloß männlichen Staatsbürger an der höchsten staatlichen Herrschaft« beruht. Bluntschli begründet den Ausschluß der Frauen von den politischen Rechten mit der »Sitte der Kulturvölker«, der »Natur der Frauen«, »die vornehmlich für die Familie geschaffen« seien und deren »zarte Feinfühligkeit und Liebenswürdigkeit . . . sicher Schaden leiden (würde) . . . durch massenhaftes Hineinziehen in politische Kämpfe«, sowie mit der »männlichen Natur des Staates« (Allgemeine Staatslehre, 228ff.).

199 »Der höchste zur Zeit noch nicht realisierte Staatsbegriff ist also: Der Staat ist die organisierte Menschheit, aber die Menschheit in ihrer männlichen Erscheinung, nicht in der weiblichen Gestaltung. Der Staat ist der Mann.« Bluntschli, Die Lehre vom modernen Staat I, 34.

Rousseau'sche »personne publique« und das Kantische Vernunftgesetz. Denn beide transzendieren die gesellschaftlichen Auseinandersetzungen. Als das Unabstimmbare erheben sie sich über das Zusammenhandeln der Aktivbürgerschaft. Sie sind auf einer höheren Ebene angesiedelt, die einsichtig sein mag, über die aber nicht mehr diskutiert werden kann. Sie entziehen sich dem öffentlichen Raum, in dem sich das Projekt der Selbstregierung immer wieder zu bewähren hat. Die gleichen Bedenken ergeben sich auch hinsichtlich eines Systems der Menschenrechte, die ohne Debatte a priori gelten (sollen). Sie sind, wie die Idee der Republik, auf ihre wechselseitige Zuerkennung und Anerkennung und die Bereitschaft der Träger angewiesen, sich für ihre Erhaltung und Ausweitung einzusetzen. Kein Apriori, sondern das Eintreten für die Verfassungs- und Rechtsordnung einer Republik ist die einzig wirksame und zugleich republikkonforme Garantie dieser Rechte und dieser Idee. Dieser ist damit freilich aufgegeben zu beantworten, wie die vorausgesetzte aktivistische politische Einstellung und das Bewußtsein der Selbstbindung zustandekommen können, wenn nicht in letzter Instanz alle Hoffnungen auf patriotischen Tugenden und der Zwangsgewalt des Rechts ruhen sollen. Die bisherigen Überlegungen rechtfertigen allenfalls die These, daß das Angebot öffentlicher Freiheit (wenngleich nicht unbegrenzt) geeignet sei, sich seine Nachfrage zu schaffen.

4.2 *Publizität und Immanenz republikanischer Herrschaft*

Statt auf transzendente Prinzipien zu rekurrieren, soll hier ein anderer Weg eingeschlagen werden, der von der republikanischen Verheißung eines öffentlichen Lebens[200] zur republikanisch-demokratischen Begründung politischer Autorität führt. Für die Kennzeichnung eines Amtes und seiner Amtswalter als »öffentlich« gibt es mehrere Bezugsgrößen, nämlich (a) das öffentliche, im Unterschied zu einem privaten Recht, kraft dessen Herrschaft sich legitimiert, (b) die Öffentlichkeit des Verfahrens ihrer Bestellung bzw. der Auswahl der Amtsinhaber und (c) die der Ausübung öffentlicher Gewalt in »öffentlichem Interesse« und unter »öffentlicher Kontrolle«.
Dem *Publizitätsprinzip* genügt, wie dargelegt, nur ein solches Herrschaftsrecht, das ohne Rückgriff auf metaphysisch begründete Rückendeckung und Überhöhung auskommt und die Stelle der Macht nicht eigentumsgleich besetzt. Öffentlich kann ferner nur ein solches Verfahren der Einsetzung politischer Autoritäten sein, das allen Betroffenen den Zugang zum öffentlichen Raum gewährt, in dessen Arenen und auf dessen Foren sich diejenigen, die letztlich alle politische Autorität autorisieren sollen, angemessen Gehör ver-

200 Arendt, Macht und Gewalt, 41.

schaffen können. Die Publizität dieser Verfahren bringt zugleich die Legitimität der unabschließbaren Debatte über die Legitimität zum Ausdruck, d.h. einer »Debatte, die notwendigerweise ohne Garant und ohne Ende ist«[201]. Niemand – kein Verfassungsgericht und keine Mehrheit – hat hinsichtlich der Legitimierung politischer Autorität und der Legitimität der öffentlichen Debatte über diese eine abschließende, höhere Letztentscheidungskompetenz. Mit der Folge, daß über die Legitimität politischer Autorität immer wieder in der öffentlichen Sphäre entschieden wird, »einer Sphäre, in der jeder aufgefordert ist zu sprechen und zuzuhören, ohne der Autorität eines anderen unterworfen zu sein«. »Diese Sphäre, weil niemandes Eigentum . . . beweist ihre eigentümliche Kraft darin, daß sie die Frage nach dem, was rechtens« und damit legitim ist, »sich hier entfalten läßt.«[202] Schließlich läßt sich nur solche Ausübung politischer Autorität als »öffentlich« auszeichnen, die sich in ihren Maßnahmen stets als unpersönliche, an Ämter und Institutionen gebundene, allgemeinen Gesetzen unterworfene, delegierte oder repräsentative und demokratischer Kontrolle unterworfene Herrschaft zu erkennen gibt.

Gemessen hieran, haben sich Idee und Prinzip der Republik nicht erledigt. Ihre kritische Spitze richten sich gegen jede Abschließung des öffentlichen Raumes für bestimmte Themen oder Gruppen, gegen jeden Versuch, politischer Autorität und deren Ausübung eine höhere Weihe zu verleihen, sowie gegen die Tendenzen von Mehrheiten, den öffentlichen Raum zu vermachten und sich bei der Besetzung politischer Ämter zu strukturell zu verewigen.[203]

5. *Republik als Modus sozialer Integration*

Eine demokratische Republik, das ist aus den bisherigen Überlegungen zu folgern, lebt von der Entschlossenheit und der Fähigkeit ihrer Mitglieder, ihre Meinungen und Interessen in aller Öffentlichkeit zur Geltung zu bringen und dabei ihren Gegnern nicht das Recht abzusprechen, wie sie selbst den öffentlichen Raum in Anspruch zu nehmen. Sie beweist ihre Stärke darin, daß sich die Individuen und ihre vielfältigen Assoziationen von Widerständen nicht entmutigen lassen, und daß sie vor allem die offene politische Auseinandersetzung mit denjenigen nicht scheuen, die ihre Positionen nicht teilen. Hierin besteht die Ausübung der öffentlichen Freiheit, in der eine Bürgerschaft, wie

201 Lefort, Droits de l'homme et État-providence, 53ff.
202 Lefort, Droits de l'homme et État-providence, 55.
203 Exemplarisch sei dazu auf die Ausführungen zur »Meta-Legalität« einer vermeintlich »objektiven Wertordnung« und zur Substantialisierung der »freiheitlichen demokratischen Grundordnung« verwiesen. Siehe oben S.22f. und 110f.

Hannah Arendt – vielleicht zu – emphatisch formulierte, das »öffentliche Glück«[204] erfährt. Für eine Republik ist öffentliche Freiheit schlechthin konstitutiv; sie ist die notwendige Bedingung für die Entstehung eines öffentlichen Raumes, in dem sich eine Gesellschaft auf sich selbst beziehen kann. Ohne öffentliche Freiheit kann von einem »öffentlichen Recht«, auf das sich politische Herrschaft berufen könnte und in einer Republik berufen muß, keine Rede sein. In der Abwesenheit öffentlicher Freiheit ist das Volk als Souverän nicht präsent. Es fehlt der symbolische Raum, in dem eine Gesellschaft ihre Selbstregierung repräsentieren und auch nur beginnen könnte, sie institutionell zu realisieren. Ohne öffentliche Freiheit läßt sich keine Brücke schlagen zwischen den Akteuren und ihren Assoziationen; sie treten nicht in Erscheinung. Erst in öffentlicher Freiheit kann eine Gesellschaft zu sich kommen. Insofern betrifft das republikanische Prinzip neben der Legitimierung politischer Autorität auch die soziale Integration.[205]

Für eine demokratische Republik ergeben sich hieraus drei grundsätzliche Probleme. Das erste berührt die Bereitschaft der Aktivbürger, öffentlich zu handeln. Hier stellt sich die Frage, wie diese sich herstellen oder jedenfalls fördern läßt. Zweitens fragt sich, wie das öffentliche Zusammenhandeln koordiniert werden muß, damit es integrative Wirkung haben kann. Das dritte Problem betrifft den Umgang mit denjenigen, die alle Regeln republikanisch-demokratischer Konfliktaustragung mit Füßen treten. Seit Hobbes hat sich die politische Theorie vor allem auf den zweiten und dritten Aspekt konzentriert und die Integrationsaufgabe als Bedrohung der Sicherheit oder als Gefahr des »factionalism« reformuliert.[206] Diesem Problem soll im folgenden und im letzten Kapitel nachgegangen werden. Es besteht jedoch systematisch und aktuell Anlaß, auch den ersten Aspekt ernst zu nehmen. Denn sollen Verfassungen mehr sein als »Versicherungen des Egoismus«[207], oder wohlfeile Ideologie, muß sich ihre Theorie den für eine Republik prekären Phänomenen wie insbesondere politischem Absentismus und zynischer Normbefolgung einerseits, fundamentalistischen Wahrheitsansprüchen und mangelnder Toleranz von Differenz andererseits stellen.

Unter dem Stichwort »Solidarität« werde ich mich auf die bislang weithin vernachlässigte Frage konzentrieren, ob es eine Pflicht gibt, die Bereitschaft einer Bürgerschaft, öffentlich zu handeln, zu fördern. Dabei soll eine Brücke geschlagen werden von der demokratischen Republik zum Sozialstaat. Die

204 Zum Begriff der öffentlichen Freiheit vgl. Arendt, Über die Revolution, Kap.V und Rödel et al., Die demokratische Frage, Kap.III.

205 Zur legitimatorischen und integrativen Bedeutung des Publizitätsprinzips vgl. auch das Sondervotum des Richters Mahrenholz (BVerfGE 70, 369).

206 Vgl. nur Hobbes, Leviathan und Madison, The Federalist Papers, No. 10 (»the violence of faction«). Zur Sicherheitsproblematik Isensee, Das Grundrecht auf Sicherheit m. zahlr. Nachw.

207 Marx, Zur Judenfrage; vgl. Böckenförde, *Sittlicher Staat*, 11.

Nagelprobe der hier entwickelten Ausführungen zu Zivilgesellschaft und Republik dürfte schließlich die Antwort auf die Frage sein, wie mit denjenigen Mit-Bürgern umzugehen ist, die nicht erkennen lassen, daß sie sich bei der Durchsetzung ihrer Anschauungen und Interessen an die minimalen Konfliktregeln halten wollen. Mit dieser Antwort sollen die hier entwickelten Überlegungen zur Theorie demokratisch-republikanischer Verfassungen noch einmal aufgegriffen werden (VI.).

5.1 *Öffentliche Freiheit und gemeinsames Handeln*

Das Problem des gemeinsamen Handelns einer Bürgerschaft in der Öffentlichkeit besteht jedoch nicht allein in der bloßen Menge der Akteure, der Divergenz ihrer Auffassung und Interessen sowie der Radikalität ihrer Forderungen und Handlungsweisen – also in der Gefahr des Bürgerkrieges. Vielmehr ist es grundsätzlicher zu fassen. Handeln geschieht niemals in Isolation, weil sich Handelnde immer unter anderen, ebenfalls handelnden Menschen bewegen. Die Ausübung öffentlicher Freiheit vollzieht sich stets in Gesellschaft. Zugleich ist Handeln aber auch unbegrenzt. Und zwar nicht wegen der bloßen Menge der Handelnden, sondern wegen »der dem Handeln eigentümlichen Fähigkeit, Beziehungen zu stiften, und damit aus der ihm inhärenten Tendenz, vorgegebene Schranken zu sprengen und Grenzen zu überschreiten. Die Schranken und Grenzen, die von so großer Bedeutung in dem Bereich der menschlichen Angelegenheiten sind, stellen den niemals verläßlichen Rahmen her, in dem Menschen sich bewegen, ohne den ein Zusammenleben überhaupt nicht möglich wäre, und der oft nicht einmal stabil genug ist, um dem Ansturm zu widerstehen, mit dem jede neue Generation der Geborenen sich in ihn einschaltet.«[208]

Die Unbegrenztheit des Handelns hat erhebliche Konsequenzen für die hier entwickelten Überlegungen zu Zivilgesellschaft, Republik und Verfassung. Ihnen liegt nämlich die Annahme zugrunde, daß Akteure durch ihr Zusammenhandeln Gesellschaftlichkeit erst herstellen. Diese Annahme führt geradewegs auf die These zu, daß das politische Handeln selbst, nicht aber die böse oder korrumpierbare menschliche Natur[209] oder egoistische Interessen die Grenzen zu überschreiten drohen, die zugleich die Bedingungen jeder Handlungsmöglichkeit sind. Das Hobbes'sche Paradigma läßt sich also wie folgt reformulieren: Nicht die Schlechtigkeit von Motiven, die Konkurrenz von Egoismen oder hemmungslose Souveränitätsansprüche Einzelner oder

208 Arendt, *Vita activa*, 180ff./183 auch zu den folgenden Überlegungen.

209 So aber Madison, The Federalist Papers, No.10: »The latent Causes of faction are thus sown in the nature of man.« Weiter spricht er dort von der »propensity of mankind to fall into mutual animosities«.

bestimmter Gruppen, sondern die inhärente Schrankenlosigkeit und Unabsehbarkeit des Handelns und die zeitliche, räumliche und sachliche Pluralität der Handlungsinitiativen bedrohen die Möglichkeit des gemeinschaftlichen öffentlichen Handelns. Denn jede Übereinstimmung im Sprechen und Handeln wird durch jede neue Initiative wieder in Frage gestellt, überlagert, revidiert oder kassiert. Maßlosigkeit und Unberechenbarkeit sind dem politischen Handeln in der Öffentlichkeit inhärent, weil jede neue Generation, jede neue Initiative, jedes neue Thema und Interesse, wollen sie im wahrsten Sinne des Wortes zur Geltung kommen, in die öffentliche Sphäre eindringen und sich dort Gehör und Anerkennung verschaffen müssen. Mithin stellt sich die Frage, wie sich die Handlungsfähigkeit der Einzelnen, von religiösen Ligaturen befreit und metaphysisch entlastet, aber in einen Strudel rasanter Initiativbildungen getrieben, vor ihrer Selbstzerstörung bewahren läßt.
In der Rezeptur der Staats- und Verfassungslehren und politischen Theorien begegnen uns zwei grundlegende Vorschläge, die darauf hinauslaufen, die individuelle Handlungsmacht zu zügeln: Als *Externalisierung* läßt sich jene Strategie bezeichnen, die darauf abzielt, die Handlungsmacht des Individuums von außen einzuschränken und von einer äußeren Instanz kontrollieren zu lassen. Dieser wird so die Aufgabe zugewiesen, die vielfältigen Initiativbildungen zu überwachen und notfalls einzudämmen. Als *Internalisierung* lassen sich dagegen Strategien kennzeichnen, die darauf hinauslaufen, die kontrollierende Instanz in den Individuen zu verankern, um diese zur Selbstdisziplinierung anzuhalten und so den selbstzerstörerischen Tendenzen einer »agonalen Politik«[210] entgegenzuwirken.

5.2 *Fremddisziplinierung: Staat und Zwangsrecht*

Exemplarisch für die vielfältigen Formen der Externalisierung steht der Staat. Ausgehend von der These, daß am Anfang aller Legitimationsgründe die Sicherheit stehe,[211] rechtfertigt diese die Existenz einer äußeren Instanz, der als souveräner Handlungs- und Entscheidungseinheit die Kompetenz zugewiesen wird, alle übermäßigen oder destruktiven Handlungsinitiativen zu unterbinden. »Zum Frieden ist vor allem notwendig, daß jeder gegen die Gewalttätigkeit der übrigen so weit geschützt werde, daß er sicher leben kann, d.h., daß keiner einen gerechten Grund habe, andere zu fürchten, solange er selbst ih-

210 Damit ist die streitige Natur von Politik in radikal pluralistischen Gesellschaften gemeint, deren soziale Konflikte sich weder auf Dauer verdrängen noch endgültig befrieden lassen. Die agonale Politikkonzeption ist von Hannah Arendts politischer Philosophie informiert. Vgl. hierzu auch Rödel, Hannah Arendt und die Gefährdungen der Freiheit in einer säkularisierten Ordnung, 205ff. und ders., *Zivilgesellschaft*.

211 Isensee, Das Grundrecht auf Sicherheit, 3.

nen kein Unrecht zufügt.«[212] Der absolute Staat erscheint bei Hobbes als Alternative zum absoluten Bürgerkrieg. Absolut ist daher auch der politische Praxisentzug. Wenngleich liberale Theorien, ausgehend von Locke[213], den Machtanspruch des Staates relativieren und begrenzen und damit die Handlungsfreiheit der Individuen wieder ausweiten, so wird die Sicherheitsphilosophie wohl modifiziert, weil nunmehr der Staat als Quelle der Unsicherheit ins Bild kommt, aber in den Verfassungslehren nie ganz aufgegeben.[214] Die Pflicht Privater, andere nicht zu schädigen und korrespondierende Schutzpflichten des Staates nebst dessen Pflicht zur Wahrung der äußeren und inneren Sicherheit bezeichnen die Grenzen der allgemeinen Handlungsfreiheit. Staatlichen Gesetzen kommt die Aufgabe zu, die Rechtssphären der Bürger abzugrenzen, bestimmte Handlungsweisen zu verbieten oder zu gebieten und Regeln für Kollisionsfälle aufzustellen. Deren Einhaltung überwachen die staatlichen Gewalten. Durch seine Policey übernimmt der Staat nach der klassischen Definition in § 10 II 17 ALR die Aufgabe, »(d)ie nötigen Anstalten zur Erhaltung der öffentlichen Ruhe, Sicherheit und Ordnung und zur Abwendung der dem Publiko, oder einzelnen Mitgliedern desselben, bevorstehenden Gefahr zu treffen«. Der Staat als »Zuchtanstalt« (Max Weber), als »ein auf das Mittel der legitimen (d.h. legitim angesehenen) Gewaltsamkeit gestütztes Herrschaftsverhältnis von Menschen über Menschen«[215] bleibt auch in dieser Auffassung von Gesetzesherrschaft präsent. Er bedarf der Gewalt, und sei es nur die rechtsförmige Sanktionsgewalt, um Handlungsinitiativen wirksam kontrollieren und ggf. unterbinden zu können.[216]

Eine hiervon zu unterscheidende Umschreibung der Integrationsproblematik und die daraus hervorgehende Form der Externalisierung findet sich bei Kant: »Nun ist die *republikanische* die einzige, welche dem Recht der Menschen vollkommen angemessen, aber auch die schwerste zu stiften, vielmehr noch von Menschen zu erhalten ist, dermaßen, daß viele behaupten, es müsse ein Staat von *Engeln* sein, weil Menschen mit ihren selbstsüchtigen Neigungen einer Verfassung von so sublimer Form nicht fähig wären.«[217] Kant hält das Problem der »Staatserrichtung ... selbst für ein Volk von Teufeln« für lösbar, »wenn sie nur Verstand haben« und ihre »bösen« oder »unfriedlichen Gesinnungen« in ihrem »öffentlichen Verhalten« durch allgemeine Gesetze neutralisieren. Bei Kant siegt die Vernunft, die unwiderstehlich will, »daß das Recht

212 Hobbes, Elementarum Philosophiae Sectio Tertia, De Cive (1647), Caput VI, 3; vgl. ders., Leviathan (1651), II, 21.

213 Besonders Locke, Two Treatises of Civil Government (1690).

214 Nachw. bei Isensee, Das Grundrecht auf Sicherheit, passim.

215 Max Weber, Politik als Beruf (1921).

216 »Nur ein starker Staat ist ein liberaler Staat.« heißt es folglich und im Kontext des Jahres 1977 erklärbar, aber nicht unbedingt folgerichtig in der Erklärung der Evangelischen Kirche Deutschlands von 1977, vgl. epd Dokumentation Nr.35/87, August 1987.

217 Kant, Zum ewigen Frieden, 223.

zuletzt die Obergewalt erhalte«, über die Natur der »selbstsüchtigen Neigungen«.[218] Der Sieg wird im Zweifel durch die in den Begriff des Rechts eingelassenen Zwangsbefugnisse sichergestellt.

In enger Nachbarschaft zur Kantischen Idee der Republik neigt der liberale Konstitutionalismus dazu, dem Eigeninteresse, das seine Marktchancen wahrnimmt und aufgrund eines verständigen Kalküls sich dem Gesellschaftsvertrag anschließt, den Sieg über die irrationalen Leidenschaften zuzutrauen.[219] Die fortwährende Beunruhigung über das Bestandsproblem einer Republik äußert sich freilich in der Annahme bestimmter, mit den Freiheitsrechten verknüpfter Einschränkungen und einer »invisible hand«, die als heimlicher Souverän die unfriedlichen Neigungen unter Kontrolle halten soll,[220] oder im Vertrauen auf das Recht, das die schwache Kraft zwanglos gebildeter, intersubjektiv geteilter Überzeugungen in eine sozialintegrative Macht verwandeln soll, dabei freilich auf das »Entgegenkommen eines konsonanten Hintergrundes von rechtlich nicht erzwingbaren Motiven und Gesinnungen eines am Gemeinwohl orientierten Bürgers« angewiesen ist.[221]

5.3 *Selbstdiziplinierung: Tugend, Zivilreligion, Verfassungspatriotismus*

Wie sich die Externalisierung der Handlungskontrolle beispielhaft dem Staat und dem Zwangsrecht zuschreiben läßt, repräsentieren die Lehren bürgerlicher Tugenden und einer Zivilreligion sowie neuerdings die Idee des Verfassungspatriotismus, wenngleich weniger geschichtsmächtig, die Alternative der Internalisierung. In diesem Sinne versuchte Rousseau das Integrationsproblem zu lösen. Er gründete den Gesellschaftsvertrag auf die Annahme einer »Übereinstimmung der Einzelwillen mit dem Gesamtwillen«, wobei er diese Übereinstimmung freilich als »Tugend« definierte.[222] Tugend als subjektive Leistung wird damit zum »gefährlichen Supplement«[223] der objektivistischen Vertragshypothese, die am Ende doch die partikulären Willen herbeizitieren und außerhalb des Gesellschaftsvertrags durch eine Erziehung zur Tugend läutern muß. Ähnlich wie Rousseau hielt bereits Montesquieu die Unterordnung privater Ziele und eigensüchtiger Interessen unter das Gemeinwohl – aus »*passion*« und dem »*esprit d'égalité*«, nicht aus Vernunft –, gleichfalls für

218 Ebd., 224. Zu den sich aus der nicht engelhaften Natur der Menschen ergebenden Problemen siehe auch Madison, The Federalist Papers, No. 51.
219 Zur Kritik Solomon, A Passion for Justice, passim.
220 Vgl. dazu Münkler, Die Idee der Tugend, 384ff.
221 Habermas, Der philosophische Diskurs der Moderne, 344ff.; ders., Staatsbürgerschaft und nationale Identität, in: ders., Faktizität und Geltung, 632ff./641f.
222 Rousseau, Discours de l'économie politique, in: Politische Schriften, 24 zit. nach Münkler, Die Idee der Tugend, 379ff/384.
223 Vgl. Derrida, Grammatologie, 244ff.

eine »Tugend«, die er »als Liebe zu den Gesetzen und zum Vaterland« definiert. Durch die Identifikation von Gesetzesgehorsam und Tugend integriert Montesquieu den subjektiven Faktor in seine Konzeption von Republik.[224] Beide, Montesquieu und Rousseau, beziehen Tugend, antikisierend, auf kleine Republiken. Ihnen folgten die amerikanischen »Verfassungsväter«, die allerdings eine sozial homogene, im wesentlichen auf Landwirtschaft gegründete Gesellschaft vor Augen hatten.[225]

(1) *Nochmals: Tugenden als Rechtspflichten?*

Wer sich freihändig revitalisierter öffentlicher Tugenden bedient, bewahrt die Unauffälligkeit dieses Eingriffs in die Struktur einer republikanischen Verfassung meist dadurch, daß Ursprünge und Inhalte der postulierten Tugenden, ihr normativer Charakter wie auch die Folgen untugendhaften Handelns unklar bleiben. Generell vertrauen Tugendlehren der Assoziation, Tugenden seien irgendwie sinnvoll und sogar unentbehrlich. Überdies fügt sich die Idee öffentlicher Tugenden fast geräuschlos in die Diskussion über Zivilgesellschaft und Republik dadurch ein, daß sie wie jene auf den ersten Blick jede Prägnanz vermissen läßt. Tugend kann vielerlei bedeuten[226]: (1) die an Handlungen ablesbare Neigung, unter verschiedenen ethischen Codes einen bestimmten zu favorisieren, (2) eine Verpflichtung auf das Gemeinwohl, die sich mit einer bestimmten Konzeption von Gerechtigkeit identifiziert, (3) eine als subjektive Voraussetzung einer richtigen Praxis von gleichberechtigten Bürgern erforderliche Einstellung, der nicht nur eine Konzeption von Gerechtigkeit, sondern überdies eine Vorstellung des guten Lebens und das Modell einer politischen Persönlichkeit zugrundeliegen, (4) ein extra-legaler Modus des Handelns der Bürger untereinander (und ihrer Amtswalter) oder (5) schließlich das in der Gestalt von Pflichten verrechtlichte Korrelat verfassungsmäßig verbürgter Freiheiten.

Staats- und Verfassungslehren, die öffentliche Tugenden propagieren, lassen durchweg eine eine Klärung dieser Bedeutungsvarianten vermissen, geben allerdings zu erkennen, daß ihnen die Hingabe für Interessen der Allgemeinheit (im Sinne der Variante 2) und Grenzen der Selbstbestimmung und Selbstregierung, die sich den Bedeutungsvarianten 3 und 4 zuordnen lassen, besonders am Herzen liegen. Da sie einen nicht bloß rhetorischen Beitrag zur Idee der Republik liefern, vielmehr eine Tradition aktualisieren wollen, »hinter die

224 Montesquieu, De l'esprit des lois, bes. III 5, IV 5 und V 2. Dazu Stourzh, *Wege zur Grundrechtsdemokratie*, 117ff.

225 J. Adams, Defence of the Constitutions of Government of the United States of America, 3 Bde. (London 1788); Jefferson, Notes on the State of Virginia (Chapel Hill 1955). Kritisch: Madison, The Federalist Papers, No. 10.

226 Vgl. zum folgenden Pocock, *Tugenden, Rechte, Umgangsformen*, 134ff./142 und Gebhardt, *Autorität und Macht*.

das Staatsdenken Europas nicht zurückfallen kann, ohne sein Bestes preiszugeben,«[227] geraten sie in die Nähe der Variante 5, die zuletzt eine Debatte über Grundpflichten inspiriert hat.[228] Wenngleich Versuchen, dem Grundgesetz im Wege der Interpretation eine Reihe von Grundpflichten zu imputieren, bislang wenig Erfolg beschieden war, so legen sie – im Verbund mit der sie begleitenden Intuition, daß der Bestand einer Republik von bestimmten republikanischen Einstellungen abhängig ist, – gleichwohl nahe, die in den Tugenddiskurs eingelassen Annahmen und Verständnisse näher zu betrachten.

Der neuzeitliche Tugenddiskurs hat zwei sich überschneidende Probleme im Blick, für die öffentliche Tugenden die Lösung sein sollen. Das eine ist die Frage, wie sich in einer sozial fragmentierten, pluralistischen Gesellschaft aus der Vielzahl miteinander im Streit liegender Einzel- und Gruppeninteressen eine Vorstellung von dem bilden kann, was das gemeine Wohl sein könnte. Das zweite basiert auf dem Zweifel an der Fähigkeit eines auf Freiheit und Gleichheit basierenden Systems politischer Partizipation, seine Bestandsvoraussetzungen zu produzieren. Ein drittes Problem ist diesen hinzuzufügen: die potientielle Überforderung einer aktiv gesollten Bürgerschaft, die überwiegend mit ihrer materiellen Reproduktion beschäftigt ist und dies auch sein muß, daher aus Gründen der Zeitökonomie, persönlichen Belastung oder aus Politikverdrossenheit mit einem Rückzug aus den öffentlichen Angelegenheiten, mit Desinteresse an der Politik oder »ziviler Desertion« (Gauchet) auf die Partizipationszumutungen reagiert.

Die Suche nach einer Antwort ließ die modernen Klassiker auf Bürgertugenden zurückgreifen. Diese definierten sie dann als Orientierung am Gemeinwohl oder als eine Einstellung, der sie die Kraft zuschreiben, dem Verfall der für die Herstellung und Erhaltung einer politischen Gemeinschaft notwendigen Sitten vorzubeugen. Tugenden fungierten auf diese Weise als Ergänzung oder Ersatz des Sozialkontrakts und der konstitutionellen Institutionen und Verfahren, die ihn zur Geltung bringen und die Freiheitlichkeit verbürgen sollen.[229] So waren sich etwa die Autoren der Virginia Bill of Rights sicher, »That no free government or the blessings of liberty can be preserved to any people but by a firm adherence to justice, moderation, temperance, frugality and virtue and by frequent recurrence to the fundamental principles«.[230]

227 Isensee, *Republik*, 8.

228 Zur Bedeutung verfassungsrechtlicher Grundpflichten s. die Berichte von Götz und Hofmann, *Grundpflichten*, und zum gleichen Thema Badura, DVBl. 1982, 861ff.; Bethge, NJW 1982, 2145ff.; Stober, NVwZ 1982, 473ff. Vgl. auch Gusy, Grundpflichten und Grundgesetz, JZ 1982, 657ff. und Isensee, Die verdrängten Grundpflichten des Bürgers, DÖV 1982, 609ff.

229 Machiavelli, Discorsi, I 16; Montesquieu, De l'esprit des lois, IX, 1; Rousseau, Discours de l'économie politique, 379.

230 Virginia Bill of Rights von 1776, sec. 15, abgedr. in Smith, The Constitution of the United States, 23.

Die frühen Vertreter des bürgerhumanistischen Tugenddiskurses bewegte dabei vor allem die Gefahr der Korruption. Mit dem Blick auf die politischen Eliten litten sie unter der Vorstellung, daß die »Tugenden der Menschen ihren stärksten Glanz während der Zeit ihrer Kämpfe« haben, dann aber, wenn die Ziele erreicht sind, »häufig die Ursache von Korruption und Laster« bilden.[231] Im Laufe der Geschichte traten die Bedenken hinsichtlich der politischen Ethik der Eliten und ihrer Bereitschaft zur Selbstdisziplinierung mehr und mehr hinter den Gegensatz von Privatinteresse und Gemeinwohlorientierung zurück. Schließlich entwickelten sich Tugenden als »Gegenkonzept zum Interesse«[232].

Trotz der Differenzen im einzelnen fällt auf, daß die Tugendlehren jeweils eine überschaubare, statische Gesellschaft oder einen hypothetischen Ursprungszustand vor Augen hatten. Die tugendhaften Anforderungen waren vornehmlich an die Stifter oder Stiftungseliten der klassischen, längst Geschichte gewordenen bzw. nie geschichtsmächtig gewesenen, weil über die Maßen idealisierten Republik[233] adressiert. Zweifel an der Beerbung dieser Tradition sind auch deshalb angebracht, weil die Konzeption öffentlicher Tugenden ursprünglich die auf dem Besitz ihrer Träger basierende Unabhängigkeit voraussetzte. Mit der Wiederbelebung des Tugenddiskurses in der heutigen Verfassungslehre stellt sich die Frage, ob sich eine ökonomisch und sozial dynamische Gesellschaft überhaupt durch den Rückgriff auf öffentliche Tugenden gegen sich selbst, genauer: gegen ihre Konflikthaftigkeit versichern kann. Daß sich auch moderne Tugendlehren heimlich einem statischen Gesellschaftsbild, jedenfalls einer staatlich regulierten Gesellschaft verschreiben, offenbaren sie, wohl unfreiwillig, wenn sie öffentliche Tugenden gegen jeglichen politischen »Radikalismus«, und äußere er sich nur in der Gestalt alternativer Bewegungen, sowie gegen neu entstehende soziale Ansprüche in Anschlag bringen.[234] Damit ist jede ungezügelte politische Bewegung, jede einschneidende soziale oder ökonomische Veränderung und hierauf bezogene neue politische Programmatik der Gefahr ausgesetzt, als untugendhafte Störung oder Korruption beurteilt zu werden. Hier äußert sich »ein subalternes Mißverständnis, Bürgerinitiativen als Kampfgruppen gegen demokratische Regierungen« zu betrachten.[235]

Wenngleich sich in der aktuellen Diskussion die Perspektive von der gefährlichen Menschennatur oder der Schwäche von Eliten zur Selbstdiziplinierung hin auf die Gefährlichkeit sozialer Konflikte für die Stabilität einer Gesell-

231 Ferguson, An Essay on the History of Civil Society, zit. nach Münkler, Die Idee der Tugend, 389.
232 Münkler, Die Idee der Tugend, 384.
233 Ausführlich dazu Bailyn, *Ideological Origins*; Wood, The Creation of the American Republic und Pocock, The Machiavellian Moment.
234 So Henke, Die Republik und Isensee, *Freiheit ohne Pflichten?*.
235 Dahrendorf, Der moderne soziale Konflikt, 71.

schaft und neuerdings auch auf deren Politikverdrossenheit verschiebt, bleibt das Thema Sicherheit zentral.[236] Unsicherheit entsteht nach dieser Auffassung aus der Bürgerfreiheit und den begrenzten Möglichkeiten des Staates, auf sie einzuwirken. Im Rahmen seiner rechtlichen Möglichkeiten erhält der Staat das verfassungsrechtliche Mandat, zwar nicht Tugend zu diktieren, aber doch »das ethische Fundament der Sicherheit zu stärken und zu Bürgertugend zu erziehen«.[237] Verfassungsrechtliche Erziehungsziele können in diesem Rahmen dazu beitragen, die demokratische Republik in eine staatliche Veranstaltung umzuwidmen.

Eine weitere Schwierigkeit heutiger (wie im übrigen auch der klassischen) Tugendlehren liegt in dem Modell der politischen Persönlichkeit. Der klassische Republikanismus ging aus von einem Ethos äußerster persönlicher Autonomie.[238] Nach diesem Denkansatz konnte sich das Individuum nur dann zu seiner vollen Selbstverwirklichung entwickeln, wenn es »als Bürger, also als bewußtes und autonomes Mitglied einer autonomen und handlungsmächtigen politischen Gemeinschaft, der polis oder Republik, agiert«.[239] Der bürgerliche Humanismus vereinseitigte die private Autonomie, abgekoppelt von ihrer sozialen Verwirklichung, zur individuellen Selbstverwirklichung. Deren Erfolg als Lebensform sollte daran ablesbar sein, wie weit jeder einzelne Bürger die Zeit durch seine Teilnahme an politischen Entscheidungen beherrschen konnte, und mußte dazu von den politischen Randbedingungen und der ökonomischen und sozialen Basis absehen. Autonomie bedeutet am Ende nicht mehr von jeder Fremdbestimmung unabhängige Handlungsmacht, sondern Integrität der politischen Persönlichkeit.

Bürgertugenden und Bürgerethos sind jeder Verfassung offensichtlich vorgelagert und müssen sich in Pflichten verwandeln, um in den Rechtsdiskurs Einlaß zu finden: »Republikanisch ist das Bewußtsein jedes Bürgers, daß der Staat sein Besitz und seine Aufgabe ist. Die Republik, die ihren Namen verdient, gründet nicht auf der Macht des Gesetzes und nicht auf dem Gesetz der Macht, sondern auf dem Gemeinsinn freier Bürger. In dem alten Begriff ruht die Erkenntnis von der Tugend des Bürgers als der Bedingung seiner Freiheit. (...) Freiheit ist immer sittliche Autonomie. Grundrechte sind die Rechtshülsen für moralische Grundpflichten. Der demokratische Rechtsstaat lebt aus der ethischen Kultur, die sich seiner Regelungsmacht weitgehend entzieht und

236 Isensee, Das Grundrecht auf Sicherheit, 39; ders., Demokratischer Rechtsstaat und staatsfreie Ethik, in: Essener Gespräche 11 (1977), 92ff., bes. 109ff.

237 Isensee, Grundrecht auf Sicherheit, 21 und 39 sowie ders., Demokratischer Rechtsstaat und staatsfreie Ethik, passim. Isensee hält es freilich für »eine staatspädagogische Utopie, die Sicherheit allein über die Erziehung zu erwarten und die Ablösung der Polizei durch die Schule zu fordern.« (Grundrecht auf Sicherheit, 39). Vgl. auch Böckenförde, *Sittlicher Staat* und dazu die Ausführungen oben, S. 107 ff.

238 Pocock, *Der bürgerliche Humanismus*, 4.

239 Pocock, *Der bürgerliche Humanismus*, 39.

die sogar außerhalb seines juristischen Begriffshorizonts verbleibt.«[240] Diese Textstelle suggeriert, daß Pflichten immer schon existieren, also eigentlich keines förmlichen legislativen Ausweises bedürfen, weil sie bereits in das System der grundrechtlichen Freiheiten eingelassen sind. Gegenüber Rechten sind sie vorgängig, wenn nicht vorrangig.

Diese Art, die Bestandsvoraussetzungen einer Republik zu sichern, distanziert sich deutlich von deren Verständnis als »Gesamtheit freier Menschen«, deren Gemeinwohl »durch Freiheit, Selbstgestaltung und Selbstbestimmung geprägt ist«[241]. Denn die soziale Integration beruht nicht auf der tätigen Bereitschaft der Mitglieder einer Gesellschaft, öffentlich für ihre Auffassungen und Interessen einzutreten – bei wechselseitigem Respekt vor der gleichen Freiheit und der körperlichen und psychischen Integrität der jeweiligen Gegner –, sondern auf der tugendhaften Selbstdisziplinierung aller Beteiligten. Tugendlehren, denen jede Veränderung zunächst einmal Gefahr bedeutet, fördern nicht die »aktive Teilhabe aller an der Realisierung eines Gemeinwohls, an der Stiftung eines solidarischen Zusammenhalts jenseits der Partikularinteressen«[242]; sie stehen vielmehr im Dienst einer mit staatlichem Nachdruck in die Individuen verlagerten, größtmöglichen Zähmung der in einer radikal pluralistischen Gesellschaft unvermeidlichen sozialen Konflikte. Aus der Perspektive des Tugenddiskurses, so wie er heute in Verfassungslehren in Erscheinung tritt, bedroht jede soziale Bewegung außerhalb der »staatstragenden« Organisationen und jeder Konflikt, der nicht in den Bahnen des parlamentarischen Systems verläuft, die politische Ordnung.

Tugendlehren, deren oberstes Anliegen ist, Sicherheit zu gewährleisten und Ordnung zu stabilisieren, müssen die republikanische Verheißung eines öffentlichen Raumes in zweifacher Hinsicht zurücknehmen. Zum einen können die Tugenden nicht in öffentlicher Debatte erörtert, einsichtig gemacht und aktzeptiert werden. Tugenden und Bürgerethos sind als quasi naturalistische, unverzichtbare Bedingungen jeder Konfliktpraxis vorgeschaltet. Ihre Berechtigung ebenso wie ihr Inhalt und Umfang stehen nicht zur Debatte, sondern verstehen sich gleichsam als »transzendentales Faktum« der Staats- und Ordnungsräson von selbst. Sie bringen ein vorrepublikanisches und vordemokratisches Prinzip »geordneter Freiheit« zum Ausdruck. Zum anderen verlangen Tugenden und Bürgerethos, wenn sie als (verfassungs)rechtlich erhebliche Bedingungen geordneter Freiheit auftreten, daß die öffentliche Gewalt in die Lebensgestaltung der Einzelnen eingreift, um die sozialen, politischen und moralischen Voraussetzungen einer ordnungssichernden Einstellung zur Gemeinschaft durch entsprechende erzieherische, notfalls polizeiliche Maßnahmen und durch die einschränkende Regulierung des Frei-

240 Isensee, *Republik*, 8.
241 Zinn/Stein, Verfassung des Landes Hessen, Art.65, Anm. III 2 u.3.
242 Sewing, *Wiederentdeckung der republikanischen Tradition.*

heitsgebrauchs zu schaffen und zu erhalten. Die in säkularisierten Gesellschaften auftretende Entzweiung von einer öffentlichen Sphäre einerseits, in der die Mitglieder und Assoziationen in Erscheinung treten und ihre Differenzen austragen, und andererseits der Sphäre der politischen Macht wird damit partiell eingezogen.
An dieser Stelle offenbart sich die in nicht geringem Maße immer noch von Hobbes inspirierte »Illiberalität, die bei allen Repräsentanten des Tugenddiskurses zu beobachten ist«[243] und ihnen nahelegt, den republikanischen Patriotismus öffentlicher Freiheit am Ende der Staatserhaltung zu opfern. Diese Illiberalität diskreditiert die Frage, ob und welche »Tugenden« oder subjektiven Einstellungen als Bedingung gemeinsamen öffentlichen Handelns in der republikanischen Konzeption einen legitimen Platz haben.

(2) *Zivilreligion*

Bereits Rousseau schwebte zur Sicherung der Republik »eine Art von bürgerlichem Glaubensbekenntnis« vor, »welches positiv die gesellschaftlichen Grundsätze enthielte, die jeder verbunden wäre anzunehmen, und negativ die fanatischen Grundsätze, die man genötigt wäre, zwar nicht als gottlos, aber als aufrührerisch zu verwerfen«. Am Ende hätte jeder »die Freiheit, keine andere Religion als das Gesetzbuch selbst zu haben.«[244] Wer heute eine Zivilreligion einfordert oder für unverzichtbar hält[245], also nicht nur deren Existenz nachweist, schreibt ihr, bei aller Unbestimmtheit, zumeist eine relativ eindeutige Funktion zu.[246] Sie soll, da eine Integration durch einen homogenen Wertekodex nicht ernsthaft erwogen werden kann, die gesellschaftliche Ordnung durch einen Kernbestand gemeinschaftsstiftender Orientierungen mit transzendentem Bezug absichern, den das institutionelle Christentum nicht mehr herstellen kann, und dadurch eine Gesellschaft »gegen das Gift der Anarchie« immunisieren. Vage bleiben jedoch sowohl der Begriff als auch die Leistungsfähigkeit einer solchen Bürgerreligion.
Nach einer neueren Lesart umfaßt diese »einen vielschichtigen, aber doch ganz bestimmte Konturen aufweisenden Komplex von moralischen Überzeugungen und politischen Optionen, von gesellschaftlichen Klassifikations- und Wahrnehmungsmustern, die zusammen die Lebensführung eines staatsloyalen und selbstbeherrschten Bürgers ausmachen.«[247] Ein Set von internalisier-

243 Münkler, Die Idee der Tugend, 391.
244 Rousseau, Der Gesellschaftsvertrag, Schriften I, hrsg.v. H. Ritter (Frankfurt/Main 1981), 330f.
245 Durkheim, Les Formes élémentaires de la vie religieuse.
246 Instruktiv die Beiträge in Kleger/Müller, *Religion des Bürgers;* Schieder, *Civil Religion*; Smid, *Pluralismus und Zivilreligion*, 3ff. und Dubiel, Zivilreligion in der Massendemokratie?, in ders., Ungewißheit und Politik, 151ff.
247 Kleger/Müller, *Der politische Philosoph*, 91.

ten Überzeugungen, über die sich eine Gesellschaft nicht jeweils zu verständigen braucht,[248] soll demzufolge die Bürger zur Selbstdiziplinierung anhalten und sie »an das politische Gemeinwesen binden«[249]. Diese Überzeugungen speisen sich aus den unterschiedlichsten Quellen, wie etwa der christlichen Religion, der Geschichte der demokratischen Republik oder der nationalen Tradition. Zu einer Zivilreligion mit doch eher vagen Umrissen verdichten sie sich in Dokumenten, wie dem Grundgesetz oder »Grundwertekatalogen«[250] der politischen Parteien, in Verlautbarungen, wie den Reden der politischen Repräsentanten, in Riten, wie der Beschwörung der »freiheitlichen demokratischen Grundordnung« oder Vereidigungszeremonien, und schließlich in Symbolen, wie der Nationalhymne, Fahne oder Gedenkstätten.

Ob diese zivilreligösen Formen der Selbstsymbolisierung einer Gesellschaft geeignet sind, der Gefahr der Selbstzerstörung angemessen zu begegnen, muß bezweifelt werden. Dagegen sprechen ihre Unbestimmtheit, Anspruchslosigkeit und Abhängigkeit von der jeweiligen politischen Kultur sowie die Schwierigkeit, sie für alle verbindlich zu formulieren und durchzusetzen. Auffällig ist, davon abgesehen, daß die diversen zivilreligiösen Konzepte mehr oder weniger starke Bezüge zur Religion herstellen. Sie enthalten »Elemente eines religiösen oder quasi religiösen Glaubens«[251], die zur Präzisierung auf die institutionalisierte Religion angewiesen sind, oder verweisen gar auf »Bestände religiöser Kultur, die in das politische System integriert sind, die somit auch den Religionsgemeinschaften nicht als interne Angelegenheit überlassen bleiben, in dieser Charakteristik Bürger auch in ihrer religiösen Existenz an das politische Gemeinwesen binden und dieses Gemeinwesen selbst in seinen Institutionen und Repräsentanten als in letzter Instanz religiös legitimiert sichtbar machen.«[252] Unklar bleibt, ob Zivilreligion nur das Ersatzmedium für die von den institutionellen Religionen in einer »entzauberten Welt« nicht mehr oder nur unzureichend herzustellenden Erfahrung eines Gottesverhältnisses sein soll. Oder ob die relativ anspruchslose zivilreligiöse Symbolik am Ende dazu dient, der vorfindlichen, institutionalisierten politischen Ordnung eine transzendente Legitimation zu beschaffen – unter Rückgriff auf christliches Naturrecht, Schöpfungstheologie oder die Religion im allgemeinen. Damit träte eine Zivilreligion aus dem republikanischen Bezugsrahmen heraus.

Am Ende fragt sich, wie eine Zivilreligion das Handlungsproblem entschärfen oder das wohl aktuellere Problem – die Politikverdrossenheit – lösen könnte.

248 Luhmann, Grundwerte als Zivilreligion, 51 ff./62.

249 Lübbe, Die Religion der Bürger, 125. Lübbe verleiht den Prinzipien der Zivilreligion allerdings die Verbindlichkeit religiöser Vorschriften.

250 Eppler, *Grundwerte*; Gorschonek, *Grundwerte*; Meyer, Grundwerte und Gesellschaftsreform und Kimminich, *Grundwerte*, 1 ff.

251 Luhmann, Grundwerte als Zivilreligion, 62.

252 Lübbe, Die Religion der Bürger, 125.

Die Antwort hängt davon ab, ob sich mit einer Zivilreligion Gebote oder Verbote verbinden lassen, und wem bzw. welcher Instanz deren Realisierung überantwortet wird, ihren Inhalt festzulegen, ihre Einhaltung zu kontrollieren und ihre Verletzung zu sanktionieren. In der Grundwerte-Debatte und deutlicher in der Übersetzung von Grundwerten in eine »objektive Wertordnung« zeigen sich Ansätze, die darauf abzielen, die interne Zerfallsbedrohung einer demokratischen Republik dadurch zu bannen, daß der Staat als gegenüber der Gesellschaft relativ autonomer Träger von Werten etabliert und ihm die Veranstaltung politischer Riten überantwortet wird. Zwar heißt es, »mit einem ethischen Minimum« sei »kein Staat zu machen«[253], doch lassen sich die Maximen einer staatlich verwalteten Hochethik nicht mehr ohne weiteres aus einem tradierten Bestand unverfügbarer Werte abrufen. Wenn aber die zivilreligiösen Forderungen immer wieder neu formuliert werden müssen, geraten sie gegenüber den kommunikativen Rechten und Praktiken einer Aktionsbürgerschaft und einer Ethik der Einmischung unweigerlich in Bedrängnis.

(3) *Verfassungspatriotismus*

Von autoritären Tugendzumutungen und einer Staatsethik im zivilreligiösen Gewande weit entfernt sind Überlegungen, die sich auf die Bedingungen und auf die Notwendigkeit eines an der Verfassung orientierten und von dieser informierten Patriotismus konzentrieren. Von Lehren, die öffentliche Tugenden oder eine Zivilreligion einfordern, heben sich diese dadurch ab, daß sie Verfassungspatriotismus primär empirisch verstehen und als Identitätskonzept dem Nationalismus alter Prägung gegenüberstellen. So spricht Sternberger davon, »ein neuer, ein zweiter Patriotismus« habe sich ausgebildet.[254] Lepsius charakterisiert als den hervorstechenden Zug der republikanischen Kultur, sie sei »stark vom Grundgesetz, seinen materialen Wertvorgaben und seinen formellen Vorgaben für die Konfliktaustragung bestimmt«.[255] Nach Gebhardt geht die »Herausbildung einer für die deutschen Verhältnisse spezifischen Mischung etatistischer und bürgerschaftlicher Elemente in einer in sich durchaus stimmigen, utilitaristisch ausgerichteten, demokratischen politischen Kultur . . . ursächlich auf das kraftvolle und dauerhafte Zusammenspiel der symbolischen und instrumentellen Ordnungsfunktion der deutschen Verfassung zurück«.[256] Vorsichtiger spricht Habermas davon, daß »die Identifikationen mit eigenen Lebensformen und Überlieferungen . . . von einem abstrakter ge-

253 Kimminich, *Grundwerte*, 16f. Vgl. auch Hollerbach, Aspekte der Freiheitsproblematik im Recht, 29ff., der von »ethischen Minimalia« spricht.
254 Sternberger, Verfassungspatriotismus, bes. 13/24.
255 Lepsius, Interessen, Ideen und Institutionen, 63f.
256 Gebhardt, Verfassungspatriotismus als Identitätskonzept der Nation, 33f. Vgl. auch Haungs, Staatsbewußtsein im Vereinigten Deutschland, in: O.W. Gabriel u.a., Der demokratische Verfassungsstaat, 195ff/210.

wordenen Patriotismus (überlagert werden), der sich nicht mehr auf das konkrete Ganze einer Nation, sondern auf abstrakte Verfahren und Prinzipien bezieht. Diese zielen auf die Bedingungen des Zusammenlebens und der Kommunikation zwischen verschiedenen, gleichberechtigt koexistierenden Lebensformen – im Innern wie nach außen.«[257]
Ob nun die »lebende Verfassung, an der wir täglich mitwirken«, und der sich die Bürger in »Staatsfreundschaft« sittlich verbunden wissen,[258] oder die »abstrakte Idee der Verallgemeinerung von Demokratie und Menschenrechten«[259] letztlich der Kristallisationskern jener Identität ist, muß hier nicht entschieden werden. So oder so lassen sich diese Konzepte des Verfassungspatriotismus nicht mit anderen Rezepten zur Selbstdisziplinierung der Bürger auf eine Stufe stellen. Auch soweit sie eine bewußte Option für die verfassungsstaatliche Ordnungsidee enthalten, bleibt es immer noch Sache der Bürgerschaft, sich mit der »lebendigen Verfassung«, deren Wertvorgaben oder Prozeduren zu identifizieren oder nicht. Republikanischer Verfassungspatriotismus gleich in welcher Gestalt entzieht sich jeder hoheitlichen Verordnung; er lebt als reflexives Zugehörigkeitsgefühl zu einem Kollektiv von der Besinnung auf seine geistig-politischen und verfassungsrechtlichen Voraussetzungen. Und er wirkt integrativ nur dann und nur solange, als eine Bürgerschaft sich in ihren Konflikten an der grundlegenden Konvention, also an dem Problem der Selbstorganisation orientiert.

5.4 *Soziale Integration und öffentliche Freiheit: Zur »Vernunft« und »Tugend« öffentlicher Freiheit*

Zu den Strategien staatlich verordneten Praxisentzugs und autoritär zugemuteter tugendhafter oder zivilreligiöser Selbstdisziplinierung hält ein Ansatz Distanz, der den Risiken, die sich aus dem Strudel der Initiativbildungen ergeben, mit öffentlicher Freiheit begegnet. Diese auf den ersten Blick paradoxe Reaktion geht davon aus, daß nicht ein Übermaß an politisch relevanten Initiativbildungen, sondern eher deren Mangel den republikanischen Alltag bestimmen.[260] Sie kann darauf verweisen, daß auch in Phasen gesteigerter Aktivität in aller Regel nur zahlenmäßig begrenzte Gruppen, politische Minderheiten und soziale Bewegungen öffentlich in Erscheinung treten, um im öffentlich-politischen Raum ihre Anliegen nachdrücklich zur Geltung zu brin-

257 Habermas, Geschichtsbewußtsein und posttraditionale Identität, 173 und ders., Staatsbürgerschaft und nationale Identität. Kritisch zu diesem »abstrakten Normativismus« Gebhardt, Verfassungspatriotismus als Identitätskonzept der Nation, 30.
258 Sternberger, Staatsfreundschaft, 227.
259 Habermas, Geschichtsbewußtsein und posttraditionale Identität, 174.
260 Die Befunde, die die Wahl- und Meinungsforschung erhebt, deuten eher auf Apathie und »zivile Desertion« hin.

gen. Mit historischer Rückendeckung kann zudem behauptet werden, daß weder Praxisentzug noch viel weniger die quasi-religiös begründete Aufforderung zur Selbstbeherrschung auf Dauer geeignet sind, Gesellschaften gegen das vermeintliche Gift der Anarchie zu immunisieren.[261] In radikal pluralistischen, fragmentierten Gesellschaften dürfte die plötzliche Eruption eines zeitweise verdrängten Interesses oder einer nicht zugelassenen Meinung allemal mehr zu fürchten sein als deren nicht-zensierte Artikulation in öffentlichen Auseinandersetzungen, selbst wenn sich dabei nicht unbedingt eine »gemeinschaftliche Vernunft« herausbildet.[262] Wenn überhaupt, so kann der Übergang von der Gewalt zur Verständigung wohl nur in einer öffentlichen Sphäre gelingen, in der konträre Auffassungen und Forderungen aufeinanderprallen und Gegensätze ausgetragen werden können. Aus diesem Grunde appelliert die Idee einer demokratischen Republik immer wieder an die Handlungsbereitschaft aller Bürgerinnen und Bürger, mit der sie steht und fällt.[263]
Dieser Ansatz folgt dem weiten, manchmal als »ursprünglich« bezeichneten Republikbegriff. Er lenkt das Augenmerk von der Immanenz und Transparenz öffentlich begründeter und ausgeübter Herrschaft hin zur Partizipation aller Mitglieder eines Sozialverbandes an der politischen Willens- und Entscheidungsbildung und zu ihrer wechselseitigen Verbindung in der Gestalt eines Gemeinwesens. Während die allgemeine politische Teilnahme häufig als Ausdruck freiheitlicher politischer Selbstbestimmung der »Demokratie« oder »Radikaldemokratie« zugeschlagen wird und dann in der Begründung politischer Autorität aufgeht, prägt sie hier auch den Modus sozialer Integration. Publizität ist demzufolge nicht nur ein kritischer Maßstab für die Einrichtung von Ämtern und die Beurteilung des Handelns von Amtsträgern, sondern zugleich auch eine Vorgabe für den politischen Willensbildungsprozeß selbst, in dem sich eine Bürgerschaft über die institutionelle Ausgestaltung der öffentlichen Gewalt und die Einsetzung der Amtsträger und darüber verständigt, wie Meinungen und Interessen zur Geltung kommen und die sozialen Konflikte ausgetragen werden sollen. Öffentlichkeit wird damit zur notwendigen rechtlichen Bedingung für die Konstruktion eines symbolischen Bandes zwischen den Mitgliedern einer Gesellschaft der Individuen. Eine weitere Bedingung ist die tatsächliche Ermächtigung aller Bürgerinnen und Bürger zur Teilnahme am öffentlichen Leben und die Förderung ihrer Bereitschaft, an öffentlichen Auseinandersetzungen teilzunehmen und dabei die grundlegenden Regeln einer republikanisch-demokratischen Streitpraxis zu beachten. In den näch-

261 Nicht einmal der totale Praxisentzug in den sozialistischen »Volksrepubliken« hat letztlich das Wiederaufleben von Dissidentengruppen und Bürgerbewegungen verhindern können.
262 So ist allerdings bereits Jeffersons Idee von »Elementar-Republiken« zu verstehen, in denen »die Stimme des ganzen Volkes gleichermaßen, friedlich und voll zu Gehör und zur Diskussion kommt, damit dann mit gemeinschaftlicher Vernunft entschieden werden kann«. Arendt, Über die Revolution, 321.
263 Skeptisch dazu Peters, Die Integration moderner Gesellschaften, 92ff./322ff.

sten Kapiteln soll gezeigt werden, daß sich damit nicht hinterrücks doch wieder eine hoheitliche Tugendzumutung verbindet, daß es sich vielmehr um eine wechselseitige, horizontale Verpflichtung handelt, an die sich die Mitglieder einer Gesellschaft gebunden fühlen und sie einhalten – oder eben nicht. Womit zugleich gesagt ist, daß sich die Risiken der Republik nicht ausschalten lassen.

V. Sozialstaat und Solidarität

1. *Freiheit, Gleichheit und ... Solidarität*

Eine demokratische Republik lebt, wie oben ausgeführt, von der Bereitschaft – eines möglichst großen Teils – ihrer Bürgerschaft, öffentlich zu handeln, ihre Meinungen und Interessen coram publico zur Geltung zu bringen und besonders im Konflikt für jene Regeln einzutreten, die als grundlegende Konvention eine zivilgesellschaftliche Streitkultur verbürgen. Ein kursorischer Durchgang durch die Geschichte moderner Gesellschaften und die Hinweise auf die vielfältigen Fluchten vor der Freiheit[1] sollten deutlich gemacht haben, daß eine solche Einstellung[2] nicht ohne weiteres unterstellt werden kann. Im Gegenteil legen nur wenige Stichworte zur gegenwärtigen Verfassung der Bürgerschaft – wie vor allem Partei- und Politikverdrossenheit, Absentismus und »zivile Desertion« – sowie zur Verfassung der Republik – ihr herrenloser Begriff und eine verdrängte Tradition, vermachtete Öffentlichkeit, korporatistische und oligarchische Entscheidungsstrukturen – die Schlußfolgerung nahe, daß die Neigung öffentlich zu handeln weder im Zuge der Säkularisierung ohne weiteres Zutun gleichsam mitgeliefert wird noch dort zeitstabil erhalten bleibt, wo sie sich einmal praktisch bewährt hat. Hiermit ist also eine ebenso wesentliche wie nichttriviale Voraussetzung republikanischer Politik angesprochen. Mit deren theoretischer Beschwörung ist es offensichtlich nicht getan. Ebensowenig läßt sich republikanisch-demokratische Partizipation durch die Zumutung von Tugenden oder die Statuierung von Rechtspflichten hoheitlich erzwingen. Das Dilemma besteht folglich darin, daß die Bürgerinnen und Bürger einer demokratischen Republik zwar von einander die öffentliche Artikulation ihrer Interessen ebenso wie die Teilnahme an den gemeinsamen Geschäften der Gesellschaft erwarten müssen, die Erfüllung dieser wechselseitigen Erwartung in der Regel jedoch nicht – oder doch nur ausnahmsweise und punktuell – rechtsverbindlich durchsetzen können.[3] Verschärft wird dieses Dilemma dadurch, daß republikanisch und demokra-

1 Ausführlich dazu oben S.81ff.

2 Diese Einstellung oder Bereitschaft mag man als demokratische Bürgertugend bezeichnen, wenn nicht verkannt wird, daß es sich dabei um eine nicht erzwingbare Bedingung der Möglichkeit republikanisch-demokratischer Selbstregierung handelt.

3 Die in Ländern wie Argentinien, Australien oder Belgien bestehende Wahlpflicht bestätigt als Ausnahme die grundsätzliche Nichterzwingbarkeit politischer Teilnahme. Ob es sich hier in der Tat um Ausnahmen handelt, ist im übrigen im Hinblick auf die jeweiligen historischen und politischen Hintergründe sorgfältig zu prüfen.

tisch verfaßte Gesellschaften, entgegen der verfassungsrechtlichen Rhetorik, ihren partizipationswilligen Mitgliedern Steine in den Weg legen. Das gravierendste Hindernis dürfte in kapitalistischen Gesellschaften wohl die allfällige Unsicherheit der Existenz sein. Diese verlangt allen Mitgliedern ab, den größten Teil ihres Zeitbudgets und ihrer Energien auf die materielle Reproduktion und die Sicherung oder Verbesserung ihres ökonomischen Status zu verwenden. Mit dem an sich zutreffenden Hinweis, eine Republik fordere von ihrer Bürgerschaft keine politische Daueraktivität, läßt sich dieses Hindernis gewiß relativieren, jedoch nicht aus der Welt schaffen.

Eine republikanisch-demokratische Verfassungstheorie kann sich nur um den Preis ihrer Selbstentwertung realitätsblind stellen und übersehen, daß sich ein beachtlicher Teil der Bürgerinnen und Bürger, denen diese säkularisierte Welt Autonomie und politische Partizipation zumutet, im Zustand blanker Not und Entbehrung lebt oder durch andere als nur ihre materiellen Lebensumstände – etwa durch Diskriminierung oder Desinformation – systematisch entmutigt werden, das von Hannah Arendt gepriesene »öffentliche Glück« zu erfahren. Mithin stellt sich die Frage, ob und inwieweit in die grundlegende Konvention zugleich die wechselseitige Verpflichtung eingelassen ist, die Bereitschaft zur Teilnahme am öffentlichen Leben dort zu ermöglichen, wo sie aus den angegebenen (Herrschafts-)Gründen behindert oder zerstört wird oder sich wegen der persönlichen Lebensumstände nicht entfalten kann.

Diese Frage greift von den drei Losungen der Französischen Revolution die dritte auf, die bezüglich ihrer normativen Konkretisierung stets im Schatten der beiden ersten stand. Über die stiefmütterliche Behandlung der »fraternité« lassen sich allerlei Vermutungen anstellen. Hatten *Freiheit* und *Gleichheit* als Kampfparolen und normative Prinzipien immerhin einen verheißungsvollen universalistischen Klang, so verriet die *Brüderlichkeit* allzu offensichtlich die Halbierung der Menschenrechte zu Lasten der Angehörigen des »zweiten Geschlechts«[4] und wurde etwa von Kant mit »Selbständigkeit«,[5] von anderen mit »Sicherheit« übersetzt, blieb damit dem Bilde des ökonomisch unabhängigen und deshalb politisch teilnahmeberechtigten Mannes verhaftet.

Es dauerte eine geraume Zeit, bis dieser begriffliche Makel mit der Überset-

4 Daß ein universalistischer Klang noch keine unversalistische Anwendung verbürgt, muß hier nicht noch einmal ausgeführt werden. Vgl. dazu ausführlich Günther, Sinn für Angemessenheit, bes. 209ff. Zum Ausschluß der Frauen aus dem grundlegenden Sozialvertrag vgl. Pateman, The Sexual Contract, passim. Zur historischen Halbierung der Menschenrechte zu Lasten der Frauen vgl. die Erklärung von Olympe de Gouges, An die Königin – Erklärung der Rechte der Frau und Bürgerin von 1791, in: Aus Politik und Zeitgeschichte B 48/77 vom 3.12.1977 und dazu Gerhard, *Menschenrechte auch für Frauen*. Zur aktuellen geschlechtsspezifischen Verkürzung von Freiheit und Gleichheit vgl. Gerhard/Jansen, *Differenz und Gleichheit*. Zur Spaltung des Sozialstaats zum Nachteil der Frauen vgl. die Beiträge in Gerhard, *Auf Kosten der Frauen* mit zahlr. Nachw.

5 Über den Gemeinspruch, WW IX, 145.

zung der Brüderlichkeit in *Solidarität* getilgt schien.[6] Damit eröffneten sich jedoch zwei weitere Schwierigkeiten. Zum einen haftete der Idee der Solidarität, sobald vergessen war, daß dieser Begriff zunächst die juristische Verbundenheit von Schuldnern bezeichnete, wechselseitig für einander einzustehen, nunmehr der »Ludergeruch der Revolution« an. Von der Arbeiterbewegung als »Kampfsolidarität der Schwachen gegen die Mächtigen« und zur Lösung der »sozialen Frage« in Anschlag gebracht, verwandelte sich Solidarität von einem juristischen in einen politischen Begriff und bezeichnete nunmehr die »Verbundenheit der Gläubiger«, die einforderten, was ihnen zustand.[7] Nicht zuletzt die klassenspezifischen Konnotationen dürften die Karriere des Rechtsprinzips »Solidarität« beeinträchtigt haben. Für besitzindividualistisch gesonnene, auf den Märkten konkurrierende Wirtschaftsbürger war und ist Solidarität – spätestens seit ihrer Inszenierung im realexistierenden Sozialismus unter diesem Motto – kein Thema.
Zum anderen blieb lange Zeit offen und ist noch heute unklar, was unter Solidarität von Rechts wegen zu verstehen sein könnte. Nach Schulze droht »Solidarität« »zu einem muffigen, moralisierenden Füllwort ohne Aufmerksamkeitswert zu verkommen. Wenn es ertönt, gerät der Diskurs in die Nähe der Liturgie; andächtige Schläfrigkeit macht sich breit.«[8] Hilfreich ist seine Unterscheidung von einer anspruchsvollen, nicht im engeren juristischen Sinne zu verstehenden Solidarität der Schuldner gegenüber der klassischen politischen Solidarität der Gläubiger (Kampfbegriff), von instrumenteller und symbolischer Solidarität, von Solidarität, die in einem rationalen, interessegeleiteten Kalkül gründet, gegenüber jenem als Solidarität bezeichneten Gefühl der Verbundenheit. In diesem Kapitel soll der Versuch unternommen werden, aus der Differenz und Kombination von ziviler, d.h. mitbürgerlicher Solidarität einerseits und sozialer, gruppenspezifischer Solidarität andererseits Kapital zu schlagen für eine Zivilisierung des Sozialstaats und eine neue Begründung sozialer Rechte.

2. *Solidarität im verfassungsrechtlichen Kontext*

Die modernen Verfassungen halten sich in puncto Solidarität mit ihren Verheißungen auffällig zurück. Die Abstinenz wird meist nur durch indirekte An-

6 Allerdings spricht noch die Allg. Erklärung der Menschenrechte von 1948 in Art. 1 arglos davon, daß »alle Menschen . . . einander im Geiste der Brüderlichkeit begegnen (sollen).«
7 Vgl. dazu Christoph, Solidarität; hierzu und zum folgenden Schulze, *Über alte und neue Werte.*
8 Schulze, *Über alte und neue Werte.*

spielungen oder unverbindliche Appelle unterbrochen. So findet sich in der Französischen Revolutionsverfassung von 1791 der implizite Hinweis auf eine öffentliche Unterstützung für die Hilfsbedürftigen der Gesellschaft,[9] den die Verfassung von 1793, wohl auch als Ausgleich für die Hervorhebung des Eigentumsrechts[10] zu einer »heiligen Schuld« verdichtet.[11] Eine Beschwörung der Gesellschaft als Solidargemeinschaft läßt sich dort auch dem Art. 34 der Déclaration des droits de l'homme et du citoyen entnehmen: »Unterdrückung der Gesamtheit der Gesellschaft ist es, wenn auch nur eines ihrer Glieder unterdrückt wird; Unterdrückung jedes einzelnen Gliedes ist es, wenn die Gesamtheit der Gesellschaft unterdrückt wird.« Die nordmerikanische Bundesverfassung begnügt sich demgegenüber zu erklären, Zweck der Verfassung sei, die »allgemeine Wohlfahrt zu fördern«, ohne freilich dem Kongress ausdrücklich die dazu erforderlichen Gesetzgebungskompetenzen einzuräumen.[12]

Die deutschen Konstitutionen des 19. Jahrhunderts erreichen in Sachen Solidarität nicht einmal das Niveau feierlicher Aufrufe oder vager Absichtserklärungen. So äußert sich die Paulskirchenverfassung zwar zur Jagd (Art. 169), nicht aber zur Wohlfahrt der Gesellschaft. Immerhin soll für die Bildung der deutschen Jugend durch öffentliche Schulen überall genügend gesorgt werden (Art.155). Die Preußische Verfassungsurkunde von 1850 schließt sich dem Schweigen an. Mit der Bismarckschen Reichverfassung schließen die beteiligten Fürsten einen »ewigen Bund«, insofern dem amerikanischen Beispiel vergleichbar, auch zur »Pflege der Wohlfahrt«. Beiläufig erwähnen sie immerhin die Armenversorgung und das Versicherungswesen (Art. 3 und 4).[13]

Erst die Weimarer Verfassung bricht 1919 das Schweigen und stellt ihren realistischen, vom Elend des Ersten Weltkrieges und von den sozialen Folgen der fortschreitenden Industrialisierung geöffneten Blick mit der Normierung von Gesetzgebungskompetenzen für das Armenwesen und die Wandererfürsorge, für die Mutterschafts-, Säuglings-, Kinder- und Jugendfürsorge, für Arbeitsschutz, Kriegsopferfürsorge und Wohlfahrtspflege (Art. 7 und 9 WRV) sowie vor allem mit einem Katalog von sozialen Grundrechten und Grundpflichten[14] unter Beweis. Auch wenn diese Rechte »auf dies und das«, wie Kritiker hä-

9 »Il sera créé et organisé un établissement général de Secours publics, pour élever les enfants abandonnés, soulager les pauvres infirmes, et fournir du travail aux pauvres valides qui n'auraient pu s'en procurer.« (Titre I der frz. Verf. von 1791).

10 Vgl. Art. 2, 8, 16, 19 der Déclaration (Verf. von 1793) zit. bei Grab, *Französische Revolution*, 80ff.

11 Art. 21 und 22 der frz. Verf. von 1793, zit. bei Grab, *Französische Revolution*, 152

12 Vgl. Präambel und Art. I sec.8 der U.S. Constitution.

13 Wobei unter dem Versicherungswesen allerdings zunächst nicht die später eingeführten Sozialversicherungen verstanden wurden.

14 Siehe insbesondere Art. 122 (Schutz der Jugend), 143 (Bildung), 146 III (Erziehungsbeihilfen), 155 (Sicherung von Wohnungen), 161 (Sozialversicherung), 163 (Nachweis von Arbeitsgelegenheiten, Sicherung des notwendigen Lebensunterhalts).

misch anmerkten, mangels Verbindlichkeit nur programmatischen Charakter hatten, so ist damit doch der Prozeß der verfassungsrechtlichen Übersetzung von Solidarität abgeschlossen: Sie äußert sich (a) in feierlichen Aufrufen zur wechselseitigen Hilfe und Unterstützung, deren Sitz vorzugsweise die Präambeln sind, (b) in Verfassungsaufträgen bzw. Staatszielen, die sich an die öffentlichen Gewalten adressieren, so vor allem im Sozialstaatsprinzip, und (c) in sozialen (Grund-)Rechten unterschiedlicher normativer Kraft wie etwa dem Recht auf Bildung, Arbeit oder Wohnung.

Das Grundgesetz von 1949 verzichtet, in markantem Gegensatz zu einigen Länderverfassungen zuvor, auf die verfassungsmäßige Verbürgung und Konturierung einer Arbeits- und Sozialordnung und begnügt sich damit, dem neuen Staat das Prädikat »sozial« zuzuschreiben, also den Weg eines Verfassungsauftrags einzuschlagen.[15] Erst die deutsche Einigung führt ein halbes Jahrhundert später zu einer erstaunlichen Renaissance des Themas Solidarität. So beschwört der Verfassungsentwurf des »Runden Tisches« von 1990 in der Präambel, »ein demokratisches und solidarisches Gemeinwesen zu entwikkeln, das Würde und Freiheit des einzelnen sichert, gleiches Recht für alle gewährleistet, die Gleichstellung der Geschlechter verbürgt und unsere natürliche Umwelt schützt«.[16] Der Entwurf des Kuratoriums für einen demokratisch verfaßten Bund deutscher Länder bekräftigt die Entschlossenheit, »ein demokratisches und solidarisches Gemeinwesen zu erneuern, in dem das Wohl und die Stärke aller aus dem Schutz der Schwachen wächst«.[17] Entsprechend geben sich 1992 die Bürgerinnen und Bürger des Landes Brandenburg ihre Verfassung »im Geiste der Traditionen von Recht, Toleranz und Solidarität«, auch um »das Gemeinschaftsleben in sozialer Gerechtigkeit« zu ordnen.[18] Die »Schwachen zu schützen«, setzt sich auch die Bürgerschaft von Mecklenburg-Vorpommern zum Ziel. Im Verlauf der Beratungen der Gemeinsamen Verfassungskommission für das Grundgesetz wird Solidarität ebenfalls – allerdings im Ergebnis folgenlos – thematisiert: Weder gelingt es, in den neu gefaßten Art. 23 GG eine Verpflichtung zum Dienst an »der Gerechtigkeit und der Solidarität in der einen Welt« aufzunehmen, noch wird das 1994 geänderte Grundgesetz den in der Kommission mehrheitlich, aber eben nicht mit

15 Ausführlich zur Entstehungsgeschichte des Grundgesetzes und der Länderverfassungen Zacher, Das soziale Staatsziel, Rn. 7ff., 10ff. Vgl. auch Denninger, Menschenrechte und Grundgesetz, der mit »Sicherheit, Vielfalt, Solidarität« ein »neues Paradigma« vorlegt (S. 23ff.).

16 Abgedr. in JöR NF Bd.39 (1990), 350.

17 Abgedr. in Guggenberger et al., Eine Verfassung für Deutschland, 102.

18 Präambel BgbVerf. Die brandenburgische Verfassung enthält überdies ein »Recht auf soziale Sicherung bei Krankheit, Unfall, Invalidität, Behinderung, Pflegebedürftigkeit und im Alter« (Art. 45), einen Anspruch auf Sozialhilfe (45 II) sowie die Verpflichtung des Staates, das Recht auf Wohnung und Arbeit zu realisieren (47, 48).

der erforderlichen 2/3-Mehrheit befürworteten Appell enthalten »Jeder ist zu Mitmenschlichkeit und Gemeinsinn aufgerufen.«[19]
Die hier aufgeführten Varianten verfassungsgesetzlicher Äußerungen zum Thema Solidarität dürften selbst ein bescheidenes Bedürfnis nach inhaltlicher Bestimmtheit kaum befriedigen. Es zeigen sich Wahlverwandtschaften vor allem zu den Prinzipien der Toleranz und sozialen Gerechtigkeit, aber auch zu Vorstellungen von Gemeinwohl und Gemeinsinn. Als Rechtsprinzip läßt sich Solidarität also nicht ausschließlich auf Fragen der Gerechtigkeit festlegen, sondern betrifft zugleich auch solche des guten Lebens bzw. des angemessenen Zusammenlebens in Gesellschaft, die üblicherweise unter der Formel »Gemeinwohl« zusammengefaßt werden. Verfassungstexte und -entwürfe verweisen unter dem Stichwort »Solidarität« bei aller Vagheit und in unterschiedlichen verfassungsstrukturellen Ausformungen auf (a) eine Anerkennung anderer, insbesondere ihres Existenzrechts, der (b) eine positive Verpflichtung (zu helfen oder zu teilen) korrespondiert, die sich nicht den Regeln der Grammatik von Freiheit und Gleichheit fügt. Zu diesen Elementen von Solidarität tritt (c) eine nicht kognitive Bindung hinzu, die sich als Empathie (oder Gefühl der Fürsorglichkeit) umschreiben läßt und zumeist unausgesprochen bleibt.
Mit der Maxime gleicher Freiheit – wie etwa: »was du nicht willst, das man dir tu, das füg' auch keinem andern zu«[20] – läßt sich die bereits in der Direktorialverfassung von 1795 formulierte solidarische Maxime »Faites constamment aux autres le bien, que vous voudriez recevoir«[21] in der Tat nicht problemlos kombinieren. Während Freiheit und Gleichheit die Existenz und Autonomie des Individuums normativ auf Hochglanz bringen und mit der Existenz und Lebenslage anderer verschränken, verweist Solidarität über die Grenzen der Handlungshorizonte autonomer Individuen hinaus auf die empirische Realität und auf die Schattenseiten des Lebens in modernen Gesellschaften. Während Freiheit und Gleichheit als neu geschmiedete Waffen in der Hand der im übrigen entwaffneten Bürger[22] sich in erster Linie gegen die öffentlichen Gewalten[23] und vornehmlich, wenngleich als positive Freiheit

19 Vgl. Bericht der Gemeinsamen Verfassungskommission, BT-Dr. 12/6000, 82 und 159. Dazu kritisch Grimm, Was zuviel ist, ist von Übel, FAZ vom 15.6.1994; Denninger, Verfassungsrecht und Solidarität; ders., Menschenrechte und Grundgesetz, 13ff. sowie U.K.Preuß, Innere Pflichten sind nicht zu erzwingen, Zeitschrift Das Parlament Nr. 50 v. 16.12.1994.
20 Vgl. Art. 4 d. Menschenrechtserklärung von 1789: »Die Freiheit besteht darin, alles tun zu können, was einem anderen nicht schadet«.
21 Art. 2 der Verfassung von 1795; zit. bei Hofmann, *Grundpflichten*, 61 Fn.75 und Denninger, Verfassungsrecht und Solidarität, 13f.
22 Die Angst einer Bürgerschaft vor dem – nach Preisgabe von Faust- und Selbsthilferecht – waffenlosen Zustand vor allem gegenüber öffentlichen Gewalten zeigt keine Verfassung deutlicher als die der Vereinigten Staaten mit dem ausdrücklich verbürgten Recht der Bürger, Waffen zu tragen (2. Verfassungszusatz).
23 Zur Drittwirkung der Grundrechte vgl. Pieroth/Schlink, Grundrechte, Rn. 202ff.

nicht ausschließlich auf die Abwehr gesetzwidrigen Zwangs richten, signalisiert Solidarität eine andere Stoßrichtung, nämlich eine horizontale Verpflichtung und verlangt offensichtlich nach einer anderen Begründung. Der soll im folgenden nachgegangen werden.

3. *Privates Elend – öffentliche Verantwortung*

Warum sollte uns das private Elend anderer Leute kümmern? Warum sollte deren privates Wohlergehen und politische Handlungsfähigkeit in einer »Gesellschaft der Individuen« eine öffentliche Verantwortung auslösen? Wie läßt sich eine wechselseitige Unterstützungspflicht begründen, die darauf angelegt ist, die Bereitschaft aller Bürgerinnen und Bürger einer Republik zu ermöglichen und zu fördern? Die Suche nach einer Antwort auf diese Fragen legt nahe, zunächst zu der uns umgebenden Gesellschaft und zu den hier vorfindlichen Einrichtungen der Wohlfahrt – also der übermächtigen Präsenz des Sozialstaats – für einen Moment auf Distanz zu gehen.

3.1 *Armut als Schicksal, Privatsache und politische Aufgabe*

Der mittelalterlichen Gesellschaft, so die aus der zeitlichen Ferne nicht ganz unschlüssige Mutmaßung, stellten sich diese Fragen nicht. Für Armut und Elend, Krankheit und Siechtum standen religiöse Deutungsmuster bereit, die Schicksalsschläge aller Art (wie übrigens auch Reichtum) in einen göttlichen Plan einfügten und den Betroffenen nahelegten, sie als solche hinzunehmen.[24] Christliche Nächstenliebe und Werkgerechtigkeit, traditionelle Statuspflichten *(noblesse oblige)* oder die Zugehörigkeit zu Zünften und Gilden erlegten den jeweiligen Adressaten bestimmte Hilfs- und Unterstützungsleistungen auf. Zwar ist damit nicht gesagt, daß diese stets erfüllt wurden, auch besteht kein Grund, die von Gewalt und Willkür durchsetzte Almosengesellschaft zu romantisieren, doch wäre die Frage nach einer öffentlichen Verantwortung für privates Elend in einem solchen Kontext jedenfalls sinnlos gewesen.
Diese Zeiten, wenn es sie je gab, sind längst vorbei. Im Zuge der Säkularisierung treten Heilspläne, Traditionsbestände und imaginierte Naturzustände in

24 Zur religiösen Deutung der Armut vgl. Oexle, Armut, Armutsbegriff und Armenfürsorge im Mittelalter, in: Sachße/Tennstedt, Soziale Sicherheit und soziale Disziplinierung, 73ff. m.w.Nachw. Zur religiösen Interpretation von (ansteckenden) Krankheiten vgl. Attali, Die kannibalische Ordnung. Von der Magie zur Computermedizin (Frankfurt/New York 1981), bes. 17ff.

den Hintergrund. Die Staatstheorie der Frühen Neuzeit rückte den Staat ins Zentrum ihrer Überlegungen und übersetzte Nächstenliebe ebenso wie andere tradierte Hilfspflichten in das Staatsziel »Glückseligkeit«, »common good« oder »Wohlfahrt«[25], das der Obrigkeit ein ihre Machtausübung legitimierendes und begrenzendes normatives Ziel vorgab und zugleich zum Ausgangspunkt einer im weiteren Geschichtsverlauf weit ausgreifenden und sich verfeinernden Sozialdisziplinierung wurde.[26] Der absolutistische Wohlfahrtsstaat praktizierte keine Solidarität, sondern einen »Glückseligkeits-Paternalismus« bzw. »wohlwollenden Despotismus«, der nach den offiziellen Verlautbarungen vornehmlich darin bestand, »Witwen und Waisen zu schützen«, den Schwachen beizustehen, die Untertanen zu schonen und die Bösen zu bestrafen.[27] Unter Berufung auf das »Gemeinwohl« griff der frühneuzeitliche Staat in wirtschaftliche Positionen ein, beseitigte ständische und feudale Strukturen und trug nicht unerheblich dazu bei, daß die herkömmlichen Instanzen der Vergesellschaftung – Familie, Nachbarschaft, Dorf und christliche Gemeinde – zunehmend ihre Funktion verloren. So etablierte sich im Ancien Régime eine zwar dürftige, aber doch nicht ganz unwirksame Sicherung für die sozial Schwachen, jedenfalls solange sie in einem ›Haus‹ integriert waren.[28]

Mit der Industrialisierung und der Emanzipation des Bürgertums geraten das paternalistische Modell ebenso wie die dieses rechtfertigenden eudämonistischen Staatszwecklehren zunächst in die Defensive, dann gänzlich in Mißkredit. Das Bürgertum fordert Freiheit von wirtschaftlicher Bevormundung und Selbstverantwortlichkeit für die eigene Wohlfahrt ein. Reichtum und Armut werden zur Privatsache. Mit dem Übergang »from status to contract« (Maine) entsteht die Vorstellung einer »Gesellschaft der Individuen«, wie es in der Französischen Revolution hieß, einer Gesellschaft, die immer wieder aus sich heraus, ohne den Beistand höherer oder überkommener Instanzen, ihren sozialen Zusammenhalt erzeugen muß. Begleitet von dem Optimismus oder genauer: der Ideologie, die Gesellschaft könne aufblühen wie eine Blume im Frühling, wenn nur das winterliche Eis des absolutistischen Wohlfahrtsstaates gebrochen und die ökonomischen Freiheiten gewährleistet seien. Es zeigte sich freilich bald, daß diese Gesellschaft mit dem wirtschaftlichen und politischen Aufbruch in eine neue Zukunft zugleich in ein »Jahrhundert der Revolutionen« und des tiefsten sozialen Elends trieb. Die kontraktualistische Ant-

25 Ausführlich hierzu Sachße/Tennstedt, *Geschichte der Armenfürsorge in Deutschland*, bes. 36ff. und Stolleis, *Staatsraison, Recht und Moral*, 42ff.

26 Vgl. dazu die Beiträge von Sachße/Tennstedt, Breuer, Jütte, Stekl und Pankoke in Sachße/Tennstedt, Soziale Sicherheit und soziale Disziplinierung, Kap. I und II sowie Foucault, Überwachen und Strafen.

27 Hierzu Stolleis, *Geschichte des öffentlichen Rechts* I, 388ff. und ders., *Staatsraison, Recht und Moral*, 42ff.

28 Zum folgenden Ritter, *Der Sozialstaat*, Kap. II m.w.Nachw. und Zacher, *Sozialpolitik und Verfassung*.

wort auf das Problem von Fortschritt und sozialer Integration führte nicht in eine goldene Zukunft, sondern stieß auf die »soziale Frage«.

3.2 *Antworten auf die »soziale Frage« und das Problem der Solidarität*

Politische Theorien, die die Augen vor den sozialen und ökonomischen Umwälzungen und dem Pauperismus nicht verschließen, präsentieren irritierend unterschiedliche Antworten auf das Problem, wie ein sozialer Zusammenhalt und soziale Sicherheit[29] hergestellt werden könnten. Gegenüber »Tradition« und »Natur« tauchen vorzugsweise »Markt«, »Zukunft« und »Staat« als Kandidaten auf, denen in der Theorie und bisweilen auch in der Praxis die Aufgabe der sozialen Integration aufgebürdet wird.

Konservative und neoliberale Denker, die keinen Frieden geschlossen haben mit dem autoritären Wohlfahrtsstaat und dessen soziale Verantwortung bejahen, neigen dazu, die Gemeinschaften von einst gegen die Kälte der säkularisierten Gesellschaft herbeizuargumentieren. Dabei romantisiert ihre Ethik von Selbstverantwortung und subsidiärer Fürsorge nicht selten die unberechenbare, von Gewalt durchsetzte Almosengesellschaft des Mittelalters, wie sie auch die Leistungsfähigkeit jener imaginierten traditionalen Gemeinschaften überschätzt. Letztlich, so ihr Argument, seien die Individuen für ihre Lebensumstände selbst verantwortlich. Soweit sie dazu nicht in der Lage sind, soll die Gemeinschaft oder eben der Staat als subsidiärer Unterstützungsverband eingreifen.[30] Die immer wiederkehrenden Abwehrargumente gegen eine kollektive Verantwortung für privates Elend und eine gruppenübergreifende Solidarität hat Hirschman in einer brillianten Analyse »reaktionärer Rhetorik«[31] herauspräpariert. Demnach wird den Maßnahmen und Institutionen öffentlicher Unterstützung, wie etwa »Poor Laws«, Sozialversicherungen oder dem Sozialstaat insgesamt, in erster Linie vorgeworfen, sie gefährdeten die Fähigkeit der Hilfeempfänger zur Selbsthilfe und zur eigenverantwortlichen Lebensgestaltung.

Im Gegensatz zu konservativen Lehren verteidigt eine vor allem von Rousseau beeinflußte Denkrichtung die These, das private Elend sei sehr wohl von öffentlichem Belang und verpflichte zu kollektiver Unterstützung. Nicht rückwärtsgewandt, aber doch eigentümlich vormodern fällt eine Begründung aus, die »die Logik des Herzens« gegen die »Herzlosigkeit der Vernunft« des modernen Zeitalters mobilisiert und das Mitgefühl (compassion) als nobelste aller Tugenden der Mitglieder einer société civile hervorhebt. In diesem Sinne

29 Zum Konzept sozialer Sicherheit siehe oben S.77ff.
30 Siehe hierzu die Beiträge von Gross, Koslowski und Sass in: Sachße/Engelhardt, *Sicherheit und Freiheit*, Kap. II.
31 Hirschman, *The Rhetoric of Reaction*, bes. 27ff./60ff./110ff.

setzen die französischen Revolutionäre und einer ihrer glühendsten Anhänger, Thomas Paine, auf den Zauber des Mitleids, der die »natürlichen Bande« zwischen den Menschen freilegen und konsolidieren solle.[32] Diese Auffassung betont die nicht-kognitive Seite von Solidarität – das Gefühl der Verbundenheit, bleibt dabei freilich die Antwort auf den Einwand schuldig, wie Solidarität, die über den persönlichen Nahbereich hinausweist und die Gesellschaft als ganze erfaßt, einer längst zivilisierten Natur entspringen und die Gräben zwischen den Individuen überbrücken können soll.

Folgerichtig verwerfen denn auch Kant und die ihm folgenden Philosophen die Vorstellung von Solidarität als einer auf natürlichem Gefühl beruhenden Verpflichtung und halten Mitleid überdies für eine gefährliche Leidenschaft, weil sie, ihrer Natur gemäß, das Licht der Öffentlichkeit scheuen muß und im Zweifel zur Heuchelei verführt. Wer sich von der Kantischen Vernunft leiten läßt, argumentiert auf eine Interessengemeinschaft freier Bürger hin, in der jeder kraft seiner Würde Anspruch auf gerechte Behandlung hat. Als Kehrseite des Prinzips allgemeiner Gerechtigkeit taucht Solidarität allerdings nur noch in abstrakter Form und ohne die Kraft auf, positive Pflichten zur Beseitigung privaten und sozialen Elends begründen zu können. Aus dieser Sicht ist Solidarität kein durch einen Sinn oder eine Leidenschaft für Gerechtigkeit[33] inspiriertes Gefühl, sondern ein geradezu unwiderstehliches Diktat der Vernunft, das »in abwägender Freiheit von Gefühl wie Leidenschaft«[34] vorwärtsstrebt zu einer dauerhaften Interessengemeinschaft mit den Unterdrückten und Ausgebeuteten. Das gemeinsame Interesse, an dem sich Solidarität orientiert, besteht in der »menschlichen Größe«, der »Ehre des Menschengeschlechts« oder insbesondere der Würde aller Wesen, die ein menschliches Antlitz haben. Die Vorstellung der Gesellschaft als einer Interessengemeinschaft gründet öffentliche Verantwortung für privates Elend in einem universalistischen und rationalistischen Konzept von Gerechtigkeit.

Dieser Ansatz vermag jedoch nicht zu überzeugen: Für eine soziale Vernunft fehlen empirischen Evidenzen. Angesichts der menschenrechtlichen Untermauerung des Privateigentums als eines absoluten Rechts läßt sich überdies keine tragfähige theoretische Brücke zu einer rechtlichen Hilfeleistungs- und Unterstützungspflicht schlagen. Erst wenn soziale und wirtschaftliche Ungleichheit wie bei dem amerikanischen Philosophen Rawls ins Blickfeld der Theorie geraten, folgt eine Betonung sozialer Gerechtigkeit und zeichnet sich hier ein Wandel in der Eigentumskonzeption ab.[35] Gleichwohl bleibt die Idee

32 Vgl. Rousseau, *Discours*, 144, 210; Paine, The Rights of Man, Teil II.
33 Hierzu Solomon, A Passion for Justice.
34 Kant zit. nach Arendt, Über die Revolution, 112.
35 Dazu grundlegend Rawls, Eine Theorie der Gerechtigkeit, bes. 81ff. und 291ff. Diese Konzeption hat Rawls inzwischen weiterentwickelt und verfeinert: ders., Political Liberalism und Law of Peoples, in: S. Shute/S. Hurley (Hg.), On Human Rights. The Oxford Amnesty Lectures (New York 1993), 41ff.

von Solidarität blaß. Sie ist verborgen im Grundsatz der fairen Chancengleichkeit. Dieser wiederum verdankt sich einem Gedankenexperiment: Hinter dem Schleier des Nichtwissens »kennt niemand seinen Platz in der Gesellschaft, seine Klasse oder seinen Status; ebensowenig seine natürlichen Gaben, seine Intelligenz, Körperkraft usw.«.[36] Im Zweifel, so der Schluß, werden sich daher alle vernünftigen Menschen u. a. auf den Grundsatz einigen, »daß soziale und wirtschaftliche Ungleichheiten, etwa verschiedener Reichtum oder verschiedene Macht, nur dann gerecht sind, wenn sich aus ihnen Vorteile für jedermann ergeben, insbesondere für die schwächsten Mitglieder der Gesellschaft.«[37] Dieses Gedankenexperiment entwickelt somit den kategorischen Imperativ weiter, ohne die Ebene der Verfahrensgerechtigkeit zu verlassen. Die Schwäche des Experiments zeigt sich, wenn erstens eine zum Handeln – und Teilen – motivierende Einstellung vorausgesetzt, der Schleier also ein wenig gelüftet werden muß, und zweitens die Theorie von einer bereits »wohlgeordneten Gesellschaft« nebst gerechten Verhältnissen ausgeht, die nurmehr aufrechterhalten werden müssen.

Im Gegensatz zu Tradition und Mitgefühl, zu rationaler oder abstrakter sozialer Gerechtigkeit orientiert sich der Utilitarismus[38] im wesentlichen daran, was der größten Zahl das größte Glück verspricht. Freilich, wo das Nutzenprinzip herrscht, reduziert sich Solidarität durchweg auf ein mathematisches Kalkül. Weder nutzenmaximierende Monaden noch an *rational choices* orientierte Akteure erwägen Hilfspflichten aus prinzipiellen moralischen oder politischen Gründen oder aus einem Gefühl der Verbundenheit mit anderen. Die vom Utilitarismus geprägten Theorien der Marktgesellschaft überantworten die Herstellung einer (solidarischen) Gemeinschaft denn auch zumeist stillschweigend der möglichst ungehinderten Konkurrenz privatautonom handelnder Individuen, die sich nach dem Willen der Theorie vermittels vertragsförmiger Tauschbeziehungen optimal selbst verwirklichen, indem sie ihren jeweiligen Vorteil suchen.[39] Warentausch und wechselseitige Anerkennung von Eigentümern sollen, wenn sie auch keinen sozialen Zusammenhalt stiften können, wenigstens die Gesellschaft im Gleichgewicht halten.

Weit entfernt von der Vorstellung einer Solidargemeinschaft, modelliert der Liberalismus in seiner klassischen oder aktuelleren Gestalt auf der Grundlage individueller Rechte, insbesondere der Pflicht zur Respektierung der Rechte

36 Rawls, Eine Theorie der Gerechtigkeit, 160.

37 Rawls, Eine Theorie der Gerechtigkeit, 32.

38 Vgl. H. Sidgwick, The Method of Ethics, 7.Aufl. (London 1907); ders., Principles of Political Economy (London 1883); J. Bentham, The Principles of Morals and Legislation (1789) und J.S. Mill, Utilitarianism (1863). Eine neuere Version des Utilitarismus repräsentiert die Schule der »welfare economics«, vgl. dazu J.C. Harsany, Cardinal Utility in Welfare Economics and in the Theory of Risk-Taking, in: Journal of Political Economy 1953.

39 Hayek, The Constitution of Liberty und in aktueller Gestalt: Mestmäcker, Recht in der offenen Gesellschaft, bes. Kap. I, der die Bedeutung des Rechts zur Verwirklichung ökonomischer Freiheit betont. Siehe auch oben, Kap. III 2.2.

anderer und zur Vertragserfüllung, die Gesellschaft als Zusammenhang individuell verfolgter Zwecke, als ein System begrenzter Unverantwortlichkeit. Der Clou dieser Konzeption besteht gerade darin, das privatautonome Individuum außerhalb vertraglicher Bindungen und einiger persönlicher Verpflichtungen für »Abhängige« von jedweder positiven Pflicht zur Beseitigung des Elends anderer freizuzeichnen. Der Liberalismus verzichtet ausdrücklich darauf, eine moderne, posttraditionale Form von Gemeinschaftlichkeit zu entwerfen. Die Idee von Solidarität hätte sich also auf dem Markt erledigt.
(Neo-)Liberale betreiben den Widerstand gegen alle Formen einer institutionalisierten und systematisch exekutierten öffentlichen Verantwortung für Armut und Elend, Arbeit und Wohnung, Krankheit und Pflegebedürftigkeit. Sie sehen darin eine Gefährdung des freien Spieles der Marktkräfte und betonen die perversen Effekte, die ein umfassendes System sozialer Sicherung zwangsläufig haben müsse: »To the extent that (the idea of a self-regulating market) is dominant, any public policy aiming to change market outcomes, such as prices and wages, automatically becomes noxious inference with beneficient equilibrating processes.«[40] Beispielsweise argumentieren sie, daß gesetzliche Mindestlöhne zu einem Sinken der Beschäftigungsquote führen und daher das aggregierte Einkommen der Arbeiterschaft verringern müssen, ferner daß Umverteilungsmaßnahmen kontraproduktiv seien, oder daß öffentliche Unterstützung der Faulheit Vorschub leiste, weil sie der Privatinitiative das Wasser abgrabe.
Der euphemistischen Realitätsbeschreibung, die dem von der Ökonomie diktierten liberalistischen Entwurf zugrundeliegt, sind seit eh und je am entschiedensten die von Marx bzw. alle von der Realität der Klassengesellschaft informierten Theorien entgegengetreten. Sie demaskieren Privatautonomie und freie Konkurrenz als Ideologie und konfrontieren die wohlfeile Romantik des selbstregulierten Marktverkehrs mit dem Bild der mehr oder minder wüsten Anarchie und zerstörerischen Allgegenwart des Kapitalverhältnisses, das handgreiflich oder mit struktureller Gewalt soziale Klassen und Herrschaft, Disparitäten und Randständigkeit produziert. In gewisser Weise gibt der Marxismus freilich dem Liberalismus recht: Die kapitalistische Gesellschaft ist als Solidargemeinschaft im Ganzen nicht zu haben. Immerhin hat aus dieser Perspektive die gemeinsame Erfahrung von Ausbeutung und Marginalisierung, von halbierten Menschenrechten und Diskriminierung insofern ihr Gutes, als sich aus ihr Solidarität entwickeln und sich in kollektiven Aktionen, wie etwa in Formen der Arbeiterselbsthilfe und äußerstenfalls im Klassenkampf bewähren kann. Dort zeigen sich allerdings auch ihre Grenzen: Wer die Erfahrung nicht teilt, dem/der bleibt der Zugang zu dieser Quelle der Solidarität grundsätzlich versperrt. Historisch waren das die Frauen, das »Lumpenprole-

40 Hirschman, *The Rhetoric of Reaction*, 27.

tariat«, Irre und andere Gruppen, denen der Weg in den Produktionsprozeß und deshalb auch in den politischen Entscheidungsprozeß verlegt war, und denen patriarchalische Herrschaft oder »besondere Gewaltverhältnisse« lange Zeit selbst bescheidene Möglichkeiten zu autonomem oder solidarischem Handeln versagten.

Während der klassische Liberalismus die Aufgabe der sozialen Integration mithin allein dem Markt überantwortet, neuere Spielarten des ökonomischen Liberalismus immerhin die ordnende Hand des Staates akzeptieren, aber gleichwohl auf eine Lösung des Integrationsproblems verzichten, verlagert der Marxismus sie in die Zukunft einer – nach der proletarischen Revolution – mit sich selbst versöhnten Gesellschaft[41]. Solidarität, insoweit sind sich die feindlichen Theorien einig, ist entweder unter kapitalistischen Bedingungen nicht möglich oder aber in einer modellgemäß funktionierenden Markgesellschaft nicht nötig. Diese beiden im Ansatz konträren, im Ergebnis verwandten Antworten dürften jedoch kaum das letzte Wort sein. Das Schicksal des real existierenden Sozialismus verbietet, allzu große Hoffnungen auf die Verheißung einer von ihren Widersprüchen befreiten, ohne weiteres Zutun solidarischen Gesellschaft zu setzen. Und auch der Liberalismus hat durch den Einbau sozialer Elemente in das marktwirtschaftliche Modell verschämt oder offen dessen Reinheit kompromittiert und dem Skeptizismus seine Effektivität betreffend nachgegeben. Nach der Kombination liberaler mit zunächst »staatssozialistischen«, später sozialdemokratischen Ideen oder auch der katholischen Soziallehre erhält die Frage nach der sozialen Integration wieder den Status eines ebenso aktuellen wie auch praktischen Problems: Armut, Krankheit, Invalidität, Arbeitslosigkeit und andere Begleiterscheinungen der industriellen Warenproduktion mutieren von Heimsuchungen göttlicher Strafgewalt oder blinden Zufällen, von zwanglos lösbaren Randproblemen nunmehr zu auch politisch zu verantwortenden Gefahren, die schließlich als »Risiken«[42] bearbeitet werden. Das heißt, zu mehr oder weniger wahrscheinlichen, aber kalkulierbaren, überwiegend ökonomisch bedingten Ereignissen, die den Einzelnen wie Schicksalsschläge treffen, und deren Härte und Ausgang davon abhängen, ob und in welchem Umfang und durch wen Abhilfe geschaffen wird. Zur Beantwortung dieser zur »sozialen Frage« gebündelten Risiken kommt der Liberalismus dem Sozialismus, jedenfalls der Sozialdemokratie entgegen und läßt die »invisible hand« sichtbar werden. Mit dem Über-

41 »Alle Sozialisten sind einer Meinung darüber, daß der politische Staat und mit ihm die politische Autorität im Gefolge der nächsten sozialen Revolution verschwinden werden, und das bedeutet, daß die öffentlichen Funktionen ihren politischen Charakter verlieren und sich in einfache administrative Funktionen verwandeln werden, die die wahren sozialen Interessen hüten.« F. Engels, Von der Autorität, in: Marx/Engels, Ausgew. Schriften I (Berlin 1971), 599/602.

42 Vgl. Ewald, L'Etat providence, 141ff. und Beck, *Risikogesellschaft* , 1. Teil sowie Evers/Nowotny, *Über den Umgang mit Unsicherheit*, 32ff.

gang vom Nachtwächter- oder Minimalstaat[43] zum Interventions- oder Sozialstaat verläßt auch die Theorie die Ebene mythischer Erzählungen und ideologischer Konstrukte und begibt sich endlich auf das Niveau einer längst gängigen staatlichen Praxis.[44]
Alle Industriegesellschaften institutionalisieren, beginnend am Ausgang des 19. Jahrhunderts, moralisch unterschiedlich anspruchsvolle und ökonomisch unterschiedlich sichere Formen öffentlicher Unterstützung und Sozialhilfe. Das Problem der Solidarität scheint auf elegant-etatistische Weise gelöst zu sein: Der Sozialstaat praktiziert sie, gleichsam als Ausfallbürge, im Wege der Ersatzvornahme für die dazu anscheinend unfähige »Gesellschaft der Individuen«. Die Aufgabe der sozialen Integration und der gerechten Verteilung wird nunmehr in unterschiedlichem Ausmaß, aber doch ganz überwiegend sozial- oder wohlfahrtsstaatlichen Institutionen überantwortet.[45] In Gestalt der Sozialversicherungen und Armenfürsorgeeinrichtungen, später vor allem der Sozialämter, definieren diese soziale Sicherheit weitgehend als ökonomische Absicherung gegen die Risiken des Lebens in einer Industriegesellschaft.[46] Die an die autonomen Individuen gerichtete Zumutung des Eigenhandelns wird in einen Wohlfahrtspaternalismus übersetzt. Dem Staat wird die soziale Verantwortung zugeschrieben, von bürokratischen Großorganisationen wird diese in den für sie typischen Handlungsformen exekutiert.[47] An die Stelle der selbsttätigen Konstituierung einer posttraditionalen Gemeinschaft tritt die Integration durch Versicherungs- und Entschädigungsleistungen verbunden mit sozialer Disziplinierung und Kontrolle.[48] Ohne die Sozialstaatskritik hier vorwegzunehmen oder die Leistungen des Sozialstaats zu negieren, läßt sich doch festhalten, daß auch die wohlfahrtsstaatliche Lösung zwar die engen Grenzen eines örtlich gebundenen, überschaubaren Sozialverbandes überschreitet, gleichwohl nicht für alle Mitglieder einer Gesellschaft die Gewißheit der Zugehörigkeit und die damit verbundenen rechtlichen Ansprüche und Verantwortlichkeit verbürgt.

43 Die klassische Fassung lieferte v. Humboldt mit seinen Ideen zu einem Versuch, die Grenzen der Wirksamkeit des Staats zu bestimmen (Potsdam 1920). Eine neuere Version legte R. Nozick, der philosophische Gegenspieler von J. Rawls, vor: Anarchie, Staat, Utopia (München 1976).

44 Vgl. Stolleis, *Die Entstehung des Interventionsstaates* mwNachw.

45 Aus der unübersehbaren Literatur vgl. Ritter, *Der Sozialstaat*; Flora/Heidenheimer, *The Development of the Welfare State*; Alber, *Vom Armenhaus zum Wohlfahrtsstaat*; Mommsen, Die Entstehung des Wohlfahrtsstaates in Großbritannien und Deutschland und Sachße/Tennstedt, *Die Geschichte der Armenfürsorge in Deutschland*.

46 F. Ewald, L'Etat providence.

47 Das gilt nicht nur für die staatliche Sozialbürokratie, sondern auch für die Arbeitsstrukturen der großen Wohlfahrtsverbände, vgl. Heinze/Olk, *Die Wohlfahrtsverbände* und Sachße, From Poor Relief to Social Welfare.

48 Guldimann/Rödel, Sozialpolitik als soziale Kontrolle (Frankfurt/Main 1978) und die Beiträge in: Sachße/Tennstedt, Soziale Sicherheit und soziale Disziplinierung.

Ausbreitung und Erfolg des Sozialstaats legen die Annahme nahe, daß sich soziale Integration nurmehr mithilfe sozialstaatlicher Institutionen und auf der Grundlage sozialstaatlicher Leistungen realisieren läßt, daß also Solidarität auf gesamtgesellschaftlicher Ebene außerhalb von im nationalen Maßstab eingerichteten Sozialversicherungen und jenseits bürokratisch organisierter und exekutierter Wohlfahrtspflege illusorisch ist. Wäre dies das letzte Wort, dann könnten die Verfechter des marktgesellschaftlichen Systems begrenzter Unverantwortlichkeit plus fürsorglicher staatlicher Interventionen einen historischen und folgenreichen Triumph feiern. Denn insofern wäre in der Tat mit der etatistischen Antwort auf die »soziale Frage« ein (vermutlich vorläufiges) Ende der Geschichte[49] erreicht. Es fehlt jedoch nicht an Indizien, daß auch der Sozialstaat weder den historischen Horizont abzuschließen vermag noch allenthalben als zureichende Antwort auf das Problem der Solidarität akzeptiert wird. Solche Indizien sind insbesondere die fortgesetzte Grundsatzdebatte über das Ob und Wie staatlicher Sozialverantwortung, die Spannungen und Widersprüche in den Begründungen des Sozialstaats sowie alternative solidarische Ideen und Praktiken.

4.1 *Die fortgesetzte Grundsatzdebatte*

Die beispiellose Karriere des Sozialstaats als eines sich schier unaufhaltsam ausbreitenden institutionalisierten Systems sozialer Sicherung und als Rechtsprinzip begleitete von Anfang an und verstärkt seit der Gründung der Bundesrepublik Deutschland eine ebenso hartnäckig geführte Grundsatzdebatte, die auch heute keineswegs abgeschlossen ist. Seit 1949 lassen sich drei durch die Konzentration auf die folgenden Themenschwerpunkte bestimmte Phasen unterscheiden: (1) Konstruktion und normative Optionen: Rechtsstaat versus Sozialstaat, (2) Kritik und Krise sowie (3) Ab- oder Umbau.[50]

(1) *Rechtsstaat versus Sozialstaat*

Die Grundsatzdebatte stand vor allem in der Frühphase der Bundesrepublik und in den fünfziger Jahren in auffälliger Weise unter der Dominanz der Staatswissenschaften, vor allem der Nationalökonomie und Staats- und Verfassungslehre. Diese knüpften an die bereits von den preußischen Reformern

49 Dazu Fukuyama, The End of History und ders., *Das Ende der Geschichte*. Zur Kritik dieser These vgl. P. Anderson, Zum Ende der Geschichte.

50 Die nachfolgenden Überlegungen gehen auf den Entwurf eines Forschungspojekts zurück, der gemeinsam mit Ulrich Rödel diskutiert und entwickelt wurde.

des 19. Jahrhunderts so stilisierte Konstellation von »arbeitendem Staat« und »sozialer Bewegung« an und versuchten damit, die komplexen, politisch brisanten Relationen von öffentlicher Gewalt, intermediären Organisationen, hier insbesondere den großen Wohlfahrtsverbänden, und Selbsthilfeinitiativen für die Bundesrepublik neu zu bestimmen. Diese Bestimmung orientierte sich vorwiegend an normativen Optionen wie Freiheit, Rechtsstaatlichkeit oder soziale Gerechtigkeit. Der Wohlfahrtsstaat, der sich in der Weimarer Republik als die zentrale Kompromiß- und Integrationsformel durchgesetzt hatte,[51] figurierte bald, unter Bezugnahme auf das Grundgesetz, als »sozialer Rechtsstaat« oder »Sozialstaat«, dem auch seine Gegner schwerlich jegliche Legitimation bestreiten konnten, zumal realistische Alternativen zur staatlich organisierten sozialen Sicherung nicht greifbar waren.[52]
Gleichwohl fehlte es nicht an neo-liberalen Minimalstaatstheorien, die ähnlich wie die klassische Kritik des absolutistischen Wohlfahrtspaternalismus[53] darauf angelegt waren, die Grenzen der sozialpolitischen Wirksamkeit des Staates möglichst eng zu ziehen.[54] Mit diesen verbündeten sich einflußreiche juristische Doktrinen, die den Sozialstaat in ein antinomisches Verhältnis zum Rechtsstaat setzten und diesem normativ nachordneten, um ihm letztlich die Kraft eines verfassungsrechtlich verankerten, sozialpolitischen Gestaltungsprinzips zu nehmen.[55] Die Folie für das ökonomisch neoliberale und verfassungspolitisch konservative Verständnis des Wohlfahrtsstaates bildete einerseits der Dualismus von Staat und Gesellschaft: »Die freiheitsstiftende rechtsstaatliche Verfassung steht und fällt mit der Unterscheidung von Staat und Gesellschaft.«[56] Zum anderen wurde im Anschluß daran ein Gegensatz von Rechts- und Sozialstaat konstruiert, als dessen Fluchtpunkte die einander wechselseitig ausschließenden Modelle von Kapitalismus und Sozialismus firmierten.[57] Während in den klassischen Minimalstaatstheorien immer wie-

51 Dazu Pankoke/Sachße, *Armutsdiskurs und Wohlfahrtsforschung* und Blanke, *Sozialer Rechtsstaat*, 134ff.
52 Vgl. hierzu Zacher, *Sozialpolitik und Verfassung*.
53 »(D)er Staat enthalte sich aller Sorgfalt für den positiven Wohlstand der Bürger und gehe keinen Schritt weiter, als zur Sicherstellung gegen sich selbst und gegen auswärtige Feinde notwendig ist; zu keinem anderen Endzwecke beschränke er ihre Freiheit.« So die 1792 von Humboldt formulierte Maxime (in seinen Ideen zu einem Versuch, die Grenzen der Wirksamkeit des Staats zu bestimmen, 65).
54 E.g. Hayek, The Constitution of Liberty. Eine Übersicht findet sich bei Böhr, Liberalismus und Minimalismus, Kap. I.
55 Besonders einflußreich Forsthoff, Begriff und Wesen des sozialen Rechtsstaats. Dagegen Abendroth, *Begriff des demokratischen und sozialen Rechtsstaats*. Vgl. auch Huber, Soziale Verfassungsrechte?
56 Forsthoff, Der Staat der Industriegesellschaft, 21.
57 Forsthoff, Begriff und Wesen des sozialen Rechtsstaats, 197: »Radikale Sozialstaatlichkeit endet zwangsläufig bei einem Verwaltungsstaat, der nicht Rechtsstaat sein kann«, weil er zwangsläufig die freiheitlichen Handlungsformen und Rationalitätsstrukturen auflöse. Differenzierend dazu Blanke, Sozialer Rechtsstaat, 138ff. Ähnlich wie Forsthoff argumentiert auch Huber, Soziale Verfassungsrechte?, passim und beruft sich auf Schmitt, *Verfassungslehre*, 169.

der die Vermutung anzutreffen ist, staatliche Interventionen und Fürsorge verführten zu Trägheit und würden die Bereitschaft zu wechselseitiger Hilfeleistung untergraben,[58] sorgen sich die konservativen Lehrer der Sozialstaatsabwehr in der bundesrepublikanischen Gründerzeit primär um die Integrität der Eigentumsordnung gegenüber allen Spielarten eines sozialistischen Kollektivismus. Ihre Doktrinen lesen sich als Vorsorgemaßnahmen im Hinblick auf die sich verschärfenden Verteilungskämpfe, bisweilen als explizite Zurückweisung eines sozialstaatlichen Integrationsmodus.[59] Modifiziert wurde die konservative und neoliberale Abwehrsemantik allerdings später durch Forderungen nach obrigkeitsstaatlicher Fürsorge oder durch das mehr oder weniger unmittelbar der katholischen Soziallehre entlehnte Subsidiaritätsprinzip.[60]

Die Vertreter der Gegenposition deuteten den grundgesetzlichen Hinweis auf den »sozialen Rechtsstaat« im Anschluß an Hermann Heller[61] und nach dem Vorgang insbesondere der Bayerischen Verfassung[62] als Kompromiß divergierender politischer und gesellschaftlicher Kräfte. Dieser sollte sowohl ein Mindestmaß an sozialer Gerechtigkeit verbürgen als auch dem Gesetzgeber die Möglichkeit offenhalten, die Wirtschafts- und Gesellschaftsordnung nach Maßgabe eines materialen Gleichheitsprinzips umzugestalten.[63] Die aktiv intervenierende, gestaltende Tätigkeit des Staates, Neoliberalen und Konservativen ein Horror, rückt in den Mittelpunkt dieser Sozialstaatslehren. Dem in Art. 20 I und 28 I 1 GG niedergelegten sozialen Staatsziel, bald als Verfassungsauftrag interpretiert, werden unterschiedliche Bedeutungen zugeschrieben: Als »Gegengewichtsfaktor« solle die Idee des Sozialstaats »verhindern, daß der Grundrechtsteil als starre Garantie der bestehenden Gesellschafts- und Wirtschaftsordnung mißverstanden wird«.[64] Durch diese verfassungsrechtliche Ermächtigung sei dem Staat aufgegeben, »einen erträglichen Aus-

58 »Wie jeder sich selbst auf die sorgende Hilfe des Staats verläßt, so und noch weit mehr übergibt er ihr das Schicksal seines Mitbürgers. Dies aber schwächt die Teilnahme, und macht zu gegenseitiger Hilfsleistung träger. Wenigstens muß die gemeinschaftliche Hilfe da am tätigsten sein, wo das Gefühl am lebendigsten ist, daß auf ihm allein alles beruhe, und die Erfahrung zeigt auch, daß gedrückte, gleichsam von der Regierung verlassene Teile eines Volks immer doppelt fest untereinander verbunden sind.« v. Humboldt, Ideen zu einem Versuch, die Grenzen der Wirksamkeit des Staats zu bestimmen, 43.

59 Stern, Staatsrecht I, 688ff/691 (gegen Hartwich, Sozialstaatspostulat und gesellschaftlicher Status quo argumentierend); Herzog, in: MD, Art.20, Rn. 2ff.,14f. (Kommentierung von 1976/1980) hat insbesondere die Verbesserung der Existenzchancen der Wirtschaft im Auge. Kritisch und mit weiteren Nachw. dazu Kutscha, Vom zeitgemäßen Sozialstaatsverständnis, KJ H.3 (1982), 383ff.

60 Grundlegend Isensee, Subsidiarität und Verfassung.

61 Heller, Rechtsstaat oder Diktatur?, in: Ges.Schriften II, 443ff.

62 »Bayern ist ein Rechts-, Kultur und Sozialstaat« (Art. 3 I BayVerf v. 2.12.1946). Ausführlich kommentiert von Zacher, in: Nawiaski/Schwaiger/Leusser/Zacher, BayVerf, Art. 3

63 Ipsen, Über das Grundgesetz, 16ff.; Ridder, Gutachten für den 40. Juristentag; Abendroth, *Begriff des demokratischen und sozialen Rechtsstaats*; Bachof, *Begriff und Wesen des sozialen Rechtsstaates, 165ff.*

64 Abendroth, *Begriff des demokratischen und sozialen Rechtsstaates*, 121.

gleich der widerstreitenden Interessen« und die »Herstellung erträglicher Lebensbedingungen« für Notleidende und Hilfsbedürftige herbeizuführen.[65] Mit der Rückendeckung durch das Bundesverfassungsgericht entwickelte sich der »soziale Rechtsstaat« zu einem der Dreh- und Angelpunkte des Grundgesetzes und trug entscheidend dazu bei, besonders die Menschenwürdegarantie zu konkretisieren sowie den Bedeutungsgehalt der Freiheitsrechte, des demokratischen Prinzips und des allgemeinen Gleichheitsgrundsatzes zu prägen.[66]

Leiten lassen sich die Verfechter des Sozialstaats von der Vorstellung eines weitgehend vergesellschafteten, das heißt parlamentarisch kontrollierten Staates und von Sozialpolitik als systematischer rechtlicher Regulierung der Industriegesellschaft im Sinne individuell zu erarbeitender Sicherheiten, die an die sozialgesetzliche ›Tradition Bismarck‹, also den »Staatssozialismus« anknüpfen konnte. Ohne daß die grundlegende normative Kontroverse letztlich entschieden wurde, setzte sich diese Position unter dem Druck der aktuellen sozialpolitischen Probleme beim Wiederaufbau der Bundesrepublik und der Eingliederung der Flüchtlinge und Vertriebenen gegenüber dem sozialpolitischen Minimalismus durch. Dieser Sieg wurde auf der Ebene der Realpolitik dadurch begünstigt, daß die christlich-demokratisch geführte Bundesregierung bei der Rentenreform von 1957 mit der Kombination von Äquivalenz- und Umlageprinzip eine Entscheidung zugunsten einer öffentlich institutionalisierten, versicherungsmäßig regulierten Altersvorsorge traf und diese zugleich an das wirtschaftliche Wachstum koppelte.[67] Auf der Ebene der Theorie gerät der Dualismus von Staat und Gesellschaft, bis dahin in der Staatslehre gehegt wie eine heilige Kuh, in die Defensive. So konzentrierte sich die staatswissenschaftliche Beschäftigung mit Sozialstaat und Sozialpolitik zunehmend, wenngleich nicht ausschließlich auf den Ausbau des Leistungssystems und auf die Perfektionierung von ökonomischer Sicherheit. Der Triumph eines keynesianistischen Staatsinterventionismus in den späten sechziger Jahren und die diesen begleitende Illusion der Vollbeschäftigung beglaubigten schließlich, zumindest vorübergehend, die eher maximalistische Vision einer gelingenden, umfassenden sozialstaatlichen Vorsorge gegen Arbeitslosigkeit, Armut und andere Risiken der Industriegesellschaft. Unter diesen Bedingungen konnte Sozialpolitik als sozialstaatliche Veranstaltung fest etabliert und zunehmend ausgeweitet werden. Am Ende waren nahezu alle Bürger und Bürgerinnen als Steuerzahler oder/und Leistungsempfänger in das

65 BVerfGE 1, 97/105; BVerfG EuGRZ 1977, 278 (Verbürgung eines Existenzminimums) und BVerfGE 82, 60 und 87, 153(steuerfreies Existenzminimum).

66 Ausführlich dazu Zacher, Das soziale Staatsziel, Rn. 19ff.

67 Zurückzuführen ist die Erfolgsgeschichte des Sozialstaatsprinzips auch auf das wachsende sozialpolitische Interesse von Soziologen und Politologen, die – zum Leidwesen der Staatsrechtler – mit dem Dualismus von Staat und Gesellschaft »wenig anzufangen« wußten. So Rupp, Die Unterscheidung von Staat und Gesellschaft, 1188ff.

Sicherungssystem einbezogen[68] und erfuhren dessen in der industriellen Moderne entwickelte, durchaus ambivalente Systemtrennungen von »Arbeit« und »Armut«, »Gesundheit« und »Krankheit« sowie die hiermit zusammenhängenden, normativ aufgeladenen Kategorien von »Handlungsfähigkeit« und »Hilfsbedürftigkeit«, »Selbständigkeit« und »Abhängigkeit«. Am Diskurs über Sozialstaat und Sozialpolitik in diesen Jahren fällt auf, daß allenfalls am Rande von Solidarität oder sozialer Integration die Rede ist[69], obwohl sich diese Thematik eigentlich aufdrängen sollte.

(2) *Kritik und Krise*

Das Sozialstaatsprojekt gerät in die erste dramatische Krisenphase, als sich abzeichnet, daß die Steuerungs- und Planungsleistungen der staatlichen Sozialbürokratie nicht annähernd den Erwartungen entsprechen. Seit Ende der 60er und Anfang der 70er Jahre treten die spezifischen Begleiterscheinungen und Folgen einer weitgehend staatlich finanzierten, organisierten und reglementierten Sozialpolitik deutlich zutage. Sie prägen die Themen einer nun vornehmlich sozialwissenschaftlichen Krisenliteratur. Ausgehend von einer Kritik an der zunehmenden Ökonomisierung und Bürokratisierung, an der Verrechtlichung der sozialpolitischen Praxis sowie der Disziplinierung und Entmündigung durch sozialpolitische Maßnahmen machen insbesondere Soziologen und Politikwissenschaftler mit beachtlichem Erfolg den Wirtschafts- und Rechtswissenschaftlern bei der Bearbeitung sozialpolitischer Fragestellungen das Feld streitig. Sie entwickeln nicht explizit normativ orientierte Theorien der Sozialpolitik[70] oder testen am Gegenstandsbereich der Sozialpolitik die Plausibilität neuer (Staats-, Herrschafts- und Organisations-)Theorien.[71] Die ökonomisch informierte Kritik setzt insbesondere an der Ausweitung sozialstaatlicher Leistungen an und verknüpft sie mit der allgemeinen »Fiskalkrise des Staates«.[72] Die Kritik an der Verrechtlichung konzentriert sich auf die Quantität und Qualität sozialrechtlicher Normen, auf die man-

68 Luhmann, Politische Theorie im Wohlfahrtsstaat. Heute hat sich die Sozialverwaltung zum größten bürokratischen Komplex entwickelt, in dem etwa ein Drittel des Bruttosozialprodukts umverteilt wird. Materalreich und analytisch instruktiv Nullmeier/Rüb, *Die Transformation der Sozialpolitik*.

69 Auch die Beiträge in Zacher et al., *Verrechtlichung* von Wirtschaft, Arbeit und sozialer Solidarität lösen das im Titel gegebene Versprechen nicht ein. Ein knapper Hinweis findet sich bei Zacher, Das soziale Staatsziel, Rn.85.

70 Achinger, Sozialpolitik als Gesellschaftspolitik, 2.Aufl. (Frankfurt a.M. 1971); Tennstedt, Zur Ökonomisierung und Verrechtlichung in der Sozialpolitik, in: A. Murswieck (Hg.), Staatliche Politik im Sozialsektor (München 1976), 139ff; v.Ferber, Sozialpolitik in der Wohlstandsgesellschaft (Hamburg 1976); Voigt (Hg.), Verrechtlichung und Zacher et al., *Verrechtlichung*.

71 E.g. Lenhardt/Offe, *Staatstheorie und Sozialpolitik*; Murswieck, Staatliche Politik im Sozialsektor.

72 Besonders einflußreich war O'Connor, Die Finanzkrise des Staates. Kritisch dazu Hirschman, *The Rhetoric of Reaction*, 116ff.

gelnde Steuerungsfähigkeit des regulatorischen Rechts und dessen Implementationsdefizite (»Rechtsversagen«), auf die Auswirkungen des durchnormierten, bürokratisch verwalteten, auf individuelle Ansprüche zugeschnittenen Systems sozialer Sicherung.

Zu unterscheiden sind einmal eher »technische«, rechtssoziologische, an der Effektivität sozialpolitischer Maßnahmen und Regelungen orientierte Analysen, die ihre pointierteste Formulierung schließlich im »regulatorischen Trilemma«[73] fanden. Diesen im soziologischen Ansatz verwandt sind andererseits die »humanistischen« Kritiken, die die Ambivalenzen der Verrechtlichung bzw. deren »perverse Effekte«(Hirschman) für die Adressaten untersuchen und mit überzeugenden Belegen die »Normalisierung« und »Klientelisierung« der Hilfsbedürftigen, ihre »soziale Enteignung« und mitunter auch die entsolidarisierenden Auswirkungen sozialrechtlicher Normierungen konstatieren. Bei den Kritiken dieses Typus blieben freilich die an die Verrechtlichung gerichteten normativen Erwartungen in Hinsicht auf ein »richtiges« bzw. richtig konzipiertes oder angemessen dosiertes Sozialrecht wie auch die normativen Maßstäbe, an denen sich soziale Enteigung und Entmündigung ablesen lassen könnte, weitgehend implizit. Das gilt nicht für die von Habermas unter Bezugnahme auf die Verrechtlichungskritiken entwickelte These der »Kolonisierung der Lebenswelt«.[74] Diese mißt die Ambivalenz der sozialstaatlichen Verrechtlichung daran, ob und in welchem Ausmaße Verständigungsverhältnisse durch formal-abstrakte, systemischen Imperativen gehorchende Regulierungen »mediatisiert« werden und Freiheitsverbürgung in der Folge in Entmündigung umschlägt.

In enger Verwandtschaft zur Verrechtlichungskritik analysieren Historiker und Soziologen, teilweise anschließend an Untersuchungen von Max Weber, Elias und Foucault, systematisch die Problematik der »Sozialdisziplinierung«[75] in der Sozialpolitik. Sie belegen in historischen und soziologischen Untersuchungen, in welchem Ausmaß die Ambivalenzen und negativen Effekte des Wohlfahrtsstaates notwendige Bedingungen einer spezifischen Form sozialer, das heißt streng genommen: ökonomischer Sicherung sind. Zu den Paradoxien, die sie herausarbeiten, gehören die Verwischung der Grenzen zwischen helfenden und polizeilich-repressiven Maßnahmen sowie die Kontraktion des Sozialstaats immer dann, wenn sozialpolitische Maßnahmen am notwendigsten sind – in Zeiten der Krise, und dessen Erweiterung in Zeiten, relativen Wohlstands.

Vor dem Hintergrund dramatischer »sozialstaatsexterner« und »-interner«

73 Teubner, After Legal Instrumentalism, in: ders., Dilemmas of Law in the Welfare State, bes. 308ff.

74 Habermas, Theorie des kommunikativen Handelns II, 622ff.

75 Siehe die Beiträge in Sachße/Tennstedt, Soziale Sicherheit und soziale Disziplinierung; Rödel/Guldimann, Sozialpolitik als soziale Kontrolle, aaO.

Entwicklungen verbinden sich die wissenschaftlichen wie auch die politischen Krisendiagnosen seit dem Ende der siebziger Jahre mit zum Teil radikalen Therapien, die je nach politischem Standort und Vorverständnis auf Ab- oder Umbau des Sozialstaats abzielen. Den »sozialstaatsexternen« Hintergrund bestimmen vor allem schrumpfende ökonomische Wachstumsraten, eine kontinuierlich hohe strukturelle Arbeitslosigkeit, die hohe Effektivverzinsung der stetig ansteigenden öffentlichen Schulden, demographische Veränderungen (»Überalterung« der Bevölkerung) und die bereits von Hannah Arendt 1958 antizipierte Krise der Arbeitsgesellschaft.[76]
Zu diesen Randbedingungen treten »sozialstaatsinterne« Entwicklungen und Erscheinungen, die – wohl endgültig – die dem System sozialer Sicherung zugrundeliegende Fiktion zerstören, die Existenzsicherung könne in hochkomplexen Gesellschaften generell durch individuelle Marktteilnahme und herkömmliche Instanzen der sozialen Integration, wie insbesondere Familie und Nachbarschaft, zuzüglich staatlicher Fürsorge (Sozialhilfe) bewältigt werden. Als interne Faktoren sind hervorzuheben: die so nicht vorhergesehene Kostenexplosion im sozialen Sektor, die Überforderung der kommunalen Finanzkraft, die Herausbildung von »Versorgungsklassen«, die Finanzkrise der Krankenversicherung, der Rentenversicherung und des Sozialhilfesystems, die prekäre Verteilungsfähigkeit des Systems sozialer Sicherung sowie dessen alters- und geschlechtsspezifische Selektivität mit den damit verbundenen desintegrativen Wirkungen einer gespaltenen Armutspolitik.[77] Diese Krisenphänomene schießen in die Diagnose ein, daß die staatliche Regie von Sozialpolitik und sozialer Sicherung, ungeachtet der zunehmenden Ausweitung des sozialen Sektors, dringend überholungsbedürftig, wenn nicht im Kern gescheitert sei.

(3) *Verzicht, Subsidiarität oder Solidarität?*

Die Bandbreite mehr oder minder energisch vorgeschlagener Therapien reicht von einer Ethik des Verzichts über Anregungen zum Abbau von Sozialleistungen, die beide mit Privatisierungsvorschlägen und bisweilen dem Vorwurf des Mißbrauchs einhergehen, bis hin zur Propagierung aktiver Solidarität, jeweils beruhend auf intensiverer Staatstätigkeit oder auf verstärkter Selbsthilfe. Einig sind sich die Therapeuten des kriselnden Sozialstaats nur hinsichtlich seines markantesten, im Alltag oftmals handgreiflich erfahrbaren Merkmals: der rechtlich-administrativen Auflösung aller sozialen Bezüge und der Zurichtung der isolierten Anspruchsteller zu Klienten. Bei der Frage, wie

76 Arendt, *Vita activa*; Matthes, Krise der Arbeitsgesellschaft.
77 Vgl. Alber, *Vom Armenhaus zum Wohlfahrtsstaat*; Leibfried/Tennstedt, *Politik der Armut*; Riedmüller/Rodenstein, Wie sicher ist die soziale Sicherung; Gerhard et al., *Auf Kosten der Frauen*.

das Übermaß bürokratischer Herrschaft zu beseitigen wäre, zeigen sich jedoch radikale Divergenzen.
Nicht unerwartet zielen die Therapievorschläge konservativer Autoren grundsätzlich, das heißt bei beachtlichen Unterschieden im einzelnen, darauf ab, die vermeintliche »(Selbst-)Überforderung des Sozialstaats« abzubauen.[78] Dabei werden fast einheitlich die Re-Privatisierung sozialer Dienste und der Abbau sozialpolitischer Maßnahmen anvisiert. Hinzu tritt bei manchen Autoren die kulturkritisch unterfütterte Anregung, die »Anspruchshaltung« der Leistungsempfänger dadurch zu senken, daß ihnen gleichsam im Sinne eines sozialen »self-restraint« zugemutet wird, die Bestandsbedingungen und Leistungsgrenzen zu internalisieren.[79] Typischerweise zielen diese Therapien auf die Sozialhilfe ab, deren Empfänger – populistisch wirksam, aber in quantitativer Hinsicht lächerlich – die mißbräuchliche Inanspruchnahme von Sozialleistungen vorgeworfen wird.
Aus der Vielfalt konservativer Strategien lassen sich drei Stoßrichtungen bzw. komplementäre Bedeutungen des Konzepts der (Re-)Privatisierung herauspräparieren: Die erste und am weitesten gehende Variante zielt darauf ab, wie gehabt die Wirksamkeit und den Umfang des sozialen Wohlfahrtsstaates zu begrenzen und ihn in einen »passiven Sozialstaat«, einen »Sozialstaat in Reserve« zu transformieren, der nach aktuellem, ideologischem Sprachgebrauch dem »schlanken Staat« entgegenkäme. Geschehen soll das durch die Restriktion von Sozialleistungen, die nunmehr als »Soziallasten« bezeichnet werden, und deren partielle Überwälzung auf die Kommunen. Die Kürzungsversuche seit Mitte der siebziger Jahre betreffen neben der Sozialhilfe vor allem die Kranken- und Rentenversicherung.
Eine zweite Konzeption von Privatisierung propagiert unter der Losung einer »neuen Subsidiarität« die Verlagerung sozialstaatlicher Leistungen und Dienste auf die Familie und auf private Träger, insbesondere auf die großen Wohlfahrtsverbände zur Kosteneinsparung, aber auch zur institutionellen Entrechtlichung von Leistungsansprüchen.[80] Auf diesem Wege ist vorgesehen, einen strukturellen Ab- und Umbau des sozialen Sicherungssystems einzuleiten. Die Bedeutung von Subsidiarität verändert sich hier entsprechend ihrer Nähe oder Distanz zur katholischen Soziallehre[81], zu Vorstellungen von Solidarität und danach, ob die Individuen mit oder ohne staatliche Vorleistungen in die

78 H. Klages, Überlasteter Staat – verdrossene Bürger? Zu den Dissonanzen der Wohlstandsgesellschaft (Frankfurt a.M. 1981); Luhmann, Politische Theorie im Wohlfahrtsstaat. Vgl. auch Offe, *Democracy Against the Welfare State?*
79 So Herder-Dorneich, Ordnungstheorie des Sozialstaats und die Beiträge in Herder-Dorneich, Spontaneität oder Ordnung?
80 Koslowski, Der soziale Staat der Postmoderne, in: Engelhardt/Sachße, *Sicherheit und Freiheit*, 28ff.
81 Nell-Breuning, Das Subsidiaritätsprinzip, in: Theorie und Praxis der sozialen Arbeit H.1 (1976), 1ff.; Isensee, Subsidiarität und Verfassung; Dichmann, *Subsidiarität* m.w.Nachw. und Sachße, *Subsidiarität*

Lage versetzt werden sollen, für sich selbst zu sorgen.[82] Dem Prinzip Subsidiarität lassen sich als Struktur- oder Zuständigkeitsprinzip allerdings durchaus unterschiedliche Bedeutungen zuschreiben. Als Respekt des Staates vor den vermeintlich natürlich gewachsenen sozialen Einheiten, die aus der Würde des Menschen abgeleitet wird,[83] führt es zu der wenig präzisen Formel: »Soviel Staat wie nötig, so wenig Staat wie möglich.«[84] Den kleinen Gemeinschaften stehen gegebenenfalls solidarische Hilfen zu. Bisweilen schwingen hierbei auch Vorstellungen einer berufsständischen Ordnung mit. Als liberales Ordnungsprinzip favorisiert Subsidiarität ein Wettbewerbsmodell: » . . . soviel Freiheit als möglich, soviel staatlicher Eingriff als notwendig.«[85] Hier treten Solidarität und Gerechtigkeit gegenüber der Marktwirtschaft als einer »spontanen Ordnung« (Hayek), basierend auf subsidiären Handlungsfreiheiten, in den Hintergrund.

Im Unterschied zu diesen Modellen, die zumindest implizit von vorgegebenen, vereinseitigten Ordnungskonzepten leben, entwickelt sich neuerdings ein Verständnis von Subsidiarität, das sich von der gesellschaftlichen Realität und der Bedeutung der unterschiedlichen Akteure in der »mixed economy« sozialer Dienstleistungen[86] informieren läßt. Statt um eine »Funktionssperre des Sozialstaates« zugunsten des Kartells der freien Träger geht es nunmehr um das Verhältnis von kleinen Netzwerken und Initiativen zu etablierten öffentlichen oder privaten Großbürokratien.[87] Subsidiarität dient folglich als Argument zur Stärkung der Idee der Selbstorganisation von sozialen Diensten gegenüber den herkömmlichen Institutionen. Damit wird die »soziale Frage« nicht länger kurzschlüssig an den Wohlfahrtsstaat adressiert, sondern je nach Aufgabe und Sektor unterschiedlichen Akteuren zugewiesen. Auf diese Variante von Subsidiarität ist später zurückzukommen. Der überwiegend aber immer noch geforderte Rückzug des Staates bzw. die Einschränkung der öffentlichen Verantwortung für das individuelle Lebensschicksal wird begleitet von Formeln wie »mehr Selbst- und Nächstenhilfe der Bürger füreinander« oder »Vorfahrt für die jeweils kleinere Gemeinschaft«[88].

Die dritte, mit den ersten beiden häufig verknüpfte Bedeutungsvariante von Privatisierung läuft unter der Leitformel von »Selbstverantwortung« und

82 Vgl. etwa Koslowski, Der soziale Staat der Postmoderne und Fink, Subsidiarität – Lösung für sozialpolitische Probleme der Gegenwart; Sachße, Zur aktuellen Bedeutung des Subsidiaritätsstreits der 60er Jahre sowie Heinze et al., Der neue Sozialstaat, 99ff. m.w.Nachw.

83 Dichmann, *Subsidiarität*, 197f. zur katholischen Soziallehre.

84 Rauscher/Hollerbach, Subsidiarität, in: Staatslexikon V (1989), 386ff./387.

85 Utz, Sozialethik I: Die Prinzipien der Gesellschaftslehre (Heidelberg 1958), 289 und Dichmann, *Subsidiarität*, 204ff.

86 Sachße, *Subsidiarität*, 733ff. und Evers, *Im intermediären Bereich* und ders., *Pluralismus*, 226ff.

87 Sachße, *Subsidiarität*, 733; Heinze, *Neue Subsidiarität* (Opladen 1986).

88 Regierungserklärung von Bundeskanzler H. Kohl vom Oktober 1982, zit. nach Heinze et al., *Der neue Sozialstaat*, 101.

»Mündigkeit« auf eine neue politische Ethik hinaus, deren Anliegen ist, die mit einem neuen Arbeits- und Leistungsethos, insbesondere einer Ethik des Verzichts verbundene »Kulturfunktion der Unterhaltssorge« (W. Sombart) zu reaktivieren. Zum Teil erfüllt solcher »Selbsthilfenebel« nur die durchsichtige Funktion, ideologisch aufgeladene Ordnungsvorstellungen zu verhüllen. Zum Teil wird der am Prinzip der Selbsthilfe ausgerichteten Re-Ethisierung von Sozialpolitik die Aufgabe zugeschrieben, den Geburtsfehler einer staatspaternalistischen Sozialpolitik dadurch zu korrigieren, daß persönlich verantwortbare Risiken wieder dem Individuum zugerechnet werden.[89] Am weitesten gehen Vorschläge, den Wohlfahrtsstaat in einen »Mündigkeitsstaat« zu transformieren, in dem das System sozialer Rechte durch ein Netz sozialer Verantwortung ersetzt wird. Gemeinsam sind diesen Therapien, ob sie strukturpolitisch oder normativ ansetzen, weitreichende Empfehlungen zur Deregulierung im Bereich der Sozialpolitik.

Von derartigen Abbaustrategien halten Reformpläne mittlerer Reichweite deutlich Abstand. Bei allen Differenzen im Detail ist ihnen gemeinsam, daß sie eher maßvolle, punktuelle Therapien vorsehen, die die Struktur des Systems sozialer Sicherung nicht grundsätzlich in Frage stellen. Bündelt man die Vielfalt der Vorschläge, so setzen sie vorwiegend an »sozialstaatsinternen« Problemen an. In deren Zentrum steht die bisherige Basisgröße sozialer Sicherung, die gesamtwirtschaftliche Lohnquote. Zentrales Anliegen des sozialwissenschaftlichen und sozialdemokratischen Reformdiskurses ist deshalb, die bislang lohnbezogenen Abgaben ganz oder teilweise durch wertschöpfungsbezogene zu ersetzen oder zu ergänzen.[90] Im einzelnen sehen die Vorschläge u. a. folgende Modifizierungen vor: die Flexibilisierung der überkommenen Struktur von Sozialpolitik, die Ersetzung des Zwei-Generationen-Vertrages durch einen Drei-Generationen-Vertrag, die durchgängige Berücksichtigung des Bedarfsprinzips in allen Leistungssystemen, die Erschließung neuer Finanzierungsquellen, wie etwa einer sogenannten »Maschinensteuer« und einer Ressourcensteuer, und die verstärkte Mitfinanzierung des Sozialversicherungsfonds aus dem allgemeinen Steueraufkommen, eine neue Form der Berechnung und großzügigere Bemessung der Sozialhilfe, die eigenständige Sicherung der Frau, soziale Absicherung der Teilzeitbeschäftigten, der Ausbau neuer Beschäftigungsformen (zweiter und dritter Arbeitsmarkt), die Lockerung der Lohnarbeitszentriertheit sozialer Leistungen, der Abbau von Diskriminierungen hinsichtlich des Zugangs zu sozialstaatlichen Leistungen,

89 Gross, Die Verheißungen der Dienstleistungsgesellschaft und ders., Selbsthilfe und Selbstverantwortung als normative Leitideen der Sozialpolitik, in: Engelhardt/Sachße, *Sicherheit und Freiheit*, 85ff.

90 Klönne, Subsidiarität als Kampf ums Dasein? in: Heinze et al., Beschäftigungskrise und Neuverteilung der Arbeit (Bonn 1984), 224ff.; H.J. Vogel, Rückbesinnung auf genossenschaftliche Ideen, in: Die Neue Gesellschaft H.4 (1984), 351ff.; B. Wehner, Der neue Sozialstaat (Opladen 1992). Weitere Nachw. bei Heinze et al., *Der neue Sozialstaat*, 105ff.

die Einfügung von Elementen einer staatlichen Grundversorgung in das Prinzip der Sozialversicherung sowie Maßnahmen zur Beseitigung der Altersarmut. Diesen Plänen läßt sich entnehmen, daß das Thema Selbsthilfe und Selbstorganisation überwiegend mit der Bewältigung materieller Notlagen und hier vor allem mit dem Problem der Arbeitslosigkeit verknüpft und an genossenschaftliche Traditionsstränge angeschlossen wird. Der »arbeitszentrierte Blick auf Selbsthilfe«[91] erweist sich auch in der Beratung und finanziellen Unterstützung alternativer Betriebe und Beschäftigungsinitiativen.
In krassem Gegensatz zu den konservativen bzw. neoliberalen Abbau- und Deregulierungsplänen, allerdings zeitlich parallel entwickelt sich seit den frühen achtziger Jahren eine wissenschaftliche Diskussion über lohnarbeitsentkoppelte und »garantistische« Formen der sozialen Sicherung. Ihrer Reichweite und ihrem normativen Anspruch nach lassen sich Vorschläge für eine Grundrente, Sockelungsmodelle und Modelle der Grund- oder Basissicherung unterscheiden.[92] Sieht man einmal von Ansätzen ab, die mit Vorschlägen für eine beitrags- oder (teilweise) steuerfinanzierte Grundrente auf die besonderen Finanzierungsprobleme der Rentenversicherungen und auf die wachsende Altersarmut reagieren[93], so konzentrieren sich die Vorschläge für ein Grundeinkommen auf prinzipielle, das System sozialer Sicherung insgesamt betreffende Fragen. Diese zielen darauf ab, (a) an welchen Status sozialpolitische Regulierungsmechanismen anknüpfen – an Lohnarbeitverhältnis, Familie, Eigentum oder Bürgerstatus, (b) ob monetäre Transfers leistungs- oder bedürfnisorientiert, statussichernd oder armutsverhindernd sein sollen, und schließlich (c) wie Sozialpolitik angemessen auf die neuen gesellschaftlichen Problemlagen, insbesondere auf die Flexibilisierung auf dem Arbeitsmarkt, auf Tendenzen der Individualisierung und Pluralisierung von Lebensstilen, auf die Diskriminierung von Frauen, auf Veränderungen des Geschlechterverhältnisses und langanhaltende Arbeitslosigkeit auf hohem Niveau reagieren kann.[94]
Für Sockelungsmodelle ist kennzeichnend, daß in das bestehende System monetärer Transferleistungen, insbesondere bei Renten und Arbeitslosenunterstützung, ein finanzieller Sockel eingezogen werden soll, der eine zuverlässige bzw. menschenwürdige Existenzsicherung oberhalb des Sozialhilfeniveaus gewährleistet, zugleich aber die wirtschaftliche Eigeninitiative der Empfänger mobilisiert. Die Lohnarbeitszentrierung der sozialen Sicherung

91 Heinze et al., *Der neue Sozialstaat*, 107.
92 Siehe die Beiträge in Heinze et al., Sozialstaat 2000 und in Opielka/Ostner, Umbau des Sozialstaats; Leibfried/Hansen/Heisig, Vom Ende der bedarfsfundierten Armenpolitik, in: Leibfried/Tennstedt, *Politik der Armut*, 125ff.; Mückenberger et al., *Das staatlich garantierte Grundeinkommen*, 247ff.
93 Miegel/Wahl, Gesetzliche Grundsicherung.
94 Mückenberger et al., Das staatlich garantierte Grundeinkommen; Gerhard et al., *Auf Kosten der Frauen*.

wird also nur gelockert. Je nach der Bedeutung, die der privaten Kapitalbildung und Vorsorge beigemessen wird, ist vorgesehen, die soziale Sicherung in geringem oder hohem Maße beitragsfinanziert auszugestalten.[95] Demgegenüber orientiert sich der Vorschlag einer »integrierten bedarfsorientierten Grundsicherung«[96] zwar am bestehenden System sozialer Sicherung, will jedoch das Niveau der Leistungen bei Arbeitslosigkeit und Armut erhöhen und ihre Inanspruchnahme einem größen Personenkreis zugute kommen lassen. Auf das Grundeinkommen soll ein Rechtsanspruch bestehen, dessen Durchsetzung freilich noch immer von einer alters- und haushaltsbezogenen Bedarfsprüfung abhinge, bei der Einkommen und Vermögen zumindest teilweise und jedenfalls weniger streng als gegenwärtig bei Arbeitslosenhilfe oder Sozialhilfe anzurechnen wären. Dieser Vorschlag hält also am Nachrang sozialer Transferleistungen und insofern an einem der tragenden Pfeiler des gegenwärtigen Systems sozialer Sicherung fest. In normativer Hinsicht fordern Sockelmodelle, insbesondere ihre am weitesten gehende Variante einer »integrierten bedarfsorientierten Grundsicherung«, den teilweisen Verzicht auf finanzielle Rechtsansprüche, vermittelt über das Steuersystem, und eine Einschränkung der freien Verfügung über das Einkommenseigentum, der die gegenwärtig staatlich exekutierte Ersatzsolidarität bzw. die moralisch relativ anspruchslosen Versicherungssysteme[97] deutlich übersteigen muß, um diesen Modellen Stabilität verleihen zu können.

Das gilt freilich in noch größerem Maße für »garantistische« Vorschläge einer Grundsicherung. Ausgehend von einer grundsätzlichen Infragestellung der Entgegensetzung von Sozialversicherung und Grundeinkommen, steuern diese auf eine durch ein soziales Grundrecht gewährleistete Existenzsicherung zu. Diese soll Erwerbstätigkeit und Einkommen weitgehend entkoppeln.[98] Die Pläne zu einer Grund- oder Basissicherung, die das System der Sozialversicherung ergänzen soll, unterscheiden nurmehr soziale Versicherungsleistungen und soziale Entschädigungsleistungen und spalten die herkömmliche Versorgung sowie das Fürsorgeprinzip entsprechend auf. Soweit Leistungen unabhängig von der konkreten Bedüftigkeit gewährt werden, spielt die staatliche Wohlfahrtsbürokratie bezüglich der Prüfung und Zuteilung monetärer sozialer Transferleistungen keine Rolle mehr. Das gilt auch für verwandte Modelle einer (flexiblen) negativen Einkommenssteuer oder einer Sozialdividende in Gestalt eines Fixbetrages, die ebenso wie die Grundsicherung die Produktionsrisiken sozialisieren und die Funktionsmängel der

95 Miegel/Wahl, Gesetzliche Grundsicherung; Offe, Akzeptanz und Legitimität strategischer Optionen in der Sozialpolitik.

96 Leibfried, Bedarfsbezogene integrierte Grundsicherung; Hanesch/Klein, Eine integrierte bedarfsorientierte Grundsicherung in AFG und BSHG, in: Opielka/Zander (Hg.), Freiheit von Armut (Essen 1988).

97 So Offe, Akzeptanz und Legitimität stategischer Optionen in der Sozialpolitik, 185

98 Opielka/Vobruba, *Das garantierte Grundeinkommen.*

marktwirtschaftlichen Vergesellschaftung präventiv auffangen sollen.[99] Anknüpfungspunkt für die Grundsicherung ist nicht länger der Status der Lohnarbeit, sondern der Bürgerstatus. Die Auslösebedingung für eine Transferleistung ist nicht länger nachgewiesene ökonomische Bedürftigkeit, sondern ein vorab empirisch festgestellter allgemeiner Bedarf, der für alle Mitglieder einer Gesellschaft den gleichen Rechtsanspruch konstituiert.

(4) *Feministische Sozialstaatskritik*

Die feministische Kritik am Sozialstaat verläuft quer zu den bisher vorgestellten Konzeptionen, mit denen sie sich freilich bisweilen überschneidet[100]. Im Zentrum steht eine geschlechterpolitische Orientierung; dieser entsprechend werden Reformen des Sozialstaats und auch Mindesteinkommensvorschläge daran gemessen, ob und inwieweit sie die patriarchalische Verfaßtheit, die Erwerbsarbeitszentrierung und sich daraus ergebende Asymmetrien von Sozialpolitik überwinden können.[101] Das System sozialer Sicherung gerät damit in seiner Abhängigkeit von und seinen Auswirkungen auf Ehe, Familie, und geschlechterhierarchische Arbeitsteilung, auf den Zugang zum Normalarbeitsverhältnis und die Teilnahme am öffentlichen Leben in den Blick. Reformorientierung und -bedarf sind mit den jeweiligen frauenspezifischen politischen Zielsetzungen und Begründungen verknüpft und auch innerhalb der Frauenbewegung umstritten. Sie führen zu Vorschlägen unterschiedlicher Radikalität und Reichweite wie beispielsweise »bringing the state back in«, »welfare feminism«, Entlohnung der Hausarbeit oder androgyne Sozialpolitik.

99 Dazu Heinze et al., *Der neue Sozialstaat*, Kap. II.

100 Vgl. etwa die Beiträge von Riedmüller, Kohleiss, Bender und Ridder-Melchers in: Heinze et al., Sozialstaat 2000 und Gerhard et al., *Auf Kosten der Frauen*; Riedmüller, Armutspolitik und Familienpolitik. Die Armut der Familie ist die Armut der Frau, in: Leibfried/Tennstedt, *Politik der Armut*, 311ff.; Kulawitz, Auf unsicheren Wegen. Perspektiven der sozialen Sicherung von Frauen, in: Riedmüller/Rodenstein, Wie sicher ist die soziale Sicherung?, 241ff. Für die amerikan. Situation vgl. Miller, Women and Social Welfare – a Feminist Analysis (New York u. a. 1990); Lemke, »Women and the Welfare State«. Zur Rolle des Staates in der amerikan. Frauenforschung, in: Leviathan, 18. Jg. (1990), 239ff.

101 »Daß ein erwerbsarbeitszentrierter Sozialstaat sich unterschiedlich auf die bezieht, die nicht, nicht mehr, noch nicht oder unzureichend in die Erwerbsarbeit integriert sind, mag auf der Hand liegen, selbst wenn diese unterschiedliche Behandlung um so mehr der Legitimation bedarf, je weniger ausreichend existenzsichernde Erwerbsmöglichkeiten für Erwerbswillige bereitgestellt werden können. Weniger plausibel und deshalb um so erklärungsbedürftiger ist jedoch eine Politik, die in einer Gesellschaft, in der Existenzsicherung dominant erwerbszentriert erfolgen soll, eine soziale Kategorie – Frauen – von dieser Regel und Regelmäßigkeit ausnimmt.« Ostner/Schmidt-Waldherr, Politik mit den Frauen – über Frauen, Frauenarbeit und Sozialpolitik, in: Opielka/Ostner, Umbau des Sozialstaats, 157. Vgl. auch Z. Eisenstein, The Patriarchal Relations of the Reagan State, in: Signs: Journal of Women in Culture and Society, Jg. 10 (1984), 329ff. und Schunter-Kleemann, *Herrenhaus Europa*.

Aus der Kontroverse, wie Geschlecht als Dimension sozialer Strukturierung und sozialpolitischer Orientierung begriffen werden kann, lassen sich typisierend drei konträre Positionen herauspräparieren. Soweit Autorinnen davon ausgehen, daß Geschlechtsunterschiede in der Benachteiligung und Abhängigkeit der Frau gründen und daher zu überwinden sind, sehen sie in der Sozialpolitik ein Mittel zur Beseitigung der Ungleichbehandlung. Soweit Autorinnen dagegen »gender difference« bejahen, weil es weibliche Stärken konstituiere, befürworten sie eine Politik des Unterschieds und der Trennung. Gleichheit durch soziale Leistungen wird folglich nicht um der Angleichung willen angestrebt, sondern zur Wahrung der Unterschiedlichkeit. Eine auf Angleichung zielende Gleichstellungsstrategie tendiert dazu, die Gleichheitsgebote der Verfassung für staatlich zu exekutierende Reformen zu mobilisieren im Sinne eines »bringing the state back in«. Sie betrachtet den Staat, also auch den zu Ungunsten der Frauen »geteilten Sozialstaat« als eine der wichtigsten Arenen politischer Auseinandersetzungen.[102] Demgegenüber entspricht einer »separatistischen« Position eher, aber nicht zwangsläufig, eine anti-staatliche Einstellung. Den Übergang patriarchaler Kontrolle vom Vater/Mann auf den Staat nehmen Vertreterinnen dieser Position weniger als Chance zur Subversion dieser unpersönlicheren, abstrakteren Abhängigkeit wahr, sondern als eine hinter dem System fürsorglicher staatlicher Interventionen etablierte, neue und raffinierte Form der sozialen Kontrolle und patriarchalischen Herrschaft, die zugleich die Solidarisierung von Frauen hintertreibt.

In der Auseinandersetzung mit assimilationistischen und separatistischen Ansätzen hat sich in den letzten Jahren eine von beiden deutlich unterscheidbare Strategie herausgebildet. Diese geht zwar auch von der Existenz segregativer Strukturen und faktischer sozialer und ökonomischer Benachteilung von Frauen aus, setzt aber zu deren Überwindung auf politische Partizipation. In diesem eher republikanischen Teilnahmekonzept fungiert Gesellschaft als (wenn auch in sich widersprüchliche) Einheit und verbindet sich die Kritik am Sozialstaat mit dem Kampf um den Zugang zu öffentlichen Foren, von denen Frauen traditionell ausgesperrt, jedenfalls auch dort benachteiligt waren. Vereinbar mit diesem Ansatz sind, je nach Situation und spezifischer Problemlage, sowohl der Ausbau wie auch der Abbau frauenspezifischer Sonderregelungen. Gleich- oder Ungleichbehandlung wird auch angestrebt, um die Teilnahme von Frauen am öffentlichen Leben und damit von solidarischen Aktionen zu ermöglichen.[103]

102 Hernes, Zweigeteilte Sozialpolitik: Eine Polemik, in: Hansen/Nowotny (Hg.), Wie männlich ist die Wissenschaft? (Frankfurt a.M. 1986), 163ff.

103 Dazu die Beiträge von Erler, Ostner/Schmidt-Waldherr und Beer, in: Opielka/Ostner, Umbau des Sozialstaats.

(5) *Merkmale des Sozialstaatsprojekts*

Die hier eher knapp angedeuteten Diskurse über Sozialstaat und Sozialpolitik lassen einige markante Merkmale des Sozialstaatsprojekts in den Vordergrund treten, die auch für einen Versuch der Neubegründung aufschlußreich sind. Die *Aufgabe von Sozialpolitik* besteht demnach, gemessen am wissenschaftlichen Interesse, vorwiegend in (a) der Lohnersatzfunktion, das heißt die Bereitstellung kompensatorischer Transferleistungen für die Fälle des gescheiterten oder beendeten privaten Tausches, die als gesellschaftlich schutzwürdig anerkannt sind wie etwa Unfall, Krankheit und Alter, und (b) der Sozialisations- bzw. Normalisierungsfunktion, die gewährleisten soll, daß die Mitglieder der Gesellschaft grundsätzlich bereit sind, sich durch private Tauschakte zu reproduzieren. Die Aufgabe von Sozialpolitik, ein soziales Band zwischen den Mitgliedern einer Gesellschaft zu konstruieren, wird soweit ersichtlich nicht systematisch untersucht, sondern allenfalls punktuell unter den Stichworten Subsidiarität, Solidarität oder Gemeinschaft thematisiert. Während die Vorstellungen von »mitbürgerlicher Gemeinschaft« dabei eher vage bleiben, fristet Solidarität eine Randexistenz im Schatten staatlich-paternalistischer Vor- und Fürsorge. Dabei nimmt sie einmal die Bedeutung einer markttheoretischen Residualkategorie und eines »Reparaturbegriffs des freigesetzten Besitzindividualismus« (Böckenförde) an. Oder sie fungiert als ideologisch aufgeladene, aber normativ unterbestimmte Verpflichtung in der »Versöhnungsgesellschaft« (Späth), von der sich kaum angeben läßt, worauf sie sich gründen könnte.

Dementsprechend bewegt sich die wissenschaftliche Diskussion der *Organisation von Sozialpolitik* und Herstellung von sozialer Sicherheit zwischen den Polen Verstaatlichung und Privatisierung. Diese Fixierung führt dazu, daß Subsidiarität und Selbsthilfe durchweg als strategische Prinzipien oder Modelle der Entstaatlichung oder Entrechtlichung eingeführt werden. Verglichen mit den Sozialversicherungen oder der staatlichen Sozialbürokratie erscheint die Selbstorganisation von sozialer Sicherheit folglich als eine, gemessen an ihrer Reichweite und Effizienz unterlegene, wenn nicht strukturell ausgeschlossene Alternative, die im Spannungsfeld ihrer Randständigkeit und der sachlichen Defizite der staatlichen Armenpolitik zum Scheitern verdammt ist oder jedenfalls nur eine defensive Bedeutung bei der Abwehr übermäßiger sozialstaatlicher Eingriffe erhält.

Ansätze zu einer nicht paternalistischen, *normativen Begründung des Sozialstaats oder von Sozialpolitik* sind, zumal außerhalb der verfassungsrechtlichen Debatten, die Ausnahme geblieben. Häufig ist die Begründungsbedürftigkeit kein Thema oder aber es wird eine besondere Begründungslast des Wohlfahrtsstaates in Frontstellung zum liberalen Rechtsstaat postuliert. Zumindest wird durchweg implizit an der prinzipiellen Erwerbsarbeitszentriertheit sozialer Leistungen festgehalten. Herrschend ist ein Verständnis von sozialer Sicherheit, im Einklang mit der wohlfahrtsstaatlichen Tradition, als ökonomischer, von der »Republik des Marktes« verheißener Sicherheit[104].

Zu den Selbstverständlichkeiten unseres Verfassungs- und Rechtsdenkens gehört, die Verbürgungen gleicher Freiheit als politische Verteilungsprinzipien von der tatsächlichen gleichen Teilhabe an gesellschaftlicher Macht und gesellschaftlichem Reichtum abzusetzen. Kernpunkt dieser Auffassung ist die Vorstellung strukturell unterschiedlicher Grund- oder Menschenrechte, nämlich von Abwehrrechten gegen gesetzwidrige Eingriffe in die Privat- und Eigentumssphäre, von politischen Teilnahmerechten sowie schließlich von sozialen Rechten auf Arbeit, Bildung, Wohnung oder andere (öffentliche) Güter und Leistungen. Soziale Grundrechte[105] fristen neben den Freiheiten des Eigentümers zumeist eine marginale Existenz als bloße Programmsätze, die vom Gesetzgeber erst noch zu Ansprüchen auf staatliche Leistungen verdichtet werden müssen. Sie sind Rechte zweiter Klasse.

Nicht nur konservative Verfassungstheorien formen aus dem Dualismus von Freiheit und sozialer Gerechtigkeit mit »Rechtsstaat« und »Sozialstaat« zwei unterschiedliche Rechtsprinzipien oder Verfassungsaufträge, die, einmal in der Verfassung fixiert, fortan weitgehend abgehoben von den gesellschaftlichen Auseinandersetzungen das Handeln der öffentlichen Gewalten steuern sollen. Während sich diese Aufträge in konservativer und ordoliberaler Sicht zu einem Gegensatz verdichten, wobei der Rechtsstaat durchweg den Sozialstaat aussticht, arbeiten sozialliberale und sozialdemokratische Theoretiker unermüdlich auf deren Versöhnung hin. Sie greifen dazu auf die Menschenwürde oder auf materielle Vorstellungen von Gleichheit und Gerechtigkeit zurück, um soziale Rechte normativ abzuhärten.

Folglich bleibt der »Sozialstaatsauftrag« eingezwängt in das Spannungsverhältnis, wenn nicht die Antinomie von freier individueller Entfaltung und fürsorglicher staatlicher Intervention. Die Verwirklichung dieses Auftrags nimmt deshalb durchgängig auf die kapitalistische Arbeitsgesellschaft Bezug, verläuft jedoch in bürokratischen Handlungsformen. Entsprechend geben die Sozialbürokratien, wo möglich »Hilfe zur Arbeit« oder, wo unbedingt nötig, Hilfe statt Arbeitseinkommen. Nicht einmal die Erosion des Normalarbeitsverhältnisses hat hier für eine durchgreifende Revision gesorgt. Die bürokratisch organisierte Abfederung der Lebensrisiken in der Industriegesellschaft wird vom Subsidiaritätsgrundsatz zugunsten freier Träger auf paradoxe Weise bestätigt, sofern sich die »organisierte Nächstenliebe« der großen Wohlfahrtsverbände bürokratischer Handlungsformen bedient. Die Ausführung des So-

104 Grundlegend dazu Kaufmann, *Sicherheit*. Vgl. auch Isensee, Das Grundrecht auf Sicherheit.

105 Dazu Böckenförde et al., *Soziale Grundrechte* und Alexy, Theorie der Grundrechte.

zialstaatsauftrags oszilliert wiederum, je nach politischer Konjunktur, zwischen Privatisierung oder Verstaatlichung.

Das markanteste Merkmal des Wohlfahrtsstaates, das freilich »logisch« aus den drei vorher genannten folgt, ist die rechtlich-bürokratische Auflösung aller sozialen Bezüge und die Zurichtung der sozial isolierten Bürgerinnen und Bürger zu Klienten. Diesen tritt die Sozialverwaltung mit einem Januskopf entgegen: sozial-emanzipativ beseitigt sie materielle Notlagen oder fördert Selbsthilfe; als repressive Administration übt sie soziale Kontrolle aus und nimmt Freiheiten, wenn sie Bedürftigkeit oder Arbeitsbereitschaft prüft oder zur gemeinnützigen Arbeit verpflichtet. Hier setzen die meisten Kritiken des Sozialstaats an und geißeln die entmündigende Behandlung der Betroffenen durch den Apparat, ihre Entrechtung in stationären Einrichtungen, die entwürdigende Prüfung der Bedürftigkeit bei Sozial-, Arbeitslosen- oder Prozeßkostenhilfe und generell die Demoralisierung der Klienten im hinhaltenden Papier- und Paragraphenkrieg mit den Behörden als »soziale Enteignung« oder »Kolonisierung der Lebenswelt«. An der Kritik fällt insgesamt auf, daß sie sich auf die Exekution des Sozialstaatsauftrags konzentriert, sich aber mit dessen Voraussetzungen, also dem Gegensatz von Freiheit und Gleichheit und zwei unterschiedlichen Verfassungsprinziien abfindet.[106]

4.2 *Die kommunitaristische Herausforderung*

Wer in einer modernen Gesellschaft nach nicht nostalgischen Formen von Solidarität sucht, muß dies, wie gezeigt, außerhalb vertraglicher Verhältnisse und staatlicher Systeme sozialer Sicherung tun und sich auf die Ebene der sozialen Interaktion begeben und tut gut daran, dabei die großen philosophischen Erzählungen hinter sich zu lassen ebenso wie düstere Prognosen vom »Verschwinden der Solidarität«, die von dem vertrauten Reflex auf Veränderungsprozesse lebt, wonach alles nicht mehr so ist, was und wie es einmal war.

106 Von Interesse sind hier nicht jene Krisendiagnosen, die am Scheitern des wohlfahrtsstaatlichen Projekts ein kaum verhülltes Interesse haben. Typischerweise kritisieren sie den Mißbrauch von und die Anspruchsinflation durch Sozialleistungen sowie, damit einhergehend, die Erosion von Leistungsethik und Arbeitsmoral. Als Therapie schlagen sie den Abbau von Sozialleistungen, die Privatisierung der sozialen Dienste und eine »neue Subsidiarität« vor, um die sittlichen Voraussetzungen der sozialen Sicherung – eine Kultur eigenverantwortlicher Daseinsvorsorge – wieder (?) in ihr Recht zu setzen. Ich übergehe diese Sozialstaatskritik wie auch ihr Spiegelbild: jene selbsterfüllende Prophezeiung, die die aktuelle Krise bereits mit der notwendigen Krisenhaftigkeit des Kapitalismus vorhergesehen haben will und nunmehr nur noch die Evidenz der Sozialstaatsillusion und das ihr entsprechende sozialdemokratische Dilemma feststellt. Bei aller Unterschiedlichkeit ist beiden Kritikvarianten gemeinsam, daß sie die soziale Frage von der demokratischen Frage abkoppeln. Sie überantworten die Herstellung sozialer Gerechtigkeit entweder den Selbstheilungskräften des Marktes und der privaten Vorsorge oder halten sie mit dem Hinweis auf die kapitalistischen Produktionsverhältnisse für beantwortet – und zwar negativ. So gerät gar nicht erst in den Blick, ob und auf welche Weise Sozialpolitik sich auf demokratische Selbstregierung beziehen und die autonome Handlungsfähigkeit der Aktivbürgerschaft ermöglichen könnte.

Unabhängig von der Krise und Kritik des Sozialstaats öffnet sich hier Raum für die Intuition, daß auch eine »Gesellschaft der Individuen« solidarischer Beziehungen bedarf und ihre Herausbildung im Alltag auch zuläßt.[107]

Die Praxis sozialer Bewegungen – historisch vornehmlich der Arbeiterbewegung und aktuell vor allem der Frauenbewegung und Bürgerrechtsbewegungen – beglaubigen die Idee, daß eine solidarische Antwort auf die soziale Frage möglich sein könnte. Seit mehr als einem Jahrhundert haben autonome Assoziationen, wie etwa Arbeitervereine, Gewerkschaften, Burial Societies und andere Organisationen, auf der Grundlage der Gegenseitigkeit und Solidarität mannigfaltige Versuche unternommen, ihren Mitgliedern genuine soziale Sicherheit zu garantieren.[108] Diese Vereine und Clubs richteten nicht nur, auf der Basis häufig freiwilliger Beiträge, Solidarfonds ein, die für Mitglieder, Witwen und Waisen bei Krankheit, Pflegebedürftigkeit und Alter finanzielle Unterstützungen und andere persönliche Hilfen vorsahen; sie gründeten auch »public houses«, in denen ihre Mitglieder Gelegenheit hatten »to meet together, talk together, and drink together«. Ohne Solidarität dürften diese Einrichtungen in ihrer Vielzahl schwerlich so lange überlebt haben.[109]

Soziale Gruppen und soziale Bewegungen praktizieren zwar Solidarität, jedoch besteht deren Problem darin, daß sie durchweg einer gemeinsam geteilten negativen Erfahrung, genauer: der Erfahrung von Mißachtung, Diskriminierung oder Marginalisierung entspringt. Solche Kampfsolidarität der Schwachen, Diskriminierten, Marginalisierten gegen diejenigen, die sie beherrschen, führt daher, von Ausnahmen abgesehen, zum Ausschluß, jedenfalls zur nicht gleichberechtigten Aufnahme und Behandlung derjenigen, die diese Erfahrung nicht teilen. Folglich werden Gruppensolidaritäten und mit diesen die Selbsterzeugung sozialer Sicherheit durch die Vision historisch gewachsener Gläubiger-Gemeinschaften mit gleichsam organischen Strukturen erzeugt und begrenzt, die durch »Klasse«, »Geschlecht« oder neuerdings auch andere askriptive Merkmale wie etwa »nationale« bzw. »ethnische Abstammung« und »sexuelle Orientierung« konstituiert werden. Zwar wenden sich Solidaritäten dieser Art gegen den Kontraktualismus und Individualismus einer Marktgesellschaft, doch bleiben sie situations- und gruppengebunden. Ihr inhärenter Partikularismus übersteigt nur in Ausnahmefällen die Grenzen einer geteilten oder drohenden negativen Erfahrung.

107 Nachw. bei Keupp/Röhrle (Hg.), Soziale Netzwerke (Frankfurt 1987); Röhrle, Soziale Netzwerke und soziale Unterstützung (Weinheim 1994).

108 Vgl. E.P. Thompson, The Making of the Englisch Working Class (New York 1963), 451 ff.; J. Juillard, Fernand Pelloutier et les Origines du Syndicalisme d'Action Directe (Paris 1971); F. Tennstedt, Vom Proleten zum Industriearbeiter. Arbeiterbewegung und Sozialpolitik in Deutschland 1800 bis 1914 (Köln 1983).

109 »It is extremely probable that had they trusted solely to the sense of duty . . . and merely requiered the members to pay their weekly contributions to a collector, very few societies of the kind would have remained in existence.« S.Smiles, Thrift (London 1875) zit. nach P.H.J.H. Gosden, Self-Help – Voluntary Associations in the 19th Century (London 1973).

Gleichwohl wird auf der Folie dieser Gruppensolidaritäten immer wieder die Frage gestellt, warum nicht die Gesellschaft insgesamt als Solidarverband gedacht oder, besser noch, ausgestaltet werden kann. So hat in den letzten Jahren eine durchaus heterogene philosophische Bewegung Furore gemacht, die unter der Sammelbezeichnung »Kommunitarismus«[110] den Liberalismus – genauer: das System begrenzter Unverantwortlichkeit und das liberale System der Rechte – von innen einer durchgreifenden Kritik unterzog und das Anliegen formulierte, »wie ein sozial übergreifender Wertzusammenhang beschaffen sein kann, der einerseits durch neue Formen der gesellschaftlichen Solidarität den destruktiven Tendenzen einer weiteren Individualisierung entgegenwirkt, ohne andererseits dem radikalen Pluralismus liberaler Gesellschaften zuwiderzulaufen«.[111]

Auf der Suche nach einer neuen »community«, die nicht nur durch ein System liberaler Rechte und wechselseitigem Rechtsgehorsam zusammengehalten wird, lassen sich Kommunitaristen vom Vorbild kleiner Gruppen (Familie, Nachbarschaft), aber auch von den solidarischen Leistungen freiwilliger Assoziationen inspirieren: »Every voluntary association . . . is an agency of inclusion. Alongside their stated purpose, whatever it is, the associations of civil society provide recognition, empowerment, training, and even employment.«[112]

Nach Auffassung der »substantialistischen« Kommunitaristen[113] ist die Zugehörigkeit zu einer politischen Gemeinschaft nach dem Vorbild der Familie oder Freundschaft zu begründen. Der soziale Zusammenhalt verdankt sich letztlich patriotischen Tugenden und Gefühlen oder aber der Möglichkeit, daß die politische Gemeinschaft in ihrem Selbst- (und Verfassungs)verständnis Institutionen und Werte zur Geltung bringt, mit denen sich die Individuen in ihren »starken Wertungen« identifizieren können.[114]

Nach Auffassung der republikanisch und partizipatorisch gesonnenen Kommunitaristen ist die fehlende Integrationskraft liberaler Theorien und des liberalen Systems der Rechte nicht mit starken Werten, Tugenden und einer neuen Sittlichkeit zu kompensieren, sondern vor allem durch die gemeinsame politische Praxis der Bürgerinnen und Bürger.[115] Hält man hinsichtlich dieses Ansatzes genügend Abstand zu einer rousseauistischen Verklärung und Überforderung der Bürgerschaft und nimmt man gleichzeitig hinreichend Notiz von

110 Vgl. dazu die vorzügliche Studie von Forst, Kontexte der Gerechtigkeit (Frankfurt 1994); ferner Honneth, *Kommunitarismus* und Frankenberg, Auf der Suche nach der gerechten Gesellschaft, bes. 7ff., 210ff.

111 Honneth, *Grenzen des Liberalismus*, 83ff/101.

112 Walzer, Exclusion, Inclusion and the Welfare State, 61.

113 Zu dieser Charakterisierung vgl. Forst, Kontexte der Gerechtigkeit, 161ff.

114 Nickel, *Gleichheit in der Differenz*.

115 E.g. Barber, Strong Democracy und Walzer, Zivile Gesellschaft und amerikanische Demokratie.

der Realität des Wohlfahrtsstaates, dann zeichnen sich die Umrisse einer Alternative ab, die im folgenden entwickelt werden soll.

5. *Zivilisierung des Sozialstaats*

Eine von der Realität und Idee einer Zivil- oder Bürgergesellschaft informierte Kritik des Sozialstaats und eine entsprechende Neubegründung von Sozialpolitik kann sich der Herausforderung der Kommunitaristen stellen und die Kritik grundsätzlicher, aber auch riskanter als die bisher vorgetragenen Kritiken formulieren. Ihr erster Einwand richtet sich dagegen, daß ökonomische Entschädigungs- und Unterstützungsleistungen umstandslos als »soziale Sicherheit« etikettiert werden. Der zweite Einwand betrifft deren Organisation als bürokratisch-staatliche Veranstaltung. Ein weiterer Einwand läuft auf die Weigerung hinaus, die schwache Begründung sozialer Rechte als das letzte Wort hinzunehmen. Der eherne Gegensatz von politischen Freiheitsgarantien und sozialen Grundrechten, die Konstruktion von »Verfassungsaufträgen« sowie der Nachrang sozialer Rechte oder deren funktionale Abhängigkeit werden damit in Frage gestellt. Zugleich wird die These bestritten, soziale Integration lasse sich nurmehr sozialstaatlich realisieren, da Solidarität außerhalb des sozialen Nahbereichs und gleicher Interessen- oder Erfahrungssituationen sowie außerhalb moralisch relativ anspruchsloser Sozialversicherungen und öffentlicher Fürsorge jedenfalls auf gesamtgesellschaftlicher Ebene keine Chance habe.

5.1 *Historische Anmerkung zur Logik der Fürsorge*

Angesichts der überwältigenden Gegenwart des Sozialstaats muß man bis zur Französischen Revolution zurückgehen, will man sich der Konturen eines vergleichbaren Unternehmens versichern, auf Armut, Elend und soziale Unsicherheit eine weder utilitaristische noch etatistische noch partikularistische Antwort zu geben. In den Debatten zur Erklärung der Menschen- und Bürgerrechte spielten in dreizehn, also fast der Hälfte der vorgeschlagenen Projekte Vorstellungen von Solidarität und kollektiver Verantwortung für private Not eine Rolle. Einer der Wortführer war Abbé Sièyes, der den Grundsatz aufstellte: »Jeder Bürger, der außerstande ist, für seinen Lebensunterhalt zu sorgen, hat das Recht auf die Unterstützung seiner Mitbürger«. In einer späteren Version hieß es qualifizierend: »Wer nicht für seinen Lebensunterhalt sorgen kann oder keine Arbeit findet, hat das Recht auf Unterstützung durch die Gesellschaft, wenn er sich ihren Weisungen unterordnet.« Die Logik der Fürsorge trug hier noch stark utilitaristische Züge und folgt einem fast rationalen Interessenkalkül: »Die Vorteile, die man aus dem Gesellschaftszustand ziehen kann, beschränken sich nicht auf den wirksamen und vollständigen Schutz der persönlichen Freiheit; die Bürger haben außerdem noch Anspruch auf alle Wohltaten des gesellschaftlichen Zusammenschlusses.«[116]

Daneben finden sich Verfassungsprojekte, die noch Anklänge an den absolutistischen Wohlfahrtsstaat enthalten, nunmehr jedoch die Gesellschaft als Subjekt der Verpflichtung einsetzen: »Nachdem die Gesellschaft für die Sicherheit aller gesorgt hat, besteht eine andere, ihr strikt auferlegte und keinesfalls zu mißachtende Verpflichtung darin, für das persönliche Glück aller Glieder zu sorgen.«[117] Die neue Zusammensetzung des politischen Körpers auf der Grundlage des Rechts von Privatpersonen implizierte also, diesen notfalls zu helfen, sich ihren privatrechtlichen Status zu bewahren. Hier folgte die Logik der Fürsorge strikt der Logik des Individuums. Der Gesellschaftsvertrag hat den Charakter einer Sozialversicherung.

Zwar fand keines der genannten Projekte Aufnahme in die Menschenrechtserklärung von 1789, gleichwohl gingen diese Ansätze nicht verloren. Zum einen läßt sich sagen, daß sie zum Fundus latenter, aber gleichwohl geschichtsmächtiger Rechte gehörten, die etwa in der Verfassung von 1793, über das »gemeinsame Glück« aller hinaus, in der Gestalt einer »heiligen Schuld« und einer ausdrücklichen Beistandspflicht[118] zum Ausdruck kamen. Zum anderen warfen die gescheiterten Projekte erstmals die Frage auf, ob eine Gesellschaft es sich leisten könne, »sich gleichgültig zu verhalten, wenn bei einem ihrer Mitglieder das konkrete Vermögen zur Autonomie verfällt, das ihn als Individuum konstituiert«.[119]

Damit wird die Verantwortung für das private Lebensschicksal – unabhängig von Tradition, Status oder Religion – als öffentliche definiert, bezogen auf die Bedingungen autonomen Handelns und eingelassen in die wechselseitigen Beziehungen der Individuen zueinander. Mit diesen Entwürfen für eine Erklärung der Menschenrechte und späteren Verfassungsbestimmungen wandelt sich das Bild des autonomen Individuums: Die vermeintlich souveräne Monade nimmt menschliche Züge an; sie kennt Armut und Reichtum, Unsicherheit und ein Bedürfnis nach Geborgenheit. Zugleich gibt die »Gesellschaft der

116 Sièyes, Politische Schriften, 249 u. 256. Dazu und zum folgenden Gauchet, *Die Erklärung der Menschenrechte*, 109ff. zur »Logik der Fürsorge«.

117 Wartel, Projet de déclaration des droits de l'homme, remis à M. le Président de l'Assemblé nationale le 8 août (1789).

118 »Die Gesellschaft schuldet ihren notleidenden Mitbürgern den Unterhalt, indem sie ihnen entweder Arbeit verschafft oder denen, die außerstande sind zu arbeiten, die Existenzmittel sichert.« (Art. 21). Vgl. auch Art. 1, 8 und 23 der Déclaration v. 24.6.1973.

119 Gauchet, *Die Erklärung der Menschenrechte*, 114.

Individuen« im Moment der »gloriosen Unverantwortlichkeit des Anfangs«[120] ein vom Liberalismus lange Zeit gehütetes Geheimnis preis: Dem Prinzip der Unabhängigkeit der Individuen wohnt von Beginn an eine soziale Forderung inne. Zu ihrem sozialen Zusammenhalt bedarf die »Gesellschaft der Individuen« daher neben der gleichen Freiheit auch der Solidarität. Wenn damit nach dem bisher Gesagten offensichtlich nicht oder jedenfalls nicht allein die staatlich exekutierte Ersatzsolidarität gemeint sein kann, so liegt es nahe, eine andere Spur zu verfolgen.

5.2 *Zivile Solidarität und soziale Rechte*

Am Anfang dieses Weges steht eine nicht nur in der Bundesrepublik Deutschland weithin als herrschend angesehene Meinung in Rechtsprechung und Lehre, die keine Ermutigung bereithält.[121] Das Schweigen des Grundgesetzes zu sozialen Rechten interpretiert diese so, daß Teilhaberechte im Sinne individueller, einklagbarer Ansprüche auf materielle Leistungen grundsätzlich einer vorgängigen gesetzlichen Regelung bedürfen. Diese stehen unter dem Vorbehalt des von den jeweiligen Mehrheiten für finanziell möglich Gehaltenenen, sind mithin äußerst politik- und konjunkturabhängig. Hieraus zieht eben diese dominierende Meinung den Schluß, die Rede von sozialen Grundrechten wecke falsche Erwartungen. Ihre Semantik habe sich verbraucht.

Dem ließe sich wenig entgegensetzen, wenn das mit der Idee sozialer Grundrechte bezeichnete Versprechen entweder eingelöst oder aber in der Tat nicht einlösbar wäre. Ersteres ist ersichtlich nicht der Fall. So gründet sich die Ablehnung denn auch auf die »falsche Struktur« sozialer Grundrechte. Ihnen wird entgegengehalten, sie adressierten sich an den Staat, der aber in einer kapitalistischen Gesellschaft weder der ideelle noch der faktische Gesamtunternehmer sei und folglich nicht nach Bedarf über die Güter verfügen könne, auf die sich soziale Teilhaberechte beziehen, wie etwa Arbeitsplätze oder Wohnungen. Dieser Einwand trifft hinsichtlich der Verteilung nicht marktvermittelter lebenswichtiger Güter wie Gesundheit, Bildung oder materielle Grundversorgung nicht zu.[122] Gleichwohl markiert er zwei entscheidende Schwachstellen im herkömmlichen Verständnis sozialer Grundrechte. Zum einen haftet ihnen, mangels inhaltlicher Bestimmtheit, eine gewisse Beliebigkeit an: Eben Rechte auf Dies und Das. Zum anderen überantworten sie ihre Erfüllung

120 Gauchet, *Die Erklärung der Menschenrechte*, 114.
121 Nachw. bei Alexy, Theorie der Grundrechte, 9. Kap.; Bieback, Sozialstaatsprinzip und Grundrechte, 663ff. mit zahlr. Nachw.; AK-GG Denninger vor Art. 1, Rn. 23ff.; Böckenförde, Grundrechtstheorie und Grundrechtsinterpretation.
122 Vgl. dazu die Beiträge in Böckenförde et al., *Soziale Grundrechte* und Bieback, Sozialstaatsprinzip und Grundrechte, 663ff.

dem Staat und setzen damit entsprechende vom Gesetzgeber zu formulierende, den Staat verpflichtende Handlungsaufträge voraus. Insofern treten sie als Ansprüche auf, die den Anschein erwecken, sie leiteten sich aus dem Verfassungsauftrag »Sozialstaatlichkeit« ab. Anders als Freiheitsrechte und Gleichheitsprinzipien erscheinen sie als nur relativ, d.h. bezüglich anderer Garantien begründete Rechte zweiter Klasse.

(1) *»No Calcutta«-Prinzip, Aufruhrprophylaxe und Versicherung*

Wer sich für soziale Grundrechte stark macht, klagt nach deren herkömmlichem Verständnis Transferleistungen zugunsten der Hilfsbedürftigen ein, die auf einer positiven Unterstützungspflicht oder, allgemein formuliert, in einer Solidarpflicht gründen. Folglich stellt sich die Frage, warum die Mitglieder einer Gesellschaft ein Interesse an einer solidarischen Praxis haben sollten oder könnten, die ihnen Beiträge zu einem System finanzieller Transfers zugunsten der Armen, Kranken, Wohnungslosen und anderen hilfsbedürftigen Gruppen abverlangt?

Die Antwort liegt nicht auf der Hand. Durchaus unterschiedlich anspruchsvolle Motive sind denkbar. Die schwächste Antwort könnte sich am »No Calcutta«-Prinzip orientieren. Das besagt, daß niemand – buchstäblich – auf der Straße liegen soll, damit das Lebensgefühl der Passanten nicht beeinträchtigt wird. Nicht Solidarität ändert hier die Verelendung, sondern allenfalls ein äußerst enges Eigeninteresse; nicht soziale Verbundenheit, sondern die von der Armut vor der eigenen Haustür ausgelösten Empfindungen motivieren Bemühungen zur Beseitigung elender Zustände. Dabei ist nicht ausgemacht, daß die Bemühungen über ordnungspolizeiliche Maßnahmen hinausgehen und das Niveau der Armenfürsorge erreichen. Beispiel hierfür ist die überkommene Lehre und Praxis, denen Obdachlosigkeit als Störung der öffentlichen Ordnung galt.[123]

Populärer dürfte ein verwandtes Argument sein, das die Pflicht zu teilen an den Bedingungen des sozialen Friedens orientiert. »Brot und Spiele« hieß das in Zeiten, als von Sozialstaat und sozialen Rechten noch keine Rede war. Heute würde dem eine Sozialpolitik entsprechen, deren Logik auf die Verhinderung sozialer Unruhe oder gar sozialen Aufruhrs abzielte. Damit wird die polizeilich-ästhetische Einstellung politisch, bleibt freilich bezogen auf Maximen der inneren Sicherheit. Die Solidarpflichten der Besitzer von Wohlstand und Arbeit gegenüber den Hilfsbedürftigen kommen auch hier nicht in den Blick.

123 Hierzu Steinmeyer/Brühl, KJ 1989, 275ff. mit zahlr. Nachw. Eine vorsichtige Wende in der Rechtsprechung signalisiert die Entscheidung des OVG Münster FEVS Bd. 42 (1992), 241ff.

Über eine Sozialpolitik als »gesellschaftssanitäre« Aufgabe und Aufruhrprophylaxe geht schließlich eine dritte mögliche Antwort hinaus, die sich Vorstellungen von Solidarität annähert. Alle Beiträge, die von den Mitgliedern eines Sozialverbandes regelmäßig einem gesamtgesellschaftlichen Fonds sozialer Sicherung zugeführt würden, wären demnach der wechselseitigen Vorsorge für die unberechenbaren Lebensrisiken in einer (kapitalistischen) Gesellschaft geschuldet. Solidarität in Form von ökonomischen Entschädigungs- oder Versicherungsleistungen wäre letztlich von der Einsicht getragen, daß alle diese Risiken – Unfall, Krankheit, Arbeitslosigkeit, Invalidität, Wohnungsnot oder Armut – im Prinzip jeden treffen könnten. Diese Solidarität bezöge sich allerdings auf »die verläßlichste moralische Eigenschaft der Menschen« – auf ihren Egoismus.[124] Allein diejenigen, die sich selbst versichern oder dazu in der Lage sind, dürften Vorbehalte gegen solchermaßen begründete soziale Teilhaberechte haben und auf Eigenverantwortlichkeit oder zumindest Subsidiarität pochen.

(2) *Habeas Corpus, Toleranz, Anerkennung*

Mit einer stärkeren Betonung der Idee von bürgerlicher Solidarität lassen sich das Interesse am sozialen Frieden und die (gewiß nicht grenzenlose) Bereitschaft zu teilen in den Kontext einer demokratischen Republik übersetzen. Ausgangspunkt einer solchen Position und Perspektive sind die Lebensbedingungen in säkularisierten Gesellschaften. Nicht von Konsens sind diese geprägt, sondern – wie allenthalben und jederzeit erfahrbar – von einer Vielzahl unterschiedlicher Lebensstile und Lebenspläne, Meinungen und Forderungen, Bedürfnisse und Interessen. Diese Pluralität fügt sich nicht, wie Pluralismustheorien das ehedem annahmen, in ein harmonisches Marktmodell, dessen Geschehen sich im Ergebnis als Gleichgewicht beschreiben läßt, sondern treibt die einzelnen und assoziierten Mitglieder von Gesellschaften fortwährend in Konflikte und hält diese unablässig in mehr oder minder starker Bewegung und Unruhe. Wenn folglich Konflikt, Konfrontation und Dissens die soziale Realität zutreffender charakterisieren als Konsens und Harmonie, dann stellt sich die Frage, wodurch sich, wenn nicht mit nackter Gewalt, verhindern läßt, daß solche Konflikt-Gesellschaften aus den Fugen geraten.
Aus den rivalisierenden Theorielagern werden höchst unterschiedliche Antworten angeboten. Wer auf einen Gesellschaftsvertrag setzt, handelt sich, wie ausgeführt,[125] beachtliche Gegenfragen hinsichtlich einer fiktiven und in der Analogie zu privatrechtlichen Beziehungen wenig überzeugenden kontraktu-

124 Schulze, *Über alte und neue Werte*, 12
125 Siehe oben Kap. II.

ellen Bindung ein. Die demgegenüber von Kommunitaristen propagierten »starken Werte« lassen nicht erkennen, wer sie teilt und sich auf der Ebene einer politischen Gemeinschaft durch sie gebunden fühlt. Patriotischen Tugenden und einer Zivilreligion fehlt allem Anschein nach, aufgrund ihrer Unbestimmtheit und der Trübheit ihrer Quellen, die erforderliche Verbindlichkeit. Davon abgesehen wären sie nur als rechtliche Gebote und Pflichten durchsetzbar. Der Sozialstaat mag geeignet sein, eine Gesellschaft bei guter Konjunktur und einem dann angemessenen Leistungssystem temporär zu befrieden. Kritik und Krise des Sozialstaats legen freilich die Vermutung nahe, daß mit sozialstaatlich generiertem Gemeinsinn zeitstabil ebensowenig zu rechnen ist, wie angenommen werden kann, die Zuteilung von materiellen Leistungen werde Verteilungskämpfe erübrigen.

In Abkehr von derartigen Modellen und Therapievorschlägen wird hier die Idee einer *grundlegenden Konvention*[126] eingeführt. Zu deren Verständnis sind drei Aspekte bedeutsam: (a) die Konflikthaftigkeit von Gesellschaften, (b) die Zugehörigkeit zu einer politischen Gemeinschaft und (c) sich daraus ergebende mögliche Formen reziproker Anerkennung. Diese Aspekte bedürfen im folgenden der Konkretisierung. Zunächst ist zu klären, was eine *Konvention* von einem Gesellschaftsvertrag unterscheidet und ihre verbindende und verbindliche Kraft ausmacht. Dazu ist zu sagen, daß dieser Konvention nicht deshalb Verbindlichkeit und verbindende Kraft zugeschrieben wird, weil weise Köpfe sie ersonnen haben oder eine »herrschende Meinung« sie für richtig hält. Vielmehr muß sich das in einer solchen Konvention enthaltene wechselseitige Versprechen einer Bürgerschaft, für eine öffentliche und demokratische Streitkultur einzustehen und ihr Konfliktverhalten an deren Regeln zu orientieren, in der sozialen Praxis tatsächlich aufweisen lassen. Der Begriff *Konvention* signalisiert überdies, daß es sich um eine Übereinkunft handelt, die nicht ein für allemal getroffen wird und dann etwa im Sinne einer Wertordnung aus der Horizontalität einer Bürgerschaft heraustreibt, sondern stets unter dem Vorbehalt der Änderung steht. Als *»grundlegend«* läßt sie sich bezeichnen, soweit sie die Regeln enthält, welche die notwendigen Bedingungen für eine (gerade noch) integrative Praxis der Konfliktlösung umschreiben und verhindern, daß eine Gesellschaft in einen heillosen Strudel von politischen Kämpfen treibt.

Mit den »minima legalia« einer grundlegenden Konvention wird Gesellschaften kein Set von Verhaltensstandards oktroyiert. Wohl aber werden ihr – genauer: den sozialen Akteuren – jene Streitregeln vor Augen geführt, an denen sie ihr republikanisches und demokratisches Selbstverständnis überprüfen

126 Siehe dazu oben S.55ff.

können und ihre Konfliktpraxis orientieren müssen, wollen sie diese auf einem zivilgesellschaftlichen Kurs halten.

Welches sind diese Regeln? Nach den Schüssen an der Startbahn West wurde berichtet, einer der Polizisten sei aufgebracht zu einer Gruppe von Startbahngegnern gelaufen und habe ihnen vorgeworfen: »So sind wir doch bisher nicht miteinander umgegangen.« Unabhängig von möglichen Einwänden gegen seine Authentizität, illustriert dieser Vorfall eine erste Regel zivilgesellschaftlicher Streitpraxis: die *Selbstbegrenzung im Konflikt.* Diese Selbstbegrenzung erlegt den Kontrahenten auf, auch bei schärfster Konfrontation die psychische und physische Integrität des Gegners zu respektieren und in diesem Sinne bei der Durchsetzung ihrer Auffassungen und Ziele hinsichtlich der Mittel wählerisch zu sein. Ohne das Verhältnis der öffentlichen Gewalten zur Bürgerschaft mit den Beziehungen von Bürgerinnen und Bürgern untereinander kurzzuschließen, läßt sich doch eine Korrespondenz herstellen zwischen den klassischen »Habeas corpus«-Garantien und einem horizontalen bürgerlichen Gewaltverzicht.

Wer meint, auf die Anwendung von Gewalt nicht verzichten zu können, sollte sich vor allen denkbaren Rechtfertigungen und Ausreden vergegenwärtigen, daß Gewalt immer ein Vorrecht beinhaltet. Nämlich das Privileg, nach Maßgabe selbstgesetzter Ziele und Normen über die körperliche und seelische Unversehrtheit anderer verfügen zu können. Gewalt zerreißt die horizontale Ebene einer Bürgerschaft, ihr soziales Gewebe und führt zwei Klassen ein: die Täter, die sich die Freiheit nehmen, Gewalt auszuüben, und die Opfer, die sie gezwungenermaßen erdulden müssen. Im Moment der Gewalt schweigen Zivilität und Freiheit und, was bisweilen übersehen wird, Gleichheit.

Jenseits der Grenze und außerhalb von Situationen, wo Gewaltlosigkeit selbstverständlich erscheint, könnte sich der Verdacht einstellen, dieses Konfliktprinzip arbeite einem politischen Quietismus zu. Wechselseitiger Respekt vor der Integrität des anderen fordert jedoch keinen maximalen Schutz für alle möglichen Sensibilitäten ein. Noch die Begrenzung der Mittel orientiert sich an der Ermöglichung von Kontroversen und besagt daher nicht, politische Differenzen seien nach altliberalem Muster eines rein geistigen Wettstreits der Meinungen auszutragen. Im Namen des Gewaltverbots läßt sich daher nicht jede Beeinträchtigung des Wohlbefindens und jede Behinderung der Bewegungsfreiheit als Eingriff in die Integrität abwehren. Allerdings ergeben sich in der Praxis Probleme, für die einfache Lösungen nicht zur Verfügung stehen.

Das erste betrifft die Definition von Gewalt. Diese ist in sozialen Konflikten nicht immer leicht zu entziffern, und ihre Bestimmung ist ihrerseits Gegenstand von Deutungskämpfen. Außerhalb eines Kernbereichs von Gewalttätigkeit sind Meinungsverschiedenheiten und unterschiedliche Grenzziehungen unvermeidlich.[127] In seiner Entscheidung über die Brokdorf-Demonstration griff das Bundesverfassungsgericht in den Definitionsstreit ein und führte eher indirekt zur Gewaltproblematik aus, der Schutz der Versammlungsfreiheit beschränke sich »nicht auf Veranstaltungen . . ., auf denen argumentiert und gestritten wird, sondern umfaßt vielfältige Formen gemeinsamen Verhaltens bis hin zu nicht verbalen Ausdrucksformen«[128]. Weiterhin stellten die Richter klar, daß Dritte auch Belästigungen von seiten der Demonstranten, die bis zu nötigenden Beeinträchtigungen reichen können, grundsätzlich ertragen müssen, ohne sich darauf berufen zu können, die Demonstration sei gewalttätig oder unfriedlich.[129] Diese Auslegung läßt sich im Sinne einer »Drittwirkung« auch als Konfliktregel unter Bürgern fruchtbar machen, ohne daß damit das Problem der Grenzziehung des Schutzbereichs von Integrität nicht ein für allemal gelöst wäre. Es würde den Rahmen dieser Überlegungen sprengen, eine Phänomenologie auch nur der aktuellsten Formen von Gewaltanwendung zu erstellen.[130]

Sobald man den Bereich elementarer Verletzungen der leiblichen Integrität verläßt, wird »Gewalt« zu einer Frage der Definition und je unterschiedlicher Versehrbarkeit. Besonders heikle Fragen werfen Mißachtungen der Integrität auf, die sich von praktischen Mißhandlungen und auch von struktureller, in der Praxis von Institutionen aufspürbarer Gewalt deutlich unterscheiden, gleichwohl von den Betroffenen als gewaltsame Verletzung ihrer Integrität und Achtungsanspruchs erlebt werden. Aktuell wird diese Problematik etwa bei Aufmärschen von Neonazis in jüdischen Wohngebieten[131] oder bei der Leugnung des Holocaust in rechtsextremistischen Pamphleten.[132] Hier ist zu fragen, ob Individuen oder Gruppen aufgrund ihrer spezifischen Leidensgeschichte besonders versehrbar sind und deshalb zum Schutz ihrer Integrität und Würde geltend machen können, vor Konfrontationen bewahrt zu werden, die anderen zuzumuten sind, diese jedoch einer Wiederholung ihres Verfolgungstraumas aussetzen und daher nicht hinnehmen müssen. Aus dem »Versprechen gegenseitiger Achtung«[133] läßt sich für die Betroffenen gewiß eine

127 Die Debatten um die Protestform des zivilen Ungehorsams illustriert anschaulich die Schwierigkeiten, dem Phänomen der Gewalt beizukommen. Vgl. dazu BVerfGE 73, 206/233ff. mit zahlr. Literaturnachw. und BGHSt. 23, 46ff. (Laepple-Urteil). Vgl. auch Denninger, Demonstrationsfreiheit und Polizeigewalt, 42ff. Das BVerfG hat seine Rechtsprechung in einer beachtenswerten Wende korrigiert und nunmehr entschieden, passive Resistenz lasse sich nicht unter das Tatbestandmerkmal der Gewalt in § 240 StGB subsumieren, NJW 1995, 1141.

128 BVerfGE 69, 315/343 (Brokdorf-Urteil); vgl. auch Frankenberg, Demonstrationsfreiheit – eine verfassungsrechtliche Skizze, KJ 1981, 370ff.

129 BVerfGE 69, 353ff.

130 Vgl. Albrecht/Backes, Verdeckte Gewalt; J. Galtung, Strukturelle Gewalt.

131 Vgl. zum Skokie-Fall in den USA Hentoff, *Free Speech for Me but Not for Thee*, 250ff.

132 Vgl. hierzu Cobler, Das Gesetz gegen die »Auschwitz-Lüge« und Dietz, Die Lüge von der »Auschwitz-Lüge«, KJ 3 (1995) und Kunig, v. Münch GG Art. 1, Rn. 17 m. w. Nachw.

133 Vgl. H. Hofmann, Das Versprechen gegenseitiger Achtung, in : FAZ v. 10.4.1993.

gesteigerte Verantwortung der Bürgerschaft ableiten.[134] Gleichwohl sollte Abstand gehalten werden von der Vorstellung »gesondert würdefähiger« sozialer Gruppen[135] ebenso wie von einem Integritätsschutz (erst recht von Berufsgruppen und kaum noch abgrenzbaren Kollektiven wie beispielsweise Soldaten), der nach Maßgabe des jeweiligen Selbstverständnisses und spezifischer Sensibilitäten staatliche Schutzmaßnahmen einfordert, die weit in den Bereich der Freiheit politischer Kommunikation eingreifen.[136]

Neben den Schutz der Integrität tritt in einer grundlegenden Konvention eine zweite Bedingung, von der das Gelingen einer zumindest rudimentären demokratischen Streitkultur abhängt: wechselseitige *Anerkennung*[137] und *Toleranz.*[138] Weder Anerkennung noch der geläufige Begriff der Toleranz verstehen sich von selbst; beide lassen sich mit durchaus unterschiedlichen Ansprüchen verbinden. Anerkennung in der am wenigsten anspruchsvollen Form besagt nur, den Anderen – sei es ein Individuum oder ein Kollektiv – als mit eigenen Auffassungen, Zielen und auch Rechten auftretenden Gegenüber wahrzunehmen. Entsprechend erschöpft sich Toleranz auf diesem Niveau darin, unterschiedliche Interessen, exzentrische Verhaltensweisen und abweichende Auffassungen, wenn nicht zu billigen, so doch zu ertragen. Wer in diesem Sinne das Koexistenzrecht anderer toleriert, trägt damit nur der schieren Vorfindlichkeit und Pluralität konkurrierender Akteure Rechnung und respektiert deren private Autonomie. Sobald Toleranz jedoch die öffentlichen Arenen und Foren einbezieht, in bzw. auf denen die Pluralität von Interessen und Anschauungen ausgetragen werden und zur Geltung kommen sollen, wird sie anspruchsvoller und schließt die Achtung der politischen Autonomie ein. Diese Achtung äußert sich zunächst darin, daß Anderen über das bloße Koexistenzrecht hinaus das gleiche Recht zugestanden wird, öffentlich aufzutreten und die Freiheit der politischen Stellungnahme[139] auszuüben. Entsprechend den Spielregeln einer formalen Demokratie fordert politische Toleranz auf diesem Niveau den Rivalen im Wettstreit um die Durchsetzung ihrer Ziele ab, einander als grundsätzlich mit gleichem Recht öffentlich Auftretende gelten zu las-

134 So auch BGHZ 75, 160/163: Die historische Erfahrung der Judenverfolgung weise »den in der Bundesrepublik lebenden Juden ein besonderes personales Verhältnis zu ihren Mitbürgern zu; in diesem Verhältnis ist das Geschehen auch heute gegenwärtig. Es gehört zu ihrem personalen Selbstverständnis, als zugehörig zu einer durch das Schicksal herausgehobenen Personengruppe begriffen zu werden, der gegenüber eine besondere moralische Verantwortlichkeit aller anderen besteht, und das Teil ihrer Würde ist.« Zustimmend BVerwG, NJW 1991, 997/998.

135 Vgl. Kunig, v. Münch, GG Art. 1, Rn. 17.

136 Zur Problematik der Erfassung von »Ausländern«, »Zigeunern« und Schwarzen als gesonderter und besonders schutzbedürftiger Gruppen vgl. die Nachw. bei Kunig, v. Münch GG, Art. 1, Rn. 17. Zum Integritätsschutz von Soldaten vgl. BGH NJW 1989, 1365; BVerfG NJW 1994, 2943.

137 Grundlegend hierzu Honneth, Kampf um Anerkennung; ders., Integrität und Mißachtung sowie Taylor, *Politik der Anerkennung.*

138 Vgl. Walzer, Politik der Differenz, 5ff. auch zum folgenden.

139 Grundlegend hierzu Günther, *Die Freiheit der Stellungnahme.*

sen. Dies ist eine Bedingung der Möglichkeit dafür, daß das Wechselspiel von Mehrheit und Minderheit funktionieren und die Mehrheitsregel als legitimes demokratisches Entscheidungsprinzip durchgehen kann. Denn solche Anerkennung im Sinne eines politischen Laissez-faire achtet die Opponenten zunächst nur als notwendige Konkurrenten, ohne die ein Wettstreit um politische Macht schlechterdings nicht stattfindet, weist jedoch über ein Konkurrenzmodell von Politik nicht hinaus. Sie korrespondiert, übersetzt in das Verhältnis einer Bürgerschaft zu ihren öffentlichen Gewalten, der Verbürgung negativer Freiheiten. Ein öffentliches Auftritts- und Äußerungsrecht enthält nur das Versprechen gegenseitiger Achtung als Kommunikationspartner. Die Kommunikation kann dabei gleichwohl als staatlich regulierte Veranstaltung stattfinden.

Anerkennung im Rahmen einer zivilgesellschaftlichen Streitkultur stellt jedoch höhere Ansprüche an die Beteiligten und weist über Gleichgültigkeit und politisches Laissez-faire hinaus. Sie verlangt allen ab, die Gegner im Konflikt zugleich in ihrer *Besonderheit* wahrzunehmen und zu respektieren.[140] Eine solche Streitpraxis, ganz gleich ob man sie zivilgesellschaftlich oder republikanisch-demokratisch nennt, lebt von einer Leidenschaft[141] für Auseinandersetzungen in öffentlicher, allen zugänglicher und allen zumutbarer Freiheit. Diese Einstellung, die man auch als Tugend bezeichnen könnte, lebt von der Einsicht, daß Menschen erst durch andere werden, was sie sind und *in Gesellschaft* nicht als isolierte, souveräne Monaden leben, sondern dort ihre Identität entwickeln und ihre private und politische Autonomie verwirklichen. »Sprach- und handlungsfähige Subjekte werden als Individuen allein dadurch konstitutiert, daß sie sich aus der Perspektive zustimmender Anderer auf sich selbst als Wesen zu beziehen lernen, denen bestimmte Qualitäten und Fähigkeiten positiv zukommen.«[142] Individuelle Identität und Anerkennung sind daher intern verschränkt. Ohne die Anerkennung durch andere kann sich nicht einmal der Schatten unserer Individualität in unserer Einbildung abbilden. Insofern ist jede/r auf die Achtung der Anderen angewiesen. Diese Abhängigkeit begründet die besondere Versehrbarkeit menschlicher Wesen: Mißachtungen können die Identität der ganzen Person zum Einsturz bringen. Daß gerade Konfliktlagen Gefahren der Mißachtung bergen, von Übergriffen auf die physische Integrität über die soziale Exklusion bis hin zu subtilen Demütigungen, liegt auf der Hand.

Vor diesem Hintergrund erhält eine grundlegende Konvention ihre besondere

140 Die Verpflichtung: »Jeder schuldet jedem die Anerkennung seiner Würde«. (Art. 7 II BgbVerf) läßt sich als allgemeine verfassungsrechtliche Formulierung dieser Anerkennung interpretieren.

141 Ähnlich wie Solomon von einer Leidenschaft für Gerechtigkeit spricht; ders., A Passion for Justice, passim.

142 Honneth, Integrität und Mißachtung, 1045 auch zum folgenden. Zur Dialektik von Autonomie und Anerkennung vgl. Benjamin, The Bonds of Love.

Bedeutung als Versprechen wechselseitiger Achtung im Konflikt, d.h. als Zusicherung, den Gegner nicht durch gewalttätige Übergriffe oder durch die Verbannung aus dem öffentlichen Raum zu erniedrigen. Diese Zusicherung kann nur praktisch wirksam werden, wenn alle oder doch möglichst viele Mitglieder einer politischen Gemeinschaft sich auf die Einhaltung der Regeln einer grundlegenden Konvention verpflichten. Wer durch solche Regeln, soweit diese sozial blind sind, in eine Randlage gedrängt wird und aufgrund fehlender Ressourcen bestenfalls virtuell am öffentlichen Leben teilnehmen kann, wird keinen Sinn darin erkennen, sich »konventionsgemäß« zu verhalten. Mit leeren Versprechungen – auch mit der Verbürgung formal gleicher Freiheiten – ist es folglich nicht getan. Wechselseitige Anerkennung muß sich vielmehr auf die je verschiedenen Lebenslagen und Besonderheiten, die vorfindlichen Fähigkeiten und verfügbaren Handlungsressourcen erstrecken. Anerkennung erweist sich sich mithin (a) in der militanten Toleranz, der Verteidigung und auch dem Erleiden von Differenzen sowie (b) in der Ermöglichung, eine grundlegende Konvention mitzutragen. Daß die Mitglieder einer politischen Gemeinschaft nicht nur formal gleichberechtigt sein müssen, ihnen vielmehr auch zu *ermöglichen* ist, sich an der Streitkultur im weitesten Sinne zu beteiligen, gestattet nunmehr, die »Logik der Fürsorge« unter Bezug auf die grundlegende Konvention weiterzuentwickeln und das sozialstaatliche Leistungssystem mit der Idee und Praxis der Zivilgesellschaft zu verknüpfen.

(3) *Teilbare und unteilbare Konflikte*

Die hier entwickelten Überlegungen laufen auf die These hinaus, daß eine »ermächtigte« Bürgerschaft, deren Konfliktpraxis sich innerhalb des Rahmens einer grundlegenden Konvention hält, aus der Erfahrung ertragener, bisweilen auch erlittener Differenz jenes kostbare, aber gefährdete Basiskapital an Gemeinschaftlichkeit und Zivilität entwickeln kann, ohne das ein wie auch immer prekärer Zusammenhalt radikal pluralistischer Gesellschaften nicht denkbar ist. Gegen diese These läßt sich einwenden, daß sie den Anwendungsbereich des zivilgesellschaftlichen Konfliktmodells erheblich einschränkt. In der Tat fehlt die Grundlage für wechselseitige Achtung und Zivilität in Gesellschaften, die sich im Aufruhr, Bürgerkrieg oder vergleichbaren Zuständen innerer Zerrissenheit befinden. Folglich wäre es naiv, mit *self-limiting conflicts* zu rechnen. Im Bürgerkrieg häufen sich die Extremfälle wechselseitiger Mißachtung, die alle Spuren sozialer Wertschätzung beseitigen und allenfalls die Schonung des Feindes als letzten Rest von Humanität zulassen. Vergleichbare Zustände wären Konfliktlagen, in denen die Kontrahenten aufs Ganze gehen und meinen, bei der Durchsetzung ihrer absolute Geltung beanspruchenden Ziele keinerlei Rücksichten nehmen zu können. Solche Einstellungen beschwören unweigerlich Freund-Feind-Konstellationen herauf, die

nicht allein und oftmals nicht in erster Linie durch die Intensität des Kampfes für bestimmte Zielvorstellungen, sondern bereits durch diese selbst geprägt sind. Hirschman hat solche Konflikte als »unteilbare Konflikte« bezeichnet.[143] Sie sind dadurch gekennzeichnet, daß der Streitgegenstand nicht verhandelbar ist und sich die Kontrahenten antagonistisch gegenüberstehen.
Hält man sich Beispiele solcher unteilbaren Konflikte vor Augen – wie etwa Arbeit versus Kapital, Recht zum Schwangerschaftsabbruch versus Schutz des ungeborenen Lebens, religiöse Toleranz versus fundamentalistischer Alleinvertretungsanspruch in Glaubensfragen, ethnisch definierte kollektive Identität versus »offene« staatsbürgerliche Identität[144] dann zeigt sich, daß diese nicht per definitionem darauf angelegt sind, desintegrativ zu wirken, obwohl sie die Logik konkurrierender Interessenverfolgung sprengen. Die mittlerweile geradezu ritualisierten Auseinandersetzungen zwischen den Interessenverbänden der Arbeitnehmer und Arbeitgeber nach Maßgabe der Tarifautonomie und (zumindest rechtlich postulierter) Waffengleichheit – vielleich ein Sonderfall – illustrieren, daß eine Gesellschaft zu einer integrativen Konfliktbewältigung[145] auch bei antagonistischen Konflikten in der Lage ist und hier gerade ihre Stärke beweisen kann. Auch religiöse Fundamentalisten und entschiedene Abtreibungsgegner führen keine »unteilbaren«, sondern gezügelte Konflikte, solange sie nicht der Logik der Vernichtung folgen und ihre Gegner nicht als Feinde definieren und auslöschen wollen.[146] Unteilbare Konflikte, die sich jeglicher zivilgesellschaftlichen Zügelung entziehen, gehen typischerweise einher mit der Berufung auf transzendente Rechtfertigungen wie »historischen Aufträgen«, »göttlichen Sendungen« oder einem überpositiven Notwehrrecht. Solange Konflikte dagegen eine reflexive Dimension behalten, die sich darin äußert, daß um die Konfliktregeln selbst gestritten wird, bleiben die Bedingungen der Möglichkeit gewahrt, auch bei scharfen Konfrontationen und trotz Ablehnung der Lebensform, Identität und Werthaltung der Gegner, deren Existenzrecht und öffentliches Handlungsrecht zu respektieren und ihre differenten Anschauungen und Ziele zu tolerieren.
Nur diese Toleranz und dieser Respekt vor dem Existenz- und Handlungsrecht und der Besonderheit Anderer schließen eine zivilgesellschaftliche Anerkennung ein – die Anerkennung, daß zwischen den Mitgliedern einer Gesellschaft Beziehungen wechselseitiger Verpflichtung bestehen. Die Verpflichtung gründet in der Zugehörigkeit und findet ihren formalen rechtlichen

143 Hirschman, Wieviel Gemeinsinn braucht die liberale Gesellschaft, und Dubiel, Unversöhnlichkeit und Demokratie.
144 Dazu wird in der Fortsetzung der in diesem Buch entwickelten Überlegungen mehr zu sagen sein.
145 Unabhängig davon, welche Partei strukturell den kürzeren zieht.
146 Wie etwa integristische, einen »Heiligen Krieg« führende islamische Gruppen oder »Lebensschützer«, die sich zur Ermordung von Ärzten aufgerufen fühlen, die Abtreibungen vornehmen.

Ausdruck in der Staatsangehörigkeit. Zu Zeiten der Französischen Revolution war von einer »heiligen Schuld« die Rede. In einem säkularisierten politischen Gemeinwesen kann eine wechselseitige Beistandspflicht schwerlich als sakrale eingeführt werden. Sie kann, wenn überhaupt, nur entstehen aus der wechselseitigen Anerkennung und Wertschätzung von Bürgerinnen und Bürgern, die einander praktisch, d.h. *in der Streitpraxis* versichern, für die grundlegende Konvention einzutreten, welche ihre Beziehungen im Konfliktfall regelt. Mit dem Erwerb der Staatsangehörigkeit bzw. dem Hineinwachsen in die staatsbürgerlichen Rechte entsteht, wenn man dieser Überlegung folgt, ein wechselseitiges, auf Versprechen beruhendes Verhältnis von Berechtigungen und Verpflichtungen, die ein Verhältnis *ziviler Solidarität* konstituieren.

Diese Idee ziviler Solidarität und erst recht ihre Praxis haben einen guten Klang. Skeptiker werden einwenden, sie klinge hohl, überfordere das Verhältnis der Zugehörigkeit und unterstelle wie zu Zeiten Rousseaus den »guten Bürger«. Dagegen ist zu sagen, daß der Mitgliedschaft in einer politischen Gemeinschaft keineswegs die Kraft zugeschrieben wird, eine Metamorphose von Wölfen in barmherzige Samariter zu bewirken. Zivile Solidarität, wie sie hier verstanden wird, ist keine Sache der Barmherzigkeit, sondern des Schutzes der legitimen Interessen und Anerkennungserwartungen gleichberechtigter und gleichverpflichteter Bürgerinnen und Bürgern. Vom Bewußtsein der Mitgliedschaft wird ferner nicht erwartet, daß es automatisch Gemeinsinn und Solidarität erzeugt. Auch hierbei handelt es sich um ein Projekt, für das in gesellschaftlichen Auseinandersetzungen geworben und gestritten werden muß, das nur in Konflikten entstehen kann. Und zwar in Konflikten, die jenen fürsorglichen Impuls, der auf die Armut vor der eigenen Tür anders, nämlich mit einem gesteigerten Verantwortungsgefühl reagiert als etwa auf das Elend in Calcutta, politisieren und auf die grundlegende Konvention beziehen. Zivile Solidarität entspringt dann statt der Logik der Fürsorge nunmehr zumindest *auch* der *Logik des Konflikts* in radikal pluralistischen Gesellschaften und zielt statt auf Entschädigung nunmehr auf Ermächtigung zur selbständigen, selbstorganisierten Bewältigung des Lebensschicksals.

5.3 *Zivile Solidarität und soziale Rechte*

Vor dem Hintergrund dieser Überlegungen zu Streitkultur, grundlegender Konvention und ziviler Solidarität erscheint soziale Teilhabe in einem anderen Licht. Solche Teilhabe und soziale (Grund-)Rechte, die sie verwirklichen sollen, zielen nicht länger auf diese oder jene staatlichen Leistungen – eben Recht auf dies und das; vielmehr rückt die Befähigung aller Mitglieder zur Bewältigung ihres Lebensschicksals, ihre Handlungs- und Konfliktfähigkeit ins Zentrum des Interesses. Nach allem, was wir über moderne Gesellschaften wissen, stellt sich diese Befähigung nicht automatisch ein. Nach dem, was zur Zumutung des Eigenhandelns sowie zur privaten und politischen Autonomie ausgeführt wurde, lassen sich paternalistische Formen der Unterstützung wohl in absolutistischen Regimen, nicht aber in demokratischen Republiken als zureichende Antworten auf die »soziale Frage« bezeichnen. Für die angemessene Teilhabe am sozialen und kulturellen Leben einer Gesellschaft[147] und insbesondere für die tatsächliche, nicht nur virtuelle Inanspruchnahme öffentlicher Freiheit ist vielmehr eine andere Grammatik zu entwickeln, die jene statt an einem unverantwortlichen Liberalismus oder einem fürsorglichen Etatismus nunmehr an den Elementen einer grundlegenden Konvention orientiert. Abschied zu nehmen wäre damit zum einen von einem Sphärenmodell, das auf der Grundlage einer Dichotomie des Privaten und des Öffentlichen schon immer soziale Teilhabe und politische Teilnahme nebst jenen Rechten, die diesen korrespondieren, trennt und zueinander in ein konträres Verhältnis setzt und in der Folge sozialen Rechten grundsätzlich den Status und Härtegrad von Rechten zweiter Klasse zuweist. Abschied zu nehmen wäre weiterhin von empirisch wenig plausiblen Versuchen, den Sozialstaat als ein sich selbst perfektionierendes, alternativenloses System eines »institutionalisierten Altruismus« zu kennzeichnen, das zwangsläufig Solidarität und Sozialität fördert.[148] In einem zweiten Schritt soll das hier propagierte Verständnis sozialer Rechte nunmehr präzisiert und zugleich abgegrenzt werden von naiven kommunitaristischen Vorstellungen, wonach eine Gemeinschaft gleichsam naturwüchsig einen Sinn für Zusammengehörigkeit und Solidarität herausbildet, aus dessen Quelle dann ohne weiteres Zutun soziale Rechte sprudeln.

(1) *Funktionalistische Begründungen sozialer Rechte*

Eine derartiges Unternehmen kann zunächst an Versuche anknüpfen, soziale Rechte nicht nur positivrechtlich aus Verfassungsbestimmungen[149] oder einfachgesetzlichen Vorgaben[150] abzuleiten oder aber einem organisch gewachsenen Altruismus von »communities« zuzuschreiben, sondern anspruchsvol-

147 Marshall, *Bürgerrechte und soziale Klassen*, 33ff.

148 Zur Kritik solcher Konzeptionen vgl. Goodin, *Reasons for Welfare*, 71ff.; Zacher, *Sozialpolitik und Verfassung*, 676ff. und 848ff. und Rosanvallon, *Question sociale*.

149 Einen solchen, sehr vorsichtigen Versuch unternimmt F. Michelman, der eine Pflicht des Staates »to protect against certain hazards«, aus der Equal Protection Clause des 14. Amendments ableitet, ders., The Supreme Court, 1968 Term. Foreword: On Protecting the Poor Through the Fourteenth Amendment, in: Harvard Law Review vol. 83 (1969), 7ff. und Welfare Rights in a Constitutional Democracy, in: Wash.Univ. Law Quaterly, No. (1979), 659ff.

150 Ein Beispiel wäre § 1 II BSHG, wonach die Sozialhilfe dem Empfänger ein Leben in Würde ermöglichen soll. Ihre normative Kraft erhält diese Bestimmung allerdings nicht allein durch die Entscheidung des Gesetzgebers (vgl. auch § 1 SGB AT), sondern durch den verfassungsrechtlich verbürgten Schutz der Menschenwürde (Art. 1 I GG). Dazu V. Neumann, Freiheitsgefährdung im kooperativen Sozialstaat, 88.

ler, nämlich rechts- und demokratietheoretisch unter Bezugnahme auf die private und politische Autonomie von Bürgerinnen und Bürgern zu begründen. Die *private* Autonomie, verstanden als die Unabhängigkeit und Handlungsfreiheit von Marktteilnehmern, steht im Mittelpunkt der Konzeption des Philosophen Robert Goodin. Zunächst geht er auf Distanz zu sozialistischen und sozialdemokratischen Begründungen des Wohlfahrtsstaates, in denen er ebenso romantische wie unrealistische Visionen von Gesellschaft als »community« aufspürt. Sodann legt er »die wahren moralischen Grundlagen des Wohlfahrtsstaates« frei, die im wesentlichen auf Marktprinzipien beruhen.[151] Dreh- und Angelpunkt seiner Konzeption ist die Verhinderung von Ausbeutung, die nicht nur unfair sei, sondern bestimmte moralische Pflichten verletze, insbesondere die Schutzpflicht gegenüber allen Schwachen und von uns Abhängigen. Diese Schutzpflichten leitet er aus der Annahme ab, daß die Teilnehmer am Marktgeschehen als »essentially independent agents« fungieren. Abgesehen von dem funktionalistischen Nexus zwischen Wohlfahrt und Markt, ist auch die Schlußfolgerung wenig überzeugend, wonach dem Sozialstaat die Aufgabe zufalle, die private Autonomie zu sichern oder herzustellen.[152] Goodin müßte dazu allerdings eine nicht unerhebliche Begründungslücke schließen: Welches *wechselseitige* Interesse könnten die ökonomischen Akteure eines Marktmodells an ihrer jeweiligen Autonomie haben? Mit dem Hinweis auf Ausbeutung und Abhängigkeit und moralischen Pflichten, aus denen sich ohnehin nicht zwangsläufig Rechtspflichten ergeben, ist es damit im Rahmen eines ökonomischen Regimes, das soziale Asymmetrie und Randständigkeit systematisch produziert, schwerlich getan.

Die Übersetzung moralischer Pflichten in Rechte, jedenfalls in »Hintergrundrechte«[153], oder einklagbare Pflichten der öffentlichen Gewalten unternehmen andere Autoren unter Bezug auf die *politische* Autonomie von Bürgerinnen und Bürgern. Diese Rechte oder Pflichten, die zumeist kaum mehr als das Existenzminimum absichern sollen, erhalten ihre Bedeutung durch eine funktionale Verknüpfung mit dem demokratischen Prozeß.[154] Soziale Rechte wären

151 Goodin, *Reasons for Welfare*, Teil II (Toward a New Theory).

152 Goodin, *Reasons for Welfare*, 161; siehe dort auch S. 183: »If full participation in our societies is conditional upon a person's being a minimally independent agent, then morally we must not only serve the needs of those who are dependent upon us but also do what we can to render those persons independent.« Eine noch schwächere, am Prinzip der Autonomie des rationalen Individuums orientierte Begründung findet sich bei Fried, Right and Wrong (1978), 120ff.

153 Darunter sind bei Dworkin wohl moralische Intuitionen von inhärenten persönlichen Rechten zu verstehen »that might claim legitimate, or at least comfortable, expression in transtextual constitutional adjudication«. Michelman, Welfare Rights in a Constitutional Democracy, 681.

154 Für die amerikanische Jurisprudenz vgl. Michelman, Welfare Rights in a Constitutional Democracy, 674ff.; Ely, *Democracy and Distrust*; ähnlich auch O. Fiss, Groups and the Equal Protection Clause, in: Philosophy and Public Affairs (1976), 107ff. mit Betonung des Schutzes vor Diskriminierung.

demnach eine Funktionsbedingung für den demokratischen Verfassungsstaat. Aus diesen Doktrinen ragt der Ansatz von U.K. Preuß heraus. Er hält die Korrektur der ungleichen Verteilung gesellschaftlicher Güter für geboten, um die gleiche Freiheit aller aktiven Staatsbürger, ihre kommunikative Kompetenz sowie ihre autonome und verantwortliche öffentliche Betätigung über den Akt der Wahl hinaus zu gewährleisten. Dadurch wiederum soll die Qualität der politischen Entscheidungen der Gesellschaft im Ganzen verbessert werden. Sozialpolitik erhält somit die Aufgabe einer »Staatsbürgerqualifikationspolitik«.[155] Dabei korrespondieren den durch den staatsbürgerlichen Status begründeten subjektiven sozialen Rechten staatliche Wohlfahrtspflichten bzw. sozialstaatliche Schutzgebote.[156] Eine »Staatsbürgerqualifikationspolitik« geht über die in der Rechtsprechung des Bundesverfassungsgerichts entwikkelten Ansätze hinaus, zumal sie sich nicht wie das oberste Gericht zumeist daran orientiert, den Handlungsspielraum des Gesetzgebers zu markieren.[157] Auch insoweit bleibt es jedoch bei der funktionalen Begründung solcher Rechte; immerhin geht die Qualifizierung von Staatsbürgern über die Gewährleistung eines Existenzminimums hinaus. Freilich ist gegen diesen Ansatz einzuwenden, daß die pädagogisch-paternalistischen Untertöne, die sich schwerlich mit der Idee von Selbstorganisation und Selbstregierung vereinbaren lassen, unüberhörbar sind.[158]

Konsequenter und amibitionierter ist die rationale Begründung sozialer Rechte, wie sie Habermas in seiner diskursmoralisch fundierten Rechts- und Demokratietheorie unternommen hat.[159] Er führt jene Kategorien von Rechten in abstracto ein, die, erstens, den Rechtskode hervorbringen, nämlich »Grundrechte, die sich aus der politisch autonomen Ausgestaltung des *Rechts auf das größtmögliche Maß gleicher subjektiver Handlungsfreiheiten* ergeben«, und deren notwendige Korrelate, d.h. »Grundrechte, die sich aus der politisch autonomen Ausgestaltung des *Status eines Mitgliedes* in einer freiwilligen Assoziation von Rechtsgenossen« und »unmittelbar aus der *Einklagbarkeit* von Rechten und der politisch autonomen Ausgestaltung des individuellen *Rechtsschutzes* ergeben«.[160] Diese Grundrechte gewährleisten zunächst nur die private Autonomie von Rechtssubjekten, die sich gegenseitig in ihrer Rolle als berechtigte und verpflichtete Adressaten rechtlicher Vorschriften anerkennen. Zweitens kommt eine Kategorie von Rechten ins Spiel, die im Sinne der Idee der Selbstgesetzgebung die wechselseitige Anerken-

155 Preuß, Verfassungstheoretische Überlegungen zur normativen Begründung des Wohlfahrtsstaates, in: Sachße/Engelhardt, 106ff.
156 So auch Bieback, Sozialstaatsprinzip und Grundrechte, 664.
157 BVerfGE 21, 245 (Arbeitsvermittlungsmonopol); 39, 169 (Hinterbliebenenrenten); 51, 1 (Auslandsrenten).
158 Preuß, Verfassungstheoretische Überlegungen zur normativen Begründung des Wohlfahrtsstaates, 124ff.
159 Habermas, Faktizität und Geltung, bes. 155ff. und 494ff.
160 Habermas, Faktizität und Geltung, 155f. (Hervorh. im Orig.)

nung der Rechtssubjekte als Autoren ihrer Rechtsordnung begründen, und zwar durch »Grundrechte auf die chancengleiche Teilnahme an Prozessen der Meinungs- und Willensbildung«, in denen die Bürgerinnen und Bürger ihre politische Autonomie zur Geltung bringen und »legitimes Recht setzen«.[161] Diese vier Kategorien von Rechten, die im Verbund den Status freier und gleicher citoyens/citoyennes auszeichnen »implizieren . . . schließlich . . . Grundrechte auf die Gewährung von Lebensbedingungen, die in dem Maße sozial, technisch und ökologisch gesichert sind, wie dies für eine chancengleiche Nutzung« der »genannten bürgerlichen Rechte unter gegebenen Verhältnissen jeweils notwendig ist.«[162]

In dieser Konzeption stehen zwar die Freiheiten politischer Kommunikation und die Partizipationsrechte im Mittelpunkt, jedoch sind soziale Grundrechte immer schon mitgemeint. Freilich als subsidäre, relativ zu den vier anderen Kategorien von Rechten begründete Gewährleistungen. Sie eröffnen einen Anspruch auf Lebensbedingungen, die allen Mitgliedern einer Gesellschaft, die gleichen Chancen zur Ausübung ihrer privaten und öffentlich-politischen Autonomie garantieren sollen.[163] Auch gehen sie damit über die oben skizzierten minimalistischen Ansätze hinaus, die sich mit der Statuierung moralischer Pflichten, quasi-moralischer Hintergrundrechte oder auch die Sicherung des Existenzminimums bescheiden. Der Begründung sozialer Grundrechte relativ zu ihrer Bedeutung für die chancengleiche Nutzung der absolut begründeten privaten Freiheits- und politischen Bürgerrechte schwebt das Bild des zumindest potentiell kommunikations- und handlungsfähigen Mitgliedes einer Gesellschaft vor. Sie verfehlt damit die Lebenssituation all derjenigen, die konstitutionell oder aufgrund ihrer Lebensumstände jedenfalls auf lange Sicht diesem Bild nicht entsprechen können und bei denen daher von Herstellung oder Wiederherstellung der Autonomie nur euphemistisch die Rede sein kann. Diese auf »ein in der politischen Kultur verankertes Solidaritätsgefühl« (Habermas) zu verweisen, kann im Rahmen eines *Systems* der Rechte, das den Anspruch erhebt, alle wesentlichen Fragen eines gerechten Lebens in Gesellschaft zu beantworten, nicht befriedigen. Hiervon abgesehen bleibt Habermas letztlich ein durchschlagendes Argument dafür schuldig, warum sozialen Teilhaberechten nur ein abgeleiteter Status von relativ begründbaren, damit von den anderen abhängigen Rechten zugewiesen wird. Zwingend ist diese Zuweisung auch im Rahmen seiner Theorie nicht, die sich vornimmt, die Legitimität des Rechts mit Hilfe von – ihrerseits rechtlich institutionalisierten – Prozeduren und Kommunikationsvoraussetzungen zu erklären. Die relative Bedeutung sozialer Grundrechte scheint einmal deren herkömmlichem Ver-

161 Habermas, Faktizität und Geltung, 156.
162 Habermas, Faktizität und Geltung, 156f.
163 Siehe auch die Replik von Habermas auf Vorüberlegungen zu dem hier vorgestellten Begründungsansatz in: Symposion, Cardozo Law Review 1995 (im Erscheinen).

ständnis als staatlichen Gewährleistungen geschuldet zu sein, die den Graben zwischen rechtlicher und faktischer Freiheit überbrücken sollen, und zum anderen mit einer spezifischen, von starken Vorbehalten gegen den Kommunitarismus geprägten Vorstellung von Solidarität und Solidarpflichten zusammenzuhängen.[164]

(2) *Grundzüge einer nicht-funktionalistischen Begründung sozialer Rechte*

Vermeiden läßt sich eine funktionalistische Relativierung sozialer Grundrechte, wenn diese nicht auf eine aus dem Sozialstaatsprinzip abgeleitete staatliche Verpflichtung gegründet, sondern als Elemente einer grundlegenden Konvention begriffen werden. Basis für die Geltung aller Rechte und Pflichten ist demnach weder deren kontingente Positivierung in einer Verfassung oder einem Gesetz noch deren Ableitung aus der menschlichen Natur oder Würde,[165] vielmehr ihre wechselseitige Anerkennung durch die betroffenen Rechtsgenossen, aus deren jeweiliger Interessenperspektive es überzeugende Gründe geben muß, sowohl die Handlungsfreiheiten und Schutzrechte als auch die diesen korrespondierenden Handlungspflichten zu akzeptieren. Allen in Anspruch genommenen Rechten entsprechen negative Kompetenzen und Handlungs- oder Unterlassungspflichten, d.h. Selbstbeschränkungen der eigenen Autonomie immer schon vergesellschafteter Individuen, deren Würde, persönliche Integrität und freie Entfaltung in allen Handlungsbereichen überhaupt nur in einem Geflecht intersubjektiver Beziehungen und reziproker Anerkennungsverhältnisse zur Geltung kommen können.[166] Private ebenso wie politische Autonomie erhalten daher immer nur in Interaktion mit anderen ihren Sinn und können immer nur in Gesellschaft mit anderen verwirklicht werden. Wer die Respektierung seines oder ihres Rechts auf Autonomie einfordert, erlegt sich damit zugleich Selbstbeschränkungen dieser Autonomie auf und trägt dem Umstand Rechnung, »daß einer für den anderen einstehen muß, weil alle als Genossen an der Integrität ihres Lebenszusammenhangs in derselben Weise interessiert sein«[167] bzw. »ein gleichmäßiges Interesse«[168] haben müssen.

164 Deutlich werden diese Vorbehalte von Habermas in seiner Replik artikuliert und dem »Erbe eines frühen Sozialismus« angelastet, »der mit seinem janusgesichtigen Blick gleichzeitig nach vorn in eine emanzipierte Zukunft und zurück in eine idealisierte Vergangenheit schaute und die sozialintegrativen Kräfte der *aufgeriebenen* korporativen, großfamilialen und nachbarschaftlichen Solidargemeinschaft *aufheben*, unter den veränderten Bedingungen einer industriellen Gesellschaft transformieren und retten wollte.« (S. 99)

165 Ähnlich wie hier Tugendhat, Die Kontroverse um die Menschenrechte, 101f. und ders., Vorlesungen über Ethik, 336ff. Vgl. auch Rosanvallon, *Question sociale,* 50ff./105ff.

166 In früheren Arbeiten hat Habermas das Recht auf Autonomie nicht auf vereinzelte Subjekte als Adressaten und Autoren der Rechtsordnung bezogen, sondern deren Vergesellschaftung sogleich in Rechnung gestellt; vgl. ders., Gerechtigkeit und Solidarität, in: ders., Erläuterungen zur Diskursethik (Frankfurt am Main 1985), 49ff. und 119ff.

167 Habermas, Gerechtigkeit und Solidarität, 70

Das moralische »Müssen« ist freilich im rechtlichen Kontext vorsichtiger zu formulieren. Denn es kann nicht als problemlos unterstellt, sondern nur als Teil eines Projekts ausgezeichnet werden, dessen Durchsetzung von öffentlichen Debatten und sozialen Kämpfen abhängt. Hiervon abgesehen, gibt es jedoch keinen zwingenden Grund dafür, selbst in komplexen Gesellschaften mit einer Pluralität von Lebenszusammenhängen, positive Handlungspflichten und bürgerliche Solidarität als deren Grundlage nunmehr von den einzelnen Mitgliedern eines Sozialverbandes abzulösen und auf die staatlich »organisierte Gesellschaft im ganzen« zu übertragen. Mit der Folge, daß sich individuelle soziale Rechte und Pflichten sodann in institutionelle verwandeln. Auch wenn soziale Grundrechte zweifelsohne »schwieriger« zu realisieren sind, die Verpflichteten zumeist mehr belasten als die Einschränkung ihrer Freiheit und deshalb auf größeren Widerstand stoßen mögen, so konstituieren sie im Verbund mit den Verbürgungen von leiblicher und seelischer Integrität, persönlicher Freiheit und politischer Teilnahme den Status von Aktivbürgerinnen und Aktivbürgern. Sie sind in diesem Sinne gleichwertig und gleichursprünglich.

Es widerspräche der Idee gleicher öffentlicher Freiheit, sich die Solidarbeiträge, d.h. die Eingriffe in die private Autonomie anderer mit einem funktionalistischen Argument erschleichen zu wollen.[169] Die Verwirklichung des Projekts von Autonomie und Selbstregierung bleibt damit an unvertretbare Akteure, ihre Einsichten und ihre Handlungsorientierungen gebunden. An Akteure, die ihre private und politische Autonomie ausüben wollen und wissen, daß sie das nur in einer Gesellschaft gleichberechtigter und gleichverpflichteter, wenngleich unterschiedlicher Bürgerinnen und Bürger tun können und deshalb bisweilen auch unbequeme oder finanziell schmerzhafte Selbstbeschränkungen der eigenen Autonomie bejahen oder jedenfalls hinnehmen, um alle zu ermächtigen, am kulturellen, sozialen und politischen Leben in der Zivilgesellschaft uneingeschränkt teilzunehmen und ihre Lebensschicksale und Probleme selbständig zu bewältigen. Die Akteure wären damit sowohl Schuldner als auch Gläubiger von Solidarität.[170]

Soziale Grundrechte erhalten damit eine gewiß anspruchsvolle, aber zugleich

168 Tugendhat, Die Kontroverse um die Menschenrechte, 104ff. Vgl. dazu den Kommentar von Koller, Ernst Tugendhat über Menschenrechte – Kontroverse Bemerkungen, in: Analyse & Kritik (1993), 115ff.

169 Diese Begründung entgeht also zum einen dem Vorwurf, im Rahmen einer totalisierenden Konzeption politischer Freiheit werde soziale Gerechtigkeit nurmehr funktionalistisch auf die Ermöglichung politischer Kommunikation bezogen. Zum anderen verbietet sich, die Subsumtion unterschiedlicher Rechte unter einen weit gefaßten, abstrakten Gerechtigkeitsbegriff. Die Gleichberechtigung von Freiheitsrechten und sozialen Rechten vermeidet auch das seitenverkehrte Mißverständis, wenn letztere verwirklicht würden, wären die Bedingungen politischer Freiheit, also der gleiche Zugang zur Öffentlichkeit und die gleiche Teilnahme am öffentlichen Leben gleichsam von selbst gegeben.

170 Zu dieser Unterscheidung vgl. Schulze, *Über alte und neue Werte*, 12.

politisch folgenreiche Begründung.[171] Soweit sie der grundlegenden Existenzsicherung dienen, fließen sie weder aus einem unbestimmten, an den Staat adressierten Verfassungsauftrag, noch werden soziale Leistungen von vornherein externalisiert und auf den Sozialstaat als »moralischen Agenten« oder als System eines institutionalisierten Altruismus abgewälzt. Im Sinne ziviler Solidarität nehmen sich die Mitglieder einer Gesellschaft wechselseitig in Pflicht, die zur Unterstützung und Ermächtigung aller Benachteiligten oder Hilfsbedürftigen erforderlichen Ressourcen bereitzustellen. Sozialpolitik verwandelt sich von einer staatlichen Veranstaltung in eine bürgerliche Gemeinschaftsaufgabe. Diese zielt darauf ab, alle Bürgerinnen und Bürger zu ermächtigen, ihre Meinungen und Interessen selbsttätig zu artikulieren und für diese tatkräftig in der Öffentlichkeit einzutreten. Hilfe zur Selbsthilfe orientiert sich daher nicht primär an der Wiederherstellung der Arbeitsfähigkeit, sondern an der Idee der selbstorganisierten Bewältigung aller Probleme, die sich aus dem Leben in Gesellschaft ergeben.

Im Kernbestand ist das soziale Grundrecht auf Ermächtigung zur Ausübung der privaten und politischen Autonomie unteilbar. Mit ihrer Aufnahme in das politische Gemeinwesen, genauer: mit dem (staats)bürgerlichen Status erwirbt jede Person ein Anrecht auf die Sicherung einer menschenwürdigen, sie zur Teilnahme am öffentlichen Leben befähigenden Existenz.[172] Damit, so ließe sich einwenden, wäre nicht viel gewonnen, was über eine energische Auslegung des grundgesetzlichen Schutzes der Menschenwürde im Verbund mit den einfachgesetzlichen Vorschriften, wie etwa dem Recht auf Sozialhilfe oder auf Jugendhilfe hinausgeht. Ein solcher Einwand übersieht freilich, daß sich diese Art der Existenzsicherung hinsichtlich ihrer Begründung und Zielrichtung erheblich von der uns vertrauten Abfederung der kapitalistischen Konkurrenzökonomie plus sozialer Kontrolle unterscheidet. Bezugsrahmen ist nunmehr die Zivilgesellschaft, nicht der kapitalistische Produktionsprozeß. Notwendige Hilfe wäre daher nicht Hilfe zur Arbeit und damit grundsätzlich immer auch abhängig von der Arbeitsbereitschaft[173], sondern Hilfe zur Er-

171 Ob die Begründung zu anspruchsvoll ist, weil sie sich nicht auf den Egoismus verläßt, dürfte eine offene Frage sein.

172 Was eine menschenwürdige Existenz ausmacht, wie also eine Grundsicherung zu bemessen ist, steht nicht ein für allemal fest. Die Entwicklung des Systems sozialer Sicherung wie auch die neuere Sozialstaatskritik zeigen, daß ein einheitlicher, alle überzeugender Plan für eine Grundsicherung nicht zur Verfügung steht. Vor diesem Hintergrund bewährt sich die Verbindung von öffentlicher Freiheit mit sozialen Rechten. Letztere sind keine abstrakten, selbsttätig wirkenden Garantien, sie müssen vielmehr im Handlungsrahmen einer demokratischen Republik immer wieder durch die Betätigung der öffentlichen Freiheit erkämpft werden. Der Kampf um diese Rechte – wie überhaupt Sozialpolitik als öffentlich-gesellschaftliche Angelegenheit – aktualisiert die unaufhebbare Spannung zwischen den in einer Demokratie eröffneten autonomen Handlungsmöglichkeiten und der durch Kapitalismus und Bürokratie geprägten gesellschaftlichen Realität.

173 Auf die Problematik, etwa Sozialhilfe als Hilfe zur Arbeit zu definieren (vgl. §§ 18ff. BSHG), inbesondere die Sanktionsmöglichkeiten gem. § 25 BSHG kann hier nur verwiesen werden.

möglichung von Autonomie, was die Verschaffung von Arbeitsplätzen nicht ausschlösse. Eine weitere Differenz ergibt sich für ein mit ziviler Solidarität begründetes garantiertes Mindesteinkommen: Es wäre nicht mehr an bürokratisch kontrollierte Bedürftigkeitsnachweise, sondern allein an die Zugehörigkeit zur politischen Gemeinschaft gebunden. Die Ermöglichung privater und politischer Autonomie aller Bürgerinnen und Bürger würde überdies verbieten, den Bezug sozialer Leistungen von der Anpassung an eine bestimmte Lebensform, nämlich die der Mehrheitsnation abhängig zu machen. Insbesondere die Hilfen zur Überwindung besonderer sozialer Schwierigkeiten[174] könnten dadurch von diskriminierenden Praktiken befreit werden.

Ein weiterer Einwand ließe sich in die Frage kleiden, ob die hier angedeutete Konzeption sozialer Grundrechte nicht heimlich immer noch dem Bild des politisch aktiven oder doch aktivierbaren, vermutlich männlichen Bürgers verhaftet sei und damit die Lebensverhältnisse von beachtlichen, aber auch derzeit nicht angemessen beachteten gesellschaftlichen Gruppen verfehle, für die eine Teilnahme am öffentlichen Leben auf lange Sicht nicht oder überhaupt nicht mehr oder jedenfalls nur nach Überwindung erheblicher Hindernisse in Frage komme, wie insbesondere Alte, Pflegebedürftige, Behinderte, Kinder oder unheilbar Kranke. Es wäre in der Tat ein Mißverständnis, soziale Grundrechte als Rechte auf Betätigung, gar nur in der öffentlichen Sphäre zu verstehen und Solidarität allenfalls auf konkrete Unterstützungsmaßnahmen (im Sinne sozialer Teilhabe) zu erstrecken. Zu den Bedingungen der Autonomie gehören auch »Eigenräume des Sichentfaltens und Gedeihens«.[175] Welche sozialen Leistungen oder Maßnahmen dem Ziel der Ermächtigung im Einzelfall am besten entsprechen, läßt sich nicht vorab in abstracto entscheiden. Wohl aber wären solche Maßnahmen und Leistungen einem »empowerment test« zu unterziehen, der zugleich ein Maßstab für die allfällige Bürokratie sein könnte. Demnach wäre bei allen »fürsorglichen« Maßnahmen, insbesondere etwa bei der Heimunterbringung[176] zu fragen, ob und inwieweit sie zu autonomem Handeln befähigen oder, wo dieses nicht erkennbar vorhanden ist, unterstützende Strukturen und umhegte Räume bereitstellen, oder aber die betroffenen Individuen oder Gruppen über das unabdingbare Maß hinaus bevormunden und entmutigen.[177] Diesem Grundsatz entsprechend, wäre nach Maßgabe der Handlungsfähigkeiten und -freiheiten der Betroffenen zu differenzieren zwischen (a) unmittelbarer Hilfe zur Selbsthilfe, (b) unterstützenden

174 Zu dem Problem der Stigmatisierung der Hilfeempfänger in diesem Bereich vgl. die Kommentierung von Roscher, BSHG Lehr- und Praxiskommentar, 3.Aufl. (Baden-Baden), § 72 Rn. 1ff. m. zahlr. Nachw.

175 Tugendhat, Die Kontroverse um die Menschenrechte, 108.

176 Dazu Neumann, Freiheitsgefährdung im kooperativen Sozialstaat, 202ff.

177 Diesem Test wären beispielsweise das Betreuungsgesetz oder das Kinder- und Jugendhilfegesetz zu unterziehen. Vgl. auch Art. 45 III 2 BgbVerf, der Heimbewohnern Mitentscheidungsrechte einräumt.

Strukturen und (c) advokatorischem Beistand. Alle Formen der Entmündigung wären folglich besonderen Begründungszwängen auszusetzen. Ziel sollte jedenfalls sein, die Initiative zur Selbsthilfe zu fördern, und diejenigen, die auf solidarische Unterstützung angewiesen sind, von Rechts wegen soweit als möglich in die Lage zu versetzen, ihr Lebensschicksal selbst zu bewältigen und ihre personale Identität ebenso wie ihre Gruppenzugehörigkeit selbst zu definieren oder aber ihnen zu helfen, ihr Schicksal zu ertragen.
Damit wäre ein neuer Ansatz von Sozialpolitik gewonnen und es könnte wirklich von *sozialer* Sicherheit die Rede sein: von der Konstruktion eines schmalen sozialen Bandes, das den solchermaßen Gesicherten mitteilt, welcher politischen Gemeinschaft sie zugehören: einer Gesellschaft, in der eine Grammatik von Grundrechten und Solidarpflichten jene Regeln bereitstellt, die angesichts fortdauernder Konflikte notwendig sind, um die Pluralität von Bedürfnissen, Auffassungen und Lebensperspektiven sowie die unterschiedlichen Lebenslagen in die verbindende Tiefenstruktur der Zugehörigkeit zu einer Zivilgesellschaft zu übersetzen.

6. *Zivile und soziale Solidarität*

6.1 *Der Pluralismus sozialer Solidaritäten*

Zivile Solidarität, das dürfte deutlich geworden sein, bewegt sich auf einem schmalen Grat, dessen Grenzen Bürgersinn und Bürgerstatus diesen entsprechende Rechte und Pflichten markieren. Das mag für eine Grundsicherung, die mehr leistet als die gegenwärtigen Regelsätze der Sozialhilfe, eine eben noch tragfähige Grundlage sein, wenn wir die Finanzierungsprobleme einmal ausklammern. Doch unter der Last der weiteren, äußerst vielfältigen und weitaus komplexeren Aufgaben, die derzeit überwiegend von bürokratischen Großapparaten des Staates und der sogenannten freien Träger abgewickelt werden, müßte jene Basis wohl einbrechen. Ein aktuelles Beispiel hierfür ist die Organisation und Finanzierung der Pflegeversicherung. Empirische Einsicht legt den Einwand nahe, daß es für die Bewältigung von Aufgaben einer bestimmten Größenordnung innerhalb des Netzwerkes zivilgesellschaftlicher Organisationen an Initiative, Kompetenz und anderen notwendigen Ressourcen fehlt. Unbestreitbar sind die unterschiedlichen Bürger und Bürgerinnen unterschiedlich artikulations- und konfliktfähig. Unbestreitbar hängen die Durchsetzungschancen von Interessen ganz wesentlich davon ab, welche Interessen von wem geltend gemacht werden. Unbestreitbar sind jedoch auch die – immer wieder von Rückschlägen begleiteten – Erfolge zahlloser autonomer Initiativen, lokaler Netzwerke, Basisprojekte und freier Träger sozialer Dienste, ganz abgesehen davon, daß diese immer schon stillschweigend der Leistungsbilanz des Sozialstaats zugerechnet wurden.[178] Hervorzuheben sind die von der Frauenbewegung erkämpften autonomen Frauenhäuser, die Selbsthilfeaktionen der »Grauen Panther«, die erstmals in dramatischer Weise die Handlungsfähigkeit und Konfliktbereitschaft der Alten unter Beweis stellten, die »Irrenoffensive«, die sich zum Ziel setzte, die totale psychiatrische Verwahrung zu beenden, und zuletzt die AIDS-Hilfen, die in der gesamten Bundesrepublik ein Netz von über 100 lokalen Beratungsstellen und Hilfsdiensten betreiben und für die ebenso komplexe wie heikle Aufgabe der AIDS-Prävention mehr geleistet haben, als eine Bundesregierung hätte leisten können.[179]

Diese Minderheiten und Gruppen, Initiativen und Netzwerke schicken sich an, mit subsidären öffentlichen Hilfeleistungen – und manchmal auch nur aus eigener Kraft – wie auch immer prekäre Formen demokratischer Selbsterzeugung von sozialer Sicherheit zu realisieren und zugleich neue Ligaturen, d.h. neue gesicherte Bezüge, Verankerungen und Bindungen zu erzeugen. Sie haben zwar nicht die religiöse Weihe gottgewollter, organisch-natürlicher Ordnungen, bilden jedoch Koordinaten für gesellschaftliches Handeln.[180] Die Erfahrungen mit Formen advokatorischer Selbsthilfe und Straßensozialarbeit stützen die Annahme, daß auch bisher nicht organisierte oder für nicht organisationsfähig gehaltene Minderheiten in Werkstätten, Beratungszentren und therapeutischen Gruppen, mit ambulanten Hilfen und niedrigschwelligen Angeboten, staatlichen Fördermitteln und unterstützenden Strukturen Ansätze von Autonomie und Eigenräume für Selbsttätigkeit entwickeln *können*, die sie schließlich zur Teilnahme am kulturellen und sozialen Leben, bisweilen auch zu politischer Partizipation befähigen.

Auch wer Alternativen zum gegenwärtigen System sozialer Sicherung eher skeptisch einschätzt, wird schwerlich bestreiten wollen, daß sich in der ebenso mühsamen wie stets gefährdeten Praxis von Selbsthilfe oder selbstorganisierter Fremdhilfe *solidarische Zusammenhänge herausbilden*. Ähnlich wie die sozialen Bewegungen, die den Protest gegen die Zerstörung der Umwelt oder für die Erhaltung bestimmter Lebensformen organisieren, durchbricht auch im Einzugsbereich von Sozialpolitik eine bunte Vielfalt von Assoziationen

178 Zur Selbsthilfebewegung vgl. v. Ferber, Selbsthilfe, in Blüm/Zacher (Hg.), 40 Jahre Sozialstaat Bundesrepublik Deutschland, 1989, 609ff.; Röhrle, Soziale Netzwerke und soziale Unterstützung (Weinheim 1994); Keupp, *Zerstört die Individualisierung die Solidarität?* m. w. Nachw.

179 Ausführlich dazu Frankenberg, Germany: The Uneasy Triumph of Pragmatism, in: Kirp/Bayer (Hg.), AIDS in the Industrialized Democracies – Passion, Politics and Policies (New Brunswik, N.J., 1992).

180 Keupp, *Zerstört die Individualisierung die Solidarität?*, in: ders., Lust an der Erkenntnis, 353.

die besitzindividualistischen Strukturen einer Marktgesellschaft. Sie konstituieren Austauschverhältnisse und Netzwerke wechselseitiger Unterstützung, die das sonst hinter Warentausch verborgene und in der Konkurrenz zerlegte Soziale lokal und in Ansätzen sichtbar werden lassen. An den Rändern und in den Nischen der Gesellschaft der Individuen zeigen sich Ansätze zu einer Zivilgesellschaft größerer Dichte, denen es immer wieder gelingt, dem System begrenzter Unverantwortlichkeit und auch der Kleinarbeitung im Labyrinth der Sozialbürokratie zu widerstehen.

Daß diese sozialen Solidaritäten jeweils auf bestimmte Gruppen begrenzt oder auf ein spezifisches Problem oder eine spezifische Situation bezogen sind, kann nur für eine Schwäche halten, wer verkennt, daß auch in einer noch so gerechten, kommunikationsfreudigen Gesellschaft Aufgaben zu erfüllen sind, für die sich selbst flexible großbürokratische Organisationsformen nicht eignen, nämlich Aufgaben, die nach konkreten, situativ angepaßten Maßnahmen verlangen. Illustrieren läßt sich dies beispielsweise an den Bedürfnissen und Nöten von »Bürgern ohne Wohnung«. Alleinstehende Wohnungslose, obdachlose Familien, Langzeitwohnungslose, Aussiedler, Ausländer oder Asylberechtigte in Wohnungsnot bedürfen je verschiedener materieller Hilfen und Betreuung. Mit einem Recht auf Wohnung, das letztlich in ziviler Solidarität gründete, ist es in den meisten Fällen selbst dann nicht getan, wenn dieses Recht verwirklicht wird. Zivile Solidarität ist vielmehr stets auf ein Netzwerk sozialer Solidaritäten angewiesen.

Von einem genuin *sozialen* Recht wäre deshalb zu fordern, daß es die nichtstaatliche Solidarisierung fördert und damit einer Zivilgesellschaft von größerer Dichte zuarbeitet. Denkbar wäre, selbstorganisierten Gruppen, die soziale Dienste unterhalten, eine den Tarifpartnern vergleichbare Normsetzungsbefugnis zu verleihen. Möglich wäre auch, die Wahrnehmung öffentlicher sozialer Aufgaben (Kinderhorte, Pflegedienste, Flüchtlingsarbeit etc.) steuerrechtlich zu begünstigen. Ein pluralisiertes Rechtskonzept dieser Art würde einer möglichen oder bereits existierenden Vielfalt sozialer Bindungen und solidarischer Verhältnisse entgegenkommen und damit beitragen, das Soziale sichtbar zu machen.

6.2 *Vom Verschwinden und der Wiederentdeckung der Solidarität*

Trotz der weithin bekannten Schwierigkeiten, mit denen selbstorganisierte Projekte und soziale Großbürokratien zu kämpfen haben, besteht kein Anlaß, in die eine oder andere regressive Utopie zu flüchten. Die »gute, alte Solidarität« in Familie, Nachbarschaft, Land- oder Stadtkommune dem Sozialstaat entgegenzuhalten, wäre eine Geste, die ins Leere weist. Sie hilft konkret ebensowenig wie umgekehrt die Bagatellisierung lokaler Initiativen und Netzwerke angesichts der vermeintlich unhintergehbaren Errungenschaft »Sozialstaat«. Die These vom »Verschwinden der Solidarität« ist ebenso fragwürdig, wie der Glaube leichtfertig ist, Solidarität lasse sich in kleinen Gemeinschaften oder gar in der Gesellschaft als Gemeinschaft im großen und ganzen gleichsam organisch erzeugen.[181] Die empirische Netzwerkforschung hat eine erhebliche solidarische »Bautätigkeit zeitgenössischer Subjekte« zutage gefördert.[182] Andererseits läßt sich auch die Tätigkeit sozialstaatlicher Agenturen nicht auf Klientelisierung und Isolierung der Hilfeempfänger reduzieren. Die Nützlichkeit und deshalb Förderungswürdigkeit von Initiativen und Netzwerken wird deshalb, wenngleich nur aus Gründen der Kostenersparnis sehr wohl erkannt.

Die einseitige Idealisierung der kleinen Gemeinschaften und, komplementär dazu, die einseitige Verzeichnung des Sozialstaats als non plus ultra verdeckt, was eine zivilgesellschaftliche Perspektive nicht als Utopie, gleichwohl als prekäre Chance freilegt: daß Gesellschaften sich nicht in den Turbulenzen endloser und verbissener Konflikte verstricken und ihre Mitglieder nicht auf die Bahn einer fortschreitenden Atomisierung geraten müssen, wenn es ihnen gelingt, aus dem schmalen Band *ziviler Solidarität* und der Vielfalt *sozialer Solidaritäten* ein einermaßen haltbares, wenngleich stets gefährdetes Netz genuiner sozialer Sicherheit zu flechten.

181 Vgl. hierzu Beck, Vom Verschwinden der Solidarität und Keupp, *Zerstört die Individualisierung die Solidarität?*, 303ff. und 331ff.

182 Nachw. bei Keupp, Zerstört die Individualisierung die Solidarität?, 354ff.

VI. Die Zivilgesellschaft in Bedrängnis

1. *Naturzustände in der Republik*

Eben wiederentdeckt und gefeiert, ist die Zivilgesellschaft als Begriff, Idee und Realität unversehens in Bedrängnis geraten. Von zwei Seiten wird ihr zugesetzt. Auf der einen fallen die Theoretiker der Gesellschaft und ihre medialen Moderatoren, je nach Temperament und Perspektive, von ihr ab oder über sie her. Die Verwendung des Begriffs Zivilgesellschaft, so der theoretische Angriff von links, verrate die politische Erschöpfung ihrer Verwender, denen ein »gemütliches Knechtschaftsverhältnis« mit den herrschenden Zuständen unterstellt wird. Moderater im Ton, aber umso härter in der Sache bemängeln andere, auch eher von links, die Idee tauge weder zur Utopie noch habe sie insbesondere zu den anstehenden Aufgaben der Demokratisierung nennenswertes mitzuteilen. Von rechts reiten selbsternannte Hüter der Ordnung, nicht unerwartet, ihre Attacken: Die Verfechter der Zivilgesellschaft verachteten Staat und Verfassung, kündigten den zu Rechtsgehorsam verpflichtenden Gesellschaftsvertrag auf und entzögen der Mehrheit den dieser gebührenden Kredit. Aus der Mitte der schreibenden, denkenden und beobachtenden Zunft erreicht uns schließlich die ebenso vernichtende wie lakonische Botschaft, die Zivilgesellschaft bürgerlicher Assoziationen und sozialer Bewegungen sei passé. Durch Involution in sich zusammengefallen, wie Soziologen das anschaulich formulieren.

Auf der anderen Seite muß die Zivilgesellschaft wieder einmal – oder: immer noch – mit einer gefährlichen Sorte von Praktikern fertig werden, die beim Selbstvollzug ihrer politischen Vorstellungen keine Rücksicht kennen und freihändig oder blutrünstig mit der physischen und psychischen Integrität anderer disponieren. In der Bundesrepublik sind es gegenwärtig in erster Linie braune Bewegungen, die buchstäblich für Antisemitismus und Rassismus eintreten und mit allem sympathisieren, was der Zivilität wiederspricht.[1] In Aufmärschen stellen Skinheads, Neonazis und rechtsextremistische Wehrsportgruppen ihre Gewaltbereitschaft zur Schau, die sie beim »Abfackeln« von Asylheimen und allfälligen »Ausländerklatschen«, bei der Verwüstung und

1 Aus der fast unübersehbaren Literatur vgl. nur Der Bundesminister des Innern, Extremismus und Fremdenfeindlichkeit; ders., Extremismus und Gewalt mit ausführl. Bibliographie; Institut für Sozialforschung *Rechtsextremismus*; Fromm, Am rechten Rand; Kowalsky/Schroeder, Rechtsextremismus und Backes/Jesse, *Politischer Extremismus.*

Besudelung jüdischer Synagogen und Friedhöfe in die widerliche und heimtückische Tat umsetzen. Mitunter begleitet vom feigen Beifall der Anwohner und vom mut- oder ratlosen Zaudern der Sicherheitskräfte, inszenieren entfesselte Horden gleichsam Hobbesianische Naturzustände in der Republik. Sie konfrontieren fast täglich die Idee der Zivilgesellschaft mit den Symptomen der normalen Pathologie nahezu aller industriellen Demokratien. Daß dieses rechtsextremistische Syndrom aus Xenophobie, Antisemitismus und Frauenfeindlichkeit wie andere europäische Staaten auch die Bundesrepublik seit ihrer Gründung kennzeichnete, erleichtert[2] kaum die Beantwortung der Frage, mit welcher Strategie eine Bürgergesellschaft den Verächtern jeglicher Zivilität den Weg zu weiteren Gewalttaten verlegen und die Pathologie erfolgreich kurieren kann.

2. *Diagnosen*

Jede erfolgversprechende Therapie ist abhängig von der Diagnose. Hier bereits gehen die Meinungen auseinander. Den Feuilletons des Kulturpessimismus läßt sich entnehmen, die Bürgerschaft sei wehrlos, zumindest in den »befreiten Gebieten« den Gewaltorgien und Chaosparties von Skinheads, Hooligans, Autonomen und vor allem den Anschlägen des organisierten Terrorismus ausgeliefert. Dem Verschwinden der Zivilgesellschaft und der Schwäche des staatlichen Gewaltmonopols, sollen wir glauben, korrespondiere die »Wiederkehr des Bösen«.[3] Mit dieser dunklen Vermutung treten die Kulturpessimisten den etatistischen Gegnern der Zivilgesellschaft an die Seite. Statt mit Zivilität und »selbstbegrenzender Revolution« hätten wir demnach, von

2 Nach den Ergebnissen der Sinus-Studie, »Wir sollten wieder einen Führer haben« (Reinbek 1981) haben ca. 13 % der Wahlbevölkerung ein »geschlossenes rechtsextremistisches Weltbild«. Silbermann/Hüsers, Der »normale« Haß auf die Fremden (1995) stufen ca. 15 % der 1400 Befragten als »stark fremdenfeindlich« ein. Vgl. auch Jaschke, Streitbare Demokratie und innere Sicherheit (Opladen 1991), 50f. m.w.Nachw. und Klär u.a., Die Wähler der extremen Rechten, 3 Bde. (Bonn 1989).

3 Vgl. Enzensberger, Aussichten auf den Bürgerkrieg; R. Safranski, Die Wiederkehr des Bösen, FAZ v. 24.12.1992; P. Schneider, Vom Ende der Gewißheit (Berlin 1994), bes. 7ff. und 21ff.; A. Schuller, Das Gute ist abgeschlafft, DER SPIEGEL 48/1993, 99ff.; Böse Zeiten für das Gute, DER SPIEGEL 4/1994, 168ff.; B. Strauß, Anschwellender Bocksgesang, in: Der Pfahl, Jahrbuch aus dem Niemandsland zwischen Kunst und Wissenschaft (München 1993), 9ff. A.Schuller/W.v.Rahden (Hg.), Die andere Kraft. Renaissance des Bösen (Berlin 1993). Moderater in Ton und Therapie: C. Leggewie, Plädoyer eines Antiautoritären für Autorität. Zur Kritik vgl. die Gegenrede von G. Schwan, Der Skinhead ist nicht des Menschen Wolf, FAZ 1994 und die Analyse des Diskurses über das Böse und seine strafrechtlichen Konsequenzen von K. Günther, *Kampf gegen das Böse?*.

Mölln bis Mogadischu, mit dem »molekularen Bürgerkrieg«[4] zu rechnen. Statt des gefesselten Riesen »Gesellschaft« oder »Staat« hätten wir es mit entfesselten Meuten zu tun. Statt antitotalitärer Bürgerrechtsbewegungen beherrschten totalitär sich gebärdende, paramilitärische Kampfgruppen die politische Szene. Statt auf dem Weg zur offenen Republik und zum Weltbürgertum befänden wir uns auf der abschüssigen Bahn in die unaufhaltsam regressive Entsublimierung. An deren Ende ließe sich das gesellschaftliche Leben, in Ellbogenhöhe, als ein brutaler Kampf aller gegen alle beschreiben. Der Mensch als des Menschen – wenn nicht Wolf, so doch – Schäferhund.
Die Erzähler solcher Verfallsgeschichten sprechen nicht im Konjunktiv. Schon gar nicht im Futur. Ihre apokalyptischen Visionen speisen sich aus einer einseitig verzeichneten »Totalherrschaft der Gegenwart«(Botho Strauß), gegen die sich aufzulehnen sie doch vorgeben. Im Ansatz nicht gänzlich falsch, stellen sich die Diagnosen dadurch in Frage, daß sie aufs Ganze gehen. Aus, weiß Gott, gegebenen Anlässen schließen sie umstandslos, unverzichtbare Autoritäten hätten abgedankt, an ihrer Stelle sei das Regime eines rabiaten Sozialdarwinismus, wenn nicht die Diktatur der Gleichgültigkeit und Barbarei errichtet worden. Mit Hoyerswerda oder Solingen wäre alles Nennenswerte über die innere Lage der Bundesrepublik gesagt. Man nehme Bosnien, füge Ruanda hinzu, nach Belieben auch Ghettoaufstände in Los Angeles oder den »Heiligen Krieg«, und hätte gleich die Welt als Kampf aller gegen alle ins Bild gesetzt. Das Paradoxe solcher Diagnosen besteht darin, daß sie sich an die von den Erzählern an sich scharf mißbilligten Perspektive sensations- und gewaltgeiler Fernsehkameras anschmiegen. So kann es scheinen, als prägten allein oder vornehmlich die Stiefeltritte von »Schlägerbanden im rechtsradikalen Kostüm«(Enzensberger) die Konfliktpraxis in der Bundesrepublik. Die Bildbeschreibungen, die uns die höhnischen Kritiker der Zivilgesellschaft liefern, gleichen, zugegeben nicht bis aufs Haar, Donoso Cortes' lüstern-angstvoller Vision der Welt als »Schiff, das auf dem Meer herumgeworfen wird, bepackt mit einer aufrührerischen, ordinären, zwangsweise rekrutierten (Menschheit), die gröhlt und tanzt, bis Gottes Zorn das rebellische Gesindel ins Meer stößt, damit wieder Schweigen herrsche . . .«[5]

3. *Therapievorschläge*

Daß in der Dämmerung der Zivilität sich Gottes Stimme vernehmen lassen, dieser gar seinen rächenden Arm ausstrecken könnte, um die Skinheads, Hoo-

4 Enzensberger, Aussichten auf den Bürgerkrieg.
5 Zit. nach Schmitt, *Politische Theologie*, 49.

ligans, Heckenschützen und Vergewaltiger dieser Welt in einem ihrer verseuchten Gewässer zu versenken, das ist selbst denjenigen zuviel der Transzendenz, die uns die Wiederkehr des Bösen predigen und an die im Grunde schlechte Natur des Menschen erinnern. Allenfalls Botho Strauß raunt uns zu, endlich wieder den Sinn für Verhängnis zu schärfen und jenseits des Horizonts unseres »modernen egoistischen Heidentums« eine neue Sittlichkeit zu erobern.

Im übrigen und in der Regel bleibt es bei diesseitigeren Therapievorschlägen. Sie kreisen um das Problem der Autorität, die nunmehr die soziale Integration bewirken, genauer: in die Hand nehmen soll. Natürlich ist Autorität nicht gleich Autorität, wenn sich ehemals Antiautoritäre und immer noch Autoritäre oder besorgte Liberale zu Wort melden.[6] Wo Liberale die »Gesellschaft ohne moralische Maßstäbe« in Gefahr sehen und einfordern, »den Bürgern wieder Ziele (zu) setzen«[7], bringen Konservative, um das Gewaltmonopol Fürchtende, bisweilen nicht ohne Häme und Schadenfreude, ihre Therapie auf die einprägsame Formel: »Hobbes statt Habermas«.

Thomas Hobbes gilt als der Vordenker eines absolutistischen Regimes auf der Basis eines (horizontalen) Unterwerfungsvertrages, dessen Klauseln dem Prinzip der Selbsterhaltung geschuldet sind.[8] Mit seinem »Leviathan« wollte er 1651 dem Fürsten mit einer neuen Begründung dessen ehemals heilige Oberhoheit retten, die nach Religionskriegen und Aufständen freilich nicht mehr zu retten war. Er hätte sich zu Lebzeiten kaum träumen lassen, daß er noch am Ende des 20. Jahrhunderts als Gewährsmann für die böse Menschennatur und deren notwendige Zähmung durch eine starke Staatsgewalt en vogue wäre. Wundern dürfte er sich auch darüber, daß seine Hypothese des Naturzustandes unter der Hand zur empirischen Beschreibung des Gesellschaftszustandes und der in diesem lebenden Menschen mutierte.

Davon abgesehen, ob sich mit Hobbes (oder mit Freud[9]) wirklich die anthropologische These beglaubigen läßt, legen uns die gescheiterten Versuche in Human- und Sozialwissenschaften, ein für allemal zu bestimmen, wie der Mensch sei, unwiderruflich nahe, mit beidem zu rechnen, mit menschlicher Bosheit und Güte. Wer wissen will, warum Menschen barbarisch oder human, gleichgültig oder engagiert handeln, muß folglich in jedem Fall genau hinschauen, analysieren und mögliche Erklärungen abwägen.

Wer aber eben das tut, wird – vorzugsweise von Vertretern des männlichen Geschlechts – verdächtigt, er oder sie wolle beschönigen, rechtfertigen und die Täter von Verantwortung freizeichnen. Freilich sollten die Verdächtiger nicht erwarten, daß ihre Rede vom bösen Menschen für bare Münze genom-

6 E.g. Leggewie, Plädoyer eines Antiautoritären für Autorität, aaO.
7 Marion Gräfin Dönhoff, DIE ZEIT v. 11.3.1993.
8 Vgl. Hobbes, The Elements of Law (1640) und ders., Leviathan (1651).
9 Das Unbehagen in der Kultur, 249.

men wird. Denn es ist zu vermuten, daß sie im Zweifel sich selbst, wohl auch die ihnen aus ihrem Nahbereich Vertrauten sowie einige Repräsentanten ihrer Weltanschauung ausnehmen von dem Verdikt, der Mensch sei von Natur aus schlecht. Wenn folglich immer nur der »generalisierte Andere« das Böse verkörpert, dann enthüllt die anthropologische These ihre strategische Mission: der Staatsgewalt in den mit zusätzlichen Fangprämien und Strafkompetenzen gepolsterte Sattel zu helfen. Die »Wiederkehr des Bösen« läßt allemal die Stunde der Innenminister und Strafrichter schlagen.

Gegen das übermäßige Vertrauen auf die staatliche Strafgewalt lassen sich vor allem drei Einwände in Erinnerung rufen. Erstens ist die disziplinierende und abschreckende Wirkung verschärfter Strafen bis heute durch keine der vielen empirischen Untersuchungen beglaubigt worden. Zweitens sollte sich in einer weitgehend säkularisierten Welt die Einsicht verbreitet haben, daß die Staatsgewalt sich nicht rein und unbestechlich, wie aus den Himmeln, auf die Menschen herabsenkt. Sie ist ein Werk von böser oder guter Menschenhand: eine temporäre, veränderbare institutionelle Organisation, mit der eine Gesellschaft mehr oder weniger planmäßig, mehr oder weniger erfolgreich auf sich einwirkt und das gemeinsame Geschäft ihrer Sicherheit besorgt. Selbstregierung heißt seit gut zweihundert Jahren das ebenso anspruchsvolle wie riskante Projekt, das sich logisch und nach aller Erfahrung mit dem Dualismus vom teuflisch bösen Untertan und einer gottähnlich guten, jedenfalls neutralen Staatsgewalt schwerlich verträgt. Wie eine von Natur böse Spezies in der Lage sein soll, unter widrigen Umständen eine gute Ordnung einzurichten, das dürfte ein Geheimnis der Hobbesianer bleiben. Es sei denn, sie könnten ihre Sehnsucht nach der starken *»visible hand«* zivilisieren.

Damit zeichnet sich der dritte Einwand ab. Vage Konturen erhält er durch Kants Annahme im »Ewigen Frieden«, selbst einem »Volk von Teufeln«, vorausgesetzt es hat Verstand, könnte es gelingen, den Naturzustand hinter sich zu lassen und einen Staat zu errichten.[10] Präzisiert wird der Einwand von Hannah Arendt, die von der natürlichen Schlechtigkeit des Menschen, anders als die Hobbesianer, nicht zum übermächtigen Leviathan, sondern zu einer zivilgesellschaftlichen Perspektive kommt. Sie läßt sich, nach dem Vorgang der amerikanischen Revolution, von der »auf Erfahrung gestützten Überzeugung (leiten), daß das wechselseitige Band von Versprechungen, Verträgen und Bündnissen stark genug ist, um das naturhaft Böse in den einzelnen Individuen unter Kontrolle zu halten.«[11] Abhilfe verspräche allenfalls eine Aktivbürgerschaft, die sich assoziiert und im Zusammenhandeln auf die wechselseitige Verpflichtung zur Gründung und Erhaltung einer demokratischen Republik verstünde.

10 Kant, Zum Ewigen Frieden.
11 Arendt, Über die Revolution, 226.

Wenn man sich nicht Arendts elitärer Konzeption eines einmaligen Stiftungsakts verschreibt, dann wird zweierlei deutlich. Einmal kommt es bei der Frage, ob und wie heute Vergesellschaftung gelingen kann, auf eine ohnehin unbeweisbare, negative oder positive Anthropologie nicht an. Zum anderen ist in einer säkularisierten Welt eine endgültige Versicherung gegen die Risiken der Selbstregierung nicht zu haben. Ob dieses Projekt sich realisieren läßt, hängt weder von Gott noch vom Staat ab, sondern letztlich von den zivilen Kräften, die sich mobilisieren lassen. Heute sicher auch von Bürgerinitiativen gegen Rassismus, Antisemitismus und Fremdenhaß, vor allem jedoch von der allgemeinen Bereitschaft, die Bundesrepublik als Einwanderungsland zu begreifen.

4. *Konflikt als Therapie*

Eben damit ist der Punkt erreicht, von dem alle ernsthaften Überlegungen zur Zivilgesellschaft ihren Ausgang nehmen. Sie folgen der empirisch informierten Einsicht, daß eine Vielzahl konträrer Lebenspläne, kontroverser Auffassungen, divergierender Interessen und daraus resultierender Forderungen ohne Unterlaß, wenngleich mit unterschiedlicher Intensität, das öffentliche Leben einer Gesellschaft prägt. Nicht mit prästabilisierter Harmonie, Konsens oder gemütlichem Eiapopeia, sondern mit Konflikten ist auf Dauer zu rechnen. Zu erwarten, daß diese Zivilität verbürgten, wenn nur die Zeit- und Streitgenossen das Bewußtsein teilten, daß sie allesamt in einer Konfliktgesellschaft leben, wäre mehr als naiv. Täglich frei Haus liefern uns die Medien Szenen barbarischer Stammesfeden, blutiger Aufstände, ethnischer Säuberungen, hinterhältiger Terroranschläge und gnadenloser Hetzjagden auf Minderheiten. Also doch »Aussichten auf den Bürgerkrieg«?
Nicht unbedingt. Allerdings gibt dieses Anschauungsmaterial Auskunft über die Bedingungen, unter denen überhaupt nur von Zivilgesellschaft die Rede sein und die Errichtung einer ihr entsprechenden politischen Ordnung gelingen kann. Denn der Konfliktpraxis ist abzulesen, ob die Kontrahenten das Licht der Öffentlichkeit scheuen oder nicht. Ob sie bereit sind, ihre Gegner, wie widerwärtig sie ihnen auch sein mögen, als Andere und Verschiedene, aber mit gleichem politischen Recht Auftretende anzuerkennen oder nicht. Und schließlich ob sie nach demokratischen Regeln verlieren können oder nicht. In echte Bedrängnis gerät eine Zivilgesellschaft daher weder durch Enzensbergers »Aussichten auf den Bürgerkrieg« oder Botho Strauß' »anschwellenden Bocksgesang« noch durch hämische Kommentare im Feuille-

ton. Ihr Nerv wird erst und stets getroffen, wenn eine republikanisch-demokratische Streitpraxis mangels einer konfliktbereiten und -fähigen Bürgerschaft, mangels öffentlicher Foren und Arenen entweder sich nicht entfalten kann oder zusammenbricht. Oder aber wenn die minimalen Konfliktregeln brutal mißachtet werden.

Hierauf entgegnen die Kritiker, Zivilgesellschaft beschreibe also nur eine Schönwetterlage. Sie unterstellen schadenfroh oder staatsgeneigt, jenseits von Mord und Totschlag seien relevante gesellschaftliche Auseinandersetzungen nicht zu besorgen. Das ist ersichtlich falsch. Zuzugeben ist ihnen jedoch, daß bestimmte Streitgegenstände und Streitformen den Rahmen der Zivilität sprengen. Fundamentale Konflikte, in denen es um alles oder nichts geht, und aus deren Anlaß die Opponenten zu Feinden erklärt werden, können Väter aller möglichen Dinge, nicht aber einer Zivilgesellschaft sein. Gewalt, Haß und Mißachtung erzeugen allemal ihresgleichen. Erst die Einsicht, daß man nicht beliebig mit denen umspringen kann, die der Durchsetzung eigener Ziele im Wege stehen, erst der Respekt vor deren Integrität und die wie auch immer zähneknirschende Anerkennung ihrer politischen Gleichheit und Differenz lassen erwarten, daß sich vielleicht jene leidvolle und prekäre Erfahrung herausbildet, die die von Hannah Arendt angesprochene wechselseitige Verpflichtung begründen und sozialen Zusammenhalt stiften kann[12]. Nicht zufällig entsprang die Idee der Zivilgesellschaft bei ihrer Wiedergeburt den Aktionen von Dissidenten, sozialen Bewegungen und Bürgerforen, die sich der »selbst begrenzenden Revolution«, dem »gewaltfreien Widerstand« oder »zivilen Ungehorsam« verschrieben hatten. Wo soziale Akteure im Affekt oder mit fundamentalistischem Vorsatz ihre Selbstbegrenzung überschreiten, existiert eine Zivilgesellschaft entweder nicht mehr oder noch nicht. Diese lakonische Feststellung eröffnet freilich nicht unbedingt die lähmende Aussicht auf den Bürgerkrieg. Es könnte immerhin sein, daß eine Gesellschaft – schlimm genug – an den Rändern ausfranst, daß Gruppen darauf aus sind, ihr die Zivilität auszutreiben. Das letztere ist in dramatischer Weise der Fall. Gemeinere Mißachtungen als Brandanschläge auf Asylheime und die Wohnung von Nichtdeutschen sind hierzulande schwerlich vorstellbar. Derzeit jedenfalls.

Der erste Reflex: zurückschlagen, verbieten, verhaften, aburteilen. Der Rechtsstaat müsse Zähne zeigen.[13] Verständlicher Unmut macht sich breit, wenn die Polizei vor Gewalttätern zurückweicht. Verständliche Genugtuung, wenn Richter gegen Ausschreitungen mit harten Strafen einschreiten. Dieser Stimmung kommen Politiker rituell mit dem Vorhaben entgegen, rechtsradikale Organisationen zu verbieten und neue Straftatbestände einzuführen wie

12 Vgl. hierzu Rödel et al., Die demokratische Frage, Kap. VI.

13 So Leggewie/Meier, *Republikschutz*, passim. Kritisch dazu Frankenberg, KJ 1995, 266ff.

etwa die Leugnung des Holocaust[14] oder bald die strafbare Beleidigung von Soldaten[15] als kollektiv.
Auch diese Maßnahmen, wage ich zu behaupten, bringen die Zivilgesellschaft in Bedrängnis. Wie das? Weil sie auf das Erschauern der Rechtsgenossen vor der geballten Staatsgewalt angelegt sind, dabei aber Gefahr laufen, den Gewalttätern auf ihrer Ebene entgegenzukommen: »Das ist die einzige Sprache, die diese Typen verstehen«. Abgesehen davon, daß im Zweifel nur die ohnehin Rechtstreuen erschauern, nicht aber Verzweiflungs- oder Überzeugungstäter, geht damit tendenziell die Staatsräson gegenüber dem Bürgerverstand in Führung und setzt statt ziviler Kräfte hinterrücks höchst unzivile, wenngleich verständliche Motive wie Abschreckung, Rache und Vergeltung frei.
Nicht ernsthaft kann, wer bei Sinnen ist, die Abschaffung des öffentlichen Gewaltmonopols verlangen und fordern, die Polizei durch eine Bürgerwehr und die Strafjustiz durch Sozialarbeit zu ersetzen. Gleichwohl ist an die Verpflichtung zu erinnern, die sich eine Gesellschaft mit der Entscheidung für eine demokratische Republik auferlegt, und die sich gerade beim Umgang mit Anti-Republikanern und Gewalttätern bewähren muß. Demokratische Republik heißt, allen die Teilnahme am öffentlichen Leben zu ermöglichen und die vielfältigen Handlungsinitiativen so zu koordinieren, daß alle Auffassungen und Interessen zur Geltung kommen können. Praktisch bedeutet das, daß eine Gesellschaft sich versagt, REPs, Autonome oder PDS-Mitglieder allein wegen ihrer politischen Anschauungen auszubürgern. Nicht zufällig kennt das Grundgesetz keine »Verfassungsfeinde«, sondern trifft Vorkehrungen, in den Worten des Bundesverfassungsgerichts nur gegen eine »aktiv kämpferische Haltung« von Personen, Gruppen und Parteien, die sich gegen die freiheitliche demokratische Grundordnung richten.[16] Nach der Vorgabe des Grundgesetzes ist niemand des Menschen Wolf.
Für das Strafrecht kann und sollte nichts Anderes gelten. Das zivilgesellschaftliche Selbstverständnis zwingt nicht dazu, bei Gewalttaten die Hände in den Schoß zu legen. Doch gibt es die Verpflichtung vor, selbst den Gewalttäter als Mit-Bürger zu behandeln. Was das angesichts eines seit langem eingerichteten und ausgeübten rechtsstaatlichen Strafbetriebes heißen könnte, liegt nicht auf der Hand und kann hier nur angedeutet werden. Zunächst wäre der öffentliche Strafanspruch[17] zu zivilisieren. Unter dessen Schirm wird der

14 Vgl. dazu S. Dietz, *Die Lüge von der »Auschwitzlüge«* und S. Cobler, *Das Gesetz gegen die »Auschwitz-Lüge«*; Meier, Das Strafrecht gegen die »Auschwitzlüge«, Merkur 1994, 1128ff. Zu den Strategien der Leugner des Holocaust vgl. D.E. Lipstadt, Betrifft: Leugnen des Holocaust (Zürich 1994).
15 Als Reaktion auf den Soldaten-Beschluß des BVerfG NJW 1994, 2943.
16 Vgl. BVerfGE 5, 85/141; 11, 282f.; 38, 23ff. sowie dazu Krebs, v.Münch GG, Rn.8ff. zu Art.18 und v. Münch, v.Münch GG, Rn.71ff. zu Art. 21. Überzeugend auch die Kritik von Leggewie/Meier, *Republikschutz*, bes. Kap.1 u.3 am Instrumentarium der »streitbaren Demokratie«.
17 Zum folgenden auch K. Lüderssen, Die Krise des öffentlichen Strafanspruchs (Frankfurt 1989).

Staat zum Herren über Straf- und Strafprozeßrecht. In dem Maße, in dem dieser abhebt, aus der horizontalen Ebene der Bürgerschaft heraustritt und sich zur Zentralinstanz für Verhaltenskontrolle aufspreizt, verdunkeln sich die legitimen Aufgaben, die das Strafrecht einer demokratischen Republik übernehmen könnte. Welche wären das? Einigermaßen unkontrovers dürfte sein, die Interessen der Opfer an der Korrektur der Mißachtung ihrer Integrität und ihrer freien, auch sexuellen Selbstbestimmung sowie am Ausgleich des erlittenen Schadens in den Vordergrund zu rücken. Jeder Straftatbestand wäre daran zu messen, ob er zum Opferschutz taugt und notwendig ist. Keinen Platz im Strafrecht hätten daher opferlose Delikte, die sich angemessener zivilrechtlich oder auf anderen Bahnen bewältigen lassen. Bei vielen Fällen der Wirtschafts- und Umweltkriminalität wird man fragen dürfen, ob es nicht normativ richtiger und effektiver wäre, betriebswirtschaftlich schmerzhafte Sanktionen zu verhängen.

Auch ein in diesem Sinne ziviles Strafrecht muß den Schutz spezifischer Gemeinschaftsinteressen zulassen. Damit nicht unter dem Deckmantel der Gemeinschaft alle möglichen Rechtsgüter bei ihrer Verletzung nach Strafe rufen, wäre in erster Linie zu fragen, ob und wie die Bedingungen öffentlicher Freiheit, einschließlich ihrer Institutionen, strafrechtlichen Schutzes bedürften. Meinungsäußerungsdelikte dürften damit einen schweren Stand haben. Deshalb sollte bedacht werden, ob der Kampf gegen Antisemiten, die hämisch am Holocaust herumdeuteln, langfristig nicht besser aufgehoben ist in den öffentlichen Arenen als etwa beim Bundesgerichtshof in Karlsruhe oder bei Mannheimer Strafrichtern mit Herz für Rechte.[18] Diese Überlegungen führen hin zu einem aufs wesentliche beschränkte Kernstrafrecht[19], wobei selbstverständlich Streit darüber in Kauf genommen werden muß, was wesentlich ist. Das Gegenteil haben Vertreter der politischen Klasse vor Augen, die mit Vorliebe in Wahlkämpfen versprechen, mal dies und mal jenes zu bestrafen, weil (Straf-)Recht ein unerschöpfliche, verhältnismäßig preiswerte Ressource ist.

Mehr Phantasie zu entwickeln wäre schließlich auch im Hinblick auf die Ausgestaltung des Strafverfahrens. Wie das Strafrecht ließen sich auch die Regeln des Strafprozesses daran orientieren, wie die zivilen Kräfte einer Gesellschaft mobilisiert und rehabilitiert werden können. Ohne nun die Idee eines streitigen Verfahrens zwischen Täter und Opfer zu überspannen, wären gleichwohl

18 Anschaulich hierzu die diversen Urteile betreffend den erklärten Antisemiten und NPD-Funktionär Deckert: LG Mannheim NJW 1994, 2494ff.; BGH NJW 1994, 1421FF. und NJW 1995, 340ff. Vgl. Bertram, Entrüstungsstürme im Medienzeitalter – der BGH und die »Auschwitzlüge«, NJW 1994, 2002ff.; ders., Noch einmal: Die »Auschwitzlüge« – Anmerkungen zum Urteil der 6. Großen Strafkammer des LG Mannheim vom 22.6.1994, NJW 1994, 2397ff.. Kritisch dazu Frommel, Fremdenfeindliche Gewalt. Siehe auch Nachw. unter Anm.12.

19 Dazu grundlegend W. Naucke, Die Reichweite des Vergeltungsstrafrechts bei Kant, in: Schl.-Holst. Anzeigen v. 15.9.1994, 203ff.

Fragen an die moderne, rechtsstaatlich inszenierte Inquisition zu richten. Zum Beispiel: warum die Stellung des Opfers, so es dies wünscht, nicht so gefestigt werden könnte, daß es Partei im Konflikt bleibt statt nur Beweismittel. Oder warum die Präsenz der Öffentlichkeit, etwa im Sinne des Jury-Systems nicht so verstärkt werden könnte, daß auch der Strafprozeß als eine Form ziviler Konfliktbewältigung erscheint, ohne auf das Niveau von Nachbarschaftsgerichten herabzusinken.

Noch beim Abstrafen die Täter als Mitbürger behandeln und darauf achten, die zivilen Kräfte einer Gesellschaft, nicht ihre Rachegelüste zu aktivieren. Auch in politischer Bedrängnis die Lebenslage von Skinheads und anderen Gewalttätern im Auge behalten, nach Erklärungen für selbst die gräßlichsten Straftaten suchen, ohne sie zu beschönigen, und das Strafrecht nicht von der Sozialpolitik abkoppen. Diese Forderungen mögen zunächst nach zivilgesellschaftlichem Starrsinn klingen und werden bei den Wiedertäufern des Bösen und den etatistischen Zähnezeigern auf wenig Gegenliebe stoßen. Freilich: auf Liebe kommt es nicht immer an, will eine Zivilgesellschaft sich nicht selbst aufgeben.

Gegenwärtig dürfte es eher um Zivilcourage gehen. Um den Mut einer Bürgerschaft, die gefährdete Zivilität gegenüber jenen zu behaupten, die sie mit Füßen treten. Wer sich den alltäglichen Mut etwa bei Diskussionen am Arbeitsplatz oder beim Kampf um die Lufthoheit über den Stammtischen angesichts des geballten Ressentiments gegen Fremde nicht zutraut, wer selbst die Teilnahme an Demonstrationen und vergleichweise unauffälligen Lichterketten scheut, kurz: wem das öffentliche Wort und öffentliche Auftreten noch immer unheimlich ist, der oder die sollte sich gleichwohl nicht darauf verlegen, daß es Gesetzgeber und Strafjustiz schon richten werden.

VII. Hüter der Verfassung einer Zivilgesellschaft*

1. *Unruhe über Karlsruhe*

Im Bild ein modernes Gebäude aus Glas und Stahl, schlicht und würdig: »eine wohlproportionierte ›Orangerie‹«[1]. Das architektonische Versprechen von Transparenz, ganz im Stile einer demokratischen Republik. Der Sitz des Bundesverfassungsgerichts, kurz: BVerfG. Aus dem Off informiert uns die sonore Stimme des öffentlich-rechtlichen Kommentators, das seit langem erwartete Urteil in der Sache X sei ergangen. Schnitt. Nun treten die Mitglieder des BVerfG – farbenprächtig wie Richterkönige, verschlossen wie Subsumtionsautomaten – vor die Augen auch der Fernsehkameras und verkünden ihr Urteil. Schnitt.

Die interessierte Öffentlichkeit hält zwar nicht den Atem an, doch eine erhöhte Aufmerksamkeit ist dem obersten Gericht der Republik gewiß. Seine Sprüche sind häufig für eine Überraschung gut und regelmäßig kontrovers. Diese Öffentlichkeit, so die allein vom Kurzzeitgedächtnis informierte Meinung, wurde aus Karlsruhe im vergangenen Jahr mehr denn je mit Kontroversen bedient. In der Tat haben die Entscheidungen zu Sitzblockaden, Soldaten, Kruzifix und – weniger spektakulär, aber verfassungspolitisch kaum weniger folgenreich – Einheitswerten erheblichen Staub aufgewirbelt.[2] Wer freilich ein wenig im Buch der vergleichsweise kurzen Geschichte des BVerfG und in der mittlerweile auf 92 Bände angewachsenen Entscheidungssammlung blättert, stößt auf zahlreiche Urteile und Beschlüsse, die kaum weniger umstritten waren: Der Streit um die ursprünglichen Pläne Adenauers zur Wiederbewaffnung der Bundesrepublik führte zu einem ersten schweren Verfassungskonflikt, in dem die Bundesregierung dem BVerfG vorwarf, »über die Bestimmungen des Grundgesetzes hinausgegangen« zu sein und »aus eigener Macht-

* Antrittsvorlesung vom 7. Juli 1995 am Fachbereich Rechtswissenschaft der J. W. Goethe-Universität Frankfurt am Main. Wegen einiger Redundanzen hinsichtlich des Kruzifix-Beschlusses (s.o. Kap. III, 89ff.) bitte ich um Nachsicht.

1 Rasehorn, Aus einer kleinen Residenz. Zum Selbstverständnis des Bundesverfassungsgerichts, in: Däubler/Küsel (Hg.), Verfassungsgericht und Politik (1979), 149. Boshaft die Charakterisierung der Residenz des Rechts Karlsruhe: »halb so groß wie der Zentralfriedhof von Chicago, aber doppelt so tot«(S.160).

2 BVerfG NJW 1995, 1114 (Sitzblockaden); BVerfG NJW 1995, 3303 (Soldaten), im Nachgang zum Beschluß der 3. Kammer des Ersten Senats BVerfG NJW 1994, 2943; BVerfG EuGRZ 1995, 359ff. (Kruzifix); BVerfG NJ 1995, 523 (Einheitswerte).Nicht zufällig verpaßte »Kruzifix« nur knapp, von der Gesellschaft für deutsche Sprache als »Wort« des Jahres ausgezeichnet zu werden.

vollkommenheit Recht (zu) setzen«,[3] und mit dem »Ende der deutschen Verfassungsjustiz«[4] drohte. Bald danach sah sich das BVerfG massiven Protesten vornehmlich aus den juristischen Fakultäten gegenüber, als es mit unmißverständlicher Deutlichkeit die These zurückwies, der Wechsel von der NS-Diktatur zur Bundesrepublik habe die Rechtsverhältnisse der ehemaligen Angehörigen des öffentlichen Dienstes unberührt gelassen.[5] Wiederum die Bundesregierung nahm Anstoß an der laut Kanzler Adenauer »falschen Entscheidung«, die dessen Plan, eine »Deutschland-Fernsehen GmbH« zu gründen, Verfassungswidrigkeit bescheinigte.[6] Ein regierungsnaher Kommentator belehrte dem Gericht, es habe mit seinem 1.Fernseh-Urteil »Ulbricht und seinen Genossen gedient«[7].

Die Epoche, in der das BVerfG von seinen Gegnern als »Kampfinstrument« der linken Opposition tituliert werden konnte,[8] ging in den 60er Jahren zuende, wenn sie denn je existierte. Mit dem für Grundrechtsfreunde schwer erträglichen (und verfassungsdogmatisch nicht leicht nachvollziehbaren) Abhör-Urteil[9] setzte sich eine etatistische Tendenz durch. Aus Anlaß dieser Entscheidung, die der Staatsgewalt unter Modifikation »elementarer Verfassungsgrundsätze« die Befugnis zum Abhören zusprach, trat erstmals der interne verfassungsrichterliche Dissens in einem Sondervotum zutage.[10] Ebenfalls eher den Imperativen innerer Sicherheit als rechts- und verfassungsstaatlicher Logik gehorchte auch der viel kritisierte »Radikalenbeschluß«, der den Beamten im Namen nicht der Verfassungs-, sondern der Staatstreue auferlegte, »sich jederzeit in diesem Staat zu Hause zu fühlen«.[11]

3 Bulletin der Bundesregierung Nr. 198 (1952), 1729. Im Vorfeld der Entscheidung des BVerfG über das Gutachten des Bundespräsidenten zur Verfassungsmäßigkeit der Europäischen Verteidigungsgemeinschaft äußerte der damalige Justizminister Dehler, er hoffe, »daß sich beim BVerfG der Geist des Sozialismus nicht (auswirke)«. Die dann gefällte Entscheidung des Gerichts betreffend die bindende Wirkung seines noch zu erstellenden Gutachtens quittierte der Justizminister als »völlig rechtlos« (Lietzmann, Das Bundesverfassungsgericht, 1988, 102f.). Dehler besiegelte damit das Ende seiner politischen Karriere. Vgl. Leicht, DIE ZEIT Nr. 35 (1995) und Wesel, DIE ZEIT Nr. 40 (1995).

4 Bulletin d. Bundesreg. Nr.185 v. 26.11.1952.

5 BVerfGE 1, 167/177f. (G 131 – Übernahme »verdrängter« Angehöriger des öffentlichen Dienstes); 3, 58 (Übernahme von Beamten); 3, 187 (Übernahme von Angestellten); 3, 288 (Übernahme von Soldaten) – im offenen Widerspruch zu BGHZ 13, 299.

6 BVerfGE 12, 205 (1. Fernseh-Urteil).

7 Wagner-Kauß, in: die politische meinung Nr. 58 (1961).

8 Vgl. Ridder, In Sachen Opposition, in: FS f. Adolf Arndt, hrsg. v. Ehmke (Ffm 1969). Zu einer anderen Einschätzung: Ridder, Unerfülltes Grundgesetz?, in: vorgänge Nr. 37 (1979), 101.

9 BVerfGE 30, 1 (Abhör-Urteil).

10 BVerfGE 30, 33 (Sondervotum zum Abhör-Urteil).

11 BVerfGE 39, 334 (»Radikalen«-Beschluß). Zur Bandbreite der Kritik vgl. Böckenförde, Verhaltensgewähr oder Gesinnungstreue?, 277ff.; Abendroth, Das Bundesverfassungsgericht und die Berufsverbote im öffentlichen Dienst, in: ders., Arbeiterklasse, Staat und Verfassung, 295ff.; Schlink, Der Staat 1976, 335ff.; Denninger, Verfassungstreue und Schutz der Verfassung.

Daß Etatismus freilich nicht als Regierungsfreundlichkeit mißzuverstehen ist, demonstrierte das BVerfG in den 70er Jahren, als sich die sozialliberale Regierung aufmachte, längst überfällige soziale Reformen ins Werk zu setzen. Regelmäßig von der im Parlament überstimmten Opposition angerufen, korrigierte das Gericht eine Reihe von Reformprojekten. Die sogenannte Fristenlösung scheiterte an der »objektiven Wertordnung« des Grundgesetzes, der das Gericht, konstruktiv über Art. 2 II GG, eine Schutzpflicht des Staates auch für das ungeborene Leben entnahm.[12] Diese Entscheidung empörte neben der Regierungsmehrheit vor allem die außerparlamentarischen Bewegungen, die das Selbstbestimmungsrecht der Frauen favorisierten. Wiederum die sozialliberale Regierung war über die verfassungsrichterliche Beurteilung der Brandtschen Entspannungspolitik erbost.[13]

Unübersichtlicher wird die Lage in den 80er Jahren. Die Freude der Christdemokraten am Verfassungsgericht erhielt, bald nachdem diese die Kanzlermehrheit stellten, durch die Urteile zur Demonstrationsfreiheit[14] und zum Volkszählungsgesetz von 1983[15] erhebliche Dämpfer. Ein Trost für diese, daß das BVerfG, nachdem es 1978 die sozialliberale Wehrpflichtnovelle kassiert hatte,[16] nunmehr die von Christ- und Freidemokraten ersonnene »lästige Alternative« des Zivildienstes absegnete und dabei das Kunststück fertigbrachte, dessen gegenüber dem Wehrdienst drei Monate längere Dauer mit dem an sich klaren, entgegenstehenden Wortlaut von Art. 12a II 2 GG zu versöhnen.[17] Ein weiterer Trost für Staatsfreunde: Die Protestform des zivilen Ungehorsams fand in der ersten Mutlangen-Entscheidung zwar Erwähnung, aber im Rahmen von § 240 StGB etwa als Grund, die Verwerflichkeit der Nötigung zu verneinen, keine Gnade.[18] Obwohl sich die knappe 4:4-Entscheidung bald zu festigen schien,[19] überraschte der Erste Senat schließlich Publikum und Fachgerichte mit einem »overruling« und befreite diese Form des symbolischen Protests immerhin vom Odium der Nötigung.[20] Und brachte

12 BVerfGE 39, 1 und 88, 203 (§ 218 StGB/Schwangerschaftsabbruch).

13 BVerfGE 35, 257 (Grundlagen-Vertrag). Aus dem Kabinett wird die wenig galante Äußerung eines Mitgliedes der Bundesregierung kolportiert, man werde sich von den »acht Arschlöchern in Karlsruhe« nicht »die Ostpolitik kaputtmachen« lassen. Zit. nach Leicht, DIE ZEIT, aaO.

14 BVerfGE 69, 315 (Brokdorf). Insbesondere die Verpflichtung der Sicherheitskräfte zu versammlungsfreundlichem Verhalten (sog. Kooperationsprinzip) stieß in Kreisen der Exekutive auf wenig Gegenliebe.

15 BVerGE 65, 1 (Volkszählung).

16 BVerfGE 48, 127 (Wehrpflicht).

17 BVerfGE 69, 1 (Verlängerung des Zivildienstes).

18 BVerfGE 73, 206 (Sitzblockade Mutlangen). Die Stimmengleichheit im Ersten Senat führte gem. § 15 III 3 BVerfGG dazu, daß ein Verfassungsverstoß nicht festgestellt werden konnte.

19 Weitere Entscheidungen zu Sitzblockaden: BVerfGE 76, 211 (Sitzblockade Neu-Ulm); BVerfG NStZ 1991, 279, NJW 1991, 971 und NJW 1992, 2688 (Aufrufe zu Sitzblockaden).

20 BVerfG NJW 1995, 1114 (Sitzblockade Großengstingen). Dreh- und Angelpunkt dieses Meinungswandels auf der Basis veränderter Mehrheitsverhältnisse im Ersten Senat ist freilich die Unbestimmtheit des »vergeistigten Gewaltbegriffs« im Sinne von Art. 103 II GG. Vgl. hierzu auch BVerfGE 87, 406.

damit – und mit der 1995 wiederholten Beantwortung der Frage, ob Soldaten unter dem Schutz von Art.5 I GG unter Umständen Mörder genannt werden dürfen[21] – die durch eine seit insbesondere der *Lüth*-Entscheidung[22] verhältnismäßig konsequente, vermeintlich allzu liberale[23] Rechtsprechung ohnehin gereizten Staatsfreunde gegen sich auf.[24]
Die Kritik am BVerfG, so die Bilanz, wechselt von Fall zu Fall die Seite.[25] Da das Gericht, streng genommen, keine Vergleiche schließt, kennt jede seiner Entscheidungen Sieger und Verlierer, denen die Niederlage nahelegt, ihre Enttäuschung durch Urteilsschelte kleinzuarbeiten. Solcher durchweg am Ergebnis orientierten Kritik entgeht das Gericht auch nicht dadurch, daß es unter der Flagge »praktischer Konkordanz« Kompromisse sucht[26], mit »verfassungskonformen Auslegungen« den offenen Konflikt mit dem Gesetzgeber ausweicht oder mit »Schlüsselbegriffen«[27] wie vor allem der Verhältnismäßigkeit[28] operiert, die einer Entscheidung die unerbittliche Schärfe nehmen (sollen). Denn unabhängig von solchen Strategien wird das BVerfG stets als zu streng oder zu nachgiebig, seine Entscheidung als zu politisch oder zu juristisch etc. kritisiert.[29]

21 BVerfG NJW 1994, 2943 und BVerfG NJW 1995, 3303.
22 BVerfGE 7, 198 (Boykottaufruf); vgl. auch E 25, 256 (Blinkfüer). Auch die Lüth-Entscheidung war seinerzeit kaum weniger kontrovers als heutige Sprüche zu Art.5 I GG, die als zu liberal gescholten werden. Es entbehrt nicht einer gewissen Ironie, wenn F.K.Fromme, die Staatskassandra vom Main, der in der Lüth-Entscheidung fundierten Dogmatik zur Meinungsfreiheit, in Milde zurückblickend, eine gewisse zeitgeschichtliche Berechtigung nicht versagen will, aber im gleichen Atemzug und Argument doch dazu auffordert, den Schutzbereich von Art. 5 I GG in einer konsolidierten, vom Schatten der Vergangenheit befreiten Demokratie einzuengen.
23 So Schmitt Glaeser, JZ 1983, 95ff.; Würtenberger, NJW 1983, 1144ff.; Kriele NJW 1994, 1897ff.
24 Nicht immer laufen deren Argumente so aus dem Ruder wie Roelleckes Dictum: »Sitzblokkaden sind subtile Geiselnahmen« (NJW 1995, 1525/1527). Vgl. auch Rüthers, Als Motor des Zeitgeistes ungeeignet (FAZ v. 9.6.1995, 10), der dem BVerfG vorwirft, es beuge sich dem Zeitgeist. Den Soldaten-Beschluß hält er für »ein seltsames Gemisch aus Schizophrenie und systematischer Heuchelei« (FAZ v. 22.5.1995). Reifenrath, Wider den Zeitgeist, (FR v. 29.11.1995), 12 behauptet mit guten Gründen das Gegenteil. So erscheint der Zeit-, im Unterschied zum Weltgeist wohl als eine Frage der Perspektive.
25 Was nicht nur für die Parteien verfassungsrechtlicher Streitigkeiten, sondern auch für einige professionelle Beobachter gilt.
26 Gute Beispiele für die methodische Angreifbarkeit der Abwägung nach Maßgabe »praktischer Konkordanz« sind die Entscheidungen zur Paradoxie einer »christlichen Gemeinschaftsschule« – BVerfGE 41, 29 (Baden-Württ.); 41, 65 (Bayern); 41, 88 (Nordrhein-Westf.) – und zum Schulgebet (BVerfGE 52,223; vgl. dazu Böckenförde, DÖV 1980, 323).
27 Vgl. Denninger, Verfassungsrechtliche Schlüsselbegriffe, in: ders., Der gebändigte Leviathan, 158ff.
28 Ein prägnantes Beispiel: BVerfGE 50, 290 (Mitbestimmung) und aus neuerer Zeit BVerfG EuGRZ 1994, 245ff.(Cannabis).
29 Nicht selten trifft solche in der Zusammenschau gegensätzliche Kritik ein und dieselbe Entscheidung.

Der vom doppelt falsch sogenannten »Kruzifix-Urteil«[30] losgetretene Streit verläßt, insofern vergleichbar dem Verfassungskonflikt um die Wiederbewaffnung, die Bahnen vorhersehbarer und routinierter Urteilsschelte. Damals, ein knappes Jahr nach der Konstituierung des BVerfG, wie im Sommer 1995 schlägt die Kritik am Ergebnis um in wütende Angriffe auf die Institution Verfassungsgerichtsbarkeit. Damals wie heute, auch das dürfte keine zufällige Parallele sein, droht die Exekutive mit Boykott bzw. praktiziert solchen.[31] Hemmungsloser freilich als seinerzeit die Mitglieder der Adenauer-Regierung laufen dieser Tage die Gegner des Kruzifix-Beschlusses Sturm bis Amok.
Sommer und Herbst 1995: Kein Tag vergeht, an dem nicht ein weiterer kirchlicher Würden- oder politischer Bedenkenträger, je nach Temperament, sein Unverständnis oder Entsetzen bekundet und, je nach Verfassungstreue, seinen Protest äußert oder zum Widerstand aufruft.[32] Die Entscheidung über das Kreuz im Klassenzimmer entzweit die Republik. Dem Kanzler ist sie schlicht unverständlich. Andere sehen in ihr eine Erpressung der Mehrheit der deutschen Bevölkerung, eine »Gefahr für den Fortbestand der sozialen Marktwirtschaft«[33], wenn nicht gar den Untergang des christlichen Abendlandes, zumindest aber die Umrisse einer »kreuzeslosen abendländischen Gesellschaft«[34]. Bayerns ehemaliger Kultusminister Hans Maier, der Vater des vom BVerfG als verfassungswidrig gerügten § 13 I 3 der Bayerischen Volksschulordnung (»In jedem Klassenzimmer ist ein Kreuz anzubringen.«), und sein Glaubensbruder, der Kardinal und Erzbischof von Freising und München, stellten die Tat (gottlob nicht die Motive) der Senatsmehrheit gar auf eine Stufe mit den atheistischen Bilderstürmern des Nazi-Regimes. Und der um schiefe Metaphern selten verlegene Finanzminister Waigel fragte die Richter,

30 Weder handelt es sich technisch um ein Urteil (vielmehr um einen Beschluß), noch geht es nur um das Kruzifix (vielmehr auch um das schlichte Kreuz ohne Darstellung des Gekreuzigten).

31 Angesichts des laxen Sprachgerauchs in den letzten Monaten (vgl. auch Ross, unten Anm. 35) ist darauf hinzuweisen, daß sich die Opposition der Bayerischen Staatsregierung gegen den Karlsruher Beschluß nicht als ziviler Ungehorsam adeln läßt. Der von ihr initiierte Gesetzesbeschluß im Bayerischen Landtag ist maskierter Rechtsungehorsam.

32 Von den zahllosen Berichten und Kommentaren siehe nur Knapp, Die Frau in der Zentrale kriegt den ersten Ärger ab, FR v. 16.8.1995; Jüngel, Die unsichtbare Kirche, FAZ v. 14.9.1995; Schostack, Die Preußen sitzen jetzt in Karlsruhe, FAZ v. 25.9.1995; Fromme, Wenn ein Gericht zuviel will; Günther, Das Recht, Die Moral und die Mehrheit, FR v. 22.8.1995 und Wehler, Der Kampf gegen Karlsruhe, in: DIE ZEIT Nr. 49 (1995).

33 So allen Ernstes der Bischof von Hildesheim, FAZ v. 25.8.1995.

34 Kardinal Meisner, Bericht der FR v. 12.8.1995.

»ob sie mit dieser Entscheidung nicht auch Hand an die Wurzel ihres eigenen Gerichts gelegt« hätten.[35]
Die Angegriffenen zeigten Wirkung und Abwehrbereitschaft. Anfangs wies der Vorsitzende des Ersten Senats die Verantwortung für den Streit ums Kreuz den starrsinnigen bayerischen Kultusbehörden zu.[36] Dann besserte er, verfahrensrechtlich nicht ganz korrekt, in einer Pressemitteilung den in der Tat mißverständlichen ersten Leitsatz nach.[37] Auf dem Spiel stehe mittlerweile neben der Autorität des Gerichts auch die Verbindlichkeit des Rechts, sekundierte sein Richterkollege Grimm.[38] Am Ende meinte die Präsidentin des BVerfG, die Grenze zumutbarer Kritik sei erreicht.[39]
Was um Himmels willen hatte das BVerfG, genauer: was hatten drei Richter und zwei Richterinnen seines Ersten Senats im Namen des Volkes entschieden? Nicht »Kruzifixe verfassungswidrig«, wie die Frankfurter Allgemeine Zeitung ebenso knapp wie falsch meinte. Wohl aber, daß es dem Landesgesetzgeber von Verfassungs wegen verwehrt sei, das Aufhängen von Kruzifixen in den Klassenräumen öffentlicher Schulen zur Pflicht zu machen. Glaubens- und Gewissensfreiheit, immerhin das älteste Grundrecht überhaupt und in Art. 4 I GG ohne Vorbehalt verbürgt, verböten es, einer bestimmten – hier: der katholischen – Glaubensüberzeugung »mit staatlicher Unterstützung Ausdruck zu verleihen« und die andersgläubigen Schüler zu zwingen, »unter dem Kreuz zu lernen«.[40]
Wer den Blick zwischen der Verfassung einer demokratischen Republik und § 13 I § BayVSO hin- und herwandern läßt und im übrigen zu Befürchtungen, das Abendland könne an kreuzeslosen Klassenzimmern untergehen, Abstand zu halten vermag, wird an Beschluß und Begründung wenig Sensationelles finden. Mit (1) der negativen Religionsfreiheit, (2) der Trennung von Staat und Kirche in einer säkularisierten Gesellschaft und dem (3) daraus sich erge-

35 FR v. 17.8. und 9.9. 1995. Zur aufs Ganze gehenden, auf die Institution der Verfassungsgerichtsbarkeit zielenden Kritik vgl. die Erklärung von Justizministern der SPD und des Bündnis 90/Die Grünen, FAZ v. 25.8.1995. Vgl. außerdem Augstein, Hände weg vom Gericht, Der Spiegel Nr.35 (1995), 36 (eine wirre Attacke auf das und zugleich eine Verteidigung des BVerfG); Ross, Hüter der Verfassung, FAZ v. 1.9.1995, der die »Rückkehr zur Gesinnungstäterschaft« befürchtet. Ausführlicher: Ders., Die ungeliebte Legalität, in: Merkur 1995, 1084ff (interessant ist die Interpretation des Kruzifix-Streits als Fortsetzung der Brent-Spar-Hysterie) und Herz, Reaktionäre Vorstellungen, in: Merkur 1995, 1141ff. Kutscha, Götterdämmerung in Karlsruhe, in: Blätter für deutschte u. internat. Politik, H.10 (1995), diagnostiziert ein »bigottes Verhältnis zum Rechtsstaat« und Akzeptanzprobleme.

36 Hierzu auch Czermak, NJW 1995, 3348ff. In kritischer Distanz zur Senatsmehrheit, hinsichtlich Art. 4 I GG jedoch alles andere als überzeugend: Link, NJW 1995, 3353ff.

37 Presseerkl. des Vizepräsidenten des Ersten Senats, FR v: 12.8.1995. Der 1. Leitsatz lautet: »Die Anbringung eines Kreuzes oder Kruzifixes in den Unterrichtsräumen einer staatlichen Pflichtschule, die keine Bekenntnisschule ist, verstößt gegen Art. 4 Abs.1 GG.« Die Korrektur präzisierte, wie aus den Beschlußgründen ersichtlich, daß nur die »staatlich angeordnete« Anbringung verfassungswidrig ist (EuGRZ 1995, 359).

38 Grimm, Unter dem Gesetz, FAZ v. 7.9.1995.

39 Limbach, »Die Grenzen sind erreicht« (Interview), Der Spiegel Nr. 35 (1995), 34ff.

40 EuGRZ 1995, 363.

benden Prinzip der weltanschaulichen Nichtidentifikation sowie (4) dem Grundsatz der Parität von Kirchen und Bekenntnissen sind die verfassungsrechtlichen Markierungspunkte vorgezeichnet. Der staatliche Schulherr hat sie bei der Veranstaltung von Schule zu respektieren. Regionale Traditionen oder Erziehungsziele in Landesverfassungen, wie die bayerische Ehrfurcht vor Gott (Art. 131 II BV), erlangen auch im Durchgang durch das föderalistische Prinzip nicht die Kraft, bundesverfassungsgesetzlich verbürgte Grundrechte einzuschränken.[41] Daß diese, wenn ihre Verletzung festgestellt werden kann, legislativen Mehrheiten in den Arm fallen, also minderheitenschützend wirken, liegt nicht an Karlsruhe, sondern der Struktur solcher Verbürgungen als negativen Kompetenzbestimmungen.[42]

Kann mithin das von der Mehrheit des Ersten Senats befürwortete Ergebnis schwerlich als anstößig bezeichnet werden, so gibt noch weniger deren Sprache Anlaß zur Beanstandung. Freilich macht die Senatsmehrheit unverblümt und (für viele schwer erträglich) relativ unmißverständlich deutlich, daß das Kreuz nicht zugleich für die einen und in einem Kontext als christliches Symbol, für die anderen und in anderem Kontext als nur kulturelle Errungenschaft und Verkörperung abendländischer Werte herhalten kann.[43] Schließlich fehlt auch der besonders häufig attackierten Metapher *»unter dem Kreuz lernen«* jeder Überraschungseffekt. Daß »unter dem Kreuz« Handlungen von verfassungsrechtlichem Belang geschehen können, stellte das BVerfG bereits lange zuvor in seiner Entscheidung zu Kreuzen in Gerichtssälen fest.[44] Es kann also keine Rede davon sein, die Kruzifix-Mehrheit des Ersten Senats habe »mit der Brechstange argumentiert«,[45] wie ein ehemaliger Verfassungsrichter meinte kundtun zu müssen. Im Gegenteil ist jenem BVerfG, das unter aktiver Mitwirkung eben dieses Kritikers die Vor-Urteile zum Kruzifix-Beschluß fällte, vorzuwerfen, daß es in puncto »christlicher Gemeinschafts(?)schule« und Schulgebet nicht den Mut hatte, die Säkularisierungsgewinne des GG argumentativ

41 Das scheinen die dissentierenden Richter zu übersehen (EuGRZ 1995, 366ff.).

42 Ausführlich dazu Denninger, Der Einzelne und das allgemeine Gesetz. Eben das verkennt Link, NJW 1995, 3348ff.

43 »Das Kreuz gehört nach wie vor zu den spezifischen Glaubenssymbolen des Christentums. Es ist geradezu sein Glaubenssymbol schlechthin. Es versinnbildlicht die im Opfertod Christi vollzogene Erlösung des Menschen von der Erbschuld.« (EuGRZ 1995, 364). Dagegen stellt die dissentierende Minderheit apodiktisch die empirisch mehr als angreifbare und normativ fragwürdige Behauptung auf: »Es mag sein, daß in einem Schüler christlichen Glaubens beim Anblick des Kreuzes im Klassenzimmer teilweise diejenigen Vorstellungen geweckt werden, die von der Senatsmehrheit als Sinngehalt des Kreuzes geschildert werden. Für den nichtgläubigen Schüler hingegen kann das nicht angenommen werden. Aus seiner Sicht kann das Kreuz im Klassenzimmer nicht die Bedeutung eines Symbols für christliche Glaubensinhalte haben, sondern nur die eines Sinnbilds für die Zielsetzung der christlichen Gemeinschaftsschule, nämlich für die Vermittlung der Werte der abendländischen Kultur, und daneben noch die eines Symbols einer von ihm nicht geteilten, abgelehnten und vielleicht bekämpften religiösen Überzeugung.« (EuGRZ 1995, 368).

44 BVerfGE 35, 336.

45 Der ehem. Präsident des BVerfG Benda, einer der Autoren der Schulgebets- und Gemeinschaftsschulen-Urteile, zit. nach Fromme, Wenn ein Gericht zuviel will, aaO.

einzulösen, stattdessen ein Exerzitium zur Unbestimmtheit des Rechts[46] vorführte, dem die Senatsminderheit in ihrem abweichenden Kruzifix-Votum nun freudig nacheifert.
Aus dem engeren Kontext des Kruzifix-Beschlusses ist nicht recht zu ersehen, was genau es war, das die Deiche der (wohl überwiegend geheuchelten) Empörung anstach. Dem Bruch mit der Rechtsprechung zu Schulgebet und Gemeinschaftsschulen, wiewohl beachtlich, fehlt für sich genommen die hinreichende Brisanz. Auch wegen dieses Bruchs nunmehr befürchtete Einflußverluste der Kirchen erklären nicht angemessen das teilweise hysterische Gezeter über die *möglicherweise* kreuzesfreie Zone Schule. Daß Politiker mit rechtspopulistischen Neigungen, denen die ganze Richtung des Ersten Senats oder das Verfassungsgericht als Kontrolleur nicht paßt, als Trittbrettfahrer des Kreuzzuges gegen Karlsruhe auf billige Zustimmung aus waren und zugleich dem BVerfG vor anderen »allzu liberalen«, sprich: grundrechtsfreundlichen Sprüchen – zumal in Sachen Asyl[47] – den Schneid abkaufen wollten, läßt sich mit einer Reihe von Äußerungen belegen[48] und führt zurück zur Frage nach der gefährdeten Autorität des Verfassungsgerichts.

3. *Autorität und Verfassungsgerichtsbarkeit*

Was gefährdet ist oder sein könnte, muß, so will es die Logik, zunächst einmal existieren. § 31 BVerfGG gibt einen Hinweis auf die Autorität des BVerfG: Seine Entscheidungen haben institutionelle Folgen. Eine der wichtigsten heißt Verbindlichkeit. § 35 BVerfGG ergänzt diese um den Gesichtspunkt der Vollstreckung. Von den Verfassungsgenossinnen und -genossen sowie vor allem von den anderen öffentlichen Gewalten wird Gehorsam erwartet. Deshalb fällt hinhaltender Widerstand des Gesetzgebers, der Aufträge aus Karlsruhe

46 Die »christliche Gemeinschaftsschule« signalisiert bereits im Begriff eine Paradoxie, die dem Gericht hätte auffallen müssen. Wenn in der Urteilsbegründung BVerfGE 41, 44ff. u. 77ff.) von »religiösen« bzw. »christlichen Bezügen« die Rede ist, so mag man diese im Hinblick auf Art. 7 III oder V GG für verfassungskonform halten, sollte sich dann freilich über das Konzept der »Gemeinschaft« Gedanken machen. (Krit. hierzu Renck, *Gemeinschaftsschule*, mwNachw.) Die These, das Schulgebet als »religiöser Bekenntnisakt, das außerhalb des Religionsunterrichts gesprochen wird, ist nicht Teil des allgemeinen Schulunterrichts, der im Rahmen des staatlichen Bildungs- und Erziehungsauftrags erteilt wird« (E 52, 238f.), erscheint bedenklich genug. Jedoch die Schlußfolgerung, damit falle das Schulgebet »auch nicht unter die Vermittlung christlicher Kultur- und Bildungswerte« (S.239), ist schlechterdings absurd.- Allgemein zur Unbestimmtheit: Frankenberg, Der Ernst im Recht, 303f.

47 Hier ist freilich der Zweite Senat am Zug.

48 Im Anschluß an die Ableitung eines »Rechts auf das Kreuz« für die christliche Mehrheit der bayer. Bevölkerung warnte der Bayer. Ministerpräsident Stoiber das BVerfG davor, den Asylkompromiß auszuhebeln (Bericht der FAZ v. 9.9.1995). Vgl. auch Knapp, Die Frau in der Zentrale . . ., FR v. 16.8.1995; Fromme, Ein Ruf wird verspielt, FAZ v. 14.8.1995.

nicht erfüllt,[49] unangenehm auf. Desgleichen Unbotmäßigkeit aus den Reihen der Justiz[50], erst recht maskierter oder gar offener Ungehorsam von Seiten der Exekutive[51]. Selbst übermäßig scharfe Urteilsschelte aus der Mitte des souveränen Volkes[52] gilt als unfein. Woraus zu schließen ist: das BVerfG nimmt im politischen System der Bundesrepublik eine hervorgehobene Stellung ein, seine Richterinnen und Richter genießen eine besondere Autorität.[53]

Gleich hinter »Autopsie« definiert der Große Duden, Autorität sei der »auf Leistung oder Tradition beruhende maßgebende Einfluß und das daraus erwachsende Ansehen und die maßgebende Person selbst; in der Theologie die nicht einsehbare, Glauben und Gehorsam fordernde Macht«.[54] Das Wörterbuch unterscheidet ferner: »autoritär« – in illegitimer Autoritätsanmaßung handelnd – und »autoritativ« – auf echte Autorität gestützt, in legitimer Vollmacht handelnd, maßgebend, entscheidend. Kürzer ließe sich sagen: Autorität hat, wer erwarten kann. Genauer: wer erwarten kann, daß die mit dem Anspruch auf Verbindlichkeit gesetzten Zeichen freiwillige Nachachtung finden. Die Freiwilligkeit, die eine legitime Autorität auszeichnet, verwandelt autoritäre Herrschaft in autoritative Macht und eine Leistung, wie Recht sprechen oder Gesetze beschließen und diese ausführen, in eine Personen oder Institutionen zugeschriebene Qualität. Sie besitzen Legitimität. Auf Freiwilligkeit sind Verfassungsgerichte in besonderer Weise angewiesen, da ihnen zur Durchsetzung ihrer Entscheidungen keine Zwangsgewalt zur Verfügung steht.

Folgen wir den Idealtypen legitimer Autorität Max Webers, so scheiden Charisma und Tradition vorderhand als Autoritäts- bzw. Legitimitätsquellen aus.

49 Vgl. BVerfGE 8, 210/216; 17, 148/155; 22, 163/172 und 25, 167ff. zu Kontroverse zwischen Verfassungsgericht und Gesetzgeber hinsichtlich der Gleichstellung nichtehelicher Kinder. Zu neueren nicht erledigten Aufträgen an den Gesetzgeber vgl. Salgo, KritV 1994, 262ff.

50 Gezügelten justiziellen Ungehorsam demonstrierte der BGH (NJW 1988, 1738) gegenüber der Mutlangen-Entscheidung des BVerfG (E 73, 206), als es die vom BVerfG zugelassene Berücksichtigung der Fernziele im Rahmen der Verwerflichkeit nunmehr in die Strafzumessung verbannte. Vgl. auch die BVerfG-Rüge des OLG Nürnberg, es habe sich »nicht mit der gebotenen Nüchternheit mit seiner Rechtsprechung auseinandergesetzt« (2 BVR 219/94).

51 Während die Kritik mißliebiger Urteile durch Regierungsmitglieder gang und gäbe ist und diese dabei nicht immer Maß halten (siehe etwa die Reaktionen auf den »Soldaten«-Beschluß, auf die jüngste Sitzblockaden-Entscheidung und zuletzt das Spionage-Urteil), dürfte offener exekutiver Widerstand die Ausnahme sein. Als eine solche gilt der Hinweis der Bundesregierung an den Präsidenten des BVerfG aus Anlaß der Schleyer-Entscheidung (E 46,160), man werde sich auch einer verfassungsrichterlich verfügten Freilassung der inhaftierten Terroristen widersetzen.

52 Für scharfe, Souveränitätsmängel dokumentierende Angriffe auf das BVerfG zur neuesten Sitzblockaden-Entscheidung (NJW 1995, 1141) und zum »Soldaten«-Beschluß (NJW 1994, 2943) vgl. Rüthers, Als Motor des Zeitgeistes ungeeignet und die besonders gehässigen, auf Mißverständigung angelegten Ausfälle von Roellecke, Bio-Recht oder die Sanftmut von Gesäß-Protestierern, in: NJW 1995, 1525ff.

53 Zum Begriff der Autorität vgl. Arendt, Autorität, 117ff.; Friedrich, Politische Autorität und Demokratie; Horkheimer, Studien über Autorität und Familie, insbes. 3ff. (Horkheimer, Theoretische Entwürfe) und 136ff. (H.Marcuse, Ideengeschichte); Sennett, Autorität und Max Weber, Wirtschaft und Gesellschaft, 122ff. und 551ff.

54 Fremdwörterbuch, 2. Aufl. (1971), 82.

Die These einer »außeralltäglichen Hingabe an die Heiligkeit, Heldenkraft oder Vorbildlichkeit«[55] der Karlsruher Richterinnen und Richter wäre allzu ironisch – ein Ton, der auch von ihnen nicht sonderlich geschätzt wird.[56] Ebensowenig können wir hier das Werk eines »Alltagsglaubens an die Heiligkeit von je her geltender Traditionen« vermuten.[57] Das Entzauberungswerk der Aufklärung hat ein für allemal den unbeschwerten Rückgriff auf eine ehrwürdige, unbezweifelbare Überlieferung verlegt. Im Kontext einer säkularisierten Gesellschaft müßte das oberste Gericht seine Traditionsbasis wohl oder übel mit posttraditionalen Mitteln konstruieren. Diese paradoxe Aufgabe zu lösen, ist ihm weder bisher geglückt noch im Kontext einer demokratischen Republik zuzumuten.[58] Davon abgesehen stehen das jugendliche Alter der Institution sowie die unabschließbare Grundsatzdebatte über ihre demokratische Legitimität, auf die sogleich zurückzukommen sein wird, jener für die Geburt und Entwicklung einer Tradition erforderlichen, weihevollen Ruhe entgegen.

Also bliebe, wenn Weber das letzte Wort hätte, nur der »Glaube an die Legalität gesatzter Ordnungen und des Anweisungsrechts der durch sie zur Ausübung von Herrschaft Berufenen«[59]. Solche legal-rationale Autorität könnte sich hier aus der Verfassung ableiten und in der Tat einer Institution zugeschrieben werden. Diese Autoritätsgrundlage drängt sich auf, ist jedoch so unproblematisch nicht.

Am Anfang steht der Text: das Grundgesetz. Es überantwortet unter anderem dem BVerfG »rechtsprechende Gewalt« (Art. 92) und weist diesem bestimmte Entscheidungsverfahren zu (Art.93), die auf entsprechende Befugnisse schließen lassen. Allerdings faßt sich das GG kurz hinsichtlich der Mitglieder des Gerichts und ihrer Wahl, legt sodann die Ausgestaltung der Gerichtsverfassung nebst Verfahrensordnung in die Hände des Gesetzgebers (Art. 94). Der vom Grundgesetz informierte Blick entdeckt ferner die Bindung auch des Verfassungsgerichts an die Grundrechte (Art. 1 III) und an »Gesetz und Recht« (Art. 20 III). All das – die Ermächtigung des BVerfG durch die Verfassung – durchaus eine Grundlage für einen Glauben an die Autorität kraft gesatzter Ordnung.

Freilich: bei Lichte besehen, offenbart diese Grundlage tiefe Risse und Spannungen, die an ihrer Tragfähigkeit Zweifel aufkommen lassen. Diese konzentrieren sich, geweckt durch die beachtliche Machtfülle des BVerfG, insbesondere sein Recht, Beschlüsse des Gesetzgebers zu prüfen und bei Verstößen

55 M. Weber, Wirtschaft und Gesellschaft, 124.
56 Vgl. BVerfG – 2 BvR 291/94.
57 M. Weber, Wirtschaft und Gesellschaft, 124.
58 Selbst wenn die Richter immer wieder versucht haben, ihren Entscheidungsgründen die Rückendeckung einer fragwürdigen Tradition zu besorgen. Zur Argumentationsfigur der Tradition in der Rsp. des BVerfG vgl. Blankenagel, *Tradition und Verfassung*.
59 Weber, Wirtschaft und Gesellschaft, 124.

gegen das GG zu verwerfen, zunächst auf eine präzise Positionsbestimmung des Gerichts im Verfassungsgefüge. Die in Art.93 I Nr.1-4 und 100 I GG vorgesehenen Verfahren legen nahe, in Karlsruhe ein »oberstes Verfassungsorgan« zu vermuten. Diese Stellung wird ihm jedoch von den Interpretationseliten verwehrt. Nach »herrschender Meinung«. Mangels Verfahrensautonomie bleibt dem BVerfG demnach nur der Verlegenheitsstatus einer »*verfassungsorganähnlichen*« Institution.[60] Und doch soll es auch gegenüber den obersten Organen das Grundgesetz zur Geltung bringen.[61] Institutionell unabhängig und Kontrolleur der parlamentarischen Beschlüsse einerseits, andererseits aber verfahrensrechtlich dem Regelungswillen des Gesetzgebers unterworfen.[62] Damit nicht genug, wenngleich damit zusammenhängend, erweist sich das BVerfG, vorsichtig formuliert, als Gericht sui generis[63], das den Willen der Legislative, soweit seine Entscheidungen Gesetzeskraft haben, zu überspielen vermag.[64] Ganz abgesehen davon, daß auch verfassungsrichterliche Sprüche ohne Gesetzeskraft der Autorität von Legislativakten kaum nachstehen. Daher diagnostizieren die prinzipiellen Gegner der Verfassungsgerichtsbarkeit diese Institution, jedenfalls ihr Recht der (möglichst auch noch abstrakten) Normenkontrolle als Fremdkörper im demokratischen System.[65] Sie lassen sich nicht damit besänftigen, daß die der parlamentarischen Demokratie zugrundeliegende Mehrheitsregel den Schutz von Minderheiten und ihrer Grundrechte nicht nur durch freiwillige parlamentarische Selbstkontrolle, sondern durch eine unabhängige Institution impliziert, wenn Minderheiten der nicht nur theoretischen Möglichkeit eines Machtwechsels trauen sollen.

Verspricht mithin das Verhältnis BVerfG-Parlament bereits Spannung, die auch durch das selbst auferlegte Gebot richterlicher Zurückhaltung, also eine Art freiwilliger Selbstkontrolle, weder zeitstabil noch hinsichtlich aller Streitfälle zuverlässig aufgelöst wird, so ist die Beziehung zur Verfassung nachgerade paradox: Das Gericht soll diese als Objekt seines Schutzes hüten, zugleich aber als Fessel respektieren. Dabei ist dem BVerfG als *Gericht* zwangsläufig aufgegeben, *Rechts*entscheidungen zu treffen. Freilich sind sowohl seine institutionelle Basis und Rolle als auch sein Prüfungsmaßstab und seine

60 Zum Streit über die Organqualität vgl. Schlaich, VVDStRL 39 (1981), 133; Ipsen, Staatsrecht I, Rn. 845ff; Stern, Staatrecht II, 345 mwNachw. und Pestalozza, Verfassungsprozeßrecht 3.Aufl. (1991), § 2, Rn. 13ff. Siehe dazu insbes. Art. 94 II GG iVm §§ 1ff. BVerfGG.

61 Vgl. den Zuständigkeitskatalog in Art. 93 I Nr.1-4 GG sowie die anderen im GG vorgesehenen Verfahren (insbes. Art. 61 I, 84 IV, 98 II und V, 100 und 126 GG).

62 Vgl. Simon, Die Unabhängigkeit des Richters (1975) und die Studie von Ogorek, *Richterkönig*. Zuletzt dazu Limbach, Die richterliche Unabhängigkeit – ihre Bedeutung für den Rechtsstaat, Neue Justiz 1995, 281ff.

63 Häberle bezeichnet das BVerfG als »gesellschaftliches Gericht« eigener Art (66f.). Weniger höflich kritisieren andere hier ein Element von Justizstaatlichkeit. Vgl. Maus, Zur Aufklärung der Demokratietheorie, 298ff.

64 Art. 94 II 1 2.Hs. GG iVm § 31 II BVerfGG.

65 Maus, Zur Aufklärung der Demokratietheorie.

Prüfungspraxis eminent *politisch.*[66] Die starke Vermutung, folglich seien die Entscheidungen des Bundesverfassungsgerichts immer (auch) politische,[67] läßt sich schwerlich durch die Behauptung widerlegen, letztlich liefere das (Verfassungs-)Recht doch den Maßstab, an dem alle Politik zu messen sei.[68] Eine Behauptung, die den Schleier des Nichtwissens über die Geburt und Qualität eben dieser Art von Recht deckt und, nebenbei gesagt, sowohl der gängigen und nebulösen Metapher von einer »Verwobenheit von Recht und Politik« als auch der Feststellung widerspricht, das Recht, das in Karlsruhe gesprochen werde, stelle sich als »Zweck, Produkt, Rahmen und Maßstab der Politik« dar.[69]

Der Kritik an der unzureichenden demokratischen Legitimation des BVerfG ist zuzugeben, daß in der Tat nur ein äußerst schmaler, nicht eben direkter Pfad von der Wahl der Richterinnen und Richter durch den Wahlausschuß des Bundestages und durch den Bundesrat (Art. 94 I GG iVm §§ 6 und 7 BVerfGG) zur Souveränität des Volkes führt, von dem doch alle öffentliche Gewalt ausgehen soll. Nur folgerichtig wird daher gefordert, die parlamentarischen Hinterzimmerdeals nach Maßgabe des Parteienproporzes durch ein transparentes, der Öffentlichkeit zugängliches Anhörungsverfahren zu ersetzen. Immerhin werden die »Hüter der Verfassung«[70] nicht auf Lebenszeit eingesetzt. Die Befristung ihrer Amtszeit und der Auschluß der Wiederwahl rükken sie – im Unterschied zu ihren Kolleginnen und Kollegen am U.S. Supreme Court – in die Nähe des Prinzips der Periodizität, das die Wahl der anderen demokratischen Verfassungsorgane reguliert.

Institutionell unabhängig und zugleich hinsichtlich seiner Kompetenzen und Verfahrensordnung dem Zugriff des Gesetzgebers ausgeliefert, als Gericht über und unter dem Verfassungsgesetz stehend, nicht oberstes Verfassungsorgan und doch eben deren Kontrolleur, Recht sprechend und zugleich politische Entscheidungen treffend – man sollte annehmen, diese in die Rolle und Kompetenzgrundlagen des BVerfG eingelassenen Paradoxien und Spannungen würden als Quelle dauerhafter institutioneller Verunsicherung dessen Autorität unterminieren.

66 Die verzweifelten Anstrengungen, die Provinz des Rechts gegen die Invasion der Politik abzuschirmen, wie etwa durch die Begründung einer »political-question«-Doktrin, dürften sich damit für das BVerfG erübrigen. Für den U.S. Supreme Court vgl. Haller, Supreme Court und Politik in den USA (1972). Wie hier bereits Kelsen, *Hüter der Verfassung,* 586f.

67 So Häberle, in: ders., Verfassungsgerichtsbarkeit, 4.

68 Vgl. Ipsen, Staatsrecht I, Rn. 864; Grimm, Recht und Politik, 502f.

69 Vgl. Grimm, Recht und Politik, 502f.; Ipsen, Staatrecht, Rn. 864. Im übrigen spricht auch der Umgang der öffentlichen Gewalten mit der Verfassung der Trennungsthese: Wer in Bonn oder demnächst in Berlin parlamentarisch verliert, sucht häufig in Karlsruhe den späten Sieg oder wenigstens ein bescheidenes, in der Öffentlichkeit als Triumph inszeniertes Unentschieden.

70 Keine Anleihe bei C.Schmitt (Der Hüter der Verfassung, und Verfassungslehre, 9), sondern eine verfassungsrichterliche Selbstbezeichnung (BVerfGE 6, 300/304). Vgl. auch Kelsen, *Hüter der Verfassung,* der gegen Schmitt nicht das Staatsoberhaupt und gegen Bluntschli (Allg. Staatslehre I) nicht das Parlament, sondern der Verfassungsgerichtsbarkeit bzw. dem Staatsgerichtshof diese Funktion zuweist.

Das Gegenteil scheint der Fall zu sein. Von der (vielleicht nur behaupteten) Rechts- und Politikverdrossenheit der Bürgerschaft wenig berührt, über dem Parteiengezänk situiert, genießen die Judikate der 16 »Löwen unter dem Thron«[71] – genauer: neben dem Bundeskanzleramt und Parlament – ungeachtet mitlaufender Urteilsschelte, (un)verhältnismäßig hohes Ansehen. Zwar fehlt den Karlsruher Orakeln der Rauch, der einst in Delphi aufstieg. Auch käme niemand auf die Idee, die zwei Senate – wie den einen in Washington – als »nationales Seminar«[72] zu adeln. Trotz burgunderroter Roben geht ihnen jene Aura ab, die die schwarzgewandeten Justices des US Supreme Court auszeichnet. Und doch geben sie Maß, können Nachachtung erwarten.

4. *Konfliktautorität*

Die Erklärungslage ist mißlich. Fromme Wünsche führen nicht aus ihr heraus. Solche wären die Annahme eines empirisch prekären »overlapping consensus«[73] betreffend die Institution der Verfassungsgerichtsbarkeit und ihrer Kompetenzen. Oder die Empfehlung, das BVerfG und seine Kritiker mögen stets dessen Normgebundenheit und Gerichtsqualität hervorheben.[74] Diese Empfehlung, der ohnehin die Kraft zur Entparadoxierung fehlt, geht praktisch ins Leere: Zum einen hält das BVerfG beharrlich und gegen alle Einwände an der Umdeutung des Grundgesetzes in eine dem souverän gedachten Volkswillen entzogene, »objektive Wertordnung«[75] fest und läßt es, da diese Wertordnung nur von den Mitgliedern dieser Institution selbst geschaut und ausgedeutet werden kann, an einer strikten Bindung an das Prinzip demokratischer Legalität fehlen. Zum anderen durchzieht seine Entscheidungspraxis eine höchst eigenwillige Interpretation des Grundsatzes richterlicher Zurückhaltung.[76] Wertordnungslehre als Bevormundung des Volkes und seiner öffent-

71 So Curtis, Löwen unter dem Thron, über den U.S. Supreme Court.
72 So aber die Kennzeichnung des U.S. Supreme Court, zit. nach Frankenberg/Rödel, *Von der Volkssouveränität zum Minderheitenschutz*, 251ff.
73 Zu diesem, allerdings nicht auf die Verfassungsgerichtsbarkeit bezogenen Konzept vgl. Rawls, Der Gedanke eines übergreifenden Konsensus, in: ders., Die Idee des politischen Liberalismus, 293ff.
74 Ipsen, Staatsrecht I, Rn. 871.
75 Zur Wertordnungsjudikatur vgl. BVerfGE 7, 198/21205f. (Lüth); 39, 1/41,67 (Fristenlösung); 39, 334 (Radikale im öff. Dienst). Krit. dazu Denninger, Freiheitsordnung-Wertordnung-Pflichtordnung, in: ders., Der gebändigte Leviathan, 143ff.; Preuß, *Internalisierung*, 261ff.; ders., *Legalität und Pluralismus*, 22ff.
76 Vgl. BVerfGE 2, 79/96; 64, 158/168f.; 66, 84/95 (Zurückhaltung gegenüber dem Gesetzgeber) dagegen 36, 1; 39, 1 und 25, 167/178ff. (wenig Zurückhaltung gegenüber dem Gesetzgeber; 18, 224/240; 54. 208/215 und 66, 116 (Zurückhaltung gegenüber der Justiz), dagegen 70,93/97 und 80, 48/51 (weniger Zurückhaltung gegenüber der Justiz).

lichen Gewalten sowie wiederholte Belehrungen des Gesetzgebers über die Prinzipien aktiver Sozialgestaltung rücken das BVerfG in die gefährliche Nähe einer sich über das Verfassungsgesetz erhebenden Letztentscheidungsinstanz.

Wir können bilanzieren: Autorität kraft göttlicher Gnade, offenbarter Wahrheit oder ehrwürdiger Tradition kommt in einer demokratischen Republik nicht in Frage. Autorität kraft Verfassungslegalität ist von Paradoxien nicht frei. Autorität durch Leistung wäre eher denkbar, aber angesichts der – wie oben illustriert – mal von Staats- mal von Grundrechtsfreunden vorgetragenen Urteilsschelte – höchst prekär. Mithin spricht alles für eine paradoxe Intervention. In diesem Sinne soll hier die These verteidigt werden, daß das BVerfG seine Autorität dem Konflikt verdankt. Genauer: der selbstreflexiven Wahrnehmung gesellschaftlicher Kontroversen auf der Ebene und in der Sprache der Verfassung als Ausdruck einer »grundlegenden Konvention«. Mit »grundlegender Konvention« werden jene Konfliktregeln bezeichnet, die sich einer expliziten oder stillschweigenden, in der sozialen Praxis der Zivilgesellschaft aufweisbaren Übereinkunft verdanken.[77]

Erstens nimmt das BVerfG soziale Konflikte gleichsam von außen als Beobachtungs- und Schlichtungsinstanz wahr. Und zwar als das legitime, auf Dauer gestellte Aufeinanderprallen kontroverser Meinungen und Forderungen, Lebenspläne und Weltbilder. Das Gericht befindet sich damit auf Augenhöhe einer interessengespaltenen, radikal pluralistischen Gesellschaft. Frühzeitig erkannte es, daß Konflikte für eine demokratische Republik konstitutiv und folglich Dreh- und Angelpunkt für die Auslegung der Freiheiten politischer Kommunikation sind.[78] Von *Lüth*[79] bis *Brokdorf*[80] haben die Richterinnen und Richter – sukzessive, wenngleich nicht immer geradlinig – ihr Konfliktbild vom Modell des quietistischen, am idealisierten Marktgeschehen orientierten, »rein geistigen Wettstreits« der Meinungen abgelöst und – mit aller gebotenen Vorsicht – den »Kampf der Meinungen«[81] bis zur Grenze »Schmähkritik«[82] zugelassen. Selbst nicht-argumentative, »nötigende Einwir-

77 Diese »grundlegende Konvention« mag auch als demokratische Streitkultur bezeichnet werden. Ausführlich dazu oben, bes. 150f. und 191ff.

78 Am prägnantesten wohl im Lüth-Urteil: »Das Grundrecht auf freie Meinungsäußerung ist als unmittelbarster Ausdruck der menschlichen Persönlichkeit eines der vornehmsten Menschenrechte überhaupt . . . Für eine freiheitlich-demokratische Staatsordnung ist es schlechthin konstituierend, denn es ermöglicht erst die ständige geistige Auseinandersetzung, den Kampf der Meinungen, der ihr Lebenselement ist.« (BVerfGE 7, 198/208; vgl. auch BVerfGE 5, 85/305)

79 BVerfGE 7, 198

80 BVerfGE 69, 315/344ff.

81 BVerfGE 7, 198/208. Vgl. die vorsichtigere Formulierung in BVerfGE 25, 256/264 (Blinkfüer) und BVerfG NJW 1989, 381/382

82 Vgl. BVerfGE 60, 234/240; 62, 230/244f. Vgl. dazu Kübler, Wirtschaftsordnung und Meinungsfreiheit

kungen«[83] auf andere stellte das BVerfG unter den Schutz der Verfassung und bescheinigte dem zivilen Ungehorsam immerhin die Dignität eines diskussionswürdigen Phänomens, um diese Protestform schließlich realitätsnah aus dem Bannkreis der Gewaltnötigung zu befreien.[84]

Mit solchen Entscheidungen hat das BVerfG, ob bewußt oder nicht, jene Ressource gehegt, von der eine Institution zehren muß, die den Gehorsam oberster Verfassungsorgane[85] notfalls weder mit polizeilichen Mitteln erzwingen noch mit Geld erkaufen kann. Diese Ressource ist die kritische Aufmerksamkeit und politische Handlungsfähigkeit der Akteure in den verschiedenen politischen Öffentlichkeiten. Daß diese Öffentlichkeiten unberechenbar, fragmentiert, in Staats- und Grundrechtsfreunde, in Gegner und Befürworter der Verfassungsgerichtsbarkeit gespalten sind, tut ihrer Bedeutung als Autoritätsressource keinen Abbruch. Im Gegenteil: von einer reinen Akklamationsöffentlichkeit hätte das Verfassungsgericht bereits auf mittlere Sicht keine Autoritätsimpulse zu erwarten. Erst öffentliche Kontroversen erzeugen von Fall zu Fall jene Reibungsenergien, für deren temporäre Entladung und Ableitung sich die Verfassungsgerichtsbarkeit als geeignete und erforderliche *Schiedsinstanz* empfehlen und erweisen kann.

Zweitens beteiligt sich das BVerfG, durchaus ambivalent, selbst an politischen Konflikten. Nicht mehr nur Forum oder Bühne für andere, wagt es sich nunmehr selbst in die öffentliche Arena, gibt seine üblicherweise als Neutralität deklarierte Zurückhaltung auf und wird aktiv. Weniger bei der Frage, ob der Bund das Schornsteinfegerwesen ordnen dürfe[86], oder wie das Nettoentgelt eines einer Kirchensteuer erhebenden Kirche nicht angehörenden Arbeitslosen zu berechnen sei[87]. Wohl aber stets dann, wenn es die ohnehin nicht immer sichere verfassungsrechtliche Deckung verläßt und sich relativ unverhüllt mit den öffentlichen Gewalten[88] oder gar dem mutmaßlichen Volkssouverän, jedenfalls einer Mehrheitsmeinung[89] anlegt. In diesen Fällen dekon-

83 BVerfGE 69, 315/344ff.

84 Ohne aber – richtigerweise – ein »Recht« auf zivilen Ungehorsam zu verkünden. Vgl. BVerfGE 73, 206 und stRsp bis zur Wende hinsichtlich der Beurteilung des »vergeistigten Gewaltbegriffs« als nicht vereinbar mit Art. 103 II GG in BVerfG NJW 1995, 1141

85 Im übrigen ist das BVerfG hinsichtlich der Durchsetzung seiner Urteile so machtlos nicht; vgl. etwa § 35 BVerfGG und BVerfGE 6, 300 (Vollstreckung des KPD-Verbots).

86 BVerfGE 1, 264

87 BVerfGE 90, 226

88 Ein solcher Fall war die Entscheidung zu »Soldaten sind Mörder«. Nach den scharfen Reaktionen vor allem der Exekutive auf freisprechende Urteile der Strafgerichte – erwartbar die Empörung des Bundesministers für Verteidigung, überraschend des Kritik des vormaligen Bundespräsidenten – hatte der vorsichtige Kammerbeschluß, der diese provokante Äußerung in den Schutzbereich von Art. 5 I GG einbezog, zwangsläufig den Charakter einer Parteinahme. Vgl. BVerfG NJW 1994, 2943 und die Einlassungen oder eigentlich: Auslassungen von Rüthers und Roellecke (Fn. 4) und die Kommentare von Herdegen, NJW 1994, 2933ff; Lorenz NJ 1994, 561ff. und Soehring NJW 1994, 2926ff.

89 In der Entscheidung zur Fristenlösung führte das BVerfG aus, daß es sich auch von einem »allgemeinen Wandel der hierüber in der Bevölkerung herrschenden Anschauungen« nicht irritieren lassen könne; BVerfGE 39, 1/67.

struiert das Gericht – eher unfreiwillig – jene mit der Vorstellung einer Schiedsinstanz verbundene Doktrin, seine Funktion sei Frieden zu stiften, und präsentiert sich selbst als politischer Akteur. Dieser Rollenwechsel ist prekär, was sich beispielweise dann zeigt, wenn das Gericht aus einer die Verfassung überwölbenden, vermeintlich »objektiven Wertordnung« eine argumentative Waffe für sich selbst schmiedet, oder wenn es jenseits des Horizonts einer *strict interpretation* Verfassungsaufträge auffindet und an die öffentlichen Gewalten adressiert.

Gelingen kann und innerhalb des Rahmens einer demokratischen Republik zu halten ist ein solcher Rollenwechsel freilich nur unter der teilnehmenden Beobachtung und notfalls protestierenden Mitwirkung einer einigermaßen wachen und kritischen Öffentlichkeit. Fällt diese aus, dann können sich in der Tat jene von den Gegnern der Verfassungsgerichtsbarkeit befürchteten Gefahren einstellen. Hält jene jedoch die Augen offen, und ist sie zum »role-taking« bereit, d.h. fähig und willens, für die »grundlegende Konvention« einzutreten, dann vermag sie als »multikulturelle Gesellschaft der Verfassungsinterpreten«, die für eine zivile Regelung gesellschaftlicher Konflikte notwendigen Prinzipien zu verteidigen.[90]

Drittens spiegelt das BVerfG das, was es wahrnimmt, nämlich die Konflikthaftigkeit der Gesellschaft, in seiner eigenen Entscheidungs- und Begründungspraxis wider. Allerdings mit der berufs- und situationsbedingten Behutsamkeit. Richterliche Urteile, das lernt man im juristischen Studium oder in der Referendarzeit – oder nie, sind so zu begründen, daß der Zweifel schweigt. Deshalb beraten Gerichte ihre Sprüche unter Ausschluß der Öffentlichkeit und bringen ihre Gründe mit Hilfe der Relationstechnik auf eine Stromlinie, die zur »objektiven Wahrheit«, oder authentischen Interpretation, zur offensichtlichen (Un-)Begründetheit einer Klage oder ähnlichen Eindeutigkeiten führen soll.

Dieser Methode, die alle Einwände zu Grabe tragen, jedenfalls einschläfern soll, folgen die Mitglieder des BVerfG nur auf halbem Wege. Nach ihrer geheimen Beratung gewährt ihnen das Gesetz die Freiheit zu offenem Dissens (§ 30 II BVerfGG), wobei die Dissidenten entweder anonym bleiben[91] oder in einem Sondervotum in Erscheinung treten können.[92] Wenngleich die Institution ihr Personal naturgemäß mehr oder weniger schwach nötigt, nach außen mit einer Stimme zu sprechen, fehlt es nicht an abweichenden Voten, die häufig mehr Einfluß gehabt und mehr für das Ansehen des BVerfG getan haben

90 Der zivile Ungehorsam (im strikten Sinne) läßt sich als ein solches role-taking interpretieren. Zur Phänomenologie und normativen Bedeutung dieser Protestform vgl. Frankenberg, Ziviler Ungehorsam und rechtsstaatliche Demokratie und ders., Der zivile Ungehorsam auf dem Rechtsweg, in: Roth/Rucht, Neue soziale Bewegungen in der Bundesrepublik (1992), 524ff.

91 Vgl. etwa die 4:4 Konstellation in der ersten und die 5:3 Konstellation in der zweiten Sitzblockaden-Entscheidung (BVerfGE 73, 206 und BVerfG NJW 1995, 1114.

92 Zur Geschichte und Praxis der Sondervoten: Lamprecht, *Richter contra Richter*, mwNachw.

als die jeweilige Mehrheitsmeinung.[93] Wichtiger noch: die Zulassung von offenem Dissens führt eine Transparenz ein, die nicht nur der Architektur seines Sitzes, sondern einem demokratisch-republikanischen Stil eher entspricht als demonstrative Geschlossenheit.[94] Dieser Stil ebenso wie ihre Doppelrolle legen den Verfassungsrichterinnen und -richtern nahe, Abschied zu nehmen von einem Selbstbild als »Knechte des Rechts«, das sich mit Formeln wie »Distanz und Diskretion«, »Dienst am Recht« und den »Verzicht auf politische Ambitionen« in einem »entsagungsvolle(n) Amt«[95] noch angemessen beschreiben läßt. Die Entsagungen waren vorgezeichnet durch die Maxime, nach der ein Verfassungsrichter nicht verteidigt, nicht kommentiert und nicht »auf Angriffe, Kritik und Unverstand« reagiert.[96] Im Kruzifix-Konflikt – freilich nicht erst hier[97] – demonstrierten die Angegriffenen ein deutlich anderes Selbstverständnis und Selbstbewußtsein: Verfassungsrichterinnen und -richter lassen sich auf öffentliche Kommunikation ein.[98] Wer das als »Entscheidungs-Marketing« kritisiert, muß sich fragen lassen, ob solche Kritik nicht die selbstexplikative Kraft von Urteilsgründen überschätzt, heimlich noch immer der Sehnsucht nachgibt, der Zweifel möge schweigen, oder aber sich dagegen sperrt, das BVerfG in die nüchterne Realität einer demokratischen Republik einzufügen.

5. *Schlußbemerkung*

Das auf die Legitimität des Konflikts gegründete Ansehen des BVerfG, obwohl von Ambivalenzen nicht frei, hat einiges für sich. Der permanente Rollenwechsel sowie die veröffentlichten internen Differenzen arbeiten beharrlich der verbreiteten Sehnsucht nach einer quasi-transzendenten Instanz ent-

93 Solche Ehren- und Ansehensrettungen waren – nie unbestritten – die Voten der Dissidenten und Dissidentinnen zum Abhör-Urteil (E 30, 1/33ff.), zu den Entscheidungen betreffend die Fristenlösung (39, 1/68ff.), die Treuepflicht (E 39, 378ff.), die Parteienfinanzierung (E 73, 40/103ff.); die parlam. Kontrolle der Geheimdienste (E 70, 324/366ff.), die Neuordnung des Rechts der Kriegsdienstverweigerung (E 69, 1/57ff.) und über Strafbarkeit des Umgangs mit Cannabis-Produkten (E 90, 145/212ff.). Vgl. dazu auch Lamprecht, *Richter contra Richter*.

94 Daß sich die Installation des Dissenses auch funktionalistisch interpretieren läßt – etwa nach Maßgabe von Luhmann, Legitimation durch Verfahren –, liegt auf der Hand.

95 So der ehemalige Verfassungsrichter Geiger, zit. nach Lamprecht/Malanowski, Richter machen Politik (Ffm 1979), 9.

96 Geiger, aaO.

97 Geiger predigte öffentlich Wasser und trank heimlich Wein: er selbst publizierte seinen Dissens mit der Richtermehrheit in Sachen EVG-Vertrag. Vgl. JZ 1953, 39 und Lietzmann, Das Bundesverfassungsgericht, 103. Auch andere Mitglieder des BVerfG haben sich nicht davon abhalten lassen, Entscheidungen zu erläutern oder zu verteidigen.

98 Vgl. nur Grimm, Unter dem Gesetz (Anm. 38) und Limbach, Die Grenzen sind erreicht (Anm. 39).

gegen, die ein für allemal das letzte Wort hat. Mit 4:4- oder 5:3-Entscheidungen, Kursänderungen, overrulings und Grenzüberschreitungen demystifiziert ein Verfassungsgericht sich selbst und warnt zugleich vor einer Überschätzung des Legalen.[99] Eine derart kommunikative und streitbare Entscheidungspraxis legt uns nahe, Abstand zu halten von Dämonisierungen oder Idealisierungen dieser Institution. Als Hüter und Streiter zugleich bleiben Richterinnen und Richter aus Karlsruhe auf dem Teppich einer Konflikt- bzw. Zivilgesellschaft. Sie bekräftigen die Legitimität des unabschließbaren Diskurses über die Legitimität. Selbstreflexiv oder, wie es noch vor dreißig Jahren geheißen hätte, dialektisch.

99 Vgl. Ehrlich, Grundlegung der Soziologie des Rechts, 3.Aufl. (1967), Vorrede.

Literaturverzeichnis*

Abendroth, W.: *Zum Begriff des demokratischen und sozialen Rechtsstaats* im Grundgesetz der Bundesrepublik Deutschland (1954), wieder abgedr. in: *Forsthoff*, Rechtsstaatlichkeit und Sozialstaatlichkeit, 114ff.

– Arbeiterklasse, Staat und Verfassung, hrsg. v. J. Perels (Frankfurt am Main 1975)

Achinger, H.: Sozialpolitik als Gesellschaftspolitik, 2. Aufl. (Frankfurt am Main 1971)

Adam, A./Stingelin, M. (Hg.): *Übertragung und Gesetz.* Gründungsmythen, Kriegstheater und Unterwerfungstechniken von Institutionen (Berlin 1995)

Adams, J.: Defence of the Constitutions of Government of the United States of America 3 Bde. (London 1788)

Adorno, T. W./Horkheimer, M.: Dialektik der Aufklärung, (Frankfurt 1986)

Alber, J.: *Vom Armenhaus zum Wohlfahrtsstaat.* Analysen zur Entwicklung der Sozialversicherung in Westeuropa (Frankfurt am Main/New York 1982)

Albrecht, P. A./Backes, O.: Verdeckte Gewalt (Frankfurt am Main 1990)

Alexy, R.: Theorie der Grundrechte (Frankfurt am Main 1986)

Amar, A. R.: The Bill of Rights as a Constitution, in: Yale Law Journal vol. 100 (1991), 1131ff.

Anderson, B.: *Die Erfindung der Nation.* Zur Karriere eines folgenreichen Konzepts (Frankfurt am Main 1988)

Anderson, P.: Zum Ende der Geschichte (Berlin 1993)

Anschütz, G.: *Die Religionsfreiheit*, in: *Anschütz/Thoma*, Handbuch des Deutschen Staatsrechts II (1932), § 106

– *Die Verfassung des Deutschen Reichs vom 11. August 1919, 14. Aufl. (1933)*

Anschütz, G./Thoma, R. (Hg.): Handbuch des Deutschen Staatsrechts, 3 Bde. (Tübingen 1930 ff.)

Arendt, H.: *Vita activa* – oder Vom tätigen Leben (Stuttgart 1960)

– Über die Revolution (München 1963)

– What is Authority? in: Between Past and Future: Exercises in Political Thought (New York 1968), dt.: Was ist *Autorität?*, in: Fragwürdige Traditionsbestände im politischen Denken der Gegenwart (Frankfurt o.J.)

– Macht und Gewalt (München/Zürich 1985)

– Elemente und Ursprünge totaler Herrschaft (München 1985)

– *Zur Zeit* – Politische Essays (Berlin 1986)

Aretin, J. Chr. v./Rotteck, C. v.: Staatsrecht der konstitutionellen Monarchie, 3 Bde, 2. Aufl. (Leipzig 1838-1840)

Arnim, H. v.: Abgeordnetenentschädigung und Grundgesetz (Wiesbaden 1975)

– Ämterpatronage durch politische Parteien (Wiesbaden 1980)

* *Erläuterungen zum Literaturverzeichnis:* Die kursiv gesetzte Passage im Titel ist die einheitliche Zitierweise. Soweit Bücher oder Aufsätze nur einmal zitiert wurden, findet sich der *gesamte* Nachweis in der jeweiligen Fußnote.

Bachof, O.: *Begriff und Wesen des sozialen Rechtsstaates.* Der soziale Rechtsstaat in verwaltungsrechtlicher Sicht (1954), in: *Forsthoff*, Rechtsstaatlichkeit und Sozialstaatlichkeit, 20ff.
Backes, H./ Jesse, E.: *Politischer Extremismus* in der Bundesrepublik Deutschland (Berlin 1993)
Badura, P./Hofmann, H.: Der Herrschaftsvertrag (1965)
Bäumlin, R.: *Staat, Recht und Geschichte (1961)*
Bailyn, B.: *The Ideological Origins* of the American Revolution (Cambridge, Mass./ London 1967)
Baldus, M.: Eine vom deutschen Volk in freier Entscheidung beschlossene Verfassung – *Zum Schicksal des Art. 146 GG* nach Vorlage des Abschlußberichts der Gemeinsamen Verfassungskommission, KritV, H. 4 (1993), 429ff.
Barber, B.: Strong Democracy (Berkeley 1984)
Beard, Ch.: Eine *ökonomische Interpretation* der amerikanischen Verfassung (Frankfurt am Main 1974)
Beaudrillard, J.: Cool Memories (1987), Magazine littéraire H. 264 (1989), 19ff.
Beck, U.: *Risikogesellschaft.* Auf dem Weg in eine andere Moderne (Frankfurt am Main 1986)
– Die Erfindung des Politischen (Frankfurt am Main 1993)
Begemann, Ch.: Furcht und Angst im Prozeß der Aufklärung (Frankfurt am Main 1987)
Benhabib, S.: *Situating the Self* – Gender, Community and Postmodernism in Contemporary Ethics (New York 1992)
– et al., Der Streit um die Differenz (Frankfurt am Main 1993)
Benjamin, J.: The Bonds of Love (New York 1988)
Berlin, I.: Four Essays on Liberty (London 1969)
Bernatzik, E.: *Kritische Studien über den Begriff der juristischen Person* und über die juristische Persönlichkeit der Behörden insbesondere, AöR (1890), 204ff./217
– Republik und Monarchie, 2. Aufl. (Tübingen 1919)
Berman, H.: *Recht und Revolution.* Die Bildung der westlichen Rechtstradition (Frankfurt am Main 1991)
Bethke, H. (Hg.): *Eid, Gewissen, Treuepflicht.* Zur Verfassungswidrigkeit des Zeugeneides (Frankfurt am Main 1965)
Bieback, K. J.: Sozialstaatsprinzip und Grundrechte, in: EuGRZ 1985, 657ff.
Blanke, Th.: Die *Radikalisierung der Radikalenverfolgung* – 10 Jahre Berufsverbotspraxis, in: KJ 1982, 95ff.
– Neumann, Kirchheimer, Preuß: die *Radikalisierung der Rechtstheorie*, in *Perels* (Hg.), Recht, Demokratie und Kapitalismus. Aktualität und Probleme der Theorie Franz L. Neumanns (Baden-Baden 1984), 163ff.
– *Sozialer Rechtsstaat*: Verfassungsgebot für soziale Sicherheit?, in: *Sachße/Engelhardt*, Sicherheit und Freiheit, 133ff.
Blanke, Th./Frankenberg, G.: Zur Kritik und Praxis des »Radikalenerlasses«, in: KJ 1979, 45 ff.
Blankenagel, A.: *Tradition und Verfassung.* Zur Argumentationsfigur der Tradition in der Rechtsprechung des Bundesverfassungsgerichts (Baden-Baden 1987)
Blumenberg, H.: Säkularisierung und Selbstbehauptung, 2. Aufl. (Frankfurt am Main 1983), 159
Bluntschli, J. C.: Art. »Monarchie«, in: *ders./Brater, K.* (Hg.), Deutsches Staats-Wörterbuch VI (Stuttgart/Leipzig 1861)
– Allgemeine Staatslehre, 6. Aufl. (Neudr. Aalen 1965), 1886ff.

Bodin, J.: Les six livres de la *République* (Paris 1583), zit. nach der dt. Übers.: Sechs Bücher über den Staat (München 1981)
Böckenförde, E. W.: Grundrechtstheorie und Grundrechtsinterpretation, in: NJW 1974, 1529ff.
– *Lorenz von Stein als Theoretiker* der Bewegung von Staat und Gesellschaft zum Sozialstaat, in: *ders.* (Hg.), Staat und Gesellschaft (Darmstadt 1976), 131ff.
– *Die Entstehung des Staates* als Vorgang der Säkularisation, in: *ders.*, Staat Gesellschaft Freiheit: Studien zur Staatstheorie und zum Verfassungsrecht (Frankfurt am Main 1976), 42 ff.
– *Der Staat als sittlicher Staat* (Berlin 1978)
– *Rechtsstaatliche Selbstverteidigung als Problem*, in: *ders./Tomuschat, Chr./Umbach, D. C.* (Hg.), Extremisten und öffentlicher Dienst (Baden-Baden 1981) 9 ff.
– Mittelbare/repräsentative Demokratie als eigentliche Form der Demokratie, in: FS für Kurt Eichenberger (1982), 201ff.
– Das Grundrecht der *Gewissensfreiheit*, in: *ders.*: Staat, Verfassung, Demokratie (Frankfurt am Main 1991), 200ff.
– Demokratie als Verfassungsprinzip, HdbStR I, § 22
– Verhaltensgewähr oder Gesinnungstreue? in: *ders.*, Staat, Verfassung, Demokratie (Frankfurt am Main 1991), 277ff.
– Recht, Staat, Freiheit (Frankfurt am Main 1991)
– Gesetz und gesetzgebende Gewalt (Berlin 1958)
Böckenförde, E. W./Jekewitz, J./ Raum, Th. (Hg.): *Soziale Grundrechte.* Von der bürgerlichen zur sozialen Rechtsordnung (Heidelberg/Karlsruhe 1981)
Böhr, Chr.: Liberalismus und Minimalismus (Heidelberg 1985)
Bonss, W.: *Vom Risiko.* Unsicherheit und Ungewißheit in der Moderne (Hamburg 1995)
Bornhak, C.: Preußisches Staatsrecht, 2. Aufl. (Breslau 1911)
Bothe, M.: *Erziehungsauftrag und Erziehungsmastab* der Schule im freiheitlichen Verfassungsstaat (Referat auf der Jahrestagung der VVDStRL, unv. Ms. 1995)
Brandt, E. (Hg.): *Politische Treuepflicht.* Rechtsquellen zur Geschichte des deutschen Berufsbeamtentums (Karlsruhe/Heidelberg 1976)
Brünneck, A. v.: Die Eigentumsgarantie des Grundgesetzes (Baden-Baden 1984)
– Die politische *Treuepflicht des Beamten* aus historischer Perspektive – Anm. zu den Schriften von Henning Zwirner, in: *Zwirner, H.*, Politische Treuepflicht des Beamten (Baden-Baden 1987), 11ff.
Brumlik, M/ Brunkhorst, H. (Hg.): Gemeinschaft und Gerechtigkeit (Frankfurt am Main 1993)
Bryce, J.: Modern Democracies I (New York 1924)
Butler, J.: Das Unbehagen der Geschlechter (Frankfurt am Main 1991)
Bundesminister des Innern (Hg.): Extremismus und Fremdenfeindlichkeit, 2 Bde. (Bonn 1992)
– (Hg.): Extremismus und Gewalt, 2 Bde. (Bonn 1993)

Castoriadis, C.: Gesellschaft als imaginäre Institution (Frankfurt am Main 1984)
– *Die griechische polis* und die Schaffung der Demokratie, in: *Rödel, U. (Hg.)*, Autonome Gesellschaft und libertäre Demokratie (Frankfurt am Main 1990), 298ff.
Christoph, K.: Solidarität (Baden-Baden 1979)
Cobler, S.: *Das Gesetz gegen die »Auschwitz-Lüge«* – Anmerkungen zu einem rechtspolitischen Ablaßhandel, in: KJ H. 2 (1985), 159ff.

Cohen, J./Arato, A.: *Civil Society* and Political Theory (Cambridge, Mass./London 1992)
Curtis, C. P.: Löwen unter dem Thron (Berlin 1951)

Dahrendorf, R.: Der moderne soziale Konflikt (Stuttgart 1992)
Delumeau, J.: *Angst im Abendland*. Die Geschichte der Kollektivängste im Europa des 14. bis 18. Jahrhunders, 2 Bde. (Reinbek 1985)
– *Rassurer et protéger*. Le sentiment de sécurité dans l'Occident d'autrefois (Paris 1989)
Denninger, E.: Demonstrationsfreiheit und Polizeigewalt, in: ZRP 1968, 42ff.
– Polizei in der freiheitlichen Demokratie (Frankfurt/Berlin 1968)
– Staatsrecht I (Reinbek 1973)
– *Freiheitsordnung* – Wertordnung – Pflichtordnung, in: JZ H. 18 (1975)
– (Hg.): Freiheitliche demokratische Grundordnung, 2 Bde. (Frankfurt am Main 1977)
– Verfassungstreue und Schutz der Verfassung, VVDStRL 37 (1979), 8 ff.
– Staatsrecht II (Reinbek 1979)
– Der gebändigte Leviathan (Baden-Baden 1990)
– Menschenrechte und Grundgesetz (Weinheim 1994)
– Verfassungsrecht und Solidarität, in: KritV H. 1 (1995), 7ff.
– Der Einzelne und das allgemeine Gesetz, in: KJ H. 4 (1995), 425ff.
Derrida, J.: Grammatologie (Frankfurt am Main 1993)
Dichmann, W.: *Subsidiarität* – Herkunft, sozialpolitische Implikationen und ordnungspolitische Konsequenzen eines Prinzips, in: Ordo 1994, 195ff.
Dietz, S.: *Die Lüge von der »Ausschwitzlüge«* – Wie weit reicht das Recht auf freie Meinungsäußerung, in: KJ H 2 (1995), 210ff.
Dilcher, G.: Vom ständischen *Herrschaftsvertrag* zum Verfassungsgesetz, in: Der Staat Nr. 11 (1988), 161 ff.
Dilcher, G./Staff, I. (Hg.): Christentum und modernes Recht (Frankfurt am Main 1984)
Döhring, K. u.a.: Verfassungstreue im öffentlichen Dienst in europäischen Staaten (Berlin 1980)
Dubiel, H.: Ungewißheit und Politik (Frankfurt am Main 1994)
– Unversöhnlichkeit und Demokratie (unv. Ms. 1995)
Durkheim, E.: Les formes élémentaires de la vie religieuse (Paris 1912)
Dworkin, R.: Bürgerrechte ernstgenommen (Frankfurt am Main 1984); engl.: Taking Rights Seriously (Cambridge, Mass. 1977)
– Liberalism, in: *St. Hampshire* (Hg.), Public and Private Morality (Cambridge 1978)

Ehmke, H.: Grenzen der Verfassungsänderung (Berlin 1953)
– Prinzipien der Verfassungsinterpretation, VVDStRL 20 (1963), 61ff.
Elias, N.: Über den Prozeß der Zivilisation, 2 Bde. (Frankfurt am Main 1978)
– Über die Zeit (Frankfurt am Main 1984)
Ely J. H.: *Democracy and Distrust*. A Theory of Judicial Review (Cambridge, MA 1980)
Engelhardt T. H./Sachße, Chr. (Hg.): *Sicherheit und Freiheit*: Zur Ethik des Wohlfahrtsstaates (Frankfurt am Main 1990)
Engle, K.: *After the Collapse of the Public/Private Distinction*: Strategizing Women's Rights, in: *D. G. Dallmeyer* (Hg.), Reconceiving Reality: Woman and International Law (Washington D.C. 1993), 143ff.

Enzensberger, H.M.: Aussichten auf den Bürgerkrieg (Frankfurt am Main 1993
Eppler, E. (Hg.): *Grundwerte* für ein neues Godesberger Programm (Reinbek 1984)
Evers, A.: *Im intermediären Bereich.* Soziale Träger und Projekte zwischen Haushalt, Staat und Markt, in: Journal f. Sozialforschung H. 2 (1990).
– *Pluralismus*, Fragmentierung und Vermittlungsfähigkeit. Zur Aktualität intermediärer Aufgaben und Instanzen im Bereich der Sozial- und Gesundheitspolitik, in: *Heinelt/Wollmann* (Hg.), Brennpunkt Stadt (Berlin 1991)
Evers, A./Nowotny, H.: *Über den Umgang mit Unsicherheit.* Die Entdeckung der Gestaltbarkeit von Gesellschaft (Frankfurt am Main 1987)
Ewald, F.: L'Etat providence (Paris 1986), dt.: Der Vorsorgestaat (Frankfurt am Main 1993)

Faber, H.: Innere Geistesfreiheit und suggestive Beeinflussung (Berlin 1968)
Faust, H.: Geschichte der Genossenschaftsbewegung, 3. Aufl. (Frankfurt am Main 1977)
Ferguson, A.: An Essay on the History of Civil Society (1767)
Fichte, J. G.: Zurückforderung der Denkfreiheit von den Fürsten Europens, die sie bisher unterdrückten (1793), Sämmtliche Werke VI, hrsg. v. I. H. Fichte, (Berlin 1845)
Figgis, J. N.: The Divine Right of Kings, 2. Aufl. Cambridge (1914)
Fink, U.: Subsidiarität – Lösung für sozialpolitische Probleme der Gegenwart, in: *Heinze*, Neue Subsidiarität, 157ff.
Flax, J.: *Thinking Fragments.* Psychoanalysis, Feminism, and Postmodernism in the Contemporary West (Berkeley 1990)
Flora, P./Heidenheimer, A. (Hg.): *The Development of the Welfare State* in Europe and America (New Brunswick, N.J. 1981)
Forst, R.: Kontexte der Gerechtigkeit (Frankfurt am Main 1994)
Forsthoff, E.: Begriff und Wesen des sozialen Rechtsstaates (1954), in: *ders.*: Rechtsstaatlichkeit und Sozialstaatlichkeit
– (Hg.): Rechtsstaatlichkeit und Sozialstaatlichkeit (Darmstadt 1968)
– Der Staat der Industriegesellschaft, 2. Aufl. (München (1971)
Foucault, M.: *Les mots et les choses.* Une archéologie des sciences humaines (Paris 1966)
– Die Ordnung des Diskurses (Frankfurt am Main/Berlin/Wien 1977)
– Wahnsinn und Gesellschaft (Frankfurt am Main 1978)
– Überwachen und Strafen (Frankfurt am Main 1981)
Frankenberg, G.: Angst im Rechtsstaat, in: KJ 1977, 353ff.
– *Staatstreue.* Die aktuelle Spruchpraxis zu den Berufsverboten, in: KJ 1980, 276ff.
– Ziviler Ungehorsam und Rechtsstaatliche Demokratie, in: JZ 1984, 266ff.
– Der Ernst im Recht, in: KJ 1987, 281ff.
– Unordnung kann sein, in: *Honneth* et al. (Hg.), Zwischenbetrachtungen: Im Prozeß der Aufklärung, Jürgen Habermas zum 60. Geburtstag (Frankfurt am Main 1989) 690ff.
– Als Zivilgesellschaft ins 21. Jahrhundert, in: Universitas H. 1 (1992), 26ff.
– Der Zivile Ungehorsam auf dem Rechtsweg, in: *Roth/Rucht, Neue soziale Bewegungen*, 524ff.
– (Hg.): Auf der Suche nach der gerechten Gesellschaft (Frankfurt am Main 1994)
Frankenberg, G./Rödel, U.: *Von der Volkssouveränität zum Minderheitenschutz.* Die Freiheit politischer Kommunikation im Verfassungsstaat (Frankfurt am Main 1981)

Fraser, N.: *Unruly Practices*: Power, Discourse, and Gender in Contemporary Social Theory (Minneapolis 1989)
– Rethinking the Public Sphere, in: *C. Calhoun*, (Hg.), Habermas and the Public Sphere (Cambridge, Mass./London 1992), 109ff.
Freud, S.: Das Unbehagen in der Kultur, Studienausgabe Bd. IX, (Frankfurt am Main 1980)
Friedrich, C. F.: Politische Autorität und Demokratie, in: ZfPol NF 7 (1960), 1ff.
Friesenhahn, E.: Der politische Eid, 1928 (Neudr. Aalen 1979)
Fröbel, J.: System der socialen Politik I, *1847* (Nachdr. Aalen 1975)
– Das Königthum und die Volkssouveränität (Berlin 1848)
– Monarchie oder Republik? (Mannheim 1848)
Fromm, E.: Die Furcht vor der Freiheit (Frankfurt/Berlin 1983)
Fromm, R.: Am rechten Rand. Lexikon des Rechtsradikalismus, 2. Aufl. (Marburg 1992)
Frommel, M.: *Fremdenfeindliche Gewalt*, Polizei und Strafjustiz, in: KJ 1994, 323ff.
Frug, G.: Decentering Decentralization, in: 60 Univ. Chicago Law Review, 253ff. (1993)
Frug, M. J.: Postmodern Legal Feminism (New York/London 1992)
Füredi, F.: Mythical Past, Elusive Future (London 1992)
Fukuyama, F.: The End of History, in: The National Interest Nr. 16 (1989), 3ff.
– *Das Ende der Geschichte*. Wo stehen wir? (München 1992)

Galtung, J.: Strukturelle Gewalt (Reinbek 1975)
Gauchet, M.: *De l'avènement de l'individu* à la découverte de la société, in: Annales (1979), 454ff.
– *Des deux corps du roi au pouvoir sans corps*. Christianisme et politique, in: Le débat, No. 14-15 (1981), 133ff.
– *Die Erklärung der Menschenrechte*. Die Debatte um die bürgerlichen Freiheiten 1789 (Reinbek 1991)
Gaudamet, P.: Stichwort »Republik«, in: Staatslexikon VI. (Freiburg 1961), Sp. 872ff. (7. Aufl. IV, 1988, Sp. 882ff. von J. Isensee)
Gebhardt, J.: Verfassungspatriotismus als Identitätskonzept der Nation, in: Aus Politik und Zeitgeschichte, Beilage zur Wochenzeitschrift Das Parlament B 14/93 v. 2.4.1993, 29ff.
– *Autorität und Macht*, in: *Gebhardt/Münkler, Bürgerschaft und Herrschaft*, 97ff.
Gebhardt, J./Münkler, H. (Hg.): *Bürgerschaft und Herrschaft*. Zum Verhältnis von Macht und Demokratie im antiken und neuzeitlichen Denken (Baden-Baden 1993)
Geich, J. B.: Republikanismus und Kulturfortschritt, in: *Garber, J.*, Revolutionäre Vernunft. Texte zur jakobinischen und liberalen Revolutionskonzeption in Deutschland 1789-1810 (Kronberg 1974), 149ff.
Gentz, F.: *Anmerkungen zu Burke*, Betrachtungen über die Französische Revolution I (Berlin 1793)
Gerber, C. F. v.: Grundzüge des deutschen Staatsrechts, 3. Aufl. 1880 (Neudr. Aalen 1969)
Gerhard, U.: *Menschenrechte auch für Frauen*. Der Entwurf der Olympe de Gouges, in: KJ H. 2 (1987), 127ff.
– (Hg.) *Auf Kosten der Frauen*. Frauenrechte im Sozialstaat (Weinheim/Basel 1987)
Gerhard, U./Jansen, M. (Hg.): *Differenz und Gleichheit*. Menschenrechte haben (k)ein Geschlecht (Frankfurt am Main 1990)

Giddens, A.: Consequences of Modernity (Stanford 1990)
Gilbert, A. D.: *The Making of Post-Christian Britain*: A History of Secularization of Modern Society (London/ New York 1980)
Godechot, J. (Hg.): Les *Constitutions de la France* depuis 1789 (Paris 1979)
Götz, V.: *Grundpflichten* als verfassungsrechtliche Dimension, VVDStRL 41 (1983), 7ff.
Goodin, R. E.: *Reasons for Welfare*. The Political Theory of the Welfare State (Princeton N.J. 1988)
Gorschonek, G., (Hg.): *Grundwerte* in Staat und Gesellschaft (München 1977)
Gough, J.: The Social Contract, 2. Aufl. (Oxford 1957)
Grab, W.: Die Französische *Revolution*. Eine Dokumentation (München 1973)
Gramsci, A.: Quaderni del carcere (Turin 1975)
Grawert, R.: Staatsvolk und Staatsangehörigkeit, HdbStR I, 666ff.
Grimm, D.: Recht und Politik, in: JuS 1969, 502ff.
– Entstehungs- und Wirkungsbedingungen des modernen *Konstitutionalismus*, in: *ders.*, Zukunft der Verfassung (Frankfurt am Main 1991), 31ff.
– *Deutsche Verfassungsgeschichte* 1776-1866 (Frankfurt am Main 1988)
Gros, K. H.: Lehrbuch der philosophischen Rechtswissenschaft, 12. Aufl. (Tübingen 1805)
Gross, P.: Die Verheißungen der Dienstleistungsgesellschaft (Opladen 1983)
Günther, K.: Der *Sinn für Angemessenheit*. Anwendungsdiskurse in Moral und Recht (Frankfurt am Main 1988)
– *Die Freiheit der Stellungnahme* als politisches Grundrecht, in: *P. Koller* et al. (Hg.), Theoretische Grundlagen der Rechtspolitik, ARSP Beiheft 5 (1991), 58ff.
– *Kampf gegen das Böse?* Wider die ethische Aufrüstung der Kriminalpolitik, in: KJ H. 2 (1994), 135ff.
Guggenberger, B./Preuß, U.K./Ullmann, W. (Hg.): Eine Verfassung für Deutschland (München 1991)
Guldimann, T./Rödel, U.: Sozialpolitik als soziale Kontrolle (Frankfurt am Main 1978)
Gusy, Chr.: Grundpflichten und Grundgesetz, JZ 1982, 473ff.

Habermas, J.: Hannah Arendts Begriff der Macht, in: *ders.*, Politik, Kunst, Religion (Stuttgart 1978), 103ff.
– »*Stichworte* zur geistigen Situation der Zeit«, Bd. I Nation und Republik (Frankfurt am Main 1979)
– Theorie des kommunikativen Handelns 2 Bde. (Frankfurt am Main 1981)
– Der philosphische Diskurs der Moderne (Frankfurt am Main 1985)
– Gerechtigkeit und Solidarität, in: *ders.*; Erläuterungen zur Diskursethik (Frankfurt am Main 1985)
– *Geschichtsbewußtsein und posttraditionale Identität*. Die Wertorientierung der Bundesrepublik, in: *ders.*, Eine Art Schadensabwicklung. Kleine Politische Schriften VI (Frankfurt am Main 1987)
– Die neue Intimität zwischen Kultur und Politik, in: *ders.*, Die nachholende Revolution (Frankfurt am Main 1990)
– *Nachholende Revolution* und linker Revisionsbedarf: Was heißt Sozialismus heute? in: *ders.*, Die nachholende Revolution, 179ff.
– Strukturwandel der Öffentlichkeit, 2. Aufl. (Frankfurt am Main 1990)
– Faktizität und Geltung (Frankfurt am Main 1992)
– Staatsbürgerschaft und nationale Identität, in: *ders.*, Faktizität und Geltung, 632ff.
– Volkssouveränität als Verfahren, in: Faktizität und Geltung, 600ff.

Häberle, P.: Verfassungsprinzipien als Erziehungsziele, in: *ders., Rechtsvergleichung* im Kraftfeld des Verfassungsstaates (Berlin 1992), 321ff.
– Präambeln, in: *ders.*: *Rechtsvergleichung* im Kraftfeld des Verfassungsstaates, 199ff.
– (Hg.): Verfassungsgerichtsbarkeit (Darmstadt 1976)
Haller, K. L. v.: Restauration der Staatswissenschaften I (1816), 2. Aufl. (Winterthur 1820)
Hamilton, A./Madison, J./Jay, J.: The Federalist Papers 1788 (New York 1961)
Hartwich, H.H.: Sozialstaatspostulat und gesellschaftlicher status quo (Köln/Opladen 1970)
Haverkate, G.: *Verfassungslehre*. Verfassung als Gegenseitigkeitsordnung (München 1992)
Hayek, F.: The Constitution of Liberty (Chicago 1960), dt.: Die Verfassung der Freiheit (1971)
– The Road to Serfdom (Chicago 1976)
Heckel, M.: *Säkularisierung*. Staatskirchenrechtliche Aspekte einer umstrittenen Kategorie, in: Zeitschrift d. Savigny Stiftung für Rechtsgeschichte 97, Kanon. Abt. 66 (1980) 1ff.
– *Das Säkularisierungsproblem* in der Entwicklung des deutschen Staatskirchenrechts, in: *Dilcher/Staff*, Christentum und modernes Recht, 35ff.
Hegel, G. F. W.: Grundlinien der Philosophie des Rechts (1821) [Zit.: Rechtsphilosophie]
– Die Verfassung Deutschlands (1802)
Heins, V.: Ambivalenzen der Zivilgesellschaft, in: PVS H. 2 (1992), 235ff.
Heinze, R. G. (Hg.): *Die Neue Subsidiarität*. Leitideen für eine zukünftige Sozialpolitik (Opladen 1985)
– et al: *Der neue Sozialstaat*. Analyse und Reformperspektiven (Freiburg 1988)
Heinze, R. G./Hombach, B./Scherf H. (Hg.): Sozialstaat 2000. Auf dem Weg zu neuen Grundlagen der sozialen Sicherung (Bonn 1987)
Heinze, R. G./ Olk, Th.: *Die Wohlfahrtsverbände* im System sozialer Dienstleistungsproduktion; in: Kölner Zeitschrift für Soziologie und Sozialpsychologie (1981), 94ff.
Heller, H.: Gesammelte Schriften , 3 Bde., hrsg. von *M. Draht* et al. (Leiden 1971)
– Staatslehre, 3. Aufl. (Leiden 1974)
Henke, W.: Verfassungsprinzip der Republik, in: JZ 1981, 249ff.
– Die Republik, in: HdbStR I, 863ff.
Hennis, W.: Republik ohne Bürger, in: FAZ v. 14.6.1980, Nr. 136
Hentoff, N.: Free Speech for Me but not for Thee (New York 1993)
Herder-Dorneich, Ph. (Hg.): Spontaneität oder Ordnung (Stuttgart u. a. 1982)
– Ordnungstheorie des Sozialstaats (Tübingen 1983)
Hess, H.: Kriminologen als Moralunternehmer, in: L. Böllinger/ R. Lautmann (Hg.), Vom Guten, das noch stets das Böse schafft. Kriminalwissenschaftliche Essays zu Ehren von H. Jäger (Frankfurt am Main 1993), 329ff.
Hesse, K.: Die normative Kraft der Verfassung (Tübingen 1959)
– *Grundzüge* des Verfassungsrechts der Bundesrepublik Deutschland, 19. Aufl. (Heidelberg 1993)
Heydenreich, K. H.: System des Naturrechts (Leipzig 1795)
Hirschman, A. O.: *The Rhetoric of Reaction*: Perversity Futility Jeopardy (Cambridge, Mass/London 1991)
– Wieviel Gemeinsinn braucht die liberale Gesellschaft, in: Leviathan H. 2 (1994)

Hobbes, Th.: Elementarum Philosphiae Sectio Tertia, *De Cive* (1647)
– Leviathan (1651), ed. Macpherson (London 1985) – dt. Übers. v. W. Euchner (Frankfurt am Main 1984)
Hoffmann, L.: Die unvollendete Republik, 2. Aufl. (Köln 1992)
Hofmann, H.: *Grundpflichten* als verfassungsrechtliche Dimension, VVDStRL 41 (1983), 42ff.
– Das *Grundgesetz ohne Gott* – aber mit Mitmenschlichkeit? Zu den weltanschaulich ethischen Absichten bei der derzeitigen Verfassungsdiskussion, in: ZRP H. 6 (1994), 215ff.
Hollerbach, A.: Aspekte der Freiheitsproblematik im Recht, in: Philosophische Perspektiven (1973) 29ff.
Honegger, C./Heinz, B. (Hg.): Listen der Ohnmacht. Zur Sozialgeschichte weiblicher Widerstandsformen (Frankfurt am Main 1981)
Honneth, A.: Integrität und Mißachtung, in: Merkur Nr. 12 (1990) 1043ff.
– *Soziologie.* Eine Kolumne: Konzeption der »civil society«, in: Merkur H. 514 (1991), 61ff.
– *Grenzen des Liberalismus.* Zur politisch-ethischen Diskussion um den Kommunitarismus, in: Philosophische Rundschau Jg. 39 (1992), 1ff.
– (Hg.): *Kommunitarismus.* Eine Debatte über die moralischen Grundlagen moderner Gesellschaften (Frankfurt am Main/New York 1992)
– Posttraditionale Gemeinschaften, in: *Brumlik/Brunkhorst*, Gemeinschaft und Gerechtigkeit, 260ff.
– Kampf um Anerkennung (Frankfurt am Main 1993)
Honneth, A./Joas, H. (Hg.): Kommunikatives Handeln (Frankfurt am Main 1986)
Horkheimer, M. (Hg.): Studien über Autorität und Familie (Paris 1936)
– Zur Kritik der instrumentellen Vernunft (Frankfurt am Main 1985)
Huber, E. R.: Dokumente zur deutschen Verfassungsgeschichte (I-IV), 3. Aufl. (Stuttgart 1983-1992)
Huber, H.: Soziale Verfassungsrechte? (1948), wiederabgedr. in *Forsthoff*, Rechtsstaatlichkeit und Sozialstaatlichkeit, 1 ff.
Hübner, R.: Die *Staatsform der Republik* (Bonn 1919)
Hufeland, G.: Lehrsätze des Naturrechts (Jena 1790)
Humboldt, W. v.: Ideen zu einem Versuch, die Grenzen der Wirksamkeit des Staates zu bestimmen, 1792 (Potsdam 1920)

Imboden, M.: Die *Staatsformen* (Basel/Stuttgart 1959)
Institut für Sozialforschung (Hg.): *Rechtsextremismus* und Fremdenfeindlichkeit (Frankfurt am Main 1994)
Ipsen, H. P.: Über das Grundgesetz (1950), in: *Forsthoff*, Rechtsstaatlichkeit und Sozialstaatlichkeit, 16ff.
Ipsen, J.: *Staatsrecht* I, 6. Aufl. (Neuwied/Berlin 1994)
Isensee, J.: Staat und Verfassung, HdbStR I, 633ff.
– *Subsidiarität* und Verfassungsrecht (Berlin 1968)
– *Republik* – Sinnpotential eines Begriffs, in: JZ 1981, 1ff.
– Die verdrängten Grundpflichten des Bürgers, DÖV 1982, 609ff.
– *Freiheit ohne Pflichten?* Zum verfassungsrechtlichen Status des Bürgers im Staat des Grundgesetzes, hrsg. v. d. Freiherr-vom-Stein-Gesellschaft e.V. (Münster 1983), 609ff.
– Das Grundrecht auf Sicherheit (Berlin/New York 1983)

– *Grundrechtliche Freiheit* – Republikanische Tugend, in: *E. Geiler* (Hg.), Verantwortliche politische Bildung (1988), 65 ff.

Jahrreiß, H.: *Mensch und Staat.* Gesammelte Aufsätze (Berlin 1957)
Jefferson, Th.: Notes on the State of Virginia (Chapel Hill 1955)
Jellinek, G.: Die Erklärung der Menschen- und Bürgerrechte, 2. Aufl. (Leipzig 1904)
– *System* der subjektiven öffentlichen Rechte, 2. Aufl. (Tübingen 1905)
– Allgemeine Staatslehre 3. Aufl. (1928, Neudr. Kronberg 1976)
Jesse, E.: Streitbare Demokratie und Berufsverbote (Bonn 1994)
Joas, H.: *Gemeinschaft und Demokratie* in den USA. Die vergessene Vorgeschichte der Kommunitarismus-Diskussion, in: *Brumlik/Brunkhorst*, Gemeinschaft und Gerechtigkeit, 49ff.
– Die Kreativität des Handelns (Frankfurt am Main 1992)

Kägi, W.: *Die Verfassung als rechtliche Grundordnung* des Staates (1945), 40ff.
– Rechtsprobleme der Volksinitiative, in: ZSR (1956), 739ff.
Kant, I.: Werkausgabe, hrsg. v. W. Weischedel, (Frankfurt am Main 1968) (zit. WW)
Kantorowicz, E. Die zwei Körper des Königs. Eine Studie zur politischen Theologie des Mittelalters (München 1990), engl. Orig.: The King's Two Bodies (Princeton 1957)
– *Mysteries of the State.* An absolutist Concept and its Late Medieval Origins, in: Selected Writings (New York 1965), 381ff.
Kaufmann, F. X.: *Sicherheit* als soziologisches und sozialpolitisches Problem, 2. Aufl. (Stuttgart 1973)
– Christentum und Wohlfahrtsstaat (1983)
Keane, J., (Hg.): Civil Society and the State (London/New York 1988)
Kebir, S.: Gramsci's Zivilgesellschaft (Hamburg 1991)
Kelsen, H.: Gott und Staat, in: Logos Internationale Zeitschrift für Philosophie der Kultur XI (1922/23), 261
– Der soziologische und der juristische Staatsbegriff (Tübingen 1922)
– Wer soll *Hüter der Verfassung* sein?, in: Die Justiz 1931, 576ff.
– Reine Rechtslehre, 2. Aufl. (Wien 1960)
Kersting, W.: *Die politische Philosophie des Gesellschaftsvertrags.* Von Hobbes bis zur Gegenwart (Darmstadt 1994)
Keupp, H. (Hg.): *Lust an der Erkenntnis.* Der Mensch als soziales Wesen (München 1995)
– *Zerstört die Individualisierung die Solidarität?*, in: *ders.*: Lust an der Erkenntnis
Kirchheimer, O.: *Legalität und Legitimität*, in: *ders.*, *Politische Herrschaft.* Beiträge zur Lehre vom Staat (Frankfurt am Main 1967), 7ff.
– Funktionen des Staats und der Verfassung (Frankfurt am Main 1972)
Kimminich, O.: Die *Grundwerte* im demokratischen Rechtsstaat, in: Zeitschr. f. Politik Jg. 24 n.F. (1977), 1ff.
Klages, H.: *Überlasteter Staat* – verdrossene Bürger? Zu den Dissonanzen der Wohlstandsgesellschaft (Frankfurt am Main 1981)
Kleger, H./Müller, A. (Hg.): *Religion des Bürgers.* Zivilreligion in Amerika und Europa (München 1986)
– *Der politische Philosph* in der Rolle des Ziviltheologen, in: Studia Philosophica, vol. 45: Religion und Vernunft: Philosophische Analysen (Berlin/Stuttgart 1986), 91

Klein, H. H.: Verfassungstreue und Schutz der Verfassung, VVDStRL (1979), 54ff.
Kloepfer, M.: Öffentliche Meinung, Massenmedien, in: HdbStR II, § 7
Knieper, R.: *Nationale Souveränität.* Versuch über Ende und Anfang einer Weltordnung (Frankfurt am Main 1991)
Köhler, G.: Bekenntnis zur fränkischen Republik, in: *Garber, J.*, Revolutionäre Vernunft, 151f.
Komitee für Grundrechte und Demokratie, (Hg.): *Ohne Zweifel für den Staat* – Die Praxis zehn Jahre nach dem Radikalenerlaß (Reinbeck 1982)
Koschnick, H. (Hg.): Der Abschied vom Extremistenbeschluß (Bonn 1979)
Koselleck, R.: Drei bürgerliche Welten?, in: *Michalsky*, Europa und die Civil Society, 118ff.
– *Vergangene Zukunft.* Zur Semantik geschichtlicher Zeiten (Frankfurt am Main 1979)
– *Kritik und Krise.* Ein Beitrag zur Pathologenese der bürgerlichen Welt (München 1959)
Koslowski, P.: Der soziale Staat in der Postmoderne, in: *Engelhardt/Sachße, Sicherheit und Freiheit*
Kriele, M.: Einführung in die *Staatslehre* (Reinbek 1975)

Laband, P.: Das Staatsrecht des Deutschen Reiches, 4 Bde., 5. Aufl. (Neudr. Aalen 1964)
Landes, J. B.: *Women and the Public Sphere* in the Age of the French Revolution (Ithaca/London 1988)
Langewiesche, D.: *Republik und Republikaner.* Von der historischen Entwertung eines politischen Begriffs (Essen 1993)
Lecler, J.: *Geschichte und Religionsfreiheit* im Zeitalter der Reformation Bd. 1 (Stuttgart 1965)
Lefort, C.: Permanence du théologico-politique?, in: *ders.*, Essais sur le politique (Paris 1986)
Leggewie, C.: Die Republikaner 2. Aufl. (Berlin 1989)
– Plädoyer eine Antiautoritären für Autorität, in: Die Zeit Nr. 10 v. 5.3.1993
Leggewie, C./Meier, H.: *Republikschutz.* Maßstäbe für die Verteidigung der Demokratie (Reinbek 1995)
Leibfried, S.: Bedarfsbezogene integrierte Grundsicherung, in: *Heinze et al.*, Sozialstaat 2000, 141ff.
Leibfried, S./Tennstedt, F. (Hg.): *Politik der Armut* und die Spaltung des Sozialstaats (Frankfurt am Main 1985)
Leibholz, G.: Nation, in: EvStL 2. Aufl. Sp. 1590ff.
– Volk, Nation und Staat im 20. Jahrhundert, 3. Aufl. (1967)
Leibholz, G./Rinck, H.J./ Hessenberger, D.: *Grundgesetz.* Kommentar an Hand der Rechtsprechung des Bundesverfassungsgerichts, 6. Aufl. (Köln 1976ff.)
Lenhardt, G. Offe, C.: *Staatstheorie und Sozialpolitik*: Politisch-soziologische Erklärungsansätze für Funktionen und Innovationsprozesse der Sozialpolitik (1976)
Lepsius, R. M.: Interessen, Ideen und Institutionen (Opladen 1990)
Locke, J.: Two Treatises of Civil Government (1690)
Lombardi Vallauri, L./ Dilcher, G. (Hg.): Christentum, Säkularisation und modernes Recht, 2 Bde. (Baden-Baden/Mailand 1981)
Löw, K.: Was bedeutet »*Republik*«, DÖV 1979, 819ff.
Löwith, K.: Weltgeschichte und Heilsgeschehen 4. Aufl. (Stuttgart 1953)

Lübbe, H.: *Säkularisierung*. Geschichte eines ideenpolitischen Begriffs (Freiburg/München 1965)
– Die Religion der Bürger, in: Evangelische Kommentare 15 (1982), 125
Lüderssen, K.: Die Krise des öffentlichen Strafanspruchs (Frankfurt am Main 1989)
Luhmann, N.: Funktion der Religion (Frankfurt am Main 1977)
– Legitimation durch Verfahren (Neuwied, Berlin 1969)
– Grundwerte als Zivilreligion, in: Archivio di Filosofia: Religione Politica (Padua 1978) 51ff.
– Politische Theorie im Wohlfahrtsstaat (München 1981)
– *Soziale Systeme*. Grundriß einer allgemeinen Theorie (Frankfurt am Main 1984)
– Die Codierung des Rechtssystems, in: Rechtstheorie, 17 (1986) 171ff.
– Die soziologische Beobachtung des Rechts (Frankfurt am Main 1986)
– Rechtssoziologie, 2 Bde. 3. Aufl. (Reinbek 1987)
– *Verfassung* als evolutionäre Errungenschaft, in: RJ 1990, 176ff.
– Das Recht der Gesellschaft (Frankfurt am Main 1993)
Lyotard, J. F.: Das postmoderne Wissen (Graz/Wien 1986)

MacPherson, C. B.: The Political Theory of *Possessive Individualism* (Oxford 1962)
MacKinnon, C.: Nur Worte (Frankfurt am Main 1994)
Mager, W.: Republik, in: Geschichtliche Grundbegriffe V (Stuttgart 1984), 549ff.
Mangoldt, H. v./Klein, F.: Das Bonner Grundgesetz, 2. Aufl. (Berlin 1966)
Mangoldt, H. v./Klein, H./ Starck, Chr.: Das Bonner *Grundgesetz*, 3. Aufl. (München 1985)
Marshall, T. H.: *Bürgerrechte und soziale Klassen*. Zur Soziologie des Wohlfahrtsstaates (Frankfurt/New York 1992); engl. Orig.: Citizenship and Social Class (1950)
Marcuse, H.: Der Kampf gegen den Liberalismus in der totalitären Staatsauffassung, in: Zeitschr. f. Sozialforschung Jg. III-1934, Paris 1935 (Nachdr. München 1980), 161ff.
Marx, K.: Zur Kritik der politischen Ökonomie (1859), MEW 13 (Berlin 1951)
– Zur Judenfrage, in: *ders.*, Frühschriften, hrsg. von Landshut (Stuttgart 1953)
– Die Klassenkämpfe in Frankreich 1848-1850 (1850), MEW 7 (Berlin 1960), 29ff.
– Thesen über Feuerbach, MEW 3 (1961), 5ff.
Marx, K./Engels, F.: Kommunistisches Manifest (1848), MEW 4, 455ff.
Matthes, J. (Hg.): Krise der Arbeitsgesellschaft (Frankfurt am Main 1983)
Maunz, Th/Dürig, G.: Kommentar zum Grundgesetz (München 1994)
Maunz, Th./Zippelius, R.: Deutsches *Staatsrecht*, 26. Aufl. (München 1985)
Maurer, H.: Allgemeines Verwaltungsrecht 8. Aufl. (München 1992)
Maus, I.: Von der Metaphysik des Widerstandsrechts zum nachmetaphysischen Prinzip der Volkssouveränität: die Demokratietheorie Kants, in: *dies.*, Zur Aufklärung der Demokratietheorie (Frankfurt am Main 1992) 15ff.
Mayer-Tasch, C.: Die *Verfassungen* Europas, 2. Aufl. (München 1975)
Mayntz, R.: *Policy-Netzwerke* und die Logik von Verhandlungssystemen, in: PVS-Sonderheft Nr. 24 (1993), 39ff.
McCarthy, T.: *Komplexität und Demokratie* – die Versuchungen der Systemtheorie, in: *Honneth/Joas*, Kommunikatives Handeln, 177ff.
Menger, C. F.: Deutsche Verfassungsgeschichte der Neuzeit, 6. Aufl. (Heidelberg 1988)
Mestmäcker, E. J.: Recht in der offenen Gesellschaft (Baden-Baden 1993)
Meyer, H.: Das ramponierte Grundgesetz, KritV H. 4 (1993), 399ff.

Meyer, Th.: Grundwerte und Gesellschaftsreform (Frankfurt am Main 1981)

Michalsky, K., Hrsg.: Europa und die Civil Society (Stuttgart 1989)

Michelman, F.: Law's Republic, Yale Law Journal vol. 97 (1988), 1493ff.

– Welfare Rights in a Constitutional Democracy,

Miegel, M./Wahl, S.: *Gesetzliche Grundsicherung* – Private Vorsorge (Stuttgart 1985)

Mommsen, W. (Hg.): Die Entstehung des Wohlfahrtstaates in Großbritannien und Deutschland (Stuttgart 1982)

Montesquieu: De l'Esprit des lois (1748)

Morgan, E.S.: *Inventing the People* (New York/London 1988)

Morstein Marx, F.: Beamtenethos und Verwaltungsethik, in: VerwArch 54 (1963), 324ff.

Mückenberger, U./Offe, C./Ostner, I.: *Das staatlich garantierte Grundeinkommen* – ein sozialpolitisches Gebot der Stunde, in: *H. L. Krämer/C. Leggewie* (Hg.), Wege ins Reich der Freiheit (Berlin 1989), 247ff.

Müller-Armack, A.: Das Jahrhundert ohne Gott (Münster 1948)

Münch, I. v. (Hg.): *Grundgesetz*-Kommentar, Bde. II und III, 2.Aufl. (München 1983)

Münch, I. v./Kunig, Ph. (Hg.): *Grundgesetz*-Kommentar Bd. I, 4. Aufl. (München 1992)

Münkler, H.: *Im Namen des Staates*: Die Begründung der Staatsraison in der Frühen Neuzeit (Frankfurt am Main 1987)

Murswieck, A. (Hg.): Staatliche Politik im Sozialsektor (München 1976)

Mußgnug, R.: Zustandekommen des Grundgesetzes und Entstehen der Bundesrepublik Deutschland, HdbStR I, § 6

Narr, W. D.: Vom Liberalismus der Erschöpften, in: Blätter f. deutsche und internat. Politik (1991), 216ff.

Neumann, F.: Demokratischer und autoritärer Staat (Frankfurt am Main 1967)

– *Wirtschaft, Staat, Demokratie.* Aufsätze 1930-1954, hrsg. v. A. Söllner (Frankfurt am Main 1978)

Neumann, V.: Freiheitsgefährdung im kooperativen Sozialstaat (Köln u.a. 1992)

– Menschenwürde und Existenzminimum, in: NVwZ 1995, 426ff.

Nickel, R.: Gleichheit in der Differenz? Kommunitarismus und die Legitimation des Grundgesetzes, in: W. Brugger (Hg.), Legitimation des Grundgesetzes (Baden-Baden 1996), 395ff.

Nolte, P.: *Gemeindeliberalismus.* Zur lokalen Entstehung und sozialen Verankerung der liberalen Partei in Baden 1831-1855, in: Hist. Zeitschr. Bd. 252 (1991), 57ff.

– *Bürgerideal*, Gemeinde und Republik, in: Hist. Zeitschr. Bd. 254 (1992), 609ff.

Nullmeier, F.: Zivilgesellschaftlicher Liberalismus, in: Forschungsjournal Neue Soziale Bewegungen (1991), 13ff.

Nullmeier, F./Rüb. : *Die Transformation der Sozialpolitik:* Vom Sozialstaat zum Sicherungsstaat (Frankfurt am Main/New York 1993)

Oberndörfer, D.: *Der Nationalstaat* – ein Hindernis für das dauerhafte Zusammenleben mit ethnischen Minderheiten?, in: ZAR (1988), 3ff.

O'Connor, J.: Die Finanzkrise des Staates (Frankfurt am Main 1974)

Offe, C.: *Democracy Against the Welfare State?* Structural Foundations of Neoconservative Political Opportunities, in: Political Theory 4 (1987), 501ff.

– Akzeptanz und Legitimität strategischer Optionen in der Sozialpolitik, in: *Sachße/Engelhardt*, 179ff.

Offe, C./Preuß, U. K.: *Democratic Institutions* and Moral Resources, in: *Held, D.* (Hg)., Political Theory Today (Oxford 1991), 143ff.
Ogorek, R.: *Richterkönig* oder Subsumtionsautomat? Zur Justiztheorie im 19. Jahrhundert (Frankfurt am Main 1986)
Olsen, F.: Constitutional Law: *Feminist Critiques of the Public/Private Distinction*, in: 10 Constitutional Commentary (1993), 319ff.
Opielka, M./Vobruba, G. (Hg.): *Das garantierte Grundeinkommen*. Entwicklung und Perspektiven einer Zukunft (Frankfurt am Main 1986)
Opielka, M./Ostner I. (Hg.): Umbau des Sozialstaats (Essen 1987)
Opielka, M./Zander, M. (Hg.): Freiheit von Armut (Essen 1988)

Paine, Th.: Rights of Man (1791), in: ders., Common Sense and Other Political Writings (New York 1953)
Pankoke, E.: Von »guter Policey« zu »socialer Politik«, in: *Sachße, Chr./Tennstedt, F.* (Hg.), Soziale Sicherheit und soziale Disziplinierung (Frankfurt am Main 1986), 148ff.
Pankoke, E./Sachße, Chr.: *Armutsdiskurs und Wohlfahrtsforschung*. Zum deutschen Weg in die industrielle Moderne, in: Kölner Zeitschr. f. Sozialpsych. (1992)
Parker, R.D.: *»Here, the People Rule«*, A Constitutional Manifesto (Cambridge, MA/London 1994)
Parsons, T.: Religion in Postindustrial America: The Problem of Secularization, in: Social Research, vol. 41, No. 2 (1974)
Pateman, C.: The Sexual Contract (Stanford 1988)
Perels, J.: Grundrechte als Fundament der Demokratie (Frankfurt am Main 1979)
Peters, B.: Die Integration moderner Gesellschaften (Frankfurt am Main 1993)
Pieroth, B./Schlink, B.: *Grundrechte*. Staatsrecht II. 9. Aufl. (Heidelberg 1994)
Pocock, G. A.: The Machiavellian Moment (Princeton 1975)
– *Der bürgerliche Humanismus* und seine Rolle im anglo-amerikanischen Denken, in: *ders.*: *Die andere Bürgergesellschaft*. Zur Dialektik von Tugend und Korruption (Frankfurt am Main 1993), 33ff.
– *Tugenden, Rechte, Umgangsformen* – Ein Modell für die Historiographie, in: *ders.*, Die andere Bürgergesellschaft, 134ff.
Podlech, A.: *Gewissensfreiheit und Beamteneid* – BayVerfGH 17, in: JuS 1968, 120ff.
Preuß, H.: Deutschlands republikanische Reichsverfassung, 2. Aufl. (Berlin 1921)
Preuß, U. K.: Zum staatsrechtlichen Begriff des Öffentlichen (Stuttgart 1969)
– *Legalität und Pluralismus* Beiträge zum Verfassungsrecht der Bundesrepublik Deutschland (Frankfurt am Main 1973)
– Legalität – Loyalität – Legitimität, in: Leviathan H. 4 (1977)
– Die *Internalisierung* des Subjekts. Zur Kritik der Funktionsweise des subjektiven Rechts (Frankfurt am Main 1979)
– *Die Zukunft* – Müllhalde der Gegenwart, in: ders., Politische Verantwortung und Bürgerloyalität (Frankfurt am Main 1984), 272ff.
– *Revolution, Fortschritt und Verfassung*. Zu einem neuen Verfassungsverständnis (Berlin 1990)
– Verfassungstheoretische Überlegungen zur normativen Begründung des Wohlfahrtsstaates, in: *Sachße/Engelhardt, Sicherheit und Freiheit*, 106ff.
– (Hg.) *Zum Begriff der Verfassung*. Die Ordnung des Politischen (Frankfurt am Main 1994)

Quaritsch, H.: *Staat und Souveränität I*: Die Grundlagen (Frankfurt am Main 1970)

Rawls, J.: Eine Theorie der Gerechtigkeit (Frankfurt am Main 1979); engl. Orig.: A Theory of Justice (1971)
– Die Idee des politischen Liberalismus (Frankfurt am Main 1992)
Renan, E.: *Qu'est-ce qu'une nation?*, in: Oeuvres Complètes I (Paris 1947) – dt. Übers.: Das Plebiszit der Vergeßlichen, in: FAZ v. 27.3.1993
Renck, L.: Aktuelle Probleme der christlichen *Gemeinschaftsschule* – dargestellt am Beispiel des bayerischen Schulrechts, in: KJ H 4 (1994), 488ff.
Ridder, H.: Meinungsfreiheit, in: Die Grundrechte, Handbuch der Theorie und Praxis der Grundrechte, hrsg. v. F.L. Neumann, H.C. Nipperdey, U. Scheuner, II (Berlin 1954), 243ff.
– Die soziale Ordnung des Grundgesetzes (Opladen 1975)
Riedel, M.: Artikel »*Gesellschaft, bürgerliche*«, in: *O. Brunner/W. Conze/R. Koselleck*, (Hg.), Geschichtliche Grundbegriffe. Historisches Lexikon zur politisch-sozialen Sprache in Deutschland, Bd. II (1975), 719ff.
Riedmüller /Rodenstein, M.: Wie sicher ist die soziale Sicherung? (Frankfurt am Main 1989)
Ritter, G. A.: Arbeiterkultur (Königstein 1979)
– *Der Sozialstaat*: Entstehung und Entwicklung im internationalen Vergleich (München 1989)
Ritter, G. A./Miller, S. (Hrsg.): Die deutsche Revolution 1918-1919. Dokumente, 2. Aufl. (Hamburg 1975)
Rödel, U.: Hannah Arendt und die Gefährdungen der Freiheit in einer säkularisierten Ordnung, in: Forum für Philosophie Bad Homburg, (Hg.), Die Ideen von 1789 in der deutschen Rezeption (Frankfurt am Main 1989), 205ff.
– *Zivilgesellschaft* und selbstorganisierte Öffentlichkeiten, in: Forschungsjournal Neue Soziale Bewegungen (1994)
– Zivilgesellschaft und Verfassung, in: *J. Gebhardt/R. Schmalz-Bruns* (Hg.), Demokratie, Verfassung und Nation (Baden-Baden 1994), 123ff.
Rödel, U./ Frankenberg, G./Dubiel. H.: Die demokratische Frage (Frankfurt am Main 1989)
Rödel, U./Frankenberg, G./Demirovic, A.: Wandel des Demokratieverständnisses (unv. Forschungsbericht, Frankfurt am Main 1994)
Rödel, U./Guldimann, T.: Sozialpolitik als soziale Kontrolle, Starnberger Studien 2 (Frankfurt am Main 1978)
Rodgers, D.: Contested Truths (New York 1987)
Roth, R./Rucht, D. (Hg.): *Neue soziale Bewegungen* in der Bundesrepublik, 2. Aufl. (Bonn 1991)
Rosanvallon, P.: La Nouvelle *Question Sociale*. Repenser l'État-Providence (Paris 1995)
Rotteck, C. v.: *Lehrbuch des Vernunftrechts* und der Staatswissenschaften, 4 Bde. 2. Aufl. 1840 (Neudr. Aalen 1964)
– Art. »Monarchie«, in: Staatslexicon oder Encyclopädie der Staatswissenschaften X (Altona 1840)
Rotteck, C.v./ Welcker, C.v.: *Staats-Lexikon* der sämmtlichen Staatswissenschaften für alle Stände, 13 Bde., 2. Aufl. 1845ff. (Neudr. Frankfurt am Main 1990)

Rousseau, J. J.: *Discours* sur l'Origine de l'Inégalité parmi des Hommes (1755), dt. Diskurs über die Ungleichheit (Paderborn u.a. 1984)
– Staat und Verfassung, in: *Rousseau*, Ausgewählte Texte (München 1988)
– *Considérations sur le gouvernement de Pologne* et sur sa réforme projetté (1772)
– Contrat Social (1762), dt. Der Gesellschaftsvertrag, Schriften I, hrsg. von Ritter (Frankfurt am Main 1981)
Rupp, H. H.: Die Unterscheidung von Staat und Gesellschaft, HdbStR I, § 28

Sachße, Chr.: Subsidiarität, in: *Kreft/Mielenz* (Hg.), Wörterbuch soziale Arbeit (Weinheim 1980), 448ff.
– Zur aktuellen Bedeutung des Subsidiaritätsstreits der 60er Jahre, in: J. *Münder/D. Kreft* (Hg.), Subsidiarität heute (1990)
– From Poor Relief to Social Welfare (unv. Ms. 1990)
– *Subsidiarität* – Herkunft, sozialpolitische Implikationen und ordnungspolitische Konsequenzen eines Prinzips, in: Ordo 1994, 195 ff.
– Subsidiarität: Zur Karriere eines sozialpolitischen Ordnungsbegriffs, in: Zeitschr. f. Sozialreform, 40. Jg. (1994), 717ff.
Sachße, Chr./Engelhardt, T. (Hg.): *Sicherheit und Freiheit*: Zur Ethik des Wohlfahrtsstaates (Frankfurt am Main 1990)
Sachße, Chr./Tennstedt, F.: *Die Geschichte der Armenfürsorge* in Deutschland. Vom Spätmittelalter bis zum 1. Weltkrieg (Stuttart 1981)
– (Hg.): Soziale Sicherheit und soziale Disziplinierung (Frankfurt am Main 1986)
Saladin, P.: Verantwortung als Staatsprinzip (Bern/Stuttgart 1984)
Sandel, M.: The Procedural Republic and the Unencumbered Self, in: Polit. Theory 12 (1984), 81ff.
Schachtschneider, K.A.: *Res publica res populi.* Grundlegung einer allgemeinen Republiklehre (Berlin 1994)
Schaeffer-Hegel, B. (Hg.): Vater Staat und seine Frauen. Beiträge zur politischen Theorie (Pfaffenweiler 1990)
Schaeffer-Hegel, B./Kopp-Degethoff, H. (Hg.): *Vater Staat und seine Frauen.* Studien zur politischen Kultur (Pfaffenweiler 1991)
Scharpf, F.: Positive und negative Koordination in Verhandlungssystemen, in: PVS-Sonderheft Nr. 24 (1993), 57ff.
Schieder, R.: *Civil Religion.* Die Religiöse Dimension der politischen Kultur (Gütersloh 1987)
Schlink, B.: *Zwischen Identifikation und Distanz* – Zur Stellung des Beamten im Staat und zur Gestaltung des Beamtenrechts durch das Staatsrecht, in: Der Staat 1976, 335ff.
Schmitt, C.: Verfassungslehre (1928)
– Inhalt und Bedeutung des zweiten Hauptteils der *Reichsverfassung*, in: Anschütz/Thoma II, 582ff.
– *Politische Theologie* – Vier Kapitel zur Lehre von der Souveränität, 3. Aufl. (Berlin 1979) = *Politische Theologie I*
– *Politische Theologie* – Die Legende von der Erledigung jeder Politischen Theologie, 2. Aufl. (Berlin 1984) = *Politische Theologie II*
– Der Hüter der Verfassung, in: Beiträge zum öff. Recht d. Gegenwart (Berlin 1931)
– Der Begriff des Politischen, 1932 (Berlin 1963)
– Die geistesgeschichtliche Lage des heutigen Parlamentarismus, 3. Aufl. (Berlin 1961)

– Erinnerungen (Bern/München/Wien 1979)
– Legitimität und Legalität, in: *ders.*, Verfassungsrechtliche Aufsätze aus den Jahren 1924-1954. Materialien zur Verfassungslehre (Berlin 1958), 263 ff.
– *Staatsethik* und pluralistischer Staat 1930, in: *ders.*: Positionen und Begriffe im Kampf mit Weimar – Genf – Versailles 1923-1939 (Berlin 1988), 133ff.
Schnapp, F.: Amtsrecht und Beamtenrecht (Berlin 1977)
Scheuner, U.: Pressefreiheit, in: VVDStRL H. 22 (1965), 1ff.
Schneider, H.: Die Reichsverfassung vom 11. August 1919, HdbStR I, § 3
Schnur, R., Hg.: *Staatsräson*. Studien zur Geschichte eines politischen Begriffs (Berlin 1975)
Schulze, G.: *Über alte und neue Werte* in der Erlebnisgesellschaft, in: Frankf. Rundschau v. 16.6.1994, S. 12
Schulze, H.: Staat und Nation in der europäischen Geschichte (München 1994)
Schulz-Schaeffer, H.: Die Staatsform der Bundesrepublik Deutschland (Berlin 1966)
Schunter-Kleemann, S.: *Herrenhaus Europa* – Geschlechterverhältnis im Wohlfahrtsstaat (Berlin 1992)
Seifert, J.: *Kampf um Verfassungspositionen.* Materialien über Grenzen und Möglichkeiten von Rechtspolitik (Köln/Frankfurt am Main 1974)
Sennett, R.: Autorität (Frankfurt 1985)
Sewing, W.: John G. A. Pocock und die *Wiederentdeckung der republikanischen Tradition, in: Pocock, J.G.A., Die andere Bürgergesellschaft* (Frankfurt am Main 1993)
Seydel, M. v.: Das Staatsrecht des Königreichs Bayern, 2. Aufl. (Freiburg/Leipzig 1894)
Shklar, J.: Über Ungerechtigkeit (Berlin 1992)
Sieyès, A.: Über den wahren Begriff einer Monarchie, in: Neues Göttingisches histor. Magazin 1 (1792), 341ff.
– Politische Schriften 1788-1790 (Darmstadt 1975)
Simitis, S.: *Die Loi le Chapelier*: Bemerkungen zur Geschichte und möglichen Wiederentdeckung des Individuums, in: KJ 1989, 157ff.
Smend, R.: *Verfassung und Verfassungsrecht*, Staatsrechtliche Abhandlungen, 2. Aufl. (Berlin 1968)
Smid, S.: *Pluralismus und Zivilreligion.* Überlegungen zur Diskussion um die Methoden der Integration des Staates, in: Der Staat H. 1 1985, 3ff.
Smith, A.: An Inquiry into the Nature and Causes of *the Wealth of Nations* (London 1776)
Smith, E. C.: The Constitution of the United States 11. Aufl. (New York 1979)
Smith-Rosenberg, C.: *Dis-Covering the Subject* of the »Great Constitutional Discussion«, 1786-1789, in: The Journal of American History (1992), 841ff.
Solomon, R. C.: A Passion for Justice (Reading, Mass. 1990)
Staff, I.: Zum Begriff der politischen Theologie bei Carl Schmitt, in: *Dilcher/Staff*, Christentum und modernes Recht, 182ff.
– Überlegungen zur Neukonstituierung einer *Bürgergesellschaft*, in: Blätter f. deutsche und internat. Politik 8 (1993), 917ff.
Stahl, F. J.: *Das monarchische Princip.* Eine staatsrechtlichpolitische Abhandlung (Heidelberg 1845)
– Was ist die Revolution?, in: ders., Siebzehn parlamentarische Reden und drei Vorträge (Berlin 1862)
Stallmann, W.: Was ist Säkularisierung (Tübingen 1960)

Stein, L. v.: *Geschichte der sozialen Bewegung* in Frankreich von 1789 bis auf unsere Tage, Ndr. d. 3. Aufl. Bd. II (München 1921)
Stein, E.: Staatsrecht, 13. Aufl. (Tübingen 1991)
Stern, K.: Staatsrecht I (München 1977), II (München 1980)
– Zur Verfassungstreue der Beamten (München 1974)
Sternberger, D.: Verfassungspatriotismus (Frankfurt am Main 1990)
– Staatsfreundschaft (Frankfurt am Main 1980)
Stober, R.: Grundpflichten als verfassungsrechtliche Dimension, in: NVwZ 1982, 473ff.
Stolleis, M.: *Staatsraison, Recht und Moral* in philosophischen Texten des späten 18. Jahrhunderts (Meisenheim 1972)
– *Eideszwang und Glaubensfreiheit* – BVerfGE 33, 23, in: JuS 1974, 770ff.
– *Geschichte des öffentlichen Rechts* in Deutschland, Erster Band: Reichspublizistik und Polizeywissenschaft 1600-1800 (München 1988)
– Besatzungsherrschaft und Wiederaufbau 1945-1949, HdbStR I, § 5
– *Die Entstehung des Interventionsstaates* und das öffentliche Recht, in: Zeitschr. f. neuere Rechtsgeschichte, Jg. 11 (1989), 129ff.
– Staat und Staatsräson in der Frühen Neuzeit (Frankfurt am Main 1990)
– *Geschichte des Öffentlichen Rechts* in Deutschland, Zweiter Band: Staatslehre und Verwaltungsrechtswissenschaft 1800-1914 (München 1992)
– Staatsethik, in: KritV H. 1 (1995), 58ff.
Stourzh, G.: *Wege zur Grundrechtsdemokratie*. Studien zur Begriffs- und Institutionengeschichte des liberalen Verfassungsstaates (Wien/Köln 1989)
Streeck, W.: Vielfalt und Interdependenz, in: Kölner Zeitschr. für Soziol. u. Sozialpsych., 39 (1987), 471ff.

Taylor, Ch.: Die Beschwörung der Civil Society, in: Michalsky, Europa und die Civil Society, 52ff.
– Liberal Politics and the Public Sphere (unv. Ms. 1992)
– *Negative Freiheit?* Zur Kritik des neuzeitlichen Individualismus (Frankfurt am Main 1992)
– Multikulturalismus und die *Politik der Anerkennung* (Frankfurt am Main 1993
Tester, K.: Civil Society (London 1992)
Teubner, G.: Reflexives Recht, in: ARSP 68 (1982), 13ff.
– (Hg.): Dilemmas of Law in the Welfare State (Berlin/New York 1986)
– Recht als autopoietisches System (Frankfurt am Main 1989)
Thoma, G.: Das Reich als Demokratie, in: *Anschütz/Thoma*, Handbuch des Deutschen Staatsrechts I, 186ff.
– Das System der subjektiven öffentlichen Rechte und Pflichten, in: *Anschütz/Thoma*, HdbStR II, § 102
Tocqueville, A. de: Der alte Staat und die Revolution (München 1978)
– Democracy in America, hrsg. von J. P. Mayer, II (New York 1969); dt.: Über die Demokratie in Amerika, 2. Aufl. (München 1984)
Tönnies, F.: Gemeinschaft und Gesellschaft 3. Aufl. (Berlin 1920)
Toulmin, S.: *Cosmopolis*. The Hidden Agenda of Modernity (New York 1990)
Touraine, A.: The Self-Production of Society (Chicago/London 1977)
– Le retour de l'acteur (Paris 1984)
Tugendhat, E.: Vorlesungen über Ethik (Frankfurt am Main 1993)
– Die Kontroverse um die Menschenrechte, in: Analyse & Kritik, Jg. 15 (1993), 101ff.

Vobruba, G. (Hg.): Strukturwandel der Sozialpolitik (Frankfurt am Main 1990)
Voigt, R. (Hg.): Verrechtlichung (Königstein/Ts. 1980)

Walzer, M.: Was heißt zivile Gesellschaft, in: ders., Zivile Gesellschaft und amerikanische Demokratie (Berlin 1992), 64ff.
– Sphären der Gerechtigkeit (Frankfurt am Main/New York 1992); engl.: Spheres of Justice (N.Y. 1983)
– *Die kommunitaristische Kritik* des Liberalismus, in: *A. Honneth*, Hg., Kommunitarismus (Frankfurt am Main/New York 1993), 179ff.
– Exclusion, Injustice and the Democratic State, in: Dissent 1993, 55ff.
– (Hg.), Toward a Global Civil Society (Providence/Oxford 1994)
– Politik der Differenz, in: transit No. 8 (1994), 5ff.
Weber, Max: Die protestantische Ethik I, 5. Aufl., hrsg. v. J. Winckelmann (Gütersloh 1979);
– Politik als Beruf, 2. Aufl. (München/Leipzig 1926)
– Wirtschaft und Gesellschaft, 5. Aufl. Studienausg. (Tübingen 1980)
Wehner, B.: Der neue Sozialstaat (Opladen 1992)
Wieacker, F.: Privatrechtsgeschichte der Neuzeit, 2. Aufl. (Göttingen 1967)
Wiethölter, R.: Materialization and Proceduralization in Modern Law, in: *Teubner*, Dilemmas of Law in the Welfare State, 221ff.
Willke, H.: Ironie des Staates (Frankfurt am Main 1992)
Wolff, Chr. v.: Oeconomica, hrsg. v. C. Hanov (Halle/Magdeburg 1754)
Wood, G. S.: The Creation of the American Republic, 1776-1787 (Chapel Hill 1969)
Woodhouse, A. S. P. (Hg.): Puritanism and Liberty (London 1938)
Wootton, D. (Hg.): *Divine Right and Democracy*: An Anthology of Political Writings in Stuart England (London 1986)

Young, A. F.: Beyond the American Revolution (DeKalb 1993)
Young, I. M.: Impartiality and the Civic Public, in: S. *Benhabib/D. Cornell* (Hg.), Feminism as Critique (Minneapolis 1987), 57ff.

Zabel, H.: *Verweltlichung*, Säkularisierung (Diss. Münster 1968)
Zacher, H. F.: Das soziale Staatsziel, in: HdbStR § 25
– *Sozialpolitik und Verfassung* im ersten Jahrzehnt der Bundesrepublik Deutschland (Berlin 1980)
– *ders. et al.* (Hg.): *Verrechtlichung* von Wirtschaft, Arbeit und sozialer Solidarität (Baden-Baden 1984)
Zahlmann, Chr. (Hg.): *Kommunitarismus* in der Diskussion (Berlin 1992)

Index

Suhrkamp Verlag GmbH
Torstraße 44, 10119 Berlin
info@suhrkamp.de
www.suhrkamp.de